成长之路

Road to Growth

全球500强

36家典型企业成长历程研究与启示

徐明/主编

中国财政经济出版社

图书在版编目（CIP）数据

成长之路：全球500强36家典型企业成长历程研究与启示/徐明主编．—北京：中国财政经济出版社，2011.1

ISBN 978－7－5095－2739－9

Ⅰ.①成…　Ⅱ.①徐…　Ⅲ.①企业管理—经验—世界　Ⅳ.①F279.1

中国版本图书馆CIP数据核字（2011）第014939号

责任编辑：郁东敏　王艳红　　　　责任校对：韩　淇
封面设计：运平文化　　　　　　　版式设计：苏　红

中国财政经济出版社 出版

URL：http：//www.cfeph.cn
E—mail：cfeph@cfeph.cn

社址：北京市海淀区阜成路甲28号　邮政编码：100142
营销中心电话：010－88190406　北京财经书店电话：010－64033436
北京中兴印刷有限公司印刷　各地新华书店经销
787×1092毫米　16开　31.75印张　457 000字
2011年1月第1版　2011年1月北京第1次印刷
定价：62.00元
ISBN 978－7－5095－2739－9/F·2330
（图书出现印装问题，本社负责调换）
本社质量投诉电话：010－88190744

编　委　会

序

我国是一个发展中大国，长期处在建设阶段，正在加速推进的城市化、工业化、国际化是我国经济社会发展的长期、根本动力和不可逆转的历史潮流，也是推动全球经济增长的重要力量。经过 30 多年的改革开放，我国企业的实力有了显著增强，一大批企业开始在国际舞台上崭露头角，扮演重要角色。特别是国际金融危机以来，我国经济的平稳较快发展和强大的内生动力，为我国企业把握历史机遇、加快国际化进程提供了坚强后盾。在这样的背景下，无论是从理论研究还是从实践总结层面，都需要对企业国际化的规律进行研究。

近年来，国内有很多介绍跨国公司的著作。但总体看，写故事的多，从中国企业角度出发“照镜子”的少；从企业管理角度研究的多，从银行业角度看企业成长规律的少；单个企业研究的多，不同类型企业放在一起比较研究的少。徐明同志以及他带领的团队从全球 500 强中筛选出不同行业、不同地区的 36 家企业进行研究，对其成长过程中的成功因素进行总结，并提炼出对国内企业的启示，简约而集中，视角比较新颖，研究方法具有独到之处。他们的研究，为我们认识企业成长规律、做好国际发展规划提供了有益的借鉴和参考。

希望金融界有更多的有识之士加强对国际化的研究，发挥好金融的先行和推动作用，为中国企业国际化提供更好的金融服务；同时，希望中国金融机构加快“走出去”步伐，在世界舞台上展现中国金融的力量。

陈元

CHENGZHANGZHILU 目录

第一篇 制造业

zhizaoye

制造业又称“装备工业”，是为了满足国民经济各部门发展和国家安全需要而制造各种技术装备，并转化为可供人们使用和利用的工业品和生活消费品的行业。制造业是一国国民经济发展的基础，是提高综合国力、实现工业化的根本保证，是国民经济迈向现代化的必要条件。

18 世纪中期开始，以蒸汽机广泛使用为标志的第一次工业革命使得机器工厂代替手工工厂，人类迈进工业化时代；19 世纪 60 年代开始，以电力广泛应用为标志的第二次工业革命使人类进入电气化时代；20 世纪 40 年代开始，以电子计算机运用为标志的第三次工业革命使人类迈入数字化信息时代。三次工业革命极大地促进了生产力发展，提高了生产效率，为制造业的发展提供了机遇，制造业的发展反过来又促进了科学技术的进步和生产工艺的提高，将工业革命推向更深层次。制造业拉动了经济增长，推动了传统产业升级，从而催生了现代服务业，并成为科技成果转化为生产力的桥梁和通道。

制 · 造 · 业

1

翱翔天空的雄鹰：波音

波音公司（BOEING）是世界最大的航空航天公司，为全球最大的民用飞机和军用飞机制造商，其业务涵盖民用飞机、国防、航天、信息科技、金融以及通信等领域，在航空制造业具有举足轻重的地位。波音公司依靠领先的技术优势、有效的管理模式和强大的政府支持，成立 90 多年来一直引领行业发展。本文通过对波音公司成长历程的分析，总结波音公司的成功之道，并结合我国干线飞机发展现状，提出若干启示和思考，供我国发展干线飞机生产企业参考。

一、波音公司概况

（一）基本情况简介

波音公司是目前全球最大的航空航天公司、最大的民用飞机和军用飞机制造商。波音公司前身是太平洋航空制品公司，创办于 1916 年；1934 年建立波音飞机公司；1961 年改为波音公司。总部以前设在西雅图，2001 年 9 月迁至芝加哥，制造飞机的工厂集中在华盛顿州和堪萨斯州。

波音公司用户遍布全球 145 个国家，业务部门分布于美国 20 多个州和全球 60 多个国家，共有雇员约 20 万名，主要业务基地集中在华盛顿州的西雅图、南加州、堪萨斯州的威奇托、密苏里州的圣路易斯等地。公司由 4 个主要业务集团组成：波音民用飞机集团、波音综合国防系统集团、波音金融公司和波音联接公司。公司还有专门为业务集团提供支持的联合服务集团，由其为波音各业务集团提供公共服务和高效的基础性保障支持服务，以支持其集中精力保持利润增长。此外，鬼怪工程部提供先进的技术研发，包括空中交通管理的先进理念，帮助各业务集团发现技术需求，进而提供创新的、成本适中的解决方案。

波音公司一直是航空航天业的领袖公司，也素有创新的传统。波音公司不断扩大产品线和服务，满足客户的最新需求，包括开发更高效的新机型，通过网络整合军事平台、防御系统和战斗机，研发先进的技术解决方案，制订创新型的客户融资方案。

（二）百年辉煌业绩

成立近百年来，波音公司秉承核心业务运转良好、将优势融入新产品和新服务、开拓和探索新领域的战略，将“领先、诚信、品质、客户满意、携手合作、多元化且积极参与的员工队伍，优秀的企业法人，提高股东价值”作为价值观，始终致力于开发新产品和探索新技术，民用飞机、军用飞机、航天飞机、运载火箭、全球通信卫星网络、国际空间站都取得了骄人的成就。

波音公司主打民用飞机有737、747、767和777，并正在全力研发787和747—8新飞机。该公司现有12 000余架民用飞机在全球运营，约占全球运营民用飞机总量的75%。波音公司是全球最大的商业卫星制造商，还是美国航空航天局最大的承包商，运营着航天飞机和国际空间站。波音公司提供非常广泛的国防和空间系统、产品及服务，是美国国防部的重要合作公司，处于军事技术领域前沿。

根据波音公司2009年年报，其销售收入达682.81亿美元，净利润13.12亿美元，在2010年世界500强排名中位居第91名。

波音公司自创立以来牢牢把握航空工业的发展机遇，成为行业的领跑者，对全球航空业具有举足轻重的影响，是世界航空史上名副其实的坐标。

二、波音公司发展历程研究

（一）艰辛的创业阶段（1916～1934 年）

1. 褴褛之艰。当 1903 年莱特兄弟驾驶自制滑翔机飞行成功后，人类历史上最伟大的发现之一——飞机诞生了，但真正将飞机运用于人类生活的是波音公司。波音公司创始人是威廉·爱德华·波音。其父亲是德国人，在他 8 岁时就去世了；母亲是越南人。由于不愿意与继父生活在一起，波音在耶鲁大学读到二年级就退学了，搬往美国的西北太平洋地区居住。年轻时的波音做木材生意，一次偶然的机会，波音接触到飞机，并在 1915 年美国国庆节那天第一次乘坐飞机，从此爱上了飞机，开始了他的飞机制造之路。

早期的波音公司经营极为困难，当时主要生产水上飞机，唯一的客户为美国海军。值得一提的是，波音的首任工程师是中国人王助。在他的主持下，波音公司生产设计出 C 型水上飞机，获得美国海军青睐，订购 50 架，使公司站稳了脚跟。但随着第一次世界大战结束，原计划订购的飞机数量大大减少，而且几种刚刚研发的机型也存在技术障碍，影响了飞机销售。军方订单枯竭，民用领域尚未开发，波音公司在诞生不久后就面临巨大困难，不得不依靠生产家具来维持生存。

2. 邮政机遇。随着美国经济的发展，对于邮政运输的要求不断提高，人们开始思索如何利用飞机来提高邮政运输速度，从而诞生航空邮政业。航空邮政业的出现促进了美国整个民航业的发展，波音公司利用这一机遇先后制造 40A、80A 及 247 型民用飞机，并成立波音航运公司，缓解了公司的困境，迈出了飞机制造的重要一步。

随着波音公司不断发展壮大，其一方面兼并了数家航空公司，壮大自己的航运实力；另一方面还成立了波音培训学校，用于培养自己的工程师和飞行员，为公司输送大量人才。同时，波音公司还成立了引擎制造厂，用于生产大马力引擎，以满足不断发展的飞机制造业。经过数年打拼，波音公司已经成立了集团公司，形成了零部件制造、飞机制造、航空运输、人才培养的一整条产业链。

3. 肢解之痛。波音公司通过整合飞机制造、航空运输、培训学校等形成绝对优势，组建了联合飞机及运输公司，并通过产业链组合确立了自己在美国航空业的地位。正当公司变得日益强大时，却触动了美国的《反垄断法》。1934年，美国政府控告波音公司垄断，并通过《航空邮件法》将波音公司分解为联合飞行器公司、波音飞机公司（以下简称“波音公司”）和联合航空公司三个完全独立的公司。其中，联合航空公司接管了波音航空航天学校。

波音公司的肢解对创始人威廉·波音打击巨大，他对美国政府的做法强烈不满，进而离开波音公司，断绝了与波音公司的一切官方关系，留下风雨飘摇的波音公司。

（二）抓住第二次世界大战机遇，确立技术优势，奠定腾飞基础（20世纪30年代～50年代）

1. 艰难起步。由于被《反垄断法》肢解，波音公司失去了航空运输、培训学校的支持，也失去了自己的引擎制造厂，公司运营受到严重影响。更为关键的是，公司生产的飞机不能像以前一样直接供自己的航空公司使用，而是需要参加市场竞争。波音公司的竞争对手道格拉斯公司先后研发了DC－1、DC－2和DC－3运输机，深受航空公司欢迎。1938年后，道格拉斯公司占领了美国客机市场80％以上的份额。

面对严峻形势，在总裁金德尔伯格和副总裁兼总工程师李·埃特伍德的带领下，波音公司从军用飞机入手，利用积累的研发实力和精湛的生产工艺，在极其艰难的情况下研制了B－17原型机－299型飞机，并依靠其卓越的表现获得美国军方认同，订购了13架，为波音公司后续军方订单提供了基础。与此同时，波音公司开始研制314型和307型客机，并在307型客机上第一次使用加压客舱，大大提高了飞机飞行高度，从而躲开湍流和雷暴对飞行的影响，旅客舒适度提升，并且飞行速度也加快，为波音公司赢得了较好的市场业绩。

2. 第二次世界大战机遇。随着第二次世界大战的爆发，美国及同盟国军方对战机的需求急剧增长，而且战争对飞机性能提出新的要求，大大刺激了航空业的发展，也给波音公司带来了机遇。波音公司抓住难得的战争机遇，相继研发了大名鼎鼎的B—17和B—29轰炸机，依靠卓越的性能扬名战场，不仅为第二次世界大战胜利做出贡献，更为公司发展奠定了基础。战后，波音公司又相继研发了B—47和B—52轰炸机，获得美国军方大量订单。源于战争刺激，大型轰炸机技术日渐成熟，研制也取得了许多技术突破，军方订单又给波音公司提供了巨额经济效益。雄厚的经济基础和先进的技术为波音公司转型生产民用大型客机奠定了基础。

（三）实施战略转型，主攻民用客机市场，成就飞天梦想（20世纪50年代～80年代）

1. 调整公司业务发展方向，实现战后转型。第二次世界大战结束后，军方订单大量减少，战争期间形成的庞大人员规模成为公司沉重的包袱。为了应对财务危机，波音公司在减员增效的同时反思航空业的发展趋势，在董事长比尔·阿伦的带领下，确定了将民用客机作为主要发展方向的策略。

在发展民用客机的战略指导下，依靠第二次世界大战期间积累的技术实力，波音公司于1952年开始707喷气式客机的研发，于1956年开始727喷气式客机的研发，并取得巨大成功，占据了当时世界客机的主要市场，彻底改变了航空业的运作模式。707和727喷气式客机的研发奠定了波音公司战后转型的基础，公司实现了从军事订单为主向民用客机为主的转型，并且引领民用客机进入喷气式客机时代。

2. 成功客机背后的艰辛。波音707和727客机在民航领域取得巨大成功，波音公司也成为全球最大的民用客机制造商。公司没有满足于眼前的成就，而是将眼光投向了更远处，立志研发更大型号、更加舒适的新型客机。领先的市场份额、雄厚的经济实力和先进的技术支持，使得波音公司于1964年和1965年先后启动了737和747两款新型客机的研发工作，在军事领域也开始研发C—5和超音速运输机。多种机型的同时研发使工程人员的智慧和精力被分散，公司也不得不承受巨额研制费用和不确定市场前景的风险，为公司20世纪70年代初期的危机埋下了隐患。

1973年，波音747这一客机巨无霸刚刚问世，就爆发了第四次中东战争，导致石油价格暴涨，航空公司运营成本剧增，飞机采购订单不得不推迟或消减，波音公司连续18个月没有一份订单。由于投入数款机型研发的巨额资金无法通过销售飞机回收，企业面临严重财务危机。波音公司一方面利用各种方式从银行融资，维持正常运转；另一方面加大内部管理，降低运营成本，大力提高新机型性能，加大营销力度。经过多方面努力，最终公司熬过了困境，依靠737、747客机称霸民用航空领域。

3. 民用超音速客机梦灭。随着喷气式客机技术日臻成熟，国际民航界不断追求飞行速度，对超音速运输机市场前景估计也十分乐观，各国开始争相研制超音速客机，包括英法联合研制的协和式飞机和前苏联的图－144。为了抢占未来民用航空领域市场份额，在美国政府的支持下，波音公司于1964年也开始了超音速客机的研制工作，并一度推出试验机型。由于油耗和噪音问题一直无法得到解决，加之载客量有限，乘坐舒适度较差，超音速客机在商业运作中遇到了严重障碍，根本无法回收生产和研制的成本。几经斟酌，1971年，美国国会最终停止对超音速客机研制的资助，波音公司也根据市场情况及时停止了超音速客机的研发。

（四）陷入保守战略，坐视竞争对手壮大（20世纪80年代～90年代）

1. 过度追求稳健，经营战略日趋保守。进入20世纪80年代以后，由于及时停止了不适应市场的超音速客机研发，加上波音737和747客机取得的巨大成功，波音公司成为世界上遥遥领先的民用客机制造商，拉开了与麦道公司和洛克希德公司的差距。

由于60年代冒险研发747客机差点导致公司破产，这一时期波音公司对新机型的研发态度相对保守，对新材料、新技术的使用也不够大胆，公司经营层一味追求稳健，缺乏企业家的冒险和创新精神。整个80年代，公司没再推出新机型，波音757和767客机也只是根据市场需求进行改进，没有在技术上实现大的突破。

虽然波音公司仍然保持世界最大飞机制造商的身份，但浓厚的官僚气息和保守的经营策略严重制约了公司的发展，使得公司对危机的反应异常迟钝，从而给竞争对手得以发展机会，市场份额大幅下滑。

2. 空中客车公司崛起。1970年，英国、德国、法国和西班牙联合组建空中客车公司，并依靠政府力量大力支持空中客车公司发展。空中客车公司先后研发A300、A310和A320系列客机，市场份额逐步提升，在国际民航客机市场向波音公司发起挑战。与波音公司相比，空中客车公司在技术上更为激进，大胆采用新材料、新工艺；在市场定位上更偏向大型客机研发，以便合理利用资源；在内部管理上，尽管由数国组合而成，但由于是新兴公司，因而更有活力。此时，波音公司的保守战略拖延了自身前进步伐，也给空中客车公司提供了发展壮大的机会，培育了空中客车公司这一强劲的竞争对手。本来随着麦道公司的衰落和洛克希德公司退出民用客机市场，波音公司可以独自称霸民用客机领域，但随着空中客车公司的崛起，民用客机市场出现了两强争霸的局面。

（五）正视危机，积极应对，确立新世纪发展战略（20世纪90年代至今）

1. 深刻反思，开始再造工程。20世纪80年代末期，波音公司陷入内外交困的境地，市场份额不断下降，开工严重不足，财务形势严峻，只能通过向各大银行高成本融资维持运转，不得不裁员1万多人。面对困境，波音公司开始了再造工程，派出100多名高级经理去日本学习、考察，增加危机意识。公司重新设计工艺程序，使生产过程更加精简和合理化，减少零部件库存时间，从而大大降低了成本。波音公司进一步改革旧的工作流程，打破传统的分工专业化、顺序化及中央集权的管理方式，建立工作整合、打破组织界线及讲求平行企业的管理方式，在成本、质量与顾客服务上取得显著成效。

2. 新波音、新机型。与此同时，波音公司加快新客机研发，推出了波音777客机，并大胆使用双引擎，提高飞机的经济性。该客机为当时全球最大的长程双引擎广体客机，市场业绩表现不俗。

为增强自身能力，实现军民两条腿走路，波音公司将触角再度伸向军用飞机领域。经过数年谈判，波音公司于1997年兼并麦道公司，组成新的波音公司，成为世界上最大的民用飞机和军用飞机制造商。整合后的新波音公司，生产能力大大提高，而且获得了麦道公司极为丰富的军用飞机生产技术和经验。

由于在国内少了一个强劲的对手，新波音公司可以集中精力与空中客车公司在民用客机领域进行竞争。

为确保自己的霸主地位，应对空中客车公司咄咄逼人的攻势，波音公司开发了波音777后续机型，并于2004年启动新一代“梦想客机”787的研发工作，以图抢占高端民用客机市场。经过数年努力，波音787于2009年12月15日试飞成功，预计于2011年交付使用。

3. 新世纪发展战略。20世纪90年代后期，波音公司意识到民用客机具有市场波动性，单纯依靠民用客机会造成公司经营波动，而且也不利于技术革新，因此，波音公司开始进行业务和机构调整。1996年收购了罗克韦尔公司的防务及空间系统部；1997年兼并麦道公司；2000年与通用汽车公司达成协议，出资37.5亿美元收购其下属的休斯电子公司航天和通信业务部。通过这一系列并购，波音公司及时对业务进行调整，扩大军用产品市场份额，大力研发高性能军事飞机、火箭，坚持民用和军用两条腿走路战略。与此同时，波音公司进一步扩大业务领域，通过兼并重组和设立子公司形式，相继开展航天、信息科技、金融以及通信等业务，进一步拓宽公司业务领域，并将一些非核心制造业从公司剥离。通过这些举措，波音公司将自己定位于从事民用、国防、高科技、通信和金融领域的全球领先企业。公司从纵向发展转为横向发展，占据技术高点，保持市场领先地位，增强可持续发展能力。

三、波音公司成功经验总结

（一）贯彻技术和市场相结合战略，将技术优势转化为市场竞争力

飞机制造是个高技术行业，需要先进的设计、制造、材料等工业基础以及精湛的生产工艺。在市场经济体制下生产飞机尤其是民用飞机，仅仅拥有技术还不行，还必须让技术转化为市场，生产的产品获得客户认可。这就要求飞机生产商不仅有一流的技术，还要善于把握市场竞争中的商机，这样才能立于不败之地。在飞机制造领域，即使国际知名公司也会因为在技术或市场方面的失误给公司带来巨大损失，甚至导致公司的终结。老牌飞机制造商麦道公司过于

注重技术，虽然生产的飞机质量很好，但价格居高不下，影响了公司经营业绩，最终被波音公司兼并。著名军火商洛克希德公司研发“三星”飞机时，由于发动机在研制中遇到重大技术问题，导致“三星”飞机失败，并最终退出民用客机市场。

波音公司将技术优势和市场观察力完美结合，并据此制定公司发展战略，从而保持长久不衰，取得骄人成绩。在技术上，波音公司从始至终坚持技术领先的管理模式，依靠技术的领先地位带动企业全面发展，沿着研究、开发、工程管理的轨迹前进，不断发明创造出新的产品和工艺方法，从而控制技术的发展方向，占据技术发展的制高点。在市场上，波音公司善于把握市场发展方向，认真考虑客户的需求，进而研发、生产相应机型，市场占有率居高不下。

1. 技术领先模式的典范——大型民用喷气式客机研发。在波音发展历程中，利用技术优势取得突破的例子比比皆是，最经典的例子就是研发大型民用喷气式客机。第二次世界大战期间，由于战争的需要，波音公司先后研发出B—17和B—52轰炸机。这两款轰炸机有诸多技术创新。例如采用加压客舱、配置更先进的发动机，大大提高了飞机飞行高度，并增加了载弹量，依靠卓越的性能扬名战场。研发新型战斗机使得波音公司积累了技术优势。20世纪50年代，波音公司依靠第二次世界大战期间积累的技术优势率先研发大型民用喷气式客机，而此时的竞争对手洛克希德公司和道格拉斯公司还在研究如何提高活塞引擎飞机性能，对喷气式客机的研究还停留在理论论证阶段。最终，波音公司成功实现了喷气式客机的技术创新，动力装置采用涡轮喷气式发动机以及使用带后掠角的机翼代替以往的活塞式发动机和直机翼，从而大大提高了飞机的速度和客运量，使航空公司的运营效率大为提高，并且喷气式客机没有了螺旋桨造成的机身振动，飞行高度更高，提高了旅客在旅行途中的舒适度。正是依靠创新和技术优势，波音公司先后研发出波音707、727、737和747等系列客机，深受航空公司欢迎，奠定了其民用客机的市场霸主地位。

2. 把握市场机遇的楷模——邮政客机的研发。波音公司第一次在民用客机领域的大发展是抓住市场定位的典型例子。波音公司早期唯一客户是美国军方，还未能实现飞机的民用化。20世纪20年代，随着美国经济不断发展，运输需求急剧提高，尤其是邮政运输方面。波音公司通过调研判断出利用飞机提高邮政运输速度将带来巨大商机，从而研发生产40A型飞机用于运输邮件。在研发适合邮政运输飞机的同时，波音公司还敏锐地觉察到，随着美国经济的发展，商务人士对于交通的便捷性要求大大提高，于是对邮政运输飞机加以改造，在飞机上安装座位，在运输邮件的同时搭送旅客，为自己获得了竞争先机。道格拉斯公司等其他飞机制造商纷纷模仿。为了巩固取得的竞争优势，波音公司改进飞机引擎，将原来2个乘客座位增加到4个，进一步提升运输能力。随着在运输领域的发展，波音公司成立了自己的航空运输公司。凭借领先的技术优势和敏锐的市场观察力，公司迅速发展壮大，在飞机制造领域站稳了脚跟。

（二）依托政府支持，利用军事技术发展民用飞机

飞机制造是技术密集和资本密集相结合的领域，需要投入大量资金，并进行大规模基础研发，因而承担的风险也十分巨大，一个机型的失败甚至可能导致公司破产。虽然风险巨大，但飞机制造对国家的工业、国防和科技各方面影响巨大，是大国综合国力的象征，因而波音公司的发展得到了美国政府的大力支持。美国政府对波音公司的支持主要体现在两个方面：

1. 政府利用军事订单刺激波音公司对高技术的研究，为公司发展提供市场和资金，并辅以税收和财政优惠政策；波音公司再将军事技术运用于民机制造，从而实现良性循环。正如著名经济学家莱斯特·瑟罗所言："美国民用飞机工业依赖与联邦政府的共生关系而成长。军用飞机生产为产品和流程的研发提供了资金，而研发的新技术经常被用于民用飞机。……管制下的航空公司可以得到有保障的机票价格，从而为支付高技术工程技术人员薪酬和将更先进的技术运用于飞机制造提供了资金保障。"

2. 通过关税、外交等手段，支持波音公司立足国内市场，开拓国际市场。一方面，波音公司快速成长时期正是美国作为新兴大国快速发展时期。基于自身过硬的技术和管理能力，加上美国政府的支持，波音公司占领了美国广阔的

国内市场，从而可以立足国内市场，实现资金回笼。另一方面，当波音公司变得足够强大，具备开拓国际市场能力之时，也是美国成为世界霸主、谋求全球战略之时，美国政府通过多种途径支持波音公司开拓国际市场，占据行业发展空间，进而压缩竞争对手生存空间。

（三）成立金融公司，依靠金融支持实现生产、销售的快速增长

作为资本密集型行业，飞机的生产制造和购买使用均需要大量资金，所以飞机制造商都十分重视金融的杠杆作用。为此，波音公司成立了波音金融公司，提供基于资产的融资和租赁服务，重点提供对客户核心业务起关键作用的资产服务。波音金融公司资产达100多亿美元，现有三个业务部门：飞机金融服务部、民用金融服务部、空间和防御金融服务部。在波音公司发展历程中，金融发挥了独到的作用，既为公司发展提供了巨额资金支持，也开拓了产品销售空间。

一方面，通过波音金融公司，波音公司与各金融机构建立了良好合作关系，采取市场化手段融资，有助于公司利用金融资本实现快速发展。例如，20世纪60年代和80年代末期，一次冒进和一次保守均使波音公司面临严重的财务危机，甚至威胁公司的生存，但公司依靠广泛且品种丰富的融资，依托金融的资金融通功能，能够暂时调整，并为后续机型的研发提供便利。

另一方面，由于飞机价格高昂，许多航空公司尤其是发展中国家航空公司无力购买，为最大限度开拓市场，通过波音金融公司，波音公司可以为客户提供融资和租赁等金融服务，既解决了客户资金需求，促进了公司产品销售，又通过提供融资租赁服务实现企业效益最大化。波音公司销售飞机的相当部分是通过波音金融公司融资购买或由该公司通过融资租赁提供给用户的。波音金融公司不仅提供波音飞机的融资服务，甚至还提供空中客车公司等其他公司的飞机融资服务。

四、波音公司成长历程对我国干线飞机制造的启示

2007年3月我国干线飞机项目正式立项，2008年5月成立中国商用飞机公司，标志着我国正式开始研制干线飞机，进军民用客机市场。干线飞机项目

启动，对于我国具有重要意义：一方面可以带动航空工业和下游产业发展；另一方面可以打破干线飞机的国际垄断，提高我国综合国力，具有重要的社会效益和经济效益。就目前来看，我国上马干线飞机项目，面临四个方面的挑战：一是适航性，即取得只有民用航空业所特有的适航验证，从而确保民用飞机的安全；二是市场，即生产的干线飞机需要卖出去；三是关键技术，干线客机是科学技术高度密集和综合反映一国工业水平的重大工程，只有掌握了核心技术才谈得上成功；四是国际垄断，干线飞机制造商只有波音公司和空中客车公司，加之技术门槛高，只有打破垄断才有可能生产中国自己的干线飞机。

针对上述困难，通过对波音公司近百年发展历史的研究，可以得出若干启示，为我国大飞机制造提供可鉴之处。

（一）引进与自主研发并举，掌握干线飞机核心技术

飞机制造业是一种知识和技术密集型产业，依赖于各种基础工业，依赖于航空学、电子学、材料学和冶金学等许多学科的工程师和科学家们的共同开发以及熟练技术工人的辛勤劳动。它比机器制造业和汽车工业要先进和复杂得多，即使和军用飞机制造业比较，民机制造业也要技高一筹。因此，要成功启动干线飞机项目，掌握飞机制造的核心技术至关重要。我国现在急需在发动机、复合材料和系统集成技术等领域取得突破。在具体实践中，可以考虑国外引进和自主研发相结合，前期通过与国外制造商合作、购买国外产品和技术来提高自身技术实力。但发展我国自己的干线飞机绝不能依靠国外技术，也依靠不了。因此在吸收借鉴的基础上，中国飞机制造商要改进并创新，实现自身独立的研究和开发，形成自己的核心技术，建立自己的制造工艺和流程。只有这样才能立足技术高点，实现后发优势，掌握发展主动权。

（二）发挥政府组织协调优势，提供必要的引导和支持

航空制造业对国家具有重要意义，而且干线飞机的研制具有高风险性，其投资强度大、回收期限长，所以需要政府在资金和政策方面强有力的支持。据不完全统计，欧洲空中客车干线飞机研制得到参与国的直接投资超过160亿美元，美国政府在1976～1990年间，以各种方式对本国民用飞机工业的财政支

持估计达335亿～415亿美元，这其中波音公司受益匪浅。

我国民用航空工业起步比较晚，还处于初级阶段，而且面临国际巨头垄断的市场，因而格外需要政府的大力支持。政府可以考虑从以下几个方面予以扶持：一是给予优惠的税收政策和宽松的外部环境，并且鼓励金融机构提供优惠资金；二是将军事技术适时转化为民用技术，并利用军事订单刺激公司发展；三是鼓励国内航空公司优先采购国产飞机，使得干线飞机在研制启动时有一定数量的订单支持；四是积极发挥外交等协调作用，为国产干线飞机取得适航证、进军国际市场创造良好的环境。

（三）适应市场需求，确立先国内市场再国际市场的开拓路径

民机制造本质上是一种商业行为，投入的巨额研制费用最终将通过飞机销售来回收。一般来说，一项飞机研制计划要取得成功，就必须在飞机首次交付后的10年中交付300架飞机以达到盈亏平衡点。所以，干线飞机制造的出路在于市场销售，没有一定的市场占有率，再好的飞机都会因为无法回收成本而停产。

因为是市场上销售的产品，干线飞机不仅需要尽可能降低飞机本身的研制和生产成本，还要尽可能降低飞机的使用和维护成本，并充分考虑飞机的舒适性和实用性，从而有利于客户接受和使用，实现量产。

因此，我国研制干线飞机在考虑其巨大社会效益的同时，也必须重视商业上的成功。要做到两者的统一，就要遵循市场规律，研制的机型应有明确的市场目标，要争取到订货承诺和达到相当数量的销售架数。

除了对市场进行准确分析外，在市场开拓手段上，应该借鉴波音公司做法，确立先国内市场再国际市场的发展顺序。我国目前干线飞机的发展阶段与第二次世界大战后美国发展阶段相似，也拥有广阔的国内市场，能够满足飞机制造商实现再生产需要。因此，国内飞机制造商应该立足国内市场，实现企业的发展壮大，再逐步走向世界，开拓国际市场。

（四）广开融资渠道，利用金融支持实现跨越式发展

干线飞机制造需要投入大量资金，而且资金占有周期较长，所以雄厚的资金和丰富的融资手段不仅能为飞机研发、生产提供条件，而且往往在关键时刻可以解除公司困境。我国干线飞机起步较晚，格外需要金融资本的支持，在项目开始就需要考虑公司资金需求，进而确定较为完善的融资方案，引进私募、公开发行、信托和中长期贷款等多种金融产品，利用发达的现代金融业为企业发展提供支持。同时，在飞机制造出来后，可以考虑设立金融租赁公司或与其他金融租赁公司合作，大力开展金融租赁服务，为客户减轻资金压力，促进产品销售。

（高大敏　邓晶）

参考文献

[1] 罗伯特·瑟琳著、张连康译：《波音传奇》，企业管理出版社 1998 年版。

[2] 徐德康、王玉芳主编：《各国民用飞机发展道路的借鉴和启示》，航空工业出版社 2007 年版。

[3] [英] 斯蒂芬·阿里斯著，徐德康、吴敏、马华等译：《豪赌三万英尺——空中客车挑战波音霸权》，航空工业出版社 2008 年版。

[4] [美] 乔·萨特、杰伊·斯宾塞著，李果译：《未了的传奇——波音 747 的故事》，航空工业出版社 2008 年版。

[5] 邱庆剑编著：《世界 500 强企业经营模式精选》，机械工业出版社 2006 年版。

[6] 曾红颖编著：《世界名企如何渡过难关经典案例全集》，电子工业出版社 2009 年版。

[7] 樊文梅主编：《资本运筹——全美企业管理经典案例集》，科学技术文献出版社 2007 年版。

[8] 单宝编著：《顶尖智慧——全球 100 名杰出企业家成功宝典》，中国国际广播出版社 2003 年版。

[9] 齐俊伟：《我国航空工业产业化研究》，南京航空航天大学出版社

2005 年版。

[10] 胡荻：《危机中的空中革命——波音帝国传奇》，《中国对外贸易》，2003 年第 3 期。

[11] 王如君：《走进波音帝国》，《人民论坛》，1998 年 5 月。

[12] 章希：《波音公司的发展战略》，《城市公用事业》，1996 年第 2 期。

[13] 乐意：《世界航空制造业的骄子——波音公司》，《中国民用航空》，1995 年第 10 期。

[14] 汪继峰：《波音公司的营销策略》，《中外企业文化》，2002 年第 7 期。

[15] 田剑、曹永才：《空中客车与波音的竞争战略研究》，《交通企业管理》，2007 年第 11 期。

[16] 高山：《政治之手主导波音空客之战》，《南风窗》，2005 年第 11 期。

[17] 苏宁：《波音：在变革中不断发展》，《中国民用航空》，2003 年第 9 期。

[18] 赵宇：《创新视野下波音公司发展历程》，华东师范大学硕士论文 2008 年。

[19] 波音公司中英文网站。

2

危机中崛起的汽车业巨擘：丰田汽车

汽车工业的百年发展史，几乎与 20 世纪重合。1886 年，戈特利布·戴姆勒（Gottlieb Daimler）制造出世界上第一辆四轮汽车；1914 年，福特汽车公司宣告福特流水生产线诞生；1928 年，通用公司雪佛兰汽车的年销售量已超过 100 万辆……丰田汽车公司 1937 年才正式成立，当年产量也只有区区的 4 000 辆。丰田汽车公司地处资源匮乏的日本，历经 20 世纪 70 年代世界经济危机、90 年代日本泡沫经济破灭以来的长期不景气和近年来亚洲金融风暴的冲击，但却一次次"危中寻机"，依靠特有的丰田生产方式、持续创新的技术产品，实施本土化生产和全球人力资源开发等，实现和保持了自身高速发展。2008 年，丰田汽车公司取代通用汽车公司，成为全世界排名第一的汽车制造和销售厂商。2010 年虽然发生"召回门"事件，但公司在 2010 年《财富》世界 500 强企业的最新排名中，仍以 2 041.06 亿美元的营业收入稳居汽车行业全球第一。

一、丰田汽车概况

丰田汽车总部位于日本爱知县，隶属于日本三井产业财阀。现任社长丰田章男。1933 年 9 月，丰田喜一郎在丰田自动织布机制造厂里悬挂了一块"汽车部"的牌子，标志着丰田汽车工业的起步；发展至今，已成为以汽车生产为主，业务涉及机械、电子、金融、住房、通讯等行业的庞大工业集团，其股票分别在东京、伦敦和纽约证券交易所上市。

丰田汽车拥有具备自身特色的产品体系和遍及全球的销售、服务、零部件供应网络，它在27个国家和地区设有52家海外生产基地（含零部件制造）以及7个海外研发基地，拥有263家附属公司和60家协作公司，全球员工总数约40万人（相关数据见图1和图2）。通过本土化的全球发展模式和协力体系（指一家中心企业及下属的子组织或承包商纵向联结发展，在成本、质量等方面更为灵活），保障其全球化的顺利发展。目前，在海外市场销售的丰田汽车共有约70多款车型，在日本国内市场约有60款车型。

2009财年（2009年4月～2010年3月），丰田汽车全球销量727.7万辆，其中在美国、日本、中国的销量分别为177万辆、153万辆、70.9万辆。当年实现销售收入为2 044.7亿美元，净利润22.6亿美元，营业利润15.9亿美元。

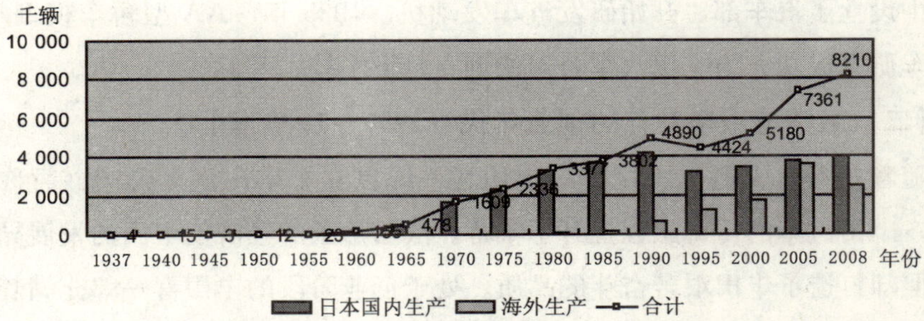

图1　全球生产业绩

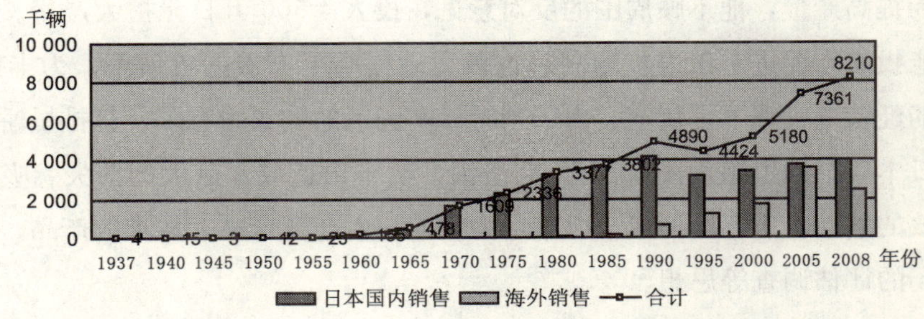

图2　全球销售业绩

数据来源：丰田官方网站 www. toyota. com. cn。

二、从零起步到世界第一——丰田汽车的发展历程

（一）从自动织机到国民车梦想的诞生——丰田汽车的创立背景

1867年2月14日，丰田集团的创始人丰田佐吉在日本静冈县出生。从童年开始，佐吉每天目睹农耕之余的母亲辛苦织布，为了减轻母亲的辛苦，他立志于发明方便、高效率的动力织机，从此走上发明道路。丰田佐吉于1896年成功发明了日本国内第一台动力织机——木铁混制动力织机。1903年，第一台自动换梭装置发明获得了成功。1910年，丰田佐吉通过对欧美考察，深切感受到了生产日本国产汽车的重要性。1924年，丰田佐吉成功研制自动换梭式丰田自动织机，通过技术转让，获得了10万英镑专利费。丰田佐吉把这笔钱交给长子丰田喜一郎，充满期待地对他说："好好地学习汽车。"这成为丰田喜一郎立志开发汽车的开端。1933年，丰田喜一郎在"丰田自动织布机制造所"中设立了汽车部，开始研发汽车发动机。1935年，AA型轿车模型与G1型卡车研制成功，为丰田汽车公司的创立打下了技术基础。

（二）激情与艰辛并存的创业年代（1937～1949年）

随着技术的成熟，1937年，丰田喜一郎创立了丰田汽车公司（简称"丰田"），丰田汽车的传奇旅程拉开了帷幕。战后萧条的经济使丰田的发展异常艰难，但却打造了丰田艰苦奋斗的品质。处于创业阶段的丰田喜一郎充满梦想和激情，他选择研发并向市场推出了第一台大规模生产大排量轿车A1型轿车，同时为提高产量，他不顾周围的反对意见，投入4 500万日元扩大产量。巨额的生产投入在促进丰田进步的同时也极大地提高了丰田的负债率，为丰田50年代的经营危机埋下了伏笔。由于当时日本国民的购买力有限，且排量轿车不适合日本狭窄的道路，A1轿车长期滞销，给丰田造成了巨大的损失。吸取此次失败的教训丰田逐渐形成了以市场为导向、生产适合顾客需求的产品、重视对市场的评估调查等思想。

（三）提高产品质量，占领国内市场，进军海外市场（1950～1965年）

第二次世界大战后，丰田遭遇了经营危机，但其抓住朝鲜特需提供的机

遇，实现了扭亏为盈。1955 年，经过详细的市场调查，丰田推出了小排量的“皇冠”汽车，在国内大受好评，一举占领了国内轿车市场。国内市场的巩固并没有使丰田懈怠，而是更加重视产品质量，力求打造物美价廉的国产轿车。为了不断提高产品质量，丰田于 1961 年引进全面质量管理，组建质量小组，注重每一个细节，不断提高产品质量。1965 年，丰田荣获戴明奖（日本质量管理的最高奖）的实施奖。

1957 年，丰田迈出了挑战海外市场的第一步——向美国出口“皇冠”汽车，并于 1958 年 7 月成立丰田汽车销售美国公司。但由于“皇冠”汽车无法适应美国的长途公路以及汽车本身性能方面存在问题，销售非常失败。丰田从第一次挑战中学到了宝贵的经验，即要生产适合当地的产品。1965 年丰田在美国推出 Corona，获得成功，出口量由 1964 年的 3 800 辆猛增到 1967 年的 40 700 辆，美国成为丰田汽车最大的出口市场。

（四）坚持自主创新，成就国民车梦想（1966～1979 年）

日本在 20 世纪 60 年代进入了高速发展阶段，汽车市场需求迅速增长，丰田也进入了高速发展时期。1965 年以后，日本政府逐步减少对国内汽车企业的扶持，日本汽车厂商开始了与外国汽车企业真正的竞争。即使经过多年的发展，当时日本汽车和欧美汽车仍然存在较大差距。为了缩小差距，许多日本企业纷纷与国外厂家联手进行“事业合作”或“技术合作”。

面对激烈的竞争，丰田坚持自主研发和创新战略，开发日本自己的车。在丰田技术研发的历程中，贯穿着“拿来主义”和自主创新两种研发方式。丰田通过这两种研发方式的完美结合，形成了公司自主研发能力。具体来看，丰田的技术研发分为学习、消化、创新三个阶段。

• 学习阶段——在创立初期，技术上落后的丰田主要依靠拆分、模仿与对比国外先进产品，研发出整车及发动机等关键零部件。该阶段自主研发的成分较少，但丰田通过这种方式快速获取技术，研发出了丰田品牌汽车，为自主创新积累了经验。

• 消化阶段——经过初期模仿，丰田汽车得到了快速发展。在积累了一定的技术和资金实力后，丰田进入了技术消化阶段。在该阶段，丰田积极实施自主创新，创立研究机构，在完善他人技术的基础上开拓自己的技术，为日后的自主创新奠定了坚实的基础。

• 创新阶段——国产化是丰田的重要目标，在该目标的指引下，丰田明确了自主创新的发展方向。

经过近 30 年的努力，丰田汽车于 1966 年推出的花冠轿车彻底摆脱了外国技术的影子，实现了完全的自主研发，标志着丰田汽车形成了自主创新能力。此后，丰田进入了技术飞跃期，并逐渐成为世界技术领先的代表。1955～1979 年，丰田共开发了 20 多种不同车型，形成了核心竞争力，并最终超越了日产和三菱等汽车制造商，成为日本国内汽车界龙头。正是通过不断学习、消化和自主创新，丰田实现了从学生到老师、从追随者到领跑者的转变，在汽车工业史上书写了属于自己的传奇。

（五）调整策略、正视危机、应对发展的瓶颈期（1981～1999 年）

相对于欧美汽车企业，丰田成立时间较晚。精准的企业发展战略使得丰田能在数次危机及欧美汽车企业强林中实现突破。

在成立初期，大排量 A1 型轿车营销失败之后，丰田以低端、低排量汽车作为公司主打产品，以适应日本资源匮乏和社会发展的实际情况，并顺利避开了早期与欧美汽车产品的直接竞争，使其在国内和国际市场均获得了良性发展。

在 20 世纪 60 年代，随着产品和技术的不断成熟，丰田具备了较强的自主创新能力，确定了产品的升级换代制度。该制度在延续原有产品品牌形象的同时，逐步改变了丰田低端车的形象。同时，丰田开始实施多样化的产品策略，产品品种从单一的实用轿车逐步发展到包括皮卡、越野车、跑车等多系列产品，极大扩展了产品的消费面，提升了产品销量。

在进入 80 年代后，为了保持丰田汽车的持续增长，丰田开始整合组织架构。1982 年，丰田工业公司与丰田销售公司结束了 32 年的分离状态，整合为丰田汽车公司，从而有助于丰田整合资源，更快地作出决策、更快的发展。

为降低出口成本，丰田开始将生产业务转移至国外。1984年丰田与通用合资成立第一个海外生产公司——NUMMI工厂。NUMMI工厂代表丰田新的国际业务计划，也是丰田国际化的转折点。

80年代初，豪华车市场快速增长。为保持可持续发展，丰田于1983年提出建立丰田豪华车的设想。经过6年的酝酿、谋划、开发和设计，1989年丰田推出了豪华车品牌雷克萨斯，在全球引起震撼，实现了从平民车到豪华车的华丽转身。目前，雷克萨斯已成为世界上最具吸引力的豪华车品牌。

20世纪90年代，日本爆发了严重的经济危机，使得车型保守的丰田市场占有率不断下降，丰田遭遇了发展的瓶颈期。在此情况下，丰田通过全球化和开发环保汽车，开始了第二次创业。

（六）全球扩张下的危机时代（2000年至今）

自1995年开始，丰田就开始了全球快速扩展的战略，2002年丰田的全球市场份额在10.7%左右。在此基础上，时任社长张富士夫设定了力争在2010年占据世界汽车市场15%市场份额的目标。2005年，渡边捷昭正式担任丰田公司的总裁，承接了前任所设定的战略目标，继续全球市场的扩张。

依靠“本土化”的产品以及丰田生产方式的全球复制，丰田迅速在全球扩张。目前丰田已经在除了日本以外的27个国家和地区建立了52个生产基地，以及7个海外研发基地，并形成了以北美为核心、辐射4个新兴市场（巴西、俄罗斯、印度、中国）的丰田全球战略布局。

海外工厂的精心布局以及全球生产方式的确立与输送，确保了丰田全球战略的成功。2007年，丰田汽车全球产量达到949.8万辆，第一次超过了通用汽车，成为新的世界第一。同年，丰田在美国的汽车销量达到262万辆，比福特多出约4.8万辆，销量排名美国汽车市场第二。2008年，丰田全年销售量897.2万辆，较2007年下降了4%。不过，这一销售业绩仍然使得丰田最终超越通用汽车，成为全球最大的汽车制造商，终结了通用在全球汽车市场上连续77年保持的“龙头”地位。

尽管夺得全球销量第一的位置，但丰田汽车和通用汽车一样，也受到金融危机的打击。在高速增长多年后，丰田汽车全球销量开始下滑，2008年销量同比下滑4%，远远低于年初制订的985万辆的销售目标。而且，丰田在2008财年出现1950年以来的首次亏损，当年净亏损达到44.9亿美元。

2010年1月21日，由于一些车辆的油门可能被卡住，形成严重安全隐患，丰田北美公司宣布在美国市场召回多达230万辆问题车辆，涉及凯美瑞、卡罗拉、RAV4、汉兰达等八款车型。2009年以来，丰田全球召回汽车总数近1 000万辆，成为汽车工业史上最大规模召回事件之一。庞大的召回数字背后，是目前还无法预估的经济损失，还有更难以估量的间接而模糊的“信用成本”。作为世界头号汽车制造商，丰田此次遭遇的严重危机，与其近几年来过分追求全球扩张的发展战略紧密相关。

三、把握机遇，实现危机中的崛起——经典案例剖析

（一）经营危机与转机——危机中的首次崛起

1941年12月，太平洋战争爆发，日本市场严重短缺原材料和劳动力。1945年8月第二次世界大战结束时，日本的工业生产设施基本都受到破坏，丰田的工厂也在战争中损失惨重，但丰田依然坚持生产。创业阶段的丰田喜一郎选择研发并向市场推出了第一台大规模生产的大排量轿车A1型轿车，总投入4 500万日元。巨额的生产投入在促进丰田进步的同时也极大地提高了丰田的负债率。第二次世界大战后，日本采取紧缩的货币政策，国内经济极为萧条，市场需求锐减，轿车滞销的情况非常严重，企业损失巨大。丰田的高负债率导致资金周转困难，随时可能资不抵债而破产，拖欠工人工资的现象也越来越严重。1949年工人爆发了大规模罢工，劳资双方僵持不下，劳资争议变成长期对抗，企业亏损进一步扩大，使得原本经营困难的丰田雪上加霜。经过反复讨论和协商，丰田喜一郎的辞职缓解了劳资双方的矛盾。濒临倒闭的丰田四处奔走，最终24家银行组成的联合组织决定为丰田提供融资，使丰田摆脱了困境；同时按注资银行的要求，公司分解为汽车销售公司和汽车工业公司，经营权受到控制。

1950年6月朝鲜战争爆发，美国向日本订购了大量的军用物资，丰田收到美国10亿日元的军用卡车订货，使得公司的经营立即扭亏为盈，当年盈利2 500万日元。

首次经营危机对成立不久的丰田是一次残酷而成功的磨炼。劳资纠纷使劳资双方都意识到和谐相处、相互信任的劳资关系对企业和个人的成长发展至关重要。自此，丰田更加注重员工的就业保障与劳动环境的改善，保持合作与信任的关系。在内部出现危机的时候，丰田没有放弃对外在机遇的把握。正是由于抓住了朝鲜特需带来的机遇，丰田打了一个漂亮的翻身仗，为后续的发展奠定了良好的基础。

（二）石油危机与精益管理——危机中的第二次崛起

1973年，中东战争引发了全球范围内的第一次石油危机，原油价格大幅上涨。对于石油资源严重匮乏的日本来说，整个经济活动处于极度混乱之中，汽车工业也受到极大影响。日本汽车产量在1974年出现了自1965年以来的首次负增长。

为了应对石油危机，丰田一方面加强研发燃油性更好的小型车，以满足市场要求；另一方面在企业内部实施了全面的精益管理，开展了有力的节省资源、降低成本的运动。也正是在这一时期，丰田所创造的丰田生产方式（Toyata Production System，TPS）得以完善和推广，并最终成为继单件小批量和福特生产方式（大量装配线方式）之后又一个改变世界的生产方式。丰田生产方式的基本理念是通过寻找和消除生产过程中各种各样的浪费达到彻底降低成本的目的。精益生产（Just in Time）和自动化（Jidoka）是它的两大支柱。精益生产是不投入多余的生产要素，只是在适当的时间生产必要数量的、市场需要的产品，让所有经营活动都有益有效，具有经济性。自动化，并不是简单地用机器设备代替人力劳动，而是让设备或系统拥有人的“智能”。当零件加工或产品出现问题时，设备或系统能即时判断并自动停止。注重发挥人的作用，是丰田质量管理的最大特点。

以丰田为首的日本汽车抓住石油危机蕴含的极大机遇，在石油价格攀升之际，其小排量车型受到欧美消费者的青睐，迅速占领海外市场。同时，通过精益管理，丰田的生产成本降到最低，将竞争对手远远甩在身后，实现了危机中的第二次崛起。

（三）经济危机与改革创新——危机中的第三次崛起

20世纪90年代，日本爆发了严重的经济危机，高负债率的日本企业纷纷陷入资本危机，欧美企业趁此机会对日本企业展开大规模的资本并购，国际汽车产业格局发生逆转，重新洗牌。而丰田凭借无债经营积累的丰厚资金，避免了被欧美企业吞并，且利用丰厚的资金并购控股了日野和大发。

经济危机爆发时期，丰田面临着外部市场需求疲软和汽车需求消费结构变化两大困境。汽车需求结构中，微型车的比例和多用途车的比例均大幅增加；消费结构中，年轻人、女性和老人的比例开始增大，人们开始追求个性与时尚的汽车，汽车已经从代步工具转变为提高生活质量的手段。在此背景下，车型保守的丰田市场占有率不断下降。此外，企业内部出现的官僚体制及“大企业病”等管理问题，使丰田缺乏活力与创新，增长速度缓慢。丰田进入发展的瓶颈期。

在此情况下，丰田制定了G21计划——制造适合21世纪的汽车以激发全员的危机意识，并逐渐走向全球化。经过一系列改革，丰田开始从保守走向汽车潮流的尖端。在外形设计上，丰田拥有如ECHO这样“古怪”的小型轿车；在新能源的开发上，丰田于1997年10月推出了最为先进和可靠的普锐斯混合动力汽车，使丰田的技术处于领先地位。

1995年，奥田硕掌管丰田。在位期间，奥田硕进行了大刀阔斧的改革，他打破论资排辈和终身雇用制，革除企业官僚作风和低效率等“大企业病”，使发展缓慢的丰田迎来了第二次事业高峰。经过调整，丰田的市场占有率终于恢复到40%以上。此外，奥田硕加快推进丰田的全球化进程，开启丰田高速海外扩张的时代。1999年，丰田的汽车销售量为469万辆，仅次于通用、福特、戴姆勒一克莱斯勒和大众公司，位居世界第5位，占世界产量的近1/10，实现了危机中的第三次崛起。

（四）召回危机与品牌重塑——危机的后未来时代

2009 年发生的召回事件给丰田带来巨大经济损失的同时，也使丰田遭遇了史上最严重的诚信危机。据国外汽车业预计，召回和停售给丰田汽车带来的直接经济损失至少达到 10 亿美元，而品牌形象受损带来的损失可能更高。丰田召回事件一定程度上已经颠覆了其在消费者心中的形象。丰田此次败走滑铁卢，质量存在瑕疵是根本，而危机公关失败则是关键。

“召回门”发生的原因包括如下几点：一是过度扩张，产品开发及人才培养脱节，在全球高速扩张的背景下，丰田忽略了丰田制造的标准和基础的全球化及深谙丰田企业文化的人才培养，造成产品质量下降；二是全球化时代，丰田供应商管理体系劣势逐渐显现，规模的过快增长导致上游供应商数量的增加，给丰田质量标准的统一增加了难度。为降低成本，丰田采用了压缩零部件供应商利润空间的做法，使得供应商采用更廉价的原料、更快速的生产方式来确保自己的利润，出现质量问题在所难免。

“召回门”大规模曝光之前，丰田汽车因为质量问题已经在美国酿成多次事故，并且造成了人员伤亡。美国政府相关部门曾派专人到日本丰田总部告知他们关于丰田汽车自动加速带来的一连串严重问题。然而除了应付，在大半年的时间内，丰田一直不作为，直到 2010 年 1 月 29 日美国国会宣布对丰田汽车的召回展开调查，使丰田汽车陷入被动。面对美国媒体连篇累牍的报道和来自国会和民间双重压力，丰田感觉到了问题的严重性，丰田章男重压下参加了在美国国会举行的听证会。滞后的危机公关，成为召回事件愈演愈烈的直接原因。

“召回门”事件后，丰田意识到销量、市场占有率不应是痴于追求的数字，努力方向逐渐向创业时的原点回归——做最好的产品，重塑品牌。为此，丰田制定了三个措施：一是设定全球质量特别委员会，中国也包含在内；二是加强质量管理，健全技术调查机制；三是建立“顾客第一”的培训中心。

在实施一系列重大举措之后，丰田是否可以弥补召回带来的负面影响，实现完全复苏并创造再次崛起的奇迹，我们拭目以待。

四、丰田启示录

（一）自主创新的品牌之路贵在坚持

从1937年丰田汽车公司成立到1966年花冠汽车下线，丰田用了30年的时间通过自主创新摆脱了国外技术的影子；从1967年到1997年另外30年里，雷克萨斯问世、普锐斯诞生，丰田用了另一个30年走在了汽车技术变革的前沿。60年的漫长岁月里，比自主创新更可贵的精神在于坚持。在创业阶段奉行“拿来主义”，学习借鉴他人先进的技术和管理方式是多数企业发展初期的必经之路。然而学习借鉴不等于简单的复制和抄袭，只有充分消化吸收并为己所用才能成为企业自身持续发展的动力。学习和借鉴并非长久之计，一味地模仿只能步人后尘，永远做不了第一；依靠合资引进技术和管理固然方便，日后技术的进步和管理的创新却要受制于人，亦步亦趋的最终结果是扼杀了企业自主创新的意愿和能力。企业的核心竞争力最终体现在技术和管理上的优势，只有在他人的基础上不断改善，坚持改善与创新相结合，实现从学习到消化、从改善到创新的蜕变，才能引领企业不断超越自我，服务市场与创造价值。

（二）以人为鉴，注重产品质量和精细化管理

2010年轰轰烈烈的丰田汽车召回事件再次证明，任何一个微小的缺陷都可能给消费者和企业带来致命的伤害。汽车行业向上涉及众多产业链，向下直接面对终端消费者，相比其他行业更应该关注产品质量。不仅要关注单个零部件功能的完整性和可靠性，更要重视整车组装后的兼容性与稳定性，由此形成一个“质量可靠——销量上升——利润增加”的良性循环通道，而这一切又以产品质量为基础。放眼全球，汽车企业中不乏百年老店，其屹立不倒的根基都是重视产品质量。抛开质量来谈销量和利润无疑是短视的，这样的企业免不了成为汽车发展百余年历史里的匆匆过客。

把一个零部件做好需要合格的设备、良好的工艺和当值工人的责任心，把成千上万个零部件生产好、组装好则非精细化的管理莫属。在产业分工越来越细的时代，整车质量依赖于数量庞大的零部件厂商来保证。唯有将企业的管理

水平逐步细化且不断延伸，才能保证不同供应商的产品品质达到同一水平，进而保证整车质量的稳定。精细化的管理有助于减少任何不必要的浪费，降低企业管理和运营成本，提高企业核心竞争力。

（三）市场需求和技术进步是企业永恒的追求

不同的时代、不同的社会背景造就了不同的市场需求，那些找准市场需求、踏准时代节拍的企业总是能获得最丰厚的回报。丰田汽车在20世纪70年代依靠小排量汽车大肆扩张，在80年代依赖豪华汽车华丽转身，在21世纪凭借混合动力汽车大行其道，都是成功的案例。市场不是一成不变的，经济发展、社会变迁、文化交融、制度废立、新老更替等，都在默默重塑着整个产业和市场格局。只有以充分的市场调查为基础，准确把握市场需求变化的脉搏，才能使企业始终立于不败之地。无视市场变化闭门造车，只有死路一条。

市场需求的不断变化要求企业不断创新技术，两者的关系是以市场变化为根本，以技术进步为基础。任何技术上的进步，如果脱离了市场需求的大方向，便成了空中楼阁；单纯追求技术而忽略了市场需求，企业便成了南辕北辙故事里的主角，离自己的目标越行越远。市场需求的变化通常是潜移默化的，技术的进步则可能立竿见影，技术的革新有时也能够引领市场需求的变革，将整个产业和市场推向一个新的时代。21世纪以来，节能环保的混合动力汽车成为大势所趋，以纯电动汽车和氢燃料汽车为代表的新能源汽车代表了未来。国内汽车企业和国外巨头们在新能源汽车领域的差距并不大，应把握这次市场变化和技术变革的潮流。

（四）快速扩张，只是看起来很美

21世纪初的10年是丰田汽车扩张最快的10年，也是丰田公司各种召回事件集中爆发的10年，这不能说是个巧合。在中国成功成为全球第一大汽车市场以来，国内汽车厂商正面临着和当年丰田类似的诱惑：规模、速度和触手可及的市场机会。据媒体报道已有多家汽车企业把自己的最终目标瞄准了世界第一的王座，而丰田此时爆发的召回危机无疑是给中国企业一个重新审视自己扩张战略的提醒。如何整合有限资源，复制过往成功的模式、将短期产能的扩大转化为长期利润的提升，并尽可能避免管理混乱和质量下滑留下的后遗症，是每个追求快速扩张的企业都要面对的难题。产品开发战略、人力资源培育、内部管理水平和供应商体系建设等如果没有跟上企业快速扩张的步伐，这些看似可以慢慢补救的问题就会积少成多，最终绊住巨人前进的脚步。

盲目扩大规模也会导致产能的集体过剩，最终拉低整个行业的利润率，钢铁行业就是这方面的前车之鉴。2010年上半年国内汽车产量847.22万辆，终端销量为718.53万辆，产销量之差高达128.69万辆，已隐现产能过剩的危机。然而仅靠企业的自律行为无法抑制整个行业的集体冲动，还需要政府的组织和协会的引导，才能使整个行业健康而有序的发展。

（孙宝成　袁敏　王炜炜）

参考书目

[1]［日］山本直著，周宝廉、傅春寰译：《丰田四十年的历程》，天津人民出版社1981年版。

[2] 白洁等著：《丰田传奇》，机械工业出版社2010年版。

[3] 张玉来著：《丰田公司企业创新研究》，天津人民出版社2007年版。

[4] 黄君发：《丰田的红与黑》，《小康·财智》，2010年4月刊。

[5] 艾学蛟：《妥善处理，化危为机——丰田危机公关反思》，《证券日报》，2010年3月20日。

[6] 苏华：《丰田质量门：疯狂扩张的"杯具"》，《现代营销·经营版》，2010年4月。

[7]［日］门田安弘著，王瑞珠、李莹译：《新丰田生产方式》，河北大学出版社2008年版。

3

业界王者重振雄风：大众汽车

大众汽车集团成立于 1938 年，总部设在德国沃尔夫斯堡。2010 年在《财富》世界 500 强中排名第 14 位。主营业务涉及研发、生产、销售、物流、服务、汽车零部件、汽车租赁、金融服务、汽车保险、银行、IT 服务等领域。大众汽车集团从 20 世纪 50 年代开始实行全球扩张战略，之后不断推行多品牌战略并在 80 年代进入中国市场。大众汽车集团的成功对我国汽车行业的发展具有指导和借鉴意义。

一、大众汽车公司的基本情况

大众汽车公司成立于 1938 年，由弗迪南德·波尔舍在沃尔夫斯堡创建，是欧洲最大的汽车公司，也是世界汽车行业中最具实力的跨国公司之一。

大众汽车公司除生产汽车以外，同时兼营汽车销售、汽车运输、汽车租赁、汽车信贷银行以及住宅等。作为汽车产品，以生产大众型小轿车和轻型货车著称于世。公司最为经典的品牌“甲壳虫”和“高尔夫”在全球总销量榜上均位列前三。此外，大众汽车公司还采取多品牌战略，目前拥有九大著名汽车品牌：大众汽车、奥迪、兰博基尼、宾利、布加迪、西亚特、斯柯达、大众汽车商用车和斯堪尼亚卡车。公司根据品牌产品特点进行全球市场细分定位，尽可能提供满足每个消费者需求和生活方式的汽车，以达到对全球市场的全覆盖。

大众汽车公司在欧洲、美洲、亚洲、非洲四大洲21个国家建有68家全资和参股企业，并设有联络机构和销售服务网络。在国内，其几乎覆盖了从低端到高端的所有产品，并凭借着质量与技术的完美融合、丰富多样化的产品线及实用性，深得各个阶层人士的喜爱。

大众汽车公司始终坚持技术创新和质量第一的宗旨，致力于研制并生产技术先进、质量优异、具有最佳性能价格比、力争满足所有消费者需求的汽车产品。进入21世纪以来，大众汽车没有满足于已取得的辉煌成果，而是以富于前瞻性的眼光和极大的勇气进行战略调整，努力提高研究开发水平，扩大车型品种，加大在中国等新兴市场的投资。

2009年，尽管面临困难的商业环境，大众集团仍然实现了其主要经营目标，大众汽车公司全球新车销售量达629万辆，销售收入达到了1 052亿欧元，实现经营利润19亿欧元。2010年在《财富》世界500强中排名第16位。

二、大众汽车公司的发展历程

（一）平民汽车与甲壳虫的诞生（1933～1938年）

1933年1月30日，希特勒上台提出了“平民汽车的概念”。这对弗迪南德·波尔舍来说是进入汽车领域的极好时机。1930年波尔舍从戴姆勒一奔驰AC公司辞职后，开设了他自己的“发动机、陆用车辆、航空与海军车辆设计室”。对于一直在寻找新项目的他，对希特勒下令发展的“平民汽车”表现出兴趣。于是，他提议在12个月内设计出德国的平民汽车。此项建议得到了希特勒政府的批准和支持。1934年6月，“德意志帝国汽车工业联合会”委托弗迪南德·波尔舍设计一辆大众汽车。后来由于资金短缺，制造过程被迫停止。直到1937年5月28日，费尔迪南特·波尔舍在奔驰公司的支持下在德国的沃尔夫斯堡创建了大众开发公司，同年9月改为大众汽车股份有限公司（简称“大众汽车”）。1938年，第一辆坚实而具有与众不同外形的甲壳虫汽车在沃尔夫斯堡下线。同年7月3日，“甲壳虫”这个名字第一次出现在《纽约时报杂志》上，美国认为这辆车像一只可爱的小甲壳虫（见图 1）。

图 1　甲壳虫汽车

（二）战争中的命运与战后重生（1939～1949 年）

随着第二次世界大战的打响，大众汽车满载着国家的命运，转而生产军工产品。在战争中，大众汽车先后兼并了两个工厂，开始扩充军备生产。1939 年年末，公司开始制造炸弹，又接着做飞机油箱、油罐、弹壳及其他车床传动配件。从 1941 年开始，在沃尔夫斯堡的工厂还建了一条生产 Ju88 飞机机翼的生产线，使公司获得了一些收益，处境也有所好转。在军事机动化之后，公司为军用客车及水陆两用车的连续生产又建立了一条生产线。直到 1942 年，大众汽车其实已经垄断了德国的客车生产线。直至战争结束，大众汽车总计生产了 66 285 辆军用汽车。

1945 年 4 月 11 日，在德国的美军结束了长达 6 年的军工生产。伴随纳粹独裁统治的终结，大众汽车进入了崭新的时代。在战争结束后的初期，大众汽车发展迅速，成为当时最重要、最大的工业企业。1945 年 5 月，英国占领军接受占领任务，开始全面托管。负责军管的英国陆军少校伊万·赫斯特（见图 2）看出大众汽车有发展

图 2　伊万·赫斯特

潜力，在当年就恢复了大众汽车的生产，并生产了1 785辆军事用车，第二年又生产甲壳虫1万辆。对于大众汽车后来的崛起，英国托管者起了决定性的作用。他们首先排除了竞争中的致命弱点，成立了售后服务部，在信誉上赢得赞赏，同时为系统解决技术缺陷提供了坚实的基础。1947年，英国托管者启动了第二项发展计划，即出口大众汽车。这一决定，不仅解决了战争所负担的财政空缺，而且为大众汽车的国际化奠定了基础。

1948年1月，大众汽车任命海因茨·诺德霍夫（见图3）为总经理，同年8月海因茨·诺德霍夫全面管理公司。德国经济出人预料的高速发展也为大众汽车创造了一个极好的外部环境，诺德霍夫的务实精神和正确领导又使大众汽车具备了大发展所需的内部条件。1949年10月，英国驻军把大众汽车正式移交给德国联邦政府，委托下萨克森州管理。从签署协议那一刻起，大众汽车结束了受英国人控制的局面。那时，其在本国竞争中已处于有利地位。

图3 海因茨·诺德霍夫

（三）国际化与大规模生产（1950～1960年）

1949年之后，大众汽车产量逐渐增加。诺德霍夫的知识和经验对公司发展起了巨大推动作用。他对汽车出口非常重视。当年，一半产量的甲壳虫出口，美国很快成为大众汽车的主要市场。1950年大众汽车开始实行全球计划，在世界很多国家设立工厂，并将产品销往丹麦、瑞典、卢森堡、比利时和瑞士，两年后又销往英国和美国。后来德国生产的大众汽车2/3出口到150个国家，还有不少汽车在德国以外的工厂生产。诺德霍夫担任两年沃尔夫斯堡的总经理以后，大众汽车的净利润达到560万马克，对于一个从没有打算把产品在自由市场销售的公司来说开端绝不算差。

1952～1955年，“大众汽车加拿大有限公司”、“大众汽车巴西有限公司”、“大众汽车美国公司”相继成立，并在南非和澳大利亚也建立了工厂，标志着大众汽车开始向全球进军。1955 年 8 月 5 日，第 100 万辆大众汽车下线。1959 年，由于各方的压力，大众汽车在美国市场的销售遭遇前所未有的尴尬境遇。后来大众汽车美国公司采用高水平的广告大战，使销售率有所提高。1960 年大众汽车进军法国市场，在巴黎成立了大众汽车法国有限公司。当时在法国的进口市场上，大众汽车仅次于菲亚特和欧宝，位列三甲。大众汽车实施的全球扩张战略和经营战略取得了显著的成效。1960 年，大众汽车年产量突破 70 万辆大关，仅次于通用和福特公司，终于打破了美国汽车公司包揽全球汽车工业三强的格局，将大名鼎鼎的克莱斯勒汽车公司挤到了第 4 位。

（四）繁荣与危机的较量（1961～1972 年）

1960 年年底，大众汽车改组，成为大众汽车股份有限公司，其资本为 6 亿德国马克，并发售股票。联邦德国政府和下萨克森州政府各占 20%，其余股份属私人投资者。大众汽车的股票是当时联邦德国历史上首次发行的民众股票。德国的投资者以每股 350 马克争购这些股票，说明甲壳虫在市场上信誉非常好。

大众汽车的成功让各国汽车制造商虎视眈眈，意大利、法国等强烈抵制外商进入本国市场；美国依靠先进的生产技术，创造出更迎合大众品位的新型轿车。即便是甲壳虫这个时代的宠儿，也变得危机重重。为了加强竞争力，大众汽车开始寻求新的发展方式。1965 年 1 月 1 日，大众汽车正式与戴姆勒－奔驰股份有限公司合作，其子公司汽车联盟有限公司转归大众汽车股份有限公司所有。通过合作，大众汽车接受了汽车联盟有限公司这一富有传统并极具创新力的品牌。

随后的几年，由于收入减少，大众汽车进入萧条期。其中一年，生产量被迫减少 30 万辆左右，销售方面也不得不采取优惠政策。但是值得骄傲的是，1972 年甲壳虫的生产总量达到 15 007 034 辆，打破了 1908～1972 年福特汽车公司制造的 T 型车传奇式的生产记录，甲壳虫成了新的世界冠军。

（五）帕萨特与高尔夫承载辉煌（1973～1981 年）

20 世纪 70 年代的石油危机，是第二次世界大战后第一次全球范围的经济危机。整个欧洲被石油危机重创，汽车工业面临严峻考验。大众汽车的形势更为糟糕，因为其主打产品甲壳虫已经开始走下坡路。在这种形势下，大众汽车推出了新一代的车型，缓解了大众汽车面临的众多危机。

1973 年，作为新一代大众汽车的代表之作——帕萨特开始全面投产。帕萨特第一次证明了积木式设计理论已经取得了效果。为保证将来的用户能在一个主型上产生的两种变型之间看到明显的区别，特地委托意大利知名设计师为帕萨特设计了一种斜背式车身，并放弃了传统的后置风冷发动机布局，采用水冷四缸发动机，前轮驱动，承载式车身非常紧凑，底盘轻量化，前悬架为麦弗逊式，后悬架为交叉臂式，这些在当时都是十分先进的技术。

1974 年大众汽车推出“高尔夫”品牌，公众终于看到了盼望已久的甲壳虫的继承者。高尔夫是现代集体创作的典型，一出现就引起了轰动。两厢掀背式造型的高尔夫很快风行各地，四门便利设计、更低的油耗、更高的速度以及更佳的安全标准，使其一上市即销售一空，并代替甲壳虫成为德国人家庭用车的首选。截至 1976 年 10 月 27 日，高尔夫已经生产了 100 万辆。第一代高尔夫从 1974 年上市到 1976 年第 100 万辆下线仅仅用了两年时间。毫无疑问，高尔夫担任了德国平民汽车的角色。

帕萨特的出色表现和素有甲壳虫接班人之称的高尔夫，成功弥补了大众汽车在德国整体市场需求下滑期间的损失。两种品牌的技术突破和精准的产品定位，帮助大众汽车扩大了中低端市场份额，顺利度过了这次危机，这也进一步证明了大众汽车减少了对甲壳虫的依赖。

1979 年捷达问世。捷达在高尔夫的基础上改用斜背式车身，也有双门和四门两种变型。捷达发挥了占领市场一席之地的作用，并保持了用户对大众的信任。在车身制造工艺上，大众汽车实现了由型号决定的机械化向程控操作机器人的转换，为大众汽车走进新时代带来美好的开端。这种纵向的扩张，成为大众汽车在德国乃至全世界长期发展与生存的优势。

（六）大众汽车结缘中国（1982～1991 年）

在世界汽车工业的机构调整中，大众汽车的发展方向非常明确：将生产经营遍布全球，成为拥有更多品牌的跨国企业。他们果断地利用 20 世纪 80 年代欧洲与亚洲市场上的扩张机会，加快步伐，抢占这一领域。

1982 年，大众汽车与日产汽车公司签订授权合同，成为当时日本主要的外国汽车进口商。同年 6 月 8 日，大众汽车与上海拖拉机汽车工业公司签订了试组装合同，拉开了大众汽车与中国企业的合作序幕。1984 年 10 月 10 日，中国与外国投资者共同创办的迄今为止最大的机械制造企业的合作协议，在人民大会堂正式签订（见图 4）。次年，机械工业首家中德合营企业——上海大众汽车有限公司（SVW）正式成立。桑塔纳开始在中国全面投产，不到半年时间，产量已达 1 700 辆。1991 年，第二家合资企业长春一汽大众汽车有限公司成立，更加快了大众汽车在中国市场的扩张速度。此后，大众汽车长期居于中国市场垄断地位。

图 4　上海大众合营合同在人民大会堂签约

（七）高品质全球化的汽车集团（1992～2010 年）

1993 年，皮耶希成为大众汽车总裁。大众汽车在经历了 1 个世纪的发展后，总结出质量与效益先于数量的理念，并依照这个理念，更加集中精力提高产品质量、生产率及利润效益。大众汽车在卡塞尔建立了世界上最大的零配件供应中心，负责为大众汽车在全球的生产和销售企业提供专业的零配件。几年之内，大众汽车收购了布加迪、兰博基尼和宾利，将理念贯穿到豪华车和超级跑车的生产中。2002年，高尔夫以21 517 415辆的成绩成为世界产量最大的大众汽车车型。同年8月，豪华越野车途锐开始生产，标志着大众品牌正式进入一个全新的市场领域。2003年夏天，生产甲壳虫的最后一家工厂墨西哥的普韦布拉工厂在投产这款车50多年后关闭了甲壳虫生产线。在甲壳虫70年的历史中，共有2 200万辆甲壳虫在大众汽车的全球工厂生产出来。2008年，大众汽车收购瑞典斯堪尼亚AB公司68.6%的股权，完成对该公司的收购计划。大众汽车在全球卡车市场称霸的雄心显露无遗。

2009年2月26日，大众汽车（中国）在北京市发布了一个针对中国市场的宏伟计划（见图5）：到2018年，引进不少于40款新车、销售网络扩充至2 000家，年销量达到200万辆。这只是大众汽车超越丰田、称霸全球的2018战略中的一部分。2010年3月11日，大众汽车在总部沃尔夫斯堡召开年会披露，今后3年大众汽车将大手笔投入266亿欧元，到2018年其产销量将达到1 000万辆。

图5 2018战略发布会现场

三、大众汽车的经典案例分析

（一）多品牌战略与进军中国市场

1954年，28岁的卡尔·H. 哈恩（见图6）进入大众汽车；1959年，33岁的他成为大众汽车美国公司的总裁；1964年，成为大众汽车主管销售的董事。同年，公司收购了汽车联盟股份有限公司，其中包含奥迪这个品牌。当时，收购后的汽车联盟股份有限公司仍然面临巨大亏损，哈恩面对严峻局势认为应当实行一种有两个独立产品种类和销售组

图6 卡尔·H. 哈恩

织的双品牌战略。大众汽车当时的主打产品是甲壳虫，哈恩主张维持奥迪的品牌独立性；但是这与大众汽车一贯的战略相悖。哈恩指出，当一个企业在相当长的时间里都取得了成功，它就非常难以接受新鲜的思想和策略。顶着巨大的压力，哈恩保留了奥迪研发部的相对独立性，使之秉承了突破科技的品牌理念，为其后期的发展奠定了基础。

由于公司发展上的战略分歧，哈恩离开了大众汽车。直到 1982 年，他被重新聘任为大众汽车董事长和全球销售业务负责人。哈恩一直坚持奥迪品牌独立和高档的理念，促使奥迪在很多方面重新开始。1983 年，哈恩建议开发高档奥迪，在技术不断提升的保证下，一步步将奥迪引入了高档汽车市场。同时，哈恩也十分艰难地将奥迪与大众汽车进行了剥离，真正实现公司双品牌的发展战略。

通过 1986 年收购西亚特（SEAT）和 1991 年收购斯柯达（SKODA），大众汽车形成了与多品牌战略相适应的结构。作为欧洲最大的汽车制造集团，其管理权下放到大众汽车、奥迪、西亚特、斯柯达和大众汽车商用车等各独立品牌的董事会手中。

在哈恩看来，多个品牌的平台战略让大众汽车能够满足市场需求，满足不断出现的对新车型级别和细分车型的需求。单一品牌不足以覆盖广大的消费群体，因为他们有着各种不同的需求。如果在单一品牌上寻求满足消费者的途径，就容易在原有的品牌上生成各种雷同的产品，对于品牌是一种伤害，将使品牌丧失灵魂。

进入中国是大众汽车全球化的一个非常重要的发展战略。在当时的形势下，哈恩遇到的却是异口同声的反对，反对的声音大都集中在中国经济基础太差、合作生产的批量不大、无利可图等方面。而事实上，刚刚吹响改革开放号角的中国呈现出也的确是这样一个状态。因此，大众与上海的谈判一次次陷入停滞。

在这场旷日持久的拉锯战中，除去亲自参与中国的每一场重要谈判外，哈恩还必须在公司内说服各部门管理者达成共识并且协同作战。这个时候，哈恩身上具有的风险投资者的品质开始显露出来，他具有前瞻性和开放的眼光，拥有穿越重重困难表象捕捉机会的能力。

1984年10月10日，德方与中方各自出资50%的合资公司上海大众汽车有限公司正式成立。在那个时候，哈恩已经预见到，在这个人口逾10亿人的国家，各方面全面发展已经是不可抑制的趋势，眼前虽然看似无利可图，将来一定会大有收获。

1982～1992年担任大众汽车董事长的10年间，哈恩勇敢冲破了来自企业内部的种种障碍，以足够的耐心与前瞻的眼光与中方的合作伙伴成功奠基上海大众与一汽大众两个合资公司，不仅将这家跨国企业带向了一个新世界，也从客观上使得中国的汽车工业开始呈现新气象。毋庸置疑，哈恩当年的战略眼光已经通过上海大众在中国市场20多年的表现得到了证明。在某种程度上，哈恩率领大众汽车登陆中国，预示着中国汽车市场已经进入世界汽车业的视野之中，大众汽车也因此激起了越来越多后来者的效仿。

（二）技术革新与多样化的产品

图7　费迪南德·皮耶希

费迪南德·皮耶希（见图7）是大众汽车创始人老波尔舍先生的外孙。出身汽车世家的皮耶希走的是典型的技术路线。来大众汽车前，皮耶希已在奥迪技术部门工作10年时间，在他的领导下，奥迪取得多项技术革新，包括四轮驱动与不锈钢车身技术。奥迪在1980年推出了第一辆四轮驱动的现代车型——200马力Quattro轿车。1986年奥迪100的全镀锌车身和1994年奥迪A8的全铝质车身均为皮耶希一手打造。

另外，皮耶希还对哈恩时代的企业战略进行了调整，除了在大众汽车人力资源、日常管理、销售策略等各方面大力改革外，他的杀手锏是产品和质量。1993年，大众汽车走进谷底，全年亏损近20亿马克。临危受命的皮耶希上任后进行大刀阔斧的改革，以专业工程师背景帮助大众汽车实现了质量的复兴，短短1年多时间就使大众汽车转危为安，1994年大众汽车销量增长10%，实现盈利。他经常对下属说的一句话是："与其将来骂我，不如现在就提出如何改进质量问题的批评性意见。"在皮耶希上任后的8年时间里，大众汽车由28种车型增加到了65种，很快就改观了大众产品的疲势。丰富的产品线使大众汽车有能力生产从普及型到豪华车的所有车型。只有产品的多样化，才能使一个品牌具有魅力和感召力，从而富有活力。

在皮耶希任职期间，大众汽车一直是全球汽车业的主角，2001年更是大众汽车巅峰时期，它的税后利润率一度达到6%，销售量则比1993年增长了74%。这是大众汽车历史上的最高纪录。皮耶希在极端困难的时候创造的奇迹使其被称为大众汽车的拯救者。

（三）成本控制与营销革命

2008年是全球汽车企业极为艰难的一年，但却是大众汽车辉煌的一年。丰田以897万辆的销量终结了通用76年汽车企业龙头地位。但2008年也是丰田70多年来首次亏损的一年。大众汽车此时却以税后利润47亿欧元的业绩，达到其历史最高点，在全球汽车市场上独占鳌头。如今，克莱斯勒已经倒下，通用经历了破产危机，丰田也深陷"召回门"，同为欧洲的戴姆勒、宝马等老牌企业的业绩也在大幅下滑。究竟是什么让大众汽车在这"大灾之年"实现了逆势飞扬，这不得不归功于大众汽车成本控制与营销革命的战略。

2002年之后，德国大众汽车的利润总额连年下滑。日韩汽车企业在欧美猛烈的价格竞争、欧元汇率的坚挺、自身生产成本的高涨、德国汽车市场的疲软，使大众汽车在市场上的颓势显露无遗。

2004年，时任大众汽车总裁的毕睿德在全球开展了一项名为"全力以赴"的开源节流计划，包括系统化的成本管理和内部流程的优化。当年的优化措施取得了16亿欧元的效益。从此，大众汽车不断减少固定资产投资。与丰田大量建厂到2008年产能过剩百万辆形成了鲜明对比。

此外，大众汽车还在中国投资上百亿元建设了上海、长春两个发动机生产基地，组装新FSI发动机。因此，大众汽车的人工费用也在几年间降低了近一半。

2005年4月，大众汽车召开了一次股东大会。针对股东代表提出的大众汽车中国管理层对市场变化反应缓慢、车型系列老化等问题，公司决定将全力以赴对中国业务进行重新调整，并投放新车型，以捍卫在中国市场的领先地位。

现任大众汽车中国总裁的范安德就在这个危急时刻走马上任。就任后，他致力于建立庞大的中国消费者数据库，在研发阶段就对消费者进行分析，并将上海大众和一汽大众的采购与销售网络合并，这样营销活动的主导权就掌握在大众汽车手中，不但可以提高销售效率，而且还可以有效控制成本。

另外，为了把营销权力下放，时任一汽大众汽车销售公司总经理的苏伟铭，推动了一项在全国建设SBU（战略业务单元）及NSC（区域事业部）的营销变革。这是一场以市场决策向一线转移为核心的营销变革，旨在解决之前一汽大众终端反应迟钝、竞争决策滞后、市场前沿管理人员不作为的问题。每个地区的消费水平和消费观念都有所不同，SBU的作用就在于：在不同销售区域里，每一天都可以有适合那一地区消费理念和消费水平的促销活动。

与美国通用的高举高打、日本丰田的细腻精细不同，战略上严谨务实、策略上灵活机动的大众汽车在市场中张弛有度。在金融危机蔓延到实体经济前的这段时间里，大众汽车全球化的战略布局与最大限度的本土化得到了有效结合，凭借着稳健的成本控制与创新的营销手段顺利度过了这次金融危机，成为唯一没有亏损的大品牌。

四、大众汽车成功的秘诀及对中国汽车业的启发

随着我国经济的发展，汽车市场竞争日益激烈，我国的汽车企业如何面对严峻的市场挑战，大众汽车的成功经验值得我们借鉴。

（一）不断完善的多品牌战略

大众汽车多品牌战略的贯彻是一个不断完善的过程，也是一个是贯穿汽车企业整个生命周期的生命工程，包括了品牌确立、品牌维护和发展等重要的环

节。大众汽车通过客户需求来构建品牌个性以进行清晰的品牌定位，并成为服务全球多品牌市场战略的基础。在品牌价格管理方面，大众汽车所有的品牌遵循价格—价值战略原则。这意味着即使是集团量产品牌也并不以提供可能的最低价格为主要目标，而是提供符合品牌特性配置的价格。在品牌监控管理方面，大众汽车开发出有效的评估指标来监控和管理不同个性的品牌。每两年对所有品牌在主要市场上的形象及表现进行一次全面评估，并将反馈结果作为品牌市场计划修改的依据，以帮助制定和驾驭品牌政策。

（二）新技术的引领者

创新的观点和技术是大众汽车成长和商业成功的关键。大众汽车自创立之初就没间断过对新技术的追求，不断推陈出新，如前置驱动、水冷发动机、Quattro 的四轮驱动技术、奥迪 100 的流线型全镀锌钢板车身、直喷式柴油发动机（TDI）、奥迪 A8 的全铝质车身等。大众汽车不但一直充当着新技术的引领者，而且不断在技术和成本之间寻求平衡。

（三）成本管理与营销战略

系统化的成本管理和“以客户为中心”的营销策略是大众汽车一直秉承的理念。大众汽车在各品牌之间已实现共享后台资源，在研发、零部件采购、平台共享及生产资源的配合上，发挥整合后的协同效应。在不同车型之间实现零部件的通用化是降低成本从而取得竞争优势的关键。“以客户为中心”就是要建立以客户需求为导向的营销策略。不同的客户需要不同的汽车，不同的汽车卖给不同的客户。大众汽车在营销过程中不断收集客户数据、分析客户特点和需求，对于不同的客户群采用不同的营销策略，既满足了客户的需求又提升了品牌形象。

中国的汽车业已经获得很好的发展和机遇。如果中国的汽车制造厂商能专注于企业的战略，开发合适的自主品牌，改善产品质量和运作效能，在全球的汽车工业的成功指日可待。

（宋宣辰　陈思）

参考文献

[1] [德] 卡尔·H. 哈恩著，朱刘华译：《我在大众汽车 40 年》，上海远东出版社 2008 年版。

[2] [德] 费迪南德·皮耶希著，任卫东译：《汽车和我》，上海远东出版社 2009 年版。

[3] [德] 马丁·波斯特著，项玮译：《上海 1000 天，德国大众结缘中国传奇》，中信出版社 2008 年版。

[4] 秦凤华：《大众的 22 条绿色准则》，《中国投资》，2008 年第 9 期。

[5] 阚德祥：《方寸赏车，甲壳虫之父——波尔舍》，《汽车文化》，2009 年第 12 期。

[6] 王涛：《大众：布局未来》，《汽车观察》，2009 年第 12 期。

4

从全球老大到破产保护：通用汽车

一、企业简介

通用汽车公司（GM）由比利·杜兰特创立于1908年，总部位于美国密歇根州的汽车之城底特律，在全球35个国家和地区建立了汽车制造业务，公司下属的分部达20多个，拥有员工266 000名。从1931年通用汽车超越福特汽车成为全球汽车行业的领导者，到2008年其全球产销量第一的位置被丰田汽车取代，在长达77年的时间里，通用汽车公司一直雄居全球汽车业第一的宝座。2007年，通用汽车公司在全球售出近937万辆轿车和卡车，在《财富》全球500强营业额排名中，通用汽车公司排第5位，居汽车业第1位。

通用汽车公司是美国最早实行股份制和专家集团管理的特大型企业之一。通用汽车公司生产的汽车，是美国汽车豪华、宽大、内部舒适、速度快、储备功率大等特点的经典代表。

通用汽车公司的产品主要分为三大类：

• 汽车产品，包括制造、装配、销售汽车、卡车、公共汽车和相关零配件。通用汽车公司旗下的轿车和卡车品牌包括：别克、凯迪拉克、雪佛兰、GMC、通用大宇、霍顿、悍马、欧宝、庞蒂亚克、萨博、土星等。2006年，在通用汽车公司2 056亿美元的营业收入中，与汽车有关的收入达到1 712亿美元。

• 金融和保险业，主要业务单位是通用汽车承兑公司，它资助购买 GM 产品。此外，公司也为经销商和消费者提供保险，并从事抵押银行业务、海上金融和投资服务业务。

• 其他产品，主要是电子数据系统公司从事的数据加工、电讯服务和 GM 休斯电子公司从事的军火生意。此外，这两家公司还从事商用信息和电讯系统的设计、安装和经营、火车头的研究开发和制造，同时生产压缩机、发电机和船用汽轮发动机等等。

二、发展历程

（一）成立初期——并购重组、快速扩张（1908～1920 年）

通用汽车公司最初的发展是依靠疯狂的并购重组起家的。杜兰特在当时是美国领先的货车、马车生产商，他于 1904 年进入并重组了处于困境的别克汽车公司。1908 年，别克汽车公司已经成为全美主要汽车生产商。杜兰特希望结束当时汽车工业数百家公司并存的局面。1908 年 9 月 16 日，其成立了通用汽车公司；1908 年 10 月 1 日，他将别克引入通用汽车公司，然后奥尔兹于 11 月 12 日加入。1909 年，通用汽车公司又合并了另外两家小汽车公司奥克兰汽车公司（现在的庞迪亚克分部）和凯迪拉克汽车公司。

通用汽车公司并购这些公司是通过股票交易的方式，成为控股公司，被购公司则保留了原有的法人资格和独立运作的实体。1908～1910 年，通用汽车公司将包括零部件制造商在内的 25 家不同的公司纳入旗下。1916～1920 年，通用汽车公司又合并了另外 14 家公司，其中包括雪佛兰公司。

但是，正如通用汽车公司第八任总裁小艾尔佛雷德·斯隆在《我在通用汽车的岁月》中评述的那样："杜兰特先生是一个有着伟大缺陷的伟大的人——他善于创造，却不善于管理。"杜兰克只是将这些公司合并为通用汽车公司的控股公司，却没有重视企业的统一管理。每个汽车品牌和零部件部门都是独立控制自己的采购，自行决定产品的价格，分别管理自己的账目，这使得追加投资、大肆采购、盲目生产成为必然，导致通用汽车公司的财务成本迅速攀升。

1920年，一场意想不到的经济衰退使通用汽车公司的销售陷入了困境，汽车库存迅速攀升，通用接近破产的边缘。1920年11月20日，杜兰特被迫辞去通用汽车公司总裁职位，并将自己的股份全部卖给了杜邦家族，皮埃尔·杜邦接替杜兰特成为通用汽车新的总裁。杜邦担任总裁后的第一件事就是批准了斯隆的改革计划，对公司的管理体制进行全面改组，构建一个集权控制下的分权经营体系，这就是著名的斯隆模式。

（二）辉煌时期——斯隆年代（1920～1956年）

通用汽车公司的辉煌及其在产业领域前所未有的主导地位，都离不开一个人——小艾尔佛雷德·斯隆。他于1918年加盟通用汽车公司，1923年5月成为通用汽车公司的第八任总裁。之后，他一直任通用汽车公司总裁、首席执行官、董事会主席至1956年退休。到斯隆退休前，他一直保留着通用汽车公司名誉董事会主席的头衔。斯隆的成就，不在于让濒临破产的通用汽车公司在短短3年内反败为胜，而在于他建立的企业原则虽历经半个多世纪来的经营环境变动，仍被认为是企业管理的典范。

斯隆是20世纪美国企业管理和商业模式创新的代表人物，对美国现代化企业制度的建立有很大的贡献。他最早提出“基于协调和控制的分权管理”，建立“联邦分权制”（事业部制的雏形）。他重视市场战略的研究，适应不同消费者需求设计产品，最大限度提高通用汽车的市场覆盖率。他对企业财务成长、领导者职能和作用也很有研究，并且首次提出了“职业经理人”概念，这些都对现代管理理论的形成和发展产生了极大的影响，并奠定了通用管理模式的基础。

到1927年，通用汽车公司一跃成为美国汽车工业的霸主，其国内市场占有率达到43%。即使在大萧条时期，公司仍能维持盈利并坚持给股东分红。第二次世界大战期间，公司接受了大量军事订单，总价格高达13 081亿美元左右，战争期间美国1/4左右的坦克、装甲车和飞机，1/2左右的子弹和步枪，2/3的重型载重汽车均来自通用汽车公司。第二次世界大战以后，斯隆认识到将会有一场汽车热销期，推出了更大型、更有盈利潜力的小汽车，并巩固了在汽车市场上的主导地位，并在其他产品市场上也获得了主要地位，成为美国最大的军用品承包商。1952年艾森豪威尔当选总统后，公司总裁查理·威尔逊成为国防部长。1955年，通用汽车公司成为世界上第一个年利润超过10亿美元的公司。

斯隆领导下的通用汽车公司获得了巨大的成功。员工从1917年的2.5万人，发展到1962年的600多万人；股东从1917年的3 000人，发展到1962年的100多万人；汽车销售量从1918年的20.5万辆，发展到1962年的449.1万辆；营业额从1917年的2.7亿美元，发展到1962年的146亿美元；公司的总资产从1917年的1.34亿美元，发展到1962年的92亿美元；公司的资本总额从1917年的1亿美元，大幅攀升至1962年的69亿美元，其中大部分的成长是来自于盈余的再投资。在45年间，公司所发放的股利，总值达到108亿美元，占盈余的67%。

（三）危机初现——日本汽车的崛起（1956～1981年）

1940～1975年是美国的战争期，在这个时期负责提供军用物资的通用汽车公司获益匪浅，年销售额已接近千亿美元。此时，一个致命的对手已然悄悄来到了通用汽车公司的身旁——日本汽车企业。

自第二次世界大战之后，丰田汽车精益的生产方式掀起了第二次汽车产业浪潮。以丰田、本田、日产为代表的日本汽车企业开始席卷全球并开始威胁通用汽车公司等欧美巨头的地位。以消除浪费、持续改进、零库存零缺陷、准时制生产等为特征的丰田生产方式自诞生起就击中了通用汽车公司等欧美巨头的软肋，斯隆的继任者们忘记了斯隆的忠告，在忽视利润、盲目扩张的道路上越走越远。

1973年，第四次中东战争爆发。为打击以色列及其支持者，石油输出国组织的阿拉伯成员国当年12月将基准原油价格从每桶3.011美元提高到10.651美元。随即，国际市场上的石油价格从每桶3美元涨到12美元，上涨了4倍，史称“第一次石油危机”。紧接着，1979年，伊朗发生政变。伊朗国王仓皇逃到美国寻求政治避难。伊朗宗教领袖霍梅尼要求美国交出伊朗国王，但遭到美国的拒绝，于是阿拉伯国家联手对美国实行全面石油禁运，并进而引发了“第二次石油危机”。

接踵而至的石油危机沉重地打击了美国汽车业。由于此前汽油价格低廉，美国人一直主张“大马力、高速度”的汽车消费观念，美国的汽车生产商为满足国人的这种偏好也主要生产各种系列的大型轿车。虽然早在1970年前后，美国汽车市场上便已出现了日本企业的身影，但那时的美国汽车生产商，包括通用汽车公司，均认为日本汽车不可能成为主流产品。在美国汽车生产商眼里，低排量的日本车不符合美国人的性格，只有那些没有经济能力的大学生才买日本车。然而，事实是，在连续两次的石油危机中，美国的汽车市场顷刻间便被日本汽车占去了24%。

在1973年第一次石油危机时，通用汽车公司内部就已经有人提议“注意日本汽车”。但可惜的是，由于第一次石油危机在短短的几个月之后便告结束，通用汽车公司的领导们忽视了这个提醒。两次石油危机间隔的6年，通用汽车公司本有机会进行发展战略的调整，但却错过了。而在这6年里，日本汽车则像野火燎原一样，迅速覆盖全美。1981年，作为美国汽车业旗帜的通用汽车公司爆出巨额亏损的消息。美国朝野震惊。

（四）土星计划的失败——积重难返（1981～2000年）

进入20世纪80年代以后，通用汽车公司开始了艰难的创新历程。1981年，史密斯出任通用汽车公司总裁。上任伊始，他便做出了让美国汽车界瞠目结舌的举动——与日本企业合作。在史密斯看来，美国汽车之所以会败给日本汽车，其主要原因在于成本。如果生产与丰田相同数量的汽车，通用需要的人力成本竟然是丰田的两倍多。在他眼里，由于美国汽车工人联合会的力量过于强大，根本无法降低工人的工资水平，因此，通用汽车公司要在成本上取得与日本公司同等的竞争力是不可能的。于是，他想出了一个“以合作促进竞争”的策略。他购买日本铃木的股份。作为交换，铃木公司每年卖给通用汽车公司8万辆超小型车。通用汽车公司将把这些车重新以“斯普林”命名，通过“雪佛兰”的销售系统销售出去。与此同时，通用汽车公司还与日本丰田达成了联营协议，双方生产“雪佛兰·诺瓦斯”新车。靠着日本人的成本优势，新车的实际成本要比通用汽车公司自己生产的国内车便宜很多。

此外，在史密斯的计划里，“合作”只是权宜之计。他更看重的是通过合作来获取日本企业赖以成功的汽车生产流程。1983年11月，与日本企业合作了近3年的史密斯自信已经学会了日本企业在生产流程上的核心技术。于是，他推出“土星计划”。之所以叫“土星计划”，是因为美国的第一颗卫星发射火箭的名字就叫“土星”。当时，美国的太空计划目标是赶超苏联，而史密斯的“土星计划”则旨在赶超日本。

在“土星计划”中，通用汽车公司成立了一个全新的、享有高度自治权的子公司——土星公司，利用从丰田汽车那里学来的生产流程，并集合美国最先进的计算机生产控制系统，专门制造一种以日本汽车为竞争目标的经济型轿车。同时，在史密斯的主持下，土星汽车在销售模式方面也引入了计算机系统。用史密斯的话来说就是：“土星——应该完全由计算机，而不是由繁琐和拖拉的官僚主义管理的公司来生产。任何一个消费者，只要他或她利用土星销售网的计算机系统就能订购到一部土星车，而这些订单和资料都记录在企业的计算机网络中，企业根据订单来安排生产。在生产中，最大限度地采用电脑控制的自动化仪器，使人工成本削减50%，以便使汽车总成本低于日本汽车。”

应该说，“土星计划”在实行的最初几年是成功的。土星汽车于1990年一上市就轰动一时。1992年，它被评为“美国最受欢迎的国产车”；1993年，土星公司销售28.6万辆，并且在日本汽车厂商的大本营——加利福尼亚取得胜利。然而，就在所有人都以为土星汽车将会一直发展下去并能够帮助通用汽车公司重振市场的时候，一件意想不到的事情发生了——通用汽车内部的一些老臣认为土星汽车融入了太多的新元素，已经让通用汽车失去了它的美国性格，因此，作为美国汽车的标志，史密斯必须在土星计划中加入大型轿车的生产。与此同时，通用汽车公司内部其他运营部门也发出不满的声音，认为史密斯过于宠爱土星汽车，而忽略了曾经为通用汽车公司创造过辉煌的其他老品牌。因此，史密斯只能把土星汽车的利润分流出一部分用于奥兹莫比尔、别克等其他老品牌的更新换代。虽然史密斯在其他老品牌上面花费了高达数十亿美元的资金，但它们所占有的市场份额却还是在不断下降。“土星计划”的失败，使通用汽车公司失去了重振的宝贵机会。

（五）申请破产保护——大幕终落下（2000～2009 年）

2000 年 6 月，瓦格纳成为公司的首席执行官，年仅 47 岁。他是继斯隆之后通用汽车公司最年轻的 CEO，外界用汽车界的“金童”来称呼他。在瓦格纳走马上任的前 4 年，通用汽车公司取得了不错的业绩，尽管市场份额持续下降，但营业利润却较 2001 年增长了 1 倍。他的一系列举措赢得了好评：如聘请福特公司前任首席财务官约翰·迪瓦恩担任通用的首席财务官；请克莱斯勒公司 70 高龄的退休副总裁鲍伯·鲁茨重新出山，主持通用的全球产品设计；果断停产不再赢利的奥兹莫比尔品牌；不顾工会方面的压力，裁员 3 万余人；提出要“快速行动”，把通用新产品开发推向一个新高度。通用汽车在美国市场的份额出现了 20 年来少有的回升，通用股价比“9·11”时期几乎上涨了 1 倍。

但从 2005 年开始，通用汽车公司业绩表现却一落千丈。当年，卡特里娜飓风袭击美国后，油价飙升，SUV 销量大跌，美国人越来越不愿意为高耗油的通用汽车掏腰包了。那一年，通用汽车最重要的美国市场面临巨亏，亏损额高达 106 亿美元；通用汽车股价下跌了 52%，是道·琼斯指数中跌幅最大的公司。另一方面，来自亚洲的丰田、本田甚至现代这样的对手越跑越快。

2008 年开始的金融危机也重创了美国汽车业和通用汽车公司。2008 年 8 月，美国仅生产 819 万辆汽车，是 1991 年 4 月以来的最低产量。2008 年是通用汽车公司的百年诞辰，却在此时将全球第一汽车生产商的地位让给丰田。2008 年 2 月 12 日，通用汽车公司发布的 2007 年度财务报告显示，该公司亏损额达到 387 亿美元，创下该公司成立以来最大年度亏损额。2009 年，通用汽车公司的亏损依然高达 309 亿美元。

2009 年 3 月 30 日，瓦格纳在美国政府要求下辞职，弗理兹—韩德胜继任。美国政府要求通用汽车公司在 60 天内提交新的重组计划。2009 年 4 月 27

日，通用汽车公司提交不申请破产情况下的最终重组方案，即削减债务；在美国裁员 2.1 万多人并以国有化汽车公司继续经营。但最终没有获得成功。2009 年 6 月 1 日，通用汽车公司正式向美国政府申请破产保护。这是美国历史上第四大破产案，也是美国制造业最大的破产案。美国政府再次向通用汽车公司提供 301 亿美元的资金援助。

（六）新公司能否涅槃重生（2009 后至今）

2009 年 7 月 10 日，经过 1 个月的重组，新通用汽车公司诞生。新通用汽车公司承接了 480 亿美元债务，同时获得前通用汽车的优质资产，如雪佛兰、凯迪拉克、别克、通用品牌，以及包括中国业务在内的通用汽车的海外业务。新通用汽车公司变为由美国政府持有 60.8%股份的国家控股公司，加拿大政府和安大略省政府拥有新通用汽车公司 11.7%的股份，全美汽车工人联合会旗下一家医疗信托基金 VEBA 持有 17.5%股份，剩下 10%则由债券持有人持有，新通用汽车公司开始了漫漫振兴之路。

2010 年第 1 季度，新公司实现营业收入 315 亿美元，运营收入 12 亿美元。这是通用汽车公司自 2007 年第 2 季度以来首次实现季度盈利。2010 年前 3 个季度，新通用汽车公司均实现了盈利，3 个季度的盈利分别为 12 亿美元、16 亿美元和 21 亿美元。通用汽车公司重新崛起与其在中国市场取得的成功息息相关。截至 2010 年 10 月底，通用汽车公司已在中国销售 197.6913 万辆新车，预计将成为在中国年销量突破 200 万辆的第一家跨国汽车生产商。通用汽车公司受惠于美国政府的促销政策以及其中国汽车市场的高涨，加上主要竞争对手如丰田、福特等出现战略失误，已经走出了最黑暗的时刻。

2010 年 11 月 18 日，新通用汽车公司成功在美国证券交易所上市，首次公开募股普通股每股价格定为 33 美元，市盈率约 8 倍，预计筹资额约为 157.7 亿美元；同时，新通用汽车公司还发行 43.5 亿美元优先股，预计总融资达 201.5 亿美元，成为美国史上市场规模最大的 IPO。如果承销商完全行使超额配售选择权，这一总融资额将达到 231 亿美元，成为世界规模最大的 IPO。华尔街对新通用汽车公司态度的变化，预示着次贷危机以来遭受重创的新通用汽车公司和美国汽车业进入复苏时期。

三、经典案例

（一）早期通用汽车公司与福特的竞争

福特汽车公司（简称“福特”）是美国最早的汽车公司，成立于1903年。卡尔·奔驰发明了汽车，而福特则把汽车变成了交通工具。在那个年代，汽车是富人专有的，虽然很有趣，但是价格昂贵，性能也谈不上稳定可靠。汽车制造还只是一门手艺，手工制作，一次只能生产一辆汽车。福特的目标非常明确，就是要为大众制造汽车，制造工人们都买得起的汽车。经过多年的精心研制，亨利·福特终于造出了自己梦想中的汽车。这种T型车坚固结实、容易操纵，售价是825美元。第一年，也就是1908年，他们就卖出了1万多辆。为了让生产的汽车大众买得起，福特不断削减各种成本努力实现规模经济。在1908～1912年，福特第一次建立了装配流水线，让汽车售价降低了30%。到了1912年，T型车的售价就降到了575美元，这也是汽车售价第一次低于人们的年均收入。1914年，福特1.3万名工人生产的汽车超过26万辆。那一年，其他所有汽车制造商总共生产了28.7万辆汽车，仅仅比福特多出10%，但是他们的工人数量是福特的5倍，也就是大约有6.6万人。

1920年，美国经济出现衰退，汽车的需求量也减少了。由于福特汽车的成本很低，因此他们能够将自己汽车的价格再降低25%。而通用汽车公司无法大幅度降低价格，销售额急剧下滑。到了1921年，福特汽车的销量占据了整个市场份额的55%，而通用汽车公司所有汽车的销量仅仅占了整个市场份额的11%。

斯隆担任通用汽车公司总裁后，敏锐观察到美国大众收入增长后对汽车的多样化需求，未来汽车工业的发展趋势是按照人们经济状况的不同，提供“满足各类钱袋、各种要求”的汽车。产品多样化、消费者分层化是斯隆为通用汽车公司制定的新战略。但是在当时，让通用汽车公司生产多种品牌的汽车满足不同消费者的需求，说起来容易，做起来却很难。它需要在公司架构设计上进行大幅度改进，因为这意味着通用汽车公司同时要向两个方向发展：一方面，生产可以满足不同消费者需求的汽车；另一方面，要让汽车价格为人们所接受，这就使各种汽车有共有的配件显得非常重要，需要考虑生产线的兼容性问题。

斯隆通过建立新的组织结构以及多部门的公司解决了上述难题。他建立了“集中政策控制下的分散经营”组织机构模式。这种模式的核心是把政策制定和政策的落实分离：有关全公司的大政方针，如财务控制、重要领导人员的任免、长期计划、重要研究项目的决定等，由公司总部掌握；其他具体业务则完全由各事业部负责，每个事业部负责某些特定的消费群，让有关产品和营销的决策更加敏锐。福特的管理体系只完全关注公司内部事务，也就是生产本身；而斯隆的企业架构则让通用汽车公司更加贴近市场，适应性更强。斯隆非常重视汽车销售和市场营销，每年公布新款车型、引入彩色车（之前的汽车基本均为黑色）、接受旧车作为抵价来购买新款车、成立分期付款购车的融资机构，这些都极大地促进了通用汽车的销售。

在斯隆的领导之下，1940 年通用汽车公司的市场份额上升至 45%，而福特汽车公司的市场份额则下跌至 16%。亨利·福特曾经取笑过通用汽车公司的组织体系，认为通用汽车公司的组织体系如同一棵大树，“结满了美丽的浆果，每个浆果上都有一个人或者办公室的名字。如果一个消息从位于左下角的人那里开始传递，到了公司总裁那里大概至少需要 6 周时间”。实际上，斯隆的战略和机构设置取得了辉煌成就。

（二）风冷发动机与水冷发动机的争论

斯隆善于决策和用人，善于处理不同部门之间的关系，并且能够包容持反对意见的人，领导艺术十分高超，这从 19 世纪 20 年代的“通用风冷发动机与水冷发动机之争”就可看出。

1918 年，在通用汽车公司的子公司——代顿电子工程公司中，查尔斯·F. 凯特林（Charles F. Kettering）开始实验风冷发动机，他希望以此替代水冷发动机，进而使之成为汽车产业的标准。水冷发动机需要精细的水管系统和水箱，在理论上，风冷发动机似乎更高效且成本较低。对这件事，通用汽车公司的每个人都很关心，希望能将风冷发动机率先应用到自己分公司的汽车生产线上，继而再推广至各个分公司。

在将风冷发动机试用到通用汽车公司生产线上的几个月前，斯隆对此就持怀疑态度。他的想法是，对于如此彻底而激进的改革，应当先做尝试，然后再逐步引用到汽车生产线上，而且从价格最低的雪佛兰汽车入手。但斯隆所在的执行委员会似乎更倾向于大刀阔斧的改革。斯隆并未身陷急速改革的热情中，他对这种尚无人尝试的全新发动机持保留态度。

在初步汽车试验中，凯特林发明的风冷发动机出现了很多严重的问题。此时，斯隆的意见赢得了支持。斯隆的建议是，公司应该继续使用水冷发动机。斯隆希望能借此改变执行委员会的主流意见，停止生产风冷发动机。

将风冷发动机装配在新型雪佛兰上的决策，后来被证明是一场灾难。1923年夏，雪佛兰分公司召回所有配置风冷发动机的汽车。由于斯隆坚持自己的反对意见，执行委员会最终放弃了这项发明，并停止生产这种新型发动机。

风冷发动机的计划被搁置起来，凯特林对此大为恼火。他深信他和他的团队能使这种发动机变得实用可行。出于对工作成果化为乌有的气愤，凯特林向通用汽车公司递交辞呈，并请求将风冷发动机技术带至其他汽车生产商那里。而此时，斯隆对凯特林的支持却达到了史无前例的程度。在这场内部争执中，斯隆获得了胜利，但胜利永远不是针对个人的，这场争论并没有升级成中伤或诽谤。斯隆十分清楚他接下来的任务——“我的任务是协调凯特林先生对新想法的热情和现实之间的反差。”

“现实”是指1923年汽车市场经历的一段销售繁荣期。通用汽车公司必须集中精力，以满足市场对水冷发动机不断增长的需求。这种发动机已经被整个行业所认可。距此两年后，斯隆彻底解决了这个“问题”。他邀请凯特林将代顿电子工程实验室迁址底特律，在那里，凯特林将成为通用汽车公司研究所的主要负责人。这个新组建的研究所比他过去的实验室更大。在那里，凯特林可以随心所欲地进行关于汽车的任何实验。另外，作为通用汽车公司总裁，斯隆还许诺为研究所提供充足的资金、场地、设备和人力支持。在全新的实验场地，凯特林可以进行任何与汽车有关的研究，而不受通用汽车公司内部任何分公司或是财务机构的约束。对于斯隆提出的这个全权委托的条件，凯特林十分满意。为了让凯特林带着研究团队迁址底特律，斯隆将他的年薪提升到 12 万美元，这一薪资水平，比当时通用汽车公司付给斯隆自己的薪水还高 2 万美元。

四、启示与借鉴

从通用汽车公司的百年兴衰，我们可以从中找到一些对中国企业的启示。

（一）企业发展壮大过程中，要谨防“大企业病”

所谓“大企业病”，是指企业发展到一定规模之后，在企业管理机制和管理职能等诸方面，不知不觉地滋生出阻滞企业继续发展的种种危机，使企业逐步走向倒退甚至衰败的一种慢性综合病症。一般表现为信息不畅、机体僵硬、机构庞大，导致职责不清、决策复杂、管理不善、行动缓慢、矛盾增多、协调困难、安于现状、墨守成规。

斯隆当年在创立“联邦分权化”的组织模式时，就是希望能在过度集权与过度分权之间找到一种平衡，使通用汽车公司既能保持经济效益最大化，又可以在面对市场时保持充分的灵活性，避免僵化。但是随着公司规模的日渐庞大和下属品牌的增多，通用汽车公司最终还是患上了“大企业病”。1931 年以来，通用汽车公司就一直垄断着市场第一的位置，成为“NO. 1”的想法已经深入其髓，而缩小规模则似乎从来都不是通用汽车公司考虑的战略选项。随着通用汽车公司规模的日渐庞大，其内部管理体系繁杂的弊端日益显现。通用汽车公司在全球 50 多个国家都拥有汽车制造、销售、仓储管理及技术服务中心，仅全球副总裁就有 50 多个，部门林立，壁垒森严，信息传递链条冗长，难以形成清晰的凝聚力，还容易滋生官僚作风。“大企业病”成为通用汽车走向没落的深层次原因。

（二）降低成本是企业生存的根本

2008年11月18日，美国三大汽车巨头的CEO同全美汽车工人联合会（UAW）的负责人一起在参议员银行住房城市委员会的听证会作证，试图求得政府的资金帮助。国会民主党众议员布拉德·舍曼提出一个奇怪的问题："我想问问在座的3位首席执行官，如果你是乘商业航班飞来这里，请举手。"当然没人举手，因为三大公司的CEO都是乘坐本公司的公务机来华盛顿的。舍曼继续问："我想问你们，谁打算卖掉自己的飞机，坐商业航班飞回去，请举手。"仍然没人举手。三大公司CEO回应说，行政总裁出差乘私人飞机是依照标准程序，三大公司制度中有关要求是基于安全理由。舍曼于是愤怒地说："记录下来：没人举手。"即使在面临破产的危急关头，这些汽车巨头的CEO们也不愿意放弃他们应该享有的福利，放弃乘坐他们的私人专机。迫于政府和舆论的压力，一个月后的12月3日，通用CEO瓦格纳再次从底特律前往华盛顿争取援助时，只能驾驶着一辆雪佛兰混合动力车行驶在高速公路上。

可见，通用汽车公司失败的一个重要原因是福利刚性，生产成本过高。据统计，2006年通用汽车公司支付110万名在职、退休员工及家属的费用高达60亿美元，其中在职员工只有32.4万人，不足30%；通用汽车公司每辆车上分担的医疗保险成本为1 500美元，大众汽车为418美元，丰田汽车则只有97美元。即使在如此高成本的报酬体系下，通用汽车公司从上到下并没有多少人真正对公司负责。管理层即便是在公司连年亏损的情况下依然拿着不菲的薪酬，享受着丰厚的福利。可以说，管理层很难有真正的动力。而工人也同样不关心企业的命运。在美国有关法律和强大工会力量的保护下，工人即使被裁，企业也必须免费提供汽车工会工人医疗保险，并要无限期地负担被解雇人员的全薪，而且汽车工会退休员工终身享受和在职员工一样的医疗保险。在这种体制下，一开始劳资双方就是彼此对立的。从管理层到普通员工都在潜意识里与公司作斗争，他们想的是如何争取自身利益的最大化，而从来没有把自己的命运与公司的命运真正联系在一起。

（三）通用汽车公司多品牌战略的失败发人深省

大企业往往希望通过并购别的品牌，既打击竞争对手，又有助于形成自己的产品链。但盲目多品牌战略容易造成品牌定位的交叉重叠，品牌“内讧”降低了管理效率。同时，多个子品牌稀释了主品牌效应，又限制了各个子品牌的发展潜力。品牌越多，公司管理层对于每一个品牌分配的精力、时间、财力就越少，一些子品牌不能给企业带来效益，反而成为负担。企业不能仅仅重视品牌的并购，更要重视品牌的布局、整合和重塑。

（李晓刚　吴小军）

参考文献

[1]［美］小艾尔弗雷德著，刘昕译：《我在通用汽车的岁月》，华夏出版社2009年版。

[2]［日］久保铁男著，北京富欧睿汽车资讯有限公司译：《谁推倒了美国三巨头：通用、福特、克莱斯勒落马的背后》，机械工业出版社2009年版。

[3]［美］威廉·荷斯坦著，姜珊、高健译：《谁搞垮了通用——百年汽车巨头的十年拯救之路》，人民邮电出版社2009年版。

[4]［美］艾林·弗里曼著，高嘉勇、刘晓萍、郝婕译：《里程碑：伟大的斯隆、经典的管理》，人民邮电出版社2007年版。

5

百年技术帝国：日立集团

日立制作所（简称“日立”）成立于1910年，总部位于日本东京市，是全球著名的电子公司，是全球最大的综合跨国公司之一，被誉为“技术日立”，由943家控股子公司和166家非控股子公司组成。日立秉承以技术贡献社会的企业理念，不断开拓创新，业务遍及能源、交通、信息通讯、数字媒体、生命科学等广泛领域，为全球提供领先的多元化产品和解决方案。

经过百年的发展，日立建立了超强的技术研发团队和完善的内部培训体系，并加强对社会需求的准备把握，通过不断在技术上创新，在电器、电子产品行业成为一个技术引导者。

一、日立简介

日立是小平浪平于1910年建立的。原来只是久原矿业日立矿山的电机修理厂，1920年该厂更名为“日立股份有限公司”。日立总部位于东京，公司全称为“株式会社日立”，是世界上领先的电子元器件和产业设备制作商，主要生产半导体、工作站、电梯、发电设备、金属、线缆等产品，也生产音频与视屏设备、冰箱、洗衣机等消费品。2010年日立凭借营业收入96 593百万美元被《财富》杂志评为世界500强企业，排名第47位，在电器、电子产品行业中排名第3位。日立集团旗下拥有1 000多家企业，其中位于国内的有480

家，日本以外地区达630家之多，成为遍布全球的企业集团。

日立提出“为新时代注入新活力”的理念，满足社会和客户的要求，以知识和信息技术为手段，不断提供具有新价值的产品、系统和服务，提高人民的生活水平，迈向更完美的社会。日立以“HITACHI”为公司品牌，将其品牌定义为“社会在变化，日立也在变化”，旨在通过自身价值不断完善，为客户和社会提供源源不断的服务，获取顾客和社会的信任。

整体来看，2010年，日立每一个业务部门的盈利能力都在稳步增长，特别是汽车行业和电子元件业务。同许多日本技术行业的对手一样，日立正在逐步退出消费电子和电子设备业务领域，把长期的希望寄托在“社会技术创新”方面，因为消费电子产品的需求变化大并且市场竞争异常激烈。日立的产品包括电力和铁路系统等基础设施项目以及数据中心等信息技术项目。

日立集团早在1971年就涉足证券市场，分别于1971年和1972年在日本的东京证券交易所和大阪证券交易所中小板上市。1983年，日立在该两家证券交易所主板上市。截至目前，日立已经在日本国内的东京、大阪、名古屋、福冈和札幌五家证券交易所上市，同时也已经在海外的美国纽约证券交易所上市。

二、百年日立发展历程

日立百年发展中，前50年主要是以电力、社会产业、电气产品等事业为中心追求发展的，其后进一步扩展了家电事业；后50年主要是以电子、信息通信等事业为主。在100年历史长河里，日立一度膨胀成为由超过1 000家公司组成的庞大集团，曾被形容为“生产一切”。尽管几次赤字都与世界经济息息相关，但日立面对的一个共同问题是：一部分业务不符合时代发展。

（一）迅速成长期——军需助推下的日立（1910年～20世纪50年代）

1. 第一次世界大战中的日立。1914年，第一次世界大战爆发，由于日本电机产品进口全部中断，日本国内大量的订货蜂拥而来，日立得到迅速发展。

经过短短3年发展，到1917年，日立已成为当时日本国内屈指可数的电机工厂之一。

2. 第二次世界大战中的日立。第二次世界大战爆发前，日立借由其与日本军部的良好关系，成为发电机、电动机、变压器、机车等产品的主要供应商。为了适应商品出口的需要，1936年日立成立独立的出口部；1937年，通过兼并和收购方式，增设了户冢等7个工厂；1938年设立了龟有工厂。

第二次世界大战期间，日本国内实行了战时经济体制，在当时的环境下，日立通过合并收购及设立方式，成立了多家制造工厂，并设立了日立研究所。截至1944年，日立已经进行了6次增资，其资产总量达7亿日元。

3. 朝鲜战争时期的日立。1950年，美国发动侵朝战争，日立把握此次机会获得大量美国订单。在这个过程中，日立重型机电产品得到迅速发展。到1956年年底，日立在其13家重型电机公司中，资本金占40％、固定资产占45％、销售额占35％、利润占38％，都占明显优势。

在这期间，日立的海外扩张也得到了长足发展，其海外扩张可以追溯至第二次世界大战以前，那时主要向东南亚、中南美和我国东北地区扩张。第二次世界大战后，日立开始向南朝鲜、苏联、泰国等地出口机车、发电机等产品。1953年，总经理仓田主税把加强出口作为发展日立的三大措施之一，同年设立了海外事业部。

（二）伴随日本经济复苏发展的日立（20世纪60年代～70年代）

1. 20世纪60年代的日立。60年代是日本经济高速发展的全盛时期，伴随着日本经济的高速增长，日本对电子产品和家电的消费进入一个黄金时期，日立利用这一有利时机，在有发展前途的电子设备生产部门和家用电器生产部门新建数十个工厂；同时，其控制器、配电盘和生产汽车零件产业也得到发展。

这期间，日立借助日本经济复苏的良好势头，发展日渐强大。随着企业规模的扩大，日立开始专注技术的研究。除原有的日立研究所、中央研究所外，1969～1970年又先后建立家用电器研究所、机械研究所、情报系统研究所和横滨研究所。日立在人才结构方面也进行了调整，有接近 1/10 人员专门从事技术研究工作，技术日立显现雏形。

2. 70 年代日立走向国际化。随着日立事业部门的增多，其工厂、子公司数量日趋繁多，仅在 60 年代，其在巴西、印度、联邦德国以及我国台湾和香港地区成立的子公司就达 12 家之多。70 年代是日立海外子公司迅速发展的时期。从 1970 年到 1979 年 12 月在美国设立生产半导体的子公司止，日立 10 年间在泰国、菲律宾、委内瑞拉、墨西哥、新加坡、马来西亚、英国、美国、联邦德国、中国香港 10 个国家和地区设立了 21 家子公司。

为了加强各部门间的分工合作，日立加强管理，做好各部门之间的平衡。为了加强这方面的力量，于 1978 年将 3 个分散的中心合并成综合技术部。在综合技术部下面，还成立了一个独特组织——生产技术顾问队。

（三）泥沼中前行——危机中的日立（1973～1998 年）

1. 石油危机中的改革。1973 年 10 月爆发的石油危机给日立以沉重打击。1975 年财年日立毛利较上一财年减少了 2/3，面对这种情况，日立当机立断，及时对产业结构进行了调整，并通过减产等一系列手段压缩开支。这些措施取得了良好效果，其经营状况很快得到恢复。

70 年代中期，日立的计算器及半导体存储器在全球市场上获得了高份额，成功转型为重电、能源及电子三大领域平衡发展的综合电机制造集团，登上世界电气企业排行榜的第 5 位（《财富》杂志）。

2. 《广场协议》后的日立。1985 年《广场协议》后，日本企业所处的商业环境发生了深刻改变：《广场协议》让以出口为导向的日本经济陷入日元升值导致的不景气泥潭；1991 年，经济泡沫的破灭使日本经济进入一个长萧条期。内外部环境的变化对日立的发展产生了不小的影响，日立的制造业进入了转型期。

20 世纪 80 年代日立开始清理和淘汰耗能多、耗资源多和利润低的产品，发展节省资源、能源及附加价值高的产品，积极开发和扶持高附加值的出口产品，扩大海外生产点和销售点，继续保持在技术研发方面的投入，保持技术研究与基础研究并重。

这期间，日立创立了日立欧洲有限公司、日立澳大利亚有限公司。通过使用电波全息摄影在世界上第一个成功进行磁场微观观测。日立宣布研制出首台超级计算机。1982 年，日本在纽约股票市场上市。1988 年，创立日立亚洲私营公司，设计中心全面升级，使日立实验室数量增至 9 所。开发出神经网络的基本技术，研制出可四足行走的机器人。1989 年，日立在美国设立了两所研究和开发中心，在欧洲设立了两所实验室，开发出世界上最快的超导体计算机，开发出超导体磁共振（MR）图像设备。1993 年，日立开发出最大运行时速高达 270 公里的新干线（子弹头列车），研制出毛细管阵列式基因测序仪，开发出 500KV 变电所系统，研制出个人用传真机，开发出采用扫描隧道电子显微镜进行原子操作和观察原子排列状态的基本技术。

（四）中期复兴的日立（1999～2006 年）

自进入 20 世纪 90 年代以来，日立遭到在某一特定领域具备强大竞争力的专业制造商的有力冲击；同时，面临全球 IT 市场疲软、半导体业务低迷的窘境。在 1997 年亚洲金融危机后，日立 1998 年和 2001 年两次出现亏损，赤字额度分别高达 3 200 亿日元和 4 800 亿日元。为了应对亏损和赤字危机，日立采取了一系列复兴计划。

1. “i. e. HITACHI 计划”。1999 年 11 月日立发布了中期复兴计划“i. e. HITACHI 计划”（i. e，即 information electronics，是“信息电子”的简称）。该计划的核心目标为“提高收益能力”。日立的工作重心从追求销售额，转变到不受环境变化影响的利润体制的确立上来，从而确保企业源源不断的发展动力。

2000 年，日立迎来创业 90 周年，实施了“Inspire the Next”品牌战略。

1999～2003 年，日立采用了新建公司、合资、合并、重组等综合手段，进行了 80 多宗的交易，主要强化日立 IT 领域的优势。其中，最大的业务是 2002 年以 20. 5 亿美元收购 IBM 的硬盘存储业务，成立日立环球存储科技有限公司（HGST）。

2. “i. e. HITACHI计划Ⅱ”。“i. e. HITACHI计划”为日立的发展起到了推动作用，于是，日立于2003年1月决定启动“i. e. HITACHI计划Ⅱ”，其核心目标就是采用FIV模式优化日立的资产组合，全称是Future Inspiration Value（即未来驱动价值），即根据对未来现金流量的预测、以资本成本为基础制定经营指标，努力提高“收益能力”。

2004年4月，日立真正的联合经营体制初步形成。集团的决策速度也随之加快，集团经营资源的利用效率不断提高。同年10月，日立提出成为“在中国值得信赖的合作伙伴”这一战略目标，并以此为方针着力发展了由社会基础、产业基础、生活基础和IT基础组成的“社会创新事业”，以及对上述事业进行支持的“基础技术及产品事业”。

在此期间，日立在中国的发展也取得明显成果，2005年春季，日立（中国）有限公司将香港地区及内地两家公司的业务统一，取得了商务部批准的地区总部资格，意味着日立对中国事业发展的进一步强化与升级；意味着与日立集团在美国及欧洲的地区总部一样，日立（中国）有限公司在推进企业的全球化进程、强化在中国市场的业务中，将发挥积极有效的作用。同年，日立（中国）研究开发有限公司成立。

（五）坎坷走进百年华诞的日立（2006年至今）

2006年古川一夫出任日立集团首席执行官。由于此时的日立经营出现净亏损，古川一夫上任后第一要务就是要扭转日立硬盘和面板事业亏损窘境，振兴数字家用电子产品事业，目标5年内倍增数字消费电子产品销售额，跃进等离子电视和液晶电视全球市场占有率。

2008年在受世界金融危机影响日本企业集体亏损的情况下，日立除平板电视机引发的赤字是日立巨亏的重要原因外，全球汽车工业萎缩和半导体产业萎靡不振也使日立相关部门业绩大幅下滑。日立巨亏7 873亿日元，创下日本企业历史上的最大亏损额。

2009年4月1日，川村隆上任，肩负起了拯救日立的任务。2009年7月，日立剥离了亏损严重的汽车系统和消费业务。同年，日立还全部终止了在海外

3 家电视机工厂的生产，并将现阶段销售数量约一半（70 万台左右）的电视生产委托给外部公司。日立电视的销售也转交给当地有实力的代理商，比如美国的百思买、中国的苏宁。2010 年，日立走进百年华诞。

三、经典案例——庄山悦彦带领日立走向复兴

20 世纪 90 年代，日立遭到专业制造商的有力冲击，并面临全球 IT 市场疲软、半导体业务低迷的窘境，在 1998 年和 2001 年两次出现亏损，赤字额度分别高达 3 200 亿和 4 800 亿日元。外部环境的变化致使日立需要进行变革。庄山悦彦临危受命，带领日立走上了中期复兴之道。

庄山悦彦于 1958 年毕业于东京工业大学，于 1959 年加入日立集团，其后一直在日立集团工作，1997 年担任董事、副总经理，1999 年起担任董事、总经理，2003 年任公司董事兼首席执行官。

庄山悦彦上任之后开始制定日立中期复兴计划，积极转变经营战略，力求彻底扭转不利局面。通过扩大企业规模，加快技术的研发和加强与其他公司联营的形式，形成“规模经济、速度经济、加速企业的收购与合并”的效果，庄山悦彦将日立中期复兴计划命名为“i. e. HITACHI 计划”。

（一）对日立集团进行结构重组

庄山上任之初，日立拥有 1 200 多家联营公司，其旗下联营公司分为三类：

• 与母公司结为一体，制定共同战略并实施运作的“管理联结公司”。

• 作为日立集团的一员，拥有共同的经营蓝图与品牌，但是原则上各自主导自身业务的“远景联结公司”。

• 只保持财务关系的“财务联结公司”。

总体而言，日立既往的战略是在不同种类的联结公司之间建立不同的联系，并以此谋求最大限度地发挥集团整体的综合利用效应。

庄山对日立的结构重组主要通过以下 3 种手段实现：

• 经营管理权的下放，促进子公司的发展。1999 年，日立开始进行集团

架构改组与权力下放，将经营权大幅下放到公司下属的事业集团，各大事业集团形成实质上的独立运行，最后集团公司进行合并决算，促使具有较强发展潜力的联营公司的发展。各联营公司在集团的统一协调下，能够协调发展，形成行动一致的主体。

• 成立集团战略本部。2004 年，集团公司成立集团战略本部，作用主要在于协调其子公司经营中出现的问题，依据公司长远战略，统一协调解决。当子公司出现问题时，需通过集团战略本部来解决，从而让集团子公司在日立品牌之下和谐发展。

• 引入新型公司管理结构——企业法人管理体制。为了确立“方针一致的联合经营”体制，确保经营的透明度，2003 年，日立公司引入新公司管理体制。新的举措包括在各个联营公司设置“委员会管理”体制。公司内部的董事会代替股东对管理层行使监督权力，而新成立的“委员会”则对董事会行使监督义务。董事会对应着 3 个委员会：拥有提名董事权力的提名委员会，规定管理层、监督委员报酬和奖金的报酬委员会，对董事会、执行委员的业务进行监督的监察委员会。这样做的结果就是，执行和监督分开，公司经营的透明度提高了。

（二）进行业务的整合

在日立的中期复兴计划中，一个核心宗旨就是培养强有力的业务部门，具体手段就是通过业务上的“有加有减”来实现，即在必要时坚决实行包括集团内重组、跨集团业务整合以及整体出售在内的各种形式的重组，以推行更有集团效率的经营方式。

1. 业务整合的判断标准。在日立的业务重组过程中，决定现有业务去留以及新业务是否要开展时，以“未来价值（FIV）”为附加标准进行判断。FIV 是针对日立集团旗下各事业集团公司以及联营公司的业务，根据对未来现金流量的预测，以资本成本为基础制定的经营指标。譬如，被评估的业务在 3 年时间内，在基准上必须实现 FIV 的正数化，在 5 年内实现累计 FIV 的盈利，这两项指标都必须完成。如果现有业务 FIV 连续两年都是赤字，则将被要求提交重建计划。如果重建计划未获得通过，则该业务即时退出或被出售。如果得到批准，则可以再获得两年的时间；但是如果在这两年以内未能实现 FIV 的盈利，同样将被撤销或出售。

2. 加速业务的合资、合并、收购行为。日立集团自 1999 年以来，迄今已经决定实施 90 件以上的事业结构重组，譬如日立的显像管业务于 2002 年春季基本撤出，只保留了一小部分；白色家电等业务也已经在 2002 年 4 月完成了分公司化；半导体业务也通过与三菱电机的系统 LSI 整合，成立了新公司瑞萨半导体。

在半导体领域与三菱电机的合资，斥巨资收购了 IBM 的 HDD（硬盘驱动装置）业务部门。高达 18.98 亿美元的巨额收购费用，创下了日立集团的历史最高纪录，但收到良好的效益回报。

按照日立的中期经营计划，今后日立将会减少对那些无法为重电以及信息服务提供有效解决方案的子公司的额度，甚至干脆退出某些业务领域。

（三）决定日立特点的 DNA——技术

日立拥有一批世界领先的技术。高性能材料领域，如特种钢、电子材料（ANISOLM）都居世界第 1 位；数字媒体、民用机械领域，如光纤存储、电脑磁带居世界第 1 位，等离子电视、液晶投影仪居世界第 2 位；电子元器件领域，DNA 序列器、评价电显居世界第 1 位；信息通讯领域，数据存储、硬盘驱动器居世界第 2 位等。日立在庄山悦彦的带领下，加速了符合社会需要的新技术研发，并通过服务的提高，获得消费者的信任。庄山悦彦通过改变日立制造业基因，为客户提供优质的产品，同时加强对客户的服务，把服务注入产品的制造中，创造一种制造业的服务产业化，在为客户提供优质产品的同时提供一个全面的解决方案。

（四）企业文化的“破与立”

日立的中期复兴计划，同样包括对企业文化的改革。

1. 人事评估制度的改革。从 2000 年 4 月开始，日立开始在科长以上级别的管理人员中实行一种称为“日立 &Value”的员工行为标准，根据个人表现及数年间的业绩进行综合评价。该评估体制由“顾客满意度”、“领导能力”等10个项目构成，各个项目被分为5个阶段，然后以评分方式评估当事人过去一年间的“Value 发挥度”。最后的综合得分将直接决定每个人的工作岗位配置以及升迁等待遇。获得最高评价“J1”的人将自动提升职位，而即使是三十几岁的年轻人，荣升至仅比董事低一个级别的事业部长的职位也不是遥不可及的。2003年4月，该评估体制开始在日立的普通员工中施行。

2. 人才培养制度的改革。2001年3月下旬，11名日立各个部门的业务骨干被庄山悦彦社长召集到集团总部，并被分别委以重任。这项名为“企业高级职员制度”的核心内容是：从事业部门及研究开发部门中选拔部长级干部，并赋予他们接受总经理直接领导的职位。这些特别任命的“企业高级职员”的任务，就是研究、制定切实有效的“日立复兴战略”。他们的具体职责主要有两个：一是策划、实施全新的业务；二是在业务重组、M&A（企业合并与收购）以及集团战略等方面提出新的方案与设想。庄山悦彦对这些高级职员的要求是：“百分之百脱离现在的工作，全力投入到新的设想和创意当中去”；“必须与过去划清界限，绝对不能再沿用以往的方式”；“尽管自由支配时间，在资金投入方面也不要缩手缩脚”；“在遇到需要涉及多个事业部们的复杂课题时，更要克服困难、勇于挑战”。

经过日立中期复兴计划的实施，2002年和2003年，日立集团已经扭亏为盈，净利润分别达到278亿日元和158亿日元。2004年、2005年利润分别达到3 000亿日元和4 000亿日元。

四、启示与借鉴意义

日立作为跨世纪的百年企业，其源源不断的发展动力来自哪里？究竟是哪些因素使其保持持久生命力和竞争力进而成为一个百年成功企业？日立发展历程中享受了出口和内需市场成长的“快乐时光”，并借此走上了国际化。日立走过的百年是其跌宕起伏的百年。作为一个走过百年的电器巨人，有哪些值得我们借鉴和参考？

（一）技术研发——保证日立成功的良好基因

日立百年发展历史就是一系列技术不断革新的过程。早在小平浪平时代，日立就致力于推动本土技术的创新。第二次世界大战期间，日立在本土成立研究所，为其技术领先奠定了良好基础。20 世纪 90 年代，庄山悦彦推出的“日立中期复兴计划”中一个很重要的内容就是加速技术创新以满足消费者需求，在市场上抢占先机。

日立为保持其技术的领先地位所做的努力具体表现为：

1. 强大的研发人才队伍，完善的研发体制。经过百年发展，日立拥有一支超强的技术研发团队，在日立研究开发本部，拥有博士研究人员大约 700 人，其中有多名诺贝尔奖候选人。日立内部制定了研发激励机制，如最高级别的研究人员在日立享受着董事待遇，无任期限制，并且其研究不受经费、时间、成果等任何限制。同时，日立也建立了完善的研发体制。

2. “允许失败”——鼓励研发精神。日立的研究开发大多以 10 年为单位，如果不顺利，还有可能长达 25 年。现在手机和平板电视开始在全球普及，其研究开发的方向却是在 20 年前确定的。在研究中，允许失败的产生，并鼓励研究人员做好经历失败的心理准备。庄山悦彦有关“研究开发必须允许失败”的观点道出了日立近百年来一直在技术上保持旺盛活力的秘密。

3. 重金支持——强大的财力后盾。日立每年对研发投入大量财力，以保证其技术持续不断更新。仅 2006 年，日立集团的研发费用就达 4 125 亿日元（约 270 亿元人民币），占销售额的 4%以上（2006 年销售额 102 479 亿日元），这在全球都处于相当高的水准。

4. 全球性的研发网络——日立对海外研发队伍的建设。日立除了本土研究所以外，同样注重海外研发队伍的建设。以中国为例，2005 年 4 月，地区总部成立的时候，把日立（中国）有限公司内部的一个研发部门独立出来。这样可以消除日立研发部门跟市场的距离，紧密把握市场的变化，提高研发工作效率。在日立中国研发中心，包括北京、上海，大概有 80 多个研究开发人员，分别根据不同的课题开展研究开发工作，每年可以取得 20 项左右独立的专利。

（二）独特的综合管理体系——“分·合”一体的体系

从20世纪60年代开始，日立随着日本经济的复苏繁荣得到迅速发展扩张，其事业部门随之增多。截至目前，日立已经是拥有超过千家子公司的企业集团。日立分散化的经营模式，需要有运作良好的管理体系进行维护。从70年代开始，日立开始注重各个不同事业部门之间的平衡。经过历代日立人的努力，日立的多样化不仅没有降低企业经营效率，反而造就了其在多个领域的领先地位，分散了企业经营风险。实现了分、合的统一。

1. 日立的综合性。日立是综合性的，在各个领域都开展事业。在每个具体的领域，日立都有自己先进的产品和技术。形容日立的产业特征，不应该说“多元化”，应该说是一种依托于综合经营的“综合力”。“多元化”某种意义上是“分散性”的；而“综合性”就是各领域能相互支持，而且能把各方面的力量都集中在一个点上。对于综合性来讲，其实最重要的就是集中，各种技术要不断发展，最后形成一个合力，各领域都具有自己的强势和优势。日立总在考虑把各领域的强势和优势集中在一点，形成一个新的优势。这也是日立一直秉承的思路。

2. 开创日立集团协作效应。在日立大品牌下，每一个领域的事业集团都拥有自己完善的运作体系和很强的事业基础，拥有独立应对该领域市场最激烈竞争的实力。各事业集团又有机地整合在日立大品牌之下，除品牌形象、企业社会责任等集团公共事务的统一推进外，在事业上可以相互支持和提携，形成“分·合”一体、极具灵活性的“综合性”事业体制。

（三）保证一流的产品品质——完善的质量管理体系（3N、4M、5S）

日立作为全球性的电器生产商，一直以来以为客户提供一流的产品为目标，在各个时期，在提高其资本应用效率的同时，其产品品质一直保持在极为重要的地位。日立对于企业生产产品的控制有着独特的管理方式——“3N”、“4M”、“5S”质量管理理论。

日立公司的质量管理是典型的日本式质量管理。日本企业从自身实际和日本文化出发，形成了有自己特色的质量管理模式和质量管理思想。日立公司推崇“把质量意识注入每位员工的血脉之中”的质量管理原则，其核心是全员参与质量管理，具体体现为“3N”、“4M”、“5S”。

“3N”是指质量管理的原则为“不制造（Nomanufacturing）不合格产品、不接受（Noaccepting）不合格产品、不移交（Notransferring）不合格产品”。为了控制生产全过程的质量，达到零缺陷的质量目标，日立要求每个操作者将“3N”原则铭记在心，确保经过每位员工之手加工的零部件达到100%的合格率。

“4M”是指对“人（Man）、机器（Machine）、材料（Material）、方法（Methods）”4种质量管理要素的科学运用，激发人最大的竞争意识，保持机器最高的开工率，使材料达到合理的投入产出，应用最佳的方法与手段实现“3N”质量目标。“4M”的精髓是发挥人的能动作用和突出对人的管理。要达到国际先进水平，制造一流产品，就必须着力在发挥人的作用上下工夫。对于日立来说，其国内、国外的企业在机器、材料、方法等方面都可以做到基本相同，人的素质是唯一不同的因素。

“5S”是指“整理（Seiri）、整顿（Seiton）、清扫（Seiso）、清洁（Seiketsu）、身美（Shitsuke）”，即进行文明生产的5个管理手段。“整理”就是彻底分开工作场所有必要的和不必要的东西，把必要的东西摆在指定位置挂牌明示，不必要的东西则坚决处理掉。该项举措旨在培养员工正确的价值意识——使用价值，而不是原购买价值。“整顿”是指对整理之后留在现场的必要物品分门别类地放置整齐，明确数量，有效标识。对未作标志又未被处理的物品一经检查发现，现场管理干部将追究当事人的责任，这是提高工作效率的基础。“清扫”就是将仪器设备、工作场所和环境、材料与工具清洗抹拭干净，保持工作场所干净、整洁。“清洁”是指在每天下班前3分钟（或5分钟）实行全员参加的清洁作业，使整个环境随时都维持良好状态，这是日常性的维持活动。“身美”就是培养全体员工的良好礼貌礼节、组织纪律、敬业精神、工作习惯。

从日立的百年发展历程来看，作为一家电器制造企业，很强的研发能力和持久的技术领先地位是保证其不断发展的良好基础。自1910年小平浪平先生创立日立以来，日立创造了许多日本第一，有多项技术居世界第一。日立发展经历了“日本制造”到“日立制造”的成功转型，这是日立历代领导者对于技术领先重视的结果。庞大的日立集团制造企业和销售网络遍布全球，其“分·合”一体的体系使其成为既独立又统一的整体，在分散风险的同时充分发挥不同部门、不同体系的协同效应，使日立集团成为一个强大的整体；同样，日立对产品质量的高要求，为其赢得了稳固的市场消费群体。

日立已经走过了风雨百年，走过两次世界大战，几经沉浮，更见证了日本经济的腾飞，在其迎接百年华诞的时刻，其发展历程也为其他企业的发展提供了完美的示范。

（王珺　侯少杰）

参考文献

[1]［日］加藤胜美著，陆华生、黄文明译：《技术立国：日立的小平浪平传》，华夏出版社2001年版。

[2] 刘昆山：《人才战略开启企业的活力之源——日本日立公司核心竞争力探析》，价值中国网，2009年4月。

[3] 张翼：《暂别巨亏厄运，日立重组求生》，《中国经营报》，2004年9月。

[4] 陈晓平：《川村隆推出系列举措拯救日立公司》，《21世纪经济报道》，2009年6月。

[5] 日立集团：日立集团CSR报告书，2008年。

[6] 日立集团：日立集团CSR报告书，2009年。

6

梦想成就未来：GE 公司

美国通用电气公司（General Electric Company，GE 公司）是一家以多种经营和先进技术而称雄的多元化跨国企业，总部位于美国康涅狄格州费尔菲尔德市。目前，GE 公司是美国也是世界上最大的电器和电子设备制造公司，它的产值占美国电工行业全部产值的 1/4 左右，业务遍及世界 100 多个国家，拥有员工 31.5 万人，现任董事长及首席执行官（CEO）是杰夫·伊梅尔特。

一、GE 公司简介

美国通用电气公司前身是著名发明家爱迪生于 1878 年创建的爱迪生电力照明公司。1890 年，爱迪生将他创办的各种业务组建成为爱迪生通用电器公司，其业务范围从照明装置到航空航天设备，样样俱全。1892 年 4 月，爱迪生通用电器公司和当时在交流电领域排名第二的企业——汤姆森·休斯敦公司合并，组成通用电气公司。1900 年通用电气公司正式注册 GE 两个字母作为自己的标志。

19 世纪末，GE 公司在电气化演变的过程中率先成立，并且成为电气行业的领先者。从 20 世纪 20 年代开始，GE 公司开始开发多元化的电气产品，大幅增加产品种类，加速了美国家庭的电气化。第二次世界大战爆发时，GE 公司还只局限于电气行业。以第二次世界大战为契机，GE 公司开始涉足飞机、船舶及军工制造等国防相关领域。战后，GE公司果断选择了继续发展多元化，试图在多元化领域闯出一番成绩。经过半个世纪的业务拓展，如今GE公司已经成为一家庞大的多元化龙头企业，集科技、媒体和金融服务为一体，致力于将创意转化为领先的产品和服务，帮助客户解决最棘手的问题。GE公司的产品和服务范围广阔，从飞机发动机、发电设备、水处理和安全技术，到医疗成像、商务和消费者金融和工业产品，客户遍及全球100多个国家，在全球雇用了超过32.7万名员工。

强大的业务组合和发展能力也让GE公司拥有对投资者极具吸引力的财务业绩。2007年，GE公司的利润和收入均实现了两位数增长（收入为1 730亿美元，利润为225亿美元）；2008年，在全球性的经济危机的背景下，GE公司的销售收入仍历史性地达到了1 830亿美元，营运利润为181亿美元，在《财富》排行榜中排名第5。近5年来GE公司的销售收入平均增长率为12%，营运利润的平均增长率为7%。GE公司由多个多元化的基本业务集团组成，如果单独排名，有13个业务集团可名列《财富》杂志500强。截至2010年第3季度，美国通用电气公司资产总额为74 993亿美元，负债63 599亿美元，总收入3 589亿美元，净利润316亿美元。

二、GE公司的发展历程

自1878年爱迪生电力照明公司成立以来。GE公司已经经历100多年的发展，根据其战略演变和业务重心的调整将其发展分为五个阶段。

（一）GE公司的诞生（1878～1892年）

1876年，美国人迎来了国家的百年华诞。费城百年博览会上的电气展标志着人类的创新进入了新纪元。同样是在1876年，托马斯·阿尔瓦·爱迪生位于新泽西州门洛帕克的实验室建成并开放。在那里，爱迪生对于在电气展上看到的发电机和其他电气设备的可行性进行了研究。就在这个实验室里，诞生了该时代最伟大的发明——白炽电灯。

1880年，爱迪生发明的白炽灯上市销售，确立了公司在电子领域发展的根基。1890 年，在新泽西州的门洛帕克，爱迪生建立了第一个白炽灯泡厂。爱迪生热衷于研究发明，他的一生拥有近 2 000 项专利，并致力于将发明成果转化为改善人类生活品质的工业产品。1890 年爱迪生通过整合他创办的各种业务，成立了爱迪生通用电器公司。就在那时，一个竞争对手出现了。前马萨诸塞州林恩市的鞋业制造商查尔斯·科芬，通过一系列合并使汤姆森·休斯顿公司成为一家主要的电气创新企业。

随着两家公司业务的扩展，单靠自己的发明和技术生产全部电气设备变得越来越困难。1892 年，两家公司进行合并，新公司被命名为“通用电气公司”（GE 公司），由查尔斯·科芬出任首任 CEO。目前，GE 公司依然经营着爱迪生时代的一些业务，如照明、运输、工业产品、电力传输和医疗设备。公司开发了电力系统的一整套产品和技术，占领了这个在当时还是新兴产业的市场，为 GE 公司后来的发展打下了良好的基础。此外，爱迪生高度严谨、系统化的研究方式，注重转化专利、整体系统战略为 GE 公司留下了宝贵的精神财富。

（二）危机中成长阶段（1892～1940 年）

1892 年世界范围内发生了一次金融危机，股票市场崩溃致使 GE 公司出现了严重的现金流短缺。这一重大的财务危机和混乱，几乎使 GE 公司陷入破产，查尔斯·科芬凭借他极强的谈判能力，与纽约银行的 J. P. 摩根进行协商，以 GE 公司持有的公用事业股票贷到了急需的款项，从此，GE 公司开始重视金融服务。同时，科芬也意识到公司防范和控制风险的能力极差，开始在 GE 公司建立强有力的、透明的、高度严谨的会计和财务系统。他要求公司尽力避免为客户提供融资支持所带来的风险。公司把投资回报率和现金流作为两个最主要的衡量财务状况的指标，所有的投资必须基于这两个原则来选择。这一时期所形成的稳健保守的财务政策理念，至今仍然是 GE 公司经营管理的重要原则。

在科芬时代，GE 公司建立了层级分明的纵向组织结构，总经理之下有业务、会计、生产工程、法律专利等部门，各设副总经理直接向总经理负责，每个产品生产线分别设置业务组。GE 公司各工厂经理受辖于生产工程副总经理，工厂内也设置研究开发单位，斯克内克塔迪总厂则设置研究工程实验室，部门间的争议由总经理解决。这一时期，开始重点投资人力资源系统建设，如员工挑选、培训和发展项目等。总之，第一任董事长科芬建立起了一整套公司管理的制度体系。层级分明的集权组织制度、系统严谨的研发体系、保守的财务制度和强有力的人力资源体系，为GE公司的发展打下了稳固的制度基础。

1922年，杰拉德·斯沃普和欧文·杨接手GE公司时，电气产业仍然处于早期的成长阶段，他们意识到通用电气需要刺激用电需求，这样电气公用事业才会持续增长，并且购买新的系统和升级原有系统。其主要措施是为其所有的主要市场提供源源不断的新型电气产品、装置和系统，这些新产品拉动电力部门生产、传输和分配更多的电力。电力部门进而需要购买容量更大、更先进的系统来扩展网络，这就是所谓的“良性循环策略”。虽然1929年世界性的经济危机爆发，美国进入大萧条时期，但是通过“良性循环策略”的实施，家电产品需求增加带动了发电及供电相关设备的销售增长。GE公司主宰了整个电气产业循环的每个阶段，并且成为世界领先者。在经济萧条时期，GE公司还是保持了持续的增长，到1940年，其营业额已经达到了4.11亿美元，净利润5 620万美元。相比1920年3.185亿美元的营业额和3 540万美元净利润，有了长足的增长。

就整体而言，两次危机时期的领导团队带领GE公司保持了其专利优势。利用公司的电信技术，GE公司与西屋电气共同投资组建了美国无线电公司(RCA)。卓越的领导团队战略为GE公司的发展壮大做出了重要贡献，并使得公司能够经受住两次危机的严峻考验。

（三）多元化和分散化发展阶段（1940～1970年）

1. 多元化发展。第二次世界大战对于GE公司来说是机遇。利用战争中军队对于国防产品的需求，GE公司大幅扩张国防相关业务，有效发展了飞机、船舶及军工制造业务，增加军事方面产品的研发和生产，以配合美国的军事行动。第二次世界大战将GE公司由一个电气产业的领导者变成一个高度多元化的企业。在这一时期，GE公司的产品和业务在事实上已经形成了多元化格局。1939年，GE公司成立无线电及电视部门，电视与调频接收器宣布上线生产。1942年，为适应战时的需求，GE公司生产了400种塑料飞机零件，显示工程塑料应用的重要性。1942年，GE公司制造出美国第一台喷气发动机，并进行测试。1946年，GE公司开始研究核能发电。1945年，GE公司在美国以外拥有5 000名营销及生产员工。GE公司的规模不断扩大，业务趋向于多元化。1950年，GE公司的营业额达到22.338亿美元，净利润1.797亿美元，员工超过20万人。这一阶段公司的主要领导人是里德·威尔逊。

2. 分散化发展。第二次世界大战结束后，战时产生的军工产品的需求已经减少，甚至没有了，那么GE公司是否要继续多元化发展呢？总裁科迪纳选择了继续走多元化发展的道路，因此他重视在管理体制上的变革，以适应公司多元化发展的需要。他专注于开发复杂的管理系统来帮助公司抓住主要的增长机会和获取多样化利益。由于GE公司经营多样化，品种规格繁杂，市场竞争激烈，他在企业组织管理方面也积极改革。20世纪50年代初，GE公司就完全采用了“分权的事业部制”，实行分散化经营。当一个部门的收入超过5 000万美元时，就会被分解成更小的部门。科迪纳将公司的每一个主要业务部门划分成三个管理层次：集团、分公司、部门，即总部专注于战略管理，把专业能力下放到具体的专业事业部。每个部门都要求拥有自己的工程、销售、制造、财务和劳资关系部门，不允许有例外。这种分权也为GE公司从中型公司成长为大型公司做好了准备。科迪纳还在董事长和总裁之间首创了首席执行官（CEO）一职。

1956年，GE公司制造了20万种独立的产品，并且在100个产业部门拥有350条生产线，这些部门的平均收入在3 000万～4 000万美元之间。公司的产品组合为：35%的消费产品，25%的商业和工业使用产品，20%的高科技的国防、电子和原子产品，还有20%主要为其他制造商生产零部件和材料。这样GE公司的产品更加复杂，多元化程度进一步提高。

1971年，GE公司在市场上遇到西屋电气公司的激烈竞争，公司财务一直在赤字上摇摆，博尔奇委托进行“麦肯锡研究”，研究结果认为必须加强企业战略规划，以管理愈来愈分权的公司结构并决定投资的优先顺序。博尔奇为力挽危机，又在企业管理体制上采取了一种新的战略性措施，即在事业部内设立“战略事业单位”，使GE公司的战略业务单位数量从125个减少到43个。公司内部设有350多个部门，分属43个具有竞争力的“战略性企业单位”，使GE公司庞大的管理层更加复杂。总部的规划人员和新成立的企业执行室（包括总裁和三位副董事长），每年都会重新评估企业策略规划。

1963～1972年，GE公司营业额和利润都增长了1倍。营业额由1961年的46.666亿美元增加到1970年的87.627亿美元，利润由1961年的2.001亿美元增加到3.285亿美元。

（四）深化变革和创新阶段（1971～2001年）

1. 发展壮大。琼斯（1972～1981年任董事长、总裁）在任时，GE公司壮大了国际业务及金融业务的实力。1970年，GE公司国际营业额占总营业额的16%；到1978年，GE公司的国际企业在美国以外的员工超过10万人，包括23个国家的129家分公司，还有350多个营销据点，服务150多个国家的市场。

到20世纪70年代中期，美国经济出现停滞，有些企业在管理体制方面出现重新集权化的趋向，出现了“超事业部制”的管理体制，在企业最高领导之下、各个事业部之上的一些统辖事业部的机构就应运而生了。

琼斯担心到80年代可能会出现比较长期的经济不景气，在1977年年底他又进一步改组公司的管理体制。1978年1月，公司开始实行“执行部制”，是“超事业部制”的一种形式。琼斯对公司卓越的领导得到了很好的回报，1971～1980年，公司的收入从94亿美元翻番至240多亿美元，而且净利润的增长速度更快，从4.17亿美元增至15.14亿美元。

2. 鼎盛时期的变革。在20世纪70年代末，日本制造业迅速崛起，一股“日本热”席卷美国，威胁了美国经济。1981年韦尔奇上任时，GE公司已经有117年历史，历史也沉淀出了很多的毒瘤，如公司机构臃肿、等级森严、对市场反应迟钝等，在全球竞争中正走下坡路。韦尔奇一上任就进行了大刀阔斧的改革。首先，用10年时间对GE公司进行内部调整，削减错综重叠的机构和员工，将全公司40多万员工精简为31万，管理层次从12个缩减到5个，管理效率大幅度提高；同时，进行组织机构和企业文化的变革，扫除官僚主义。当韦尔奇在GE公司掌握公司大权后，他给各个子公司设立了目标：成为行业第一或第二，否则退出该行业。因此，公司外部发展主要采取四大战略举措：产品服务、全球化、六西格玛、电子商务。通过内部变革和四大战略举措，GE公司市值腾空飞跃，韦尔奇通过一系列的变革彻底改变了GE公司的DNA。

在之后的几年里，韦尔奇建立了两种具有相关性的创新：群策群力（Work—out）和最佳实践（Best Practice），其目的是形成最好的公司文化和管理方法。到1992年中期为止，GE公司的20万名员工中有2/3的员工参与了这种“群策群力”形式的讨论会，1981～1987年，GE公司产品年平均增长率达到了2%，1988～1992年期间则高达4%。在“群策群力”员工讨论会大规模开展的时候，韦尔奇开始关注产品生产效率的提高，这导致了GE公司的另一场运动——“最佳实践”。在1988年夏天，韦尔奇交给商务发展部的迈克尔·福瑞泽（Michael Frazier）一个任务，研究和学习那些生产率比GE公司高的其他公司的关键因素，这些公司包括：福特、惠普、施乐、东芝。福瑞泽和他的研究团队调查出了一些特殊研究方法和研究工具，并总结出了这些公司取得成功的核心因素：更注重更高效率的流程，而不仅仅是控制单项商务活动；客户满意度是成功衡量标准；把供应商视为伙伴；更注重不断开发有助于高效率制造过程的高质量产品。

杰克·韦尔奇创造了GE公司的增长神话。他在位的20年间，GE公司保持了平均10%的增长速度，公司的市场价值从1981年的120亿美元增至1995年的1 570亿美元，2000年的3 000亿美元，成为全球最强大的公司。1998年GE公司在《财富》杂志第三届“全球最受推崇的公司”的评选中再次名列榜首，并且比位居第2的微软公司得票率高50%。1998年，GE公司登上了《财富》排行榜榜首、《福布斯》500强和《商业周刊》1 000大的第1名。这些辉煌的成绩都得益于韦尔奇对GE公司的彻底改造。

（五）面向未来（2001年至今）

2000年4月，GE公司第8任董事长兼CEO杰克·韦尔奇在其任职20周年之际宣布从其岗位引退，其新任接班人杰夫·伊梅尔特将成为GE公司第9任董事长兼CEO。伊梅尔特把长期战略的实施放到首位，发展娱乐业和医疗设备业，并大力投资发展纳米、光伏、氢动力等技术。为了适应战略发展的需要，伊梅尔特对GE公司的业务集团进行多次重组和调整，展开瘦身运动。自2004年1月1日起，GE公司围绕市场和客户，将其原有的13个业务集团重组为11个；2005年，再次将其业务部门整合，重新组合成六大产业部门。通过系列瘦身运动，GE公司业务部门已从2001年的13个简化为目前的4个。伊梅尔特逐渐改变了公司一贯以来的商业模式，减少大规模并购，剥离不良资产；与此同时，加大研发创新方面的投入，通过技术创新改造GE公司的增长模式。GE公司在探索一种面向未来的战略方式，致力于将创意转化为领先的产品和服务，帮助客户解决最棘手的问题，全力以赴完成未来的任务。

三、GE成功案例分析——杰克·韦尔奇的“数一数二”理念

20世纪70年代后期，韦尔奇开始阅读彼得·德鲁克的管理著作。接任GE公司的CEO之后，通过雷吉·琼斯的介绍，韦尔奇和德鲁克见了面。当时他的核心思想是想取点经：像GE公司这样的企业该怎么做，新上任的我该怎么做？

德鲁克问道：“如果你当初不在这家企业，那么今天你是否还愿意选择加入进来？”言外之意，GE公司虽大，无论是资产规模还是股票市值都是美国排名第10的大公司，但它已经面临着来自全球，特别是日本的竞争，利润已经开始萎缩，一些业务处于疲弱不堪的状态。德鲁克接着问道：“那你打算对这家企业采取些什么措施？”问题十分简单，但非常深刻，发人深省。在德鲁克一系列严峻问题的启发下，“数一数二”这一理念得以清晰化、明朗化。

“数一数二”的理念有其深刻的时代背景。20世纪80年代中后期，由于

美国政府的高利率以及财政赤字政策，世界经济的增长速度放慢。但是，可以预见，随着技术的加速进步、市场的急剧变化，竞争将更加激烈。在这种环境下，胜败立见。对企业来说，实力不强大，就没有机会生存下去。

GE 公司作为一个多元化的企业，很难适用一个统一的战略。把目标锁定在必须成为第一或者第二，这样目标就非常简单明了，易于接受，很容易贯彻到全公司。韦尔奇认为，如果不能在自己的领域内获得彻底强大的实力，还不如放手。他说："如果是市场的第四或第五位，上面打个喷嚏，下面就要感冒。如果是第一位，就能自己掌握自己的命运。"

1981 年 9 月，在 GE 公司的一份内部刊物上，韦尔奇第一次向 GE 公司员工透露了他的"数一数二"的理念。他说："并不存在针对像 GE 公司这样的拥有如此众多业务和市场的企业的简单而完善的计划。不过，我们的战略目标是发展成为在竞技舞台上数一数二的公司。"

1981 年 12 月，在担任 GE 公司 CEO 8 个月的时候，韦尔奇在纽约向华尔街的分析家们发表声明，勾勒出了"数一数二"的远景目标。在这次演说中，韦尔奇描绘了未来商战的赢家，它们应该是这样的一些公司：能够洞察到那些真正有前途的行业并加入其中，并且坚持要自己在进入的每一个行业里做到数一数二的位置，无论是在精干、高效，还是成本控制、全球化经营等方面都是数一数二。80 年代这些公司和管理如果不这么做，不管是出于什么原因——传统、情感或者自身的管理缺陷——在 90 年代将会被淘汰出局。

具有讽刺意味的是，那些分析家们想听的却是 GE 公司当年的财务状况以及取得了哪些成就。他们希望能得到详尽、全面的财务数字，这样他们就能把这些数字套进他们的模子，预测 GE 公司各个业务部的盈利状况。这使得韦尔奇感到十分无奈，他说："我与华尔街的第一次接触可以说是个无奈的失败，但是在此之后的 20 年里，尽管步履蹒跚，甚至是进两步退一步，我们所做的每一件事却都是朝着当时我勾画出的那个远景目标迈进。我们不仅要实现数一数二的硬目标，还以近乎疯狂的执著要在公司内部获得那种软感觉。"所谓"软感觉"，就是 GE 公司追求卓越的文化。韦尔奇要求他的事业部经理们回答这样一个尖锐的问题："我怎样做才能使某项业务在市场上占优势地位?"然后他们必须作出决定，说明哪些业务值得培植，哪些业务不值得培植。对GE公司的事业部领导者来说，最重要的是绘制一个蓝图，并确信自己和手下的每个人能共同实现这一目标。

在20世纪80年代早期，GE公司有相当数量的盈利事业部，这些事业部处于第3或第4的位置，事业部的领导人不理解为什么他们的事业部要被改造。他们很少考虑韦尔奇把绩效作为GE公司主要标准的决策。韦尔奇的策略并没有取得GE公司执行官们的共识，他们认为没有必要仅仅由于一项业务处于该领域第3或第4的位置就放弃。韦尔奇告诉这些善于怀疑的人：GE公司别无选择，无论多么痛苦，公司都必须重新塑造形象。因为在商业周期性的循环中，在经济衰退期受挫的永远是居市场第1与第2之后的企业，唯有成为市场上数一数二的企业，才不会失去它们原有的市场，因为它们位居领导地位，可以采取更有利的价格；也因为这个领导地位，它们有资源生产全新的产品。如果GE公司旗下的那些多元化经营的企业在市场上真正做到了数一数二，那么它就解决了企业长期竞争力的问题。如果说数三数四，虽然也不错，但它永远是二流企业。

"数一数二"的战略明晰以后，在上任最初的两年里，韦尔奇发动了一次又一次的行动，虽然规模都不大。在这段时间里，GE公司共出售了71项业务和生产线，回笼了5亿多美元的资金；完成了118项投资交易，包括收购兼并、建立合资企业以及参股性质的投资，总投资额大约10亿多美元。这些行动所涉及的资金虽不算多，却给GE公司带来了莫大的精神和文化方面的影响。而当时美国很少有企业大规模裁员、出售那些不盈利的企业。当时IBM就有这么个说法：企业的业务会变，但人不会变，我承诺终身雇佣。

而韦尔奇出售中央空调业务的举措，给GE公司员工带来莫大的心理震撼。

中央空调业务部门规模不大，只有3个工厂和2 300名员工，而且盈利能力也十分有限。尽管该业务部门设在GE公司的中心地带，但它实在不能跟

GE 公司的其他业务部门相比，它的市场占有率只有 10%，完全无法掌握自己的命运。而且，由于市场份额低，中央空调业务部门根本不能获得好的分销渠道以及独立的承包商，只能把 GE 品牌的产品卖给小的分销商，由他们负责安装。结果，用户把安装中出现的问题以及对安装服务的不满，全都算在 GE 公司的账上。

1982 年年中，韦尔奇把中央空调业务部以 1.35 亿美元的价格出售给了特兰尼公司，而该公司在空调业务市场上占据主导地位。这桩交易，对 GE 公司、对特兰尼都是一个双赢局面。出售交易完成 1 个月之后，韦尔奇和空调业务部门的部门经理有过一次电话联系。这位经理非常愉快地告诉韦尔奇，他现在感觉好极了，已经完全没了 GE 公司旗下时那种“孤儿”的感觉。

这位经理的话更加坚定了韦尔奇推行“数一数二”战略的决心。韦尔奇知道，要使公司强大起来，需要能够独自生存的强大业务。如果他不能调整某个业务，就关闭或出售它，即便是公司最神圣的业务。

发电机事业是 GE 公司的核心事业之一，韦尔奇如何决定它的命运对公司未来整体发展方向将有重要的影响。发电机（也被称为“涡轮机”）是 GE 公司多年来最大也是最赚钱的事业。这些年来，电力需求成长迅速，一般人也相信这种成长将永远持续下去。然而，1973 年年末的石油危机，使得美国国内的公用事业市场崩溃。1973 年公司共卖出 10 台涡轮机，而第二年仅卖出 1 台。韦尔奇必须决定这个深受经济循环影响的核心事业的未来。如果韦尔奇毫无弹性地应用他“数一数二”的标准来衡量，他很有理由把这个事业卖掉。但韦尔奇决定要保留这个事业，只是要做一番彻底的改革。20 世纪 80 年代，发电机事业的 9 座工厂被精简为 4 座，员工人数由 1981 年的 2.9 万人，裁减为 1.3 万人。

韦尔奇“数一数二”的战略行动标志着 GE 公司的一个重要转变。因为韦尔奇的行动必然要涉及公司一些传统的业务部门，而人们对这些部门已经倾注了许多的感情，很多人为之奉献了几十年。尽管充满疑虑和恐惧的员工们不断反对，韦尔奇仍旧坚持他的想法。有人窃笑，说他发疯了，认为他急功近利，事实上公司根本不需要他的改造；有人则怀疑他的品格，认为他不过是想否定公司的过去罢了。对于这些攻击，韦尔奇丝毫不放在心上，“力求最顶尖的位子”就是韦尔奇想说的，痛下抉择，决定哪一个事业值得栽培，哪一个不值得。在韦尔奇执政的最初几年，他出售了大批没有竞争力的企业。到了 20 世纪 90 年代，效果就显现出来了，GE 公司变成了一个非常有竞争力的企业——原来只有 3 个事业部是数一数二的。20 世纪 80 年代末，公司几乎所有的事业部都在美国，甚至在世界上排到前列，股票市值遥遥领先，员工信心也自然而然上升。

“数一数二”战略提出 20 年，已经成为韦尔奇的招牌战略之一，至今仍指导着 GE 公司。后来的全球化战略、六西格玛战略、电子商务战略等都没有脱离“数一数二”的战略思维范畴。

四、GE 公司成功之道对我国企业的启示

（一）不断改革公司管理体制促进多元化发展

企业的管理体制和运行机制没有固定的模式，世界上许多成功的企业，其管理体制和运行机制都各不相同，所走的道路也不同。即使是同一企业，其管理体制和运行机制也是不断发展变化的。因此，我国企业要根据自己的实际情况确定企业的管理体制和运行机制，并根据外界形势的变化不断调整、完善。

第一，应借鉴 GE 公司“事业部＋子公司”式的管理体制。目前一些特大型企业集团建立的是多级法人体制，责任不明，决策分散，在一定程度上制约了企业的发展。而实行事业部制，根据产品、地区、业务范围成立专业化的生产经营管理部门，按照“集中政策，分散经营”的原则进行扁平化管理，将各事业部均作为利润中心，实行独立核算[①]，在企业内部结成商品货币关系，有利于合理配置资源，有利于提高决策和投资效率，有利于加快发展主业，有利于提高集团的整体竞争力，这就从体制上为尽快建成具有国际竞争力的大型企

① 白穆：《GE 组织结构变革浅析》，《管理世界》，2008 年第 5 期。

业集团奠定了基础。

第二，完善公司的治理结构[①]。一个怎样的公司治理结构才算是优良的，世界上很多的优秀公司给我们提供了模板，各国也在商事法律中纷纷规定了基本的公司治理结构。每家公司都有其独特的企业文化，所以每家公司都有适合自己的组织形式，发现和建立适合自身的治理结构对于一个期待做大做强的公司来说是及其重要的。股权分散是GE公司的一个重要特征。在GE公司拥有的众多股票投资者中，55%的股票由2 000家银行、退休基金和互助基金等机构投资者控制；40%的股票由个人持有，个人股东有240万人（其中20万人为GE公司的在职员工和退休员工）。另外，外国股东持有GE公司5%的股票。正是这种分散的股权结构给了公司管理层充分发挥创造性的管理空间。

（二）全面实施“六西格玛”（6∑）质量标准

全球化以及对于信息、产品和服务的即得性，正在改变传统的商业模式。或者说，越发激烈的市场竞争环境迫使企业精益求精，为超越客户对企业的期望，不能再允许有错误的发生。GE公司管理的一个中心环节，就是植入了六西格玛的经营理念，应用于公司经营的一切活动，并使其成为一种规范化的工作方法。六西格玛的经营理念致力于提高产品质量，从1995年开始，GE公司实行从摩托罗拉公司引进的“六西格玛”方案，通过“DMAIC”，即定义、评价、分析、改进和控制，改进生产工序，提高产品质量，达到六西格玛标准，使100万件产品的残次率低于3.4件。GE公司把六西格玛概念应用于公司经营的一切，除产品生产外，也包括债务记账、信用卡处理系统、卫星时间租赁、法律合同设计等等活动。对于我国企业来说，六西格玛就是要求将公司的流程细化，按照流程的不同内容分别进行管理，以期能够提高产品或服务的质量、速度和效率，减少资本支出，增进顾客满意度。

GE的6∑管理实施模式是目前世界上广泛流行的“DMAIC流程改进”模

① 夏国洪：《关于美国通用电气公司成功发展的思考》，《航天企业管理》，2002年第7期。

式，即通过定义——评价——分析——改进——控制五个步骤来解决管理问题（见图 1）。

图 1　6∑管理的“DMAIC 流程改进”实施模式

6∑管理是一种能给企业带来多方面切实收益的全新管理模式，是保持企业在经营上的成功并将其经营业绩最大化的综合管理体系和发展战略，可以使企业获得快速的增长及可观的收益。一般说来，经营业绩的改善包括以下内容：顾客满意度的提升、营运成本的降低、市场占有率的提高、产品和资金周转率的缩短、缺陷率的降低、产品开发加快、企业文化改变等等。因此，企业实施 6∑管理具有重大的现实意义。

6∑管理的实质是对过程的持续改进，它是通过对过程进行改进来实现高质量、低成本和高生产率，是一种持续改进的方法论①。实施 6∑管理便是要对过程进行持续不断的改进。企业实施 6∑管理，首先要建设 6∑管理的企业文化，要求企业最高领导层必须花大力气去改造他们与 6∑管理不相适应的企业文化，以便全体员工的信念、态度、价值观和期望与 6∑管理保持同步，从而创造出良好的企业文化，保证 6∑管理的顺利实施。

韦尔奇说：“六西格玛管理方法所创造的高品质，已经奇迹般地降低了 GE 公司在过去复杂管理流程中的浪费，简化了管理流程，降低了材料成本。六西格玛管理方法的实施已经成为介绍和承诺高品质创新产品的必要战略和标志之一。”② 六西格玛是一种基于数据制定决策的统计评估法，是运用统计数据测算一件产品接近其质量目标的程度。它致力于提高产品的质量，改进业务流程，减少出错率，以提高客户的满意度。六西格玛管理的重点是将所有的工作作为一种流程采用量化的方法分析流程中影响质量的因素，并找出最关键的

---

① Robert Slater，*The GE Way Field Book*，McGraw-Hill，Inc. 2000. 61－78.

② 孙耀唯：《向 GE 学什么?》，《中国电力企业管理》，2003 年第 4 期，第 13 页。

因素加以改进，从而达到更高的客户满意度。六西格玛战略是一种质量控制战略，虽然最早由摩托罗拉公司提出，但是由 GE 公司将之变成一种管理哲学，并上升为企业文化。六西格玛对流程进行系统化的设计和监控，以数据和事实为依据，消除差异，追求顾客满意。

（三）重视企业的产品质量，面向市场不断进行研发创新

提高产品质量，提高利润率，必须不断创新。GE 公司最早建立进行基础研究的工业实验室，以基础研发为核心。实验室将研究工作分为三类，即基础研究、应用研究和工程开发。它们之间的区别主要反映在研究目标上。基础研究旨在探求新知识，对于研究方法、目标、对象没有任何要求，很少或几乎不考虑实际应用的问题。应用研究是针对特定问题而展开的探求新知识的过程。工程开发是对现有知识的经济利用，在实际运作中，从纯科学研究到机器故障检修，无所不做。① 目前 GE 公司在全球已经拥有 4 个研发中心：全球研发中心的总部位于纽约，并在印度班加罗尔、中国上海和德国慕尼黑设有研究机构。这些研发中心实力雄厚，研究领域十分广泛，并各有侧重，目前主要集中在分子成像与诊断、节能、纳米技术、高级推进技术和安防技术等领域，以开发、突破技术创新。全球研发中心是 GE 公司增长的发动机，其目标就是努力实现新的技术创想，并转化为产品，以此推动 GE 公司的业务发展。

我国虽然早已成为世界制造大国，但众所周知，我国企业的核心竞争能力仍然无法与世界上先进的跨国企业相抗衡。市场是瞬息万变的，在经济日益全球化的时代，改革和创新是企业发展的根本动力，谁能适应市场的变化谁就能生存、发展。这就要求我国企业必须不断改革，不断创新，只有这样，才能日益壮大，才能增强防御风险的能力。

（吕立冬　刘媛媛）

---

① 刘立：《美国通用电气公司研究与发展（R&D）的历史和现状》，《科学技术与辩证法》，1998 年第 5 期。

参考文献

［1］白洁、彭婷、张文东著：《梦想启动未来：通用电气梦想之路》，机械工业出版社2010年版。

［2］梅朝荣著：《GE管理模式全集》，武汉大学出版社2008年版。

［3］高娟妮著：《通用电气多元化企业战略成功要素分析》，北京邮电大学出版社2006年版。

［4］［美］威廉E. 罗思柴尔德著：《通用电气成功全书》，机械工业出版社2008年版。

［5］姚建锋：《跨国公司组织结构的变革与发展》，《经济问题探索》，2005年第2期。

［6］刘海云：《现代西方大型跨国公司组织结构调整与启示》，《世界经济研究》，1998年第3期。

［7］张立文：《美国通用电气公司组织结构及其变革研究》，《商场现代化》，2010年总第606期。

［8］孙耀唯：《向GE学什么?》，《中国电力企业管理》，2003年第4期。

［9］谢凡：《美国通用电气公司的企业理念》，《邮电企业管理》，2001年第16期。

［10］夏国洪：《关于美国通用电气公司成功发展的思考》，《航天工业管理》，2002年第7期。

7

全球电气设备供应商领导者：ABB

提起 ABB（Asea Brown Boveri Ltd），可能很多人并不熟悉，但若是你留意一下家里电表的标识，或者是观察一下小区的变电柜之类的电器设备，你就能体会到 ABB 的产品原来早已渗透我们生活的方方面面。从中国 1907 年第一台蒸汽锅炉，到三峡工程，乃至 2008 年奥运鸟巢，ABB 的技术无所不在。作为全球电力和自动化技术领域的领导者，ABB 名副其实，其业务遍布全球 100 多个国家，拥有 117 000 名员工，一直位列全球 500 强企业第 260 名左右。

ABB 在二十余年的发展历程中，经历了飞速发展的快速扩张期，也面临过濒临破产的危机时代，最终在瘦身重组后经营逐渐稳健。其发展历程可借鉴的经验教训极其丰富。本文在研究 ABB 发展历程的基础上，总体提炼出企业长期可持续发展的三点重要启示，即着力构建核心竞争力，保持结构跟随战略的实时调整，培养全球业务活动的整合能力。

一、ABB 基本情况

ABB 集团总部位于瑞士苏黎世，并在苏黎世、斯德哥尔摩和纽约证券交易所上市交易。ABB 致力于为工业和电力行业客户提供解决方案，一直稳居业内的技术领导地位。

公司的业务领域主要是电力和自动化技术，有五个主要的产品部门：电力产品部、电力系统部、自动化产品部、过程自动化业务部、机器人业务部。其产品涵盖了力度测量、分析仪器、发电机出口断路器、电力保护继电器及自动化产品等 20 多个产品。

公司超过一半的营业额来自欧洲市场，近 1/4 来自亚洲、中东和非洲，1/5 强来自南北美洲市场。2008 年 ABB 全年实现销售收入 349.1 亿美元，订单额 382.8 亿美元，同比增长 11%；全年净收入 31 亿美元，每股基本收益 1.36 美元。目前，ABB 是全球最大的微型断路器供应商之一、欧洲最大的微型断路器供应商。

ABB 在中国业务起始于 1994 年。1994 年，ABB 成立了北京 ABB 低压电器有限公司，在国内拥有包括研发、制造、销售和工程服务等全方位的业务活动，雇佣员工 15 300 名，拥有 30 家合资和独资企业。

二、ABB 发展历程简介

（一）ABB 的创立背景：瑞士、瑞典电力巨头的合并

ABB 由瑞典的阿西亚公司（ASEA）和瑞士的布朗勃法瑞公司（BBC）在 1988 年合并而成立。

瑞典 ASEA 成立于 1890 年，主营业务是为瑞典的工业企业提供电气设备。ASEA 为瑞典第一条电气化铁路（斯德哥尔摩—哥德堡）提供了机车和电气设备。ASEA 制造出世界上最大的自然冷却三相变压器，收购了爱立信的相关电气设备公司，承揽了瑞典国家铁路电气化项目，参与了瑞典第一座核电站的建设，几乎垄断了瑞典国内电力机车市场。ASEA 在英国、西班牙、丹麦、芬兰和俄国都建立了分公司。

虽然 ASEA 经营国际化有很长的历史，但其产品市场仍然主要依靠低需求、高成本的瑞典市场和北欧国家的国内需求，其国际扩张同样受到日益严厉的贸易保护的约束，再加上起内部不同职能部门和总部在国际化经营之间低效率的协作，一度限制了公司的发展。

1980 年巴内维克出任 ASEA 执行董事兼 CEO。巴内维克进入公司后推行

新的战略，并对机构进行重组，将公司业务由传统的低利润领域向高技术、高利润领域拓展，如机器人和电子工业领域。由于机器人的开发成本高昂，影响了公司的整体利润，但是巴内维克很坚定的投巨资，他认为这是长期高增长的领域。在巴克维尔的带领下，公司发展进入一个新的增长期。后期 ASEA 在与美国通用电气公司的合作中失败，表明 ASEA 受到来自行业自身及地域的约束仍较大。巴克维尔决定将公司进一步全球化。

瑞士 BBC 成立于 1891 年，早期制造电气设备包括电力机车用电动机和发电设备，供应欧洲铁路系统。由于公司总部在瑞士，瑞士地域较小，本土市场可开发潜力较小，故公司在成立之初便以欧洲市场作为潜在目标市场。20 世纪 20 年代早期，BBC 已经在意大利、德国、挪威、奥地利和巴尔干半岛国家设立了子公司。

然而随着公司业务不断扩张推进，BBC 的国际协调问题越来越突出。每个子公司都在独立发展，并实现本土化管理，好像其是业务所在国的本土公司。从公司对子公司的控制力及各子公司的协调上看，难以被称为统一的集团公司。为此，BBC 进行了广泛的企业组织调整，把所有海外子公司组建成 5 个集团：德国集团、法国集团、瑞士集团、中型集团（7 家分布在欧洲和拉美的工厂）和 BB 国际集团（不属于上述 4 个集团的剩余部分）。每个集团都分别具有 5 个事业部：发电、电子、输配电、电力牵引设备和工业设备。但公司这一全球性的组织架构尝试，并没有有效改善公司业务的全球协调性。如何协调公司业务以全球市场为导向进行有效运作，成为公司发展的瓶颈。

在 ASEA 和 BBC 在合并之前，两者都是本行业及本土领域中的领先者，且在市场方面有重合度，存在一定的竞争关系。在合并前，两家公司均已经开展跨国经营，并取得了阶段性的成果，但也存在自身的发展瓶颈和障碍。ASEA 的国际化程度低于 BBC，其发展瓶颈在于难以快速实现全球销售渠道的铺开。BBC 尽管拥有众多海外子公司，但在管理上存在低效率、不协调等诸多弱点。因而，1988 年 ASEA 和 BBC 共同组建了 ABB，双方各持股 50%，巴内维克任首席执行官。ABB 成立之初，便在全球 20 多个国家拥有 700 多家子公司，2 500多个工厂，年营业额180亿美元，雇员达16万人。ABB迈出了全球化经营实践的第一步，也是ABB巴内维克时代的开启。两家公司的并购，既满足了ASEA快速全球化的需求，而且巴内维克在ASEA推行的组织架构及管理体制可以有效协调BBC在全球的海外子公司。

（二）ABB的全球扩张：10年完成全球布局

ABB在开始营业的第一年便收购了15家公司，其中包括瑞典的环保监控公司、意大利的合作公司、丹麦的铁路产品制造公司。一系列快速有效的收购清晰地显露出公司发展的战略定位：吸收合并，快速扩张。

此后的10年，ABB处于全球快速扩张时期，这也是巴内维克的黄金10年。ABB成立后，巴内维克担任了ABB董事长，他不仅大力推进集团的组织机构重组，而且大力推行全球扩张。他在任期内确定了ABB企业文化核心（行动、主动性、冒险），搭建了支撑ABB快速并购扩张的组织架构。

10多年里，ABB一直以火箭般的速度扩张。ABB在欧洲、亚洲、北美各地进行了150多次收购，业务遍及100多个国家；最高峰时期ABB控制着遍及全球的1 300家独立子公司，以及约5 000个独立自主的利润中心。1988～1996年，ABB的收益几乎翻了一番，达到了347亿美元，利润增加了2倍，达12亿美元。它的股价也一路看涨，当时ABB的市场总资本额超过了400亿美元。ABB的三个重要发展地区也在这个时期通过快速扩张并购形成，至今为止ABB的范围仍主要由欧洲地区、美洲地区、亚洲地区组成．

20世纪90年代中期，ABB处在发展的巅峰，被称为“全球最受赞赏的公司”、“管理最好的公司”。1996年，它连续3年被《金融时报》评为欧洲“最受赞赏的公司”，《长远规划》杂志将ABB描绘成“新欧洲兼并楷模”。

（三）ABB的危机时代：自尝过度扩张苦果

20世纪90年代后期至21世纪初期（约2003年），ABB仍保持着高速的收购发展趋势，规模持续扩张；但收购业务的范围由ABB原核心竞争领域逐渐转向金融服务等陌生领域，且陆续将核心成熟业务进行转卖。在这一阶段后期，ABB持续10年快速收购的弊端逐渐暴露，公司发展进入低谷。

20世纪90年代最后两年，ABB调整了发展重心，将对重型制造业和工程的依赖转移到服务业等一系列新活动中。ABB的领导层宣布要把ABB变成一个“以知识为基础”的公司。计划扩张到以智力资本为基础，以软件、智能产品和彻底的服务为依托的价值更高的领域。ABB开始在新的领域中收购。1999年1月，ABB公司收购了美国与能源产业有关的一些金融服务公司。此外，它也开始将之前的一些核心产业脱手。ABB以47.2亿美元将合资企业戴姆勒－奔驰运输系统公司中自己所占的50%的股份转卖给合资伙伴戴姆勒－克莱斯勒，完全退出机车领域。它还出售了自己的核燃料生意，并且将自己的电站生意和法国阿尔斯通合并，形成一个股权各占50%的合资公司ABB－阿尔斯通电力公司。1999年12月，ABB将负责核工业的部门出售给了英国核能燃料公司(BNFL)。

ABB股票价格在2000年时达到了一个高峰，董事会决定了一项股票回购计划，动用了大量的资金在市场上回收ABB的股票。但之后，由于全球经济低迷，加上“9·11”事件的冲击，ABB股票价格不断下滑，使ABB账面资产大幅缩水，出现严重亏损。其后，起于1989年，在2001年ABB年报公布的石棉事件，突出体现了盲目并购所造成的恶果，对公司发展形成了致命的打击，几乎成为压垮ABB的最后一根稻草。ABB从管理学院教材上的并购典型沦落为财经媒体竞相批判的失败典型。

2001年11月公司发展初显疲软时，迫于压力巴内维克辞去了董事会非执行主席一职。董事会成员、德国化工集团赫斯特公司前任总裁约根·多曼继任。林达尔（执行副总裁）也同期离任，由约根·森特曼继任。

森特曼上任后马上宣布变动ABB的组织结构：ABB的结构不再为产品服务，而要以顾客群和产业为中心。森特曼认为，ABB以往的结构里要10个机构同时服务同一个顾客，造成了混乱和重叠；而新的设计结构更加简单，能加深与关键顾客的关联。但这一举措未能改变公司持续亏损的局面。在森特曼任职的一年中，ABB继续亏损，亏损面扩大到了7.83亿美元。2002年9月底，ABB的债务高达90亿美元，资产净值仅18亿美元，其净债务仍有26亿美元，而市值仅32亿美元。股价从3年前的33美元跌至2.8美元左右。2003年第3季度，已经是ABB连续亏损的第5个季度，净资产已经缩水至不足10亿美元，公司濒临破产边缘。

在持续亏损的压力下，公司CEO森特曼于2002年9月离任，多曼兼任董事会主席和CEO。

（四）ABB的瘦身重组：去繁就简，坚持核心竞争力

在这一时期内，扭转ABB局面的关键领导人是约根·多曼。多曼1998年进入ABB，属ABB董事会成员之一，为德国化工集团赫斯特公司前任总裁。2001年11月，多曼继巴内维克后成为董事会主席；2002年森特曼离任后，多曼兼任董事会主席和CEO。其后，在2005年，由金乐继任为CEO，多曼仍担任董事会主席。

多曼继任后，制定了“瘦身计划”。首先对组织结构进行精简，优化ABB的产品结构，将公司的核心业务简化为电力技术和工业自动化设备，其余企业强制出售。其次，他改变公司运营模式，下放权力，把一些具体的事情让业务部门去做，使业务部门获得了更大的空间。此外，多曼为保证所采取的削减成本、大幅裁员及出售企业等变革措施能被员工认同，上任后每周都给公司的所有员工发邮件，向他们解释公司的财务危机，使公司上下都愿意接受变革。

在组织架构精简措施上，一方面，ABB在内部进行部门合并。如将其原有的业务部门合并成4个新的客户部门，即公用事业部，流程工业部，制造及消费品部，石油、天然气及化工部。其主要目的是提高客户数量及公司从客户中获取利润的能力。与此同时，ABB也实施了裁员1.2万人的计划，希望通过这些措施每年节约5亿美元成本。另一方面，ABB相继出售非核心业务部门，只保留了电力及自动化两大业务领域。2002年9月，ABB以35亿瑞士法郎的价格，向通用电气公司出售了金融服务部门。而在电力行业，ABB根据当时的市场竞争态势及自身实力，进一步缩减了发电业务，而将主要精力集中在输配电，致力于将自己定位于全球输配电设备的顶级制造商。2002年还为自己定下了到2005年每年削减8亿美元成本的计划。

为摆脱困境，ABB 同时采用了多渠道的筹资融资计划。2003 年公司成功出售了 8 年期 6.5 亿欧元的公司债券，以部分偿还 2003～2010 年需要支付的 65 亿美元债务，还与银团签订了为期 3 年、金额达到 10 亿美元的新信贷协定。ABB 通过出售石油设备生产部门以削减负债并提高资本金，并成功游说摩根大通公司的投资子公司、康多富投资和 3i 集团出资 9.75 亿美元收购其石油设备部门。

2005 年，ABB 提出 5 年中期发展目标，计划从改进业务执行、从更宽的领域去创造价值的新战略。但与此同时，公司仍坚持削减非核心业务。2007 年 8 月，ABB 将旗下鲁玛斯公司以 9.5 亿美元的价格出售给西比埃公司。鲁玛斯公司是全球领先的专利/专有工艺技术、项目设计管理、采购和施工（EPC）承包服务供应商，服务于全球的石油、天然气、石油化工和炼油工业的上下游产业，拥有 2 400 名员工。ABB 宣称剥离鲁玛斯是 ABB 重点发展主营业务策略的重要里程碑。

2007 年 ABB 销售额增长 25%，达到 292 亿美元。订单总额增长 27%，年净收入达到创历史纪录的 38 亿美元。这一年也是 ABB 成立以来业务发展最强劲的一年。2005～2007 年，ABB 在纽约证券交易所的股价上涨了 215%。持续 10 年的石棉案也在 2006 年得到彻底解决。

（五）金融危机中的 ABB：成本控制初显成效

2008 年下半年金融危机爆发，ABB 的业务受到波及。受新兴市场新的大型电力基础设施项目减少和新产能投资减少的影响，ABB 2008 年第 4 季度的订单额为 72 亿美元，比 2007 年同期下降 19%。

金融危机爆发时，正值霍根继金乐之后接任 ABB 的首席执行官。霍根一方面推行削减成本措施，持续改善内部流程，降低采购成本，并根据客户需求的变化在全球范围内调整与制造和工程服务相关的资源配置，提高 ABB 利润率；另一方面，他认为在低迷时期如果过度削减成本，会损害公司在形势好转时的增长能力，故而尽可能保证对公司核心部门研发和销售的投入。

公司在 2008 年实行 10 亿美元的成本削减计划，公布了成本控制计划，目标是到2010年年底，通过削减销售成本、运营和管理开支使公司成本降低13亿美元。

三、ABB的典型案例

（一）石棉案：ABB的重生起点

1989年11月，ABB的CEO巴内维克决定以16亿美元收购美国燃烧工程公司。巴内维克没有想到，正是这个当时他并未认真关注的并购交易成为ABB由盛转衰的关键因素，也成为其黯然落幕、被迫离开董事会的直接诱因。

20世纪70年代，美国燃烧工程公司生产以石棉作为隔热材料的工业锅炉。后来，人们发现石棉是致癌物质。生产这种锅炉的员工以及在工厂里负责烧锅炉的工人陆续以身体健康受损害为由要求该公司赔偿。在1989年ABB提出收购时，燃烧工程公司就已经因为石棉事件官司不断，但届时急于拓展美国市场的ABB高管没有看到问题的严重性。这一年，ABB“近乎疯狂”地一口气收购了40多家公司，根本无法理智地分析收购燃料工程公司的可行性。

从并购之日起，石棉案索赔者就一致困扰着ABB，但最初ABB的高速增长掩盖了石棉案的影响。但这一事件在短期沉寂后迅猛爆发，成为欧洲有史以来最大诉讼，涉及索赔者由5.5万人攀升至10万人之多。2001年，ABB被迫在年报中披露了事件相关进展，并在当年将索赔预备款增至9.4亿美元，导致当年ABB亏损达6.91亿美元。2001年，ABB开始提出“瘦身计划”，转变经营策略。

2003年7月，ABB和石棉案近10万人的索赔者最终达成和解方案。在和解方案中，除了其美国子公司的800万美元资产要赔光之外，ABB需要付出近11亿美元的赔偿，其中还不包括额外的3.5亿美元的现金，以及近5 000万美元的ABB股票。2004～2009年，ABB将分批支付这些现金赔偿，石棉案带给ABB总计损失近12亿美元，美国燃烧工程公司因此宣布破产保护。

石棉事件是ABB黄金10年并购时代终点，也是ABB瘦身重组、凤凰涅槃的重生起点。

（二）从“T50”到“一个 ABB”：ABB 全球矩阵组织架构演变史

ABB 的全球矩阵组织架构，是在“T50”计划的大背景下发展并完善成型，并在 ABB 发展初期为 ABB 的全球扩张提供了有力的组织管理支撑。但在 ABB 规模达到一定程度后，这一不再适应 ABB 规模及业务特点的组织架构也成为其危机的重要诱因之一。在“瘦身时代”就不断调整组织架构的 ABB，于 2005 年在中国再次提出了“一个 ABB”的组织架构梳理计划。其间几番变革，勾画出 ABB 全球矩阵组织架构的演变史。

1993 年，巴内维克决定对 ABB 全球事业进行改组，同时提出了对 ABB 发展影响深远的“T50”计划，其核心表述为：产品从接单、计划、设计、制造到交货的周期较现有周期缩短 50%。

“T50”计划并非一个简单的速度概念，而是一种全新的组织变革。在当时，ABB 这类由百年制造企业合并合成的工业巨头，早已完成了工业制造流程的整体优化和重组，高效率的生产管理已达当时水平之极致。但 ABB 通过研究认为，从开发业务至交货的全流程中，制造因素仅占 3%，提高效率需要更多地从管理体制和管理层来解决问题。基于这种认识，ABB 致力于在“T50”计划试点的瑞典公司将原有各环节（销售、接单、下单、设计、制定规格、规划制造、交付）整体考虑。在人员组织安排上，打破原有智能界限，成立水平的业务部门，其下组建多个 10 人左右的高效小组，以改善工程程序和绩效。

“T50”计划在瑞典公司取得了巨大的成功，以此为发端，ABB 重新构建了全球的组织架构。首先，将原有管理架构变革成全球双总部的松散式、分权式的矩阵组织，将地区和行业两个维度结合在一起。其次，架构调整中特别强调建立小型的、关注眼前利益的利润中心。其三，为消除庞大全球企业的官僚组织倾向，充实下属利润中心的人才力量，极力推行巴内维克式精准裁员法则，最极端时将其全球总部由 2 000 人裁员至 176 人。最后，就是以“T50”为导向，追求全流程的高效率，使得公司庞大的身躯也能表现出充分的制造柔性及市场灵活性。

通过矩阵式结构，ABB 有效地将全球化战略和本地化产品相结合，将跨国公司的规模优势和小公司的灵活、低成本优势相结合。ABB管理文件的大部分内容是描述区域经理和业务经理的职责和相互关系，通过不断培训使经理明白他们的角色。这一组织架构，直接支撑了疯狂并购下ABB的良好运转和飞速市场扩张。

相应的，这一方式存在的问题是如果全球的专业技术经理与各国公司经理之间缺乏良好的沟通与协调则有可能造成实际运作的混乱，接受双重指挥的工作人员将无所适从。随着ABB规模的扩张，公司进入全球化发展阶段时，公司竞争环境、经营特点已完全不同于经营初期，巴内维克时期松散式的组织架构无法对集团的全球资源进行有效整合，全球矩阵结构的不足之处暴露无遗。由于ABB允许各部门自主决策，使得提供支持的办公系统四分五裂，全公司共有576个企业资源规划中心、60套不同的工资表系统、600多套电子制表软件。信息共享对谁都是梦魇。企业难以制定一项面向全球的、甚至仅仅是某一区域的综合性的经营战略，难以统一协调企业在全球或某一区域的价值创造活动。

2005年年底，ABB提出在大中华区域实施“一个ABB”计划，其核心就是将原本归属于各利润中心的销售、售后服务统一到国家总部负责。在此基础上，ABB又针对财务、IT系统、人事管理等进行一致化改革，原来许多ABB本地企业的一些服务性职能部门的员工逐渐纳入总部管理，业务流程相应进行了较大的重组。

“一个ABB”计划放弃了原有业务模式下的部分灵活性，但同时也屏蔽了其一致性差的特性，将区域范围内的所有利润中心纳入了统一的战略实施队伍，构成合力，形成规模效应。从“T50”到“一个ABB”的变革历程，演示了组织架构的动态螺旋式发展规律，也充分表现了结构跟随战略的必要性。

四、启示与借鉴意义

（一）构建核心竞争力

一个企业之所以比其他的企业更具有竞争优势，是因为这个企业在整合各种资源和组织各项价值活动方面具有自己独到的见解和方式，在某些重要方面比其竞争对手做得更好。而跨国公司经营实际上是企业将已有的能力运用于国际市场，并通过跨国经营整合更多的资源，逐步建立和稳固可以支撑企业长期发展的核心能力的过程。在跨国整合过程中，企业可以获取并购企业的多项资源，但并不是所有的资源都对企业跨国经营的核心竞争力具有重要的作用。企业应在跨国经营过程中建立适合自身行业特点、经营特征的核心竞争力。这一核心竞争力可以是先进技术优势、成本优势、组织管理优势中的一项或多项。如ABB在跨国并购的扩张或收缩过程中始终坚持对技术创新和研发的投入，保持其技术在行业内的领先优势。持续不断的技术创新是其核心竞争力之一。其后期不断强调降低成本，也是ABB在全球一体化经营中发现成本竞争优势对制造型企业的重要性后，努力打造的核心竞争能力之一。

（二）结构跟随战略

跨国公司在发展过程中，面临的环境逐步由单一的国内市场环境变成复杂的多国市场环境，最终发展至全球竞争的市场。随着地理区域的扩大、产品种类多样化的增加，公司的战略也将随着环境有所变化；而当新的战略制定后，没有进行相应的结构调整，组织面临的只能是无效率。要想避免这种无效率，无论企业怎样扩大经营业务，根据业务制定出怎样的决策，组织都必定要做出相应调整与变化。ABB在跨国并购初期，在规模扩张的战略指引下，在技术领先的竞争优势支持下，其巴内维克时期的矩阵组织架构足以保证企业在一定地理区域范围内的灵活高效运转。但企业发展到一定规模后，面临的竞争环境已经由欧美的区域多国环境变为全球竞争环境，这个时候ABB没有及时调整战略发展方向，仍坚持规模扩张战略，其规模扩张战略指引下的组织架构也无法满足企业追逐全球一体化的利润。ABB在瘦身重组后期改变战略方向的同时，及时调整其自身的组织架构，以实现结构跟随战略的统一协调发展。

（三）培养全球业务活动的整合能力

全球性产业的竞争客观上需要有效协调，以获取全球效率。虽然中国企业在国内普遍具有低成本的生产优势，但大多数产品的价值含量比较低，运输成本很高，以散件进口组装的形式开展跨国经营难以适应国际竞争的需要。随着生产系统的分散和市场的日趋全球化，中国企业将面临在世界范围内降低成本和保持地方适应性的双重压力。考虑到全球性产业贸易壁垒和当地的要求，中国企业可以参考 ABB 的组织架构，将生产设施在全球合理分布，并在世界范围内发展自己的供应商体系，以形成相对集中的若干区域市场的辐射能力。同时需要运用先进技术组织全球的采购和供应活动。随着国际化程度的不断提高，中国企业应适时推进组织结构的变革，促进母子公司之间的职能转移，以更好地利用国际市场的机会，使企业向真正的全球企业转变。

（吴迎新）

参考文献

[1] 王晓龙等：《跨国管理（第2版）》，清华大学出版社 2004 年版。

[2] 吴先明：《跨国公司治理》，商务印书馆 2005 年版。

[3] 吴先明：《创造性资产与中国国际化》，人民出版社 2008 年版。

[4] [美] 罗森维：《光环效应》，北京师范大学出版社 2008 年版。

[5] [美] 艾尔弗雷德·D. 钱德勒著：《战略与结构》，云南人民出版社 2002 年版。

[6] [英] 巴勒姆，海默著，卢小生译：《ABB 公司：跳跃的巨人》，经济管理出版社 2001 年版。

[7] [瑞士] ABB：《ABB Strategy 2011》，2007 年 9 月 5 日发布。

[8] 崔毅：《ABB 的生死大轮回》，《中国经营报》，2004 年 12 月 15 日。

[9] 慕云五：《ABB 的管理之道》，《管理学家》，2007 年 6 月。

[10] 王晓玲：《ABB：全球公司 1.0》，《商务周刊》，2007 年第 20 期。

[11] 张一君：《可控的变革“刷新”ABB》，《中国经营报》，2008 年 12 月 6 日。

[12] 冯云：《透视全球第五次企业并购浪潮》，《企业家信息》，2008 年第 10 期。

[13] 冯嘉雪：《ABB 危机化生存》，《中国新时代》，2009 年第 4 期。

[14] 袁瑛：《ABB 顺利“越冬”》，《商务周刊》，2009 年第 5 期。

[15] 海格·西蒙尼恩：《ABB 的空降 CEO》，《金融时报》（英国），2009 年 6 月。

[16] 王洁：《ABB 集团中国攻略》，《21 世纪经济报道》，2010 年 5 月 13 日。

8

奇迹制造商：三星电子

很多人对三星电子的认识起源于三星手机，而事实上三星电子的触角遍及整个电子行业，从我们手边的笔记本，到耳边的MP3，从客厅的电视，到讲堂的放映机，三星的身影无处不在，在韩国国内，甚至有“韩国人一生无法避免的三件事——死亡、税收、三星”说法，可见三星电子在韩国的影响力远远超越了经济层面，已深入政治、文化层面，甚至民众的意识形态领域。

一、奇迹制造商——三星电子历程概览

三星电子成立于1969年，是韩国规模最大的企业，目前业务遍及全球65个国家，雇员约有18.8万人。作为电子业的巨擘，三星电子是由一家名不见经传的小贸易公司发展起来的。通过调整经营策略，保持危机意识，严把质量关，快速推出新品，使得三星电子在短时间内迅速崛起，在激烈的市场竞争中高速前行。经过40年的凤凰涅槃，三星电子2009年的营业收入达到1 103.5亿美元，利润50.273亿美元，在世界500强公司中排名第40位。在美国经营咨询公司发表的2010年度“世界上声誉最佳企业”排名中，三星位居第22位。

三星电子在半导体、电信、数字媒体和数字集成领域都处于行业领先地位，是数字电视、存储芯片、移动电话和液晶显示器的主要生产商。在半导体领域，三星电子是世界上最大的DRAMs、SRAMs和闪存生产者。在电视领

域三星电子凭借优良的产品性能，通过不断追求创新，推出引导时代潮流的新产品。2005 年超越日本索尼，荣登世界最大家电企业的宝座；2007 年击败摩托罗拉，成为世界第二大手机生产企业；2009 年战胜西门子和惠普，跃升为世界最大的技术企业。2009 年，三星电子的股票市值总额达 1 114 亿美元，占韩国上市公司市价总额的 12%，其市值是竞争对手日本索尼公司的 3 倍多。

二、把握机遇，持续变革——三星电子成长之路

纵观三星电子的成长历程，可以将其分为起步立足与打造辉煌两大阶段四个十年：早期领导人李秉哲以敏锐的市场嗅觉与准确的机遇把握能力，在前两个十年使三星电子实现了多元化扩张，奠定了走向全球化的经济与产业基础，立足世界；第二代领导人李健熙大刀阔斧的新经营运动，在之后的两个十年中系统变革、重塑品牌，推动三星电子步入知名跨国企业的行列。

（一）散件组装中成长（1969～1979 年）

1938 年 3 月 1 日，三星电子创始人李秉哲在韩国大邱市成立了一家商号为“三星商会”的企业，由此拉开了三星电子的创业之路。早期三星的主要业务是将韩国的干制鱼、蔬菜、水果等出口到中国的北京及满洲里。不久之后，三星又建厂开始了面粉和糖的生产及销售。20 世纪 50 年代，韩国的通货膨胀严重，物资紧缺，三星为帮助恢复、发展韩国经济，实现实业报国的理念，先后成立了“第一制糖株式会社”和“第一毛织株式会社”，从而结束了韩国长期以来进口糖和毛纺制品的历史。20 世纪 60 年代，电子产业在日本等国兴起。当时韩国自然资源匮乏，电子产品有潜在需求，按李秉哲的分析，无论从技术、附加值还是劳动力状况、出口预期来考虑，电子行业都是三星的首选。三星成立之初，就将一些现代管理观念植入企业，如将员工所得获利与公司获利结合在一起。正是这种有几分能力得几分待遇的激励方式，推动三星跻身世界的舞台。

1969 年 1 月 13 日，三星电子工业公司成立。1974 年，三星电子收购韩国半导体公司 50%的股份，正式涉足半导体行业，开始了在全球半导体行业里

的神话历程。三星电子在成立之初看到黑白电视机在收入水平低的发展中国家（包括韩国）还存在着一定的需求，具有潜在的发展前景，故将其作为进军家电业的突破口。由于三星电子当时并不拥有最起码的电子技术，而外国公司不愿向三星电子转让有关技术，因此，三星电子制定了产品组装战略：充分利用韩国的低人力成本，在外国技术人员的指导下进行组装，然后贴上"三洋"的品牌，销往海外低端市场。

三星电子通过这种与强者合作的方式，先是从三洋公司获得海外培训、机器设备、零部件、原材料以及外国的管理技术，而后又为日本企业生产标准化的产品，并派出工程师和管理人员到日本、美国和欧洲进行培训。三星电子在此阶段，逐步建立起自己的技术研发队伍，并把经济收益中很大一部分投入研发活动，从而使公司技术水平和研发能力都得到很大的提升。

但此时三星产品仍定位在低端市场，1975 年，三星电子在掌握黑白电视机关键技术的基础上加以创新，研发出适应韩国国民需要的改良版经济型 12 英寸黑白电视机。产品一经投入市场，大受欢迎。受此鼓舞，三星电子又相继于 1976 年开发出了 14 英寸彩色电视机，1979 年开发出了微波炉等产品。通过研发战略中的模仿战略，三星电子站在巨人肩膀上成长，为成为世界 500 强企业奠定了坚实的基础。

（二）追随先进技术中成熟（1980～1992 年）

1982 年，全球性的石油危机使世界经济受到强烈的冲击，李秉哲在访问美国、日本时看到，日本虽不生产石油，可是并没有受到经济危机的重创，其主要原因是日本国内尖端技术发达。李秉哲意识到：三星电子未来要大发展，必须开发出自己的尖端技术。所以，当多数人对记忆芯片业务的发展留有疑问的时候，三星电子就开始了对记忆芯片的开发。

1. 技术主导。1983 年 2 月 8 日，李秉哲发表了"东京宣言"，宣布三星电子即将进入半导体领域，开始动态随机存储器（Dynamic Random Access Memory，DRAM）的生产。1983 年 12 月，三星电子成功研发出 64K DRAM，并由此逐步向世界半导体领域进军。1985 年 1 月，三星电子再次对外宣布：开发出 256K DRAM。世界为之惊叹！

这个时期三星电子越来越重视技术，开始在全球范围内引入一些高水平的技术研发人才，并根据公司的长期发展需要成立了一系列研发机构及各种兴趣小组，其中包括 1986 年成立的三星经济研究院（SERI）和 1987 年成立的三星综合技术研究院（SAIT）。三星电子通过大力引进技术研发人才、设计各种技术研发机构等一系列措施，其核心科技业务在全球范围内实现了较大幅度的增长。

2. 二次创业。1987 年 11 月 19 日，三星电子的创始人李秉哲在执掌三星 50 年之后逝世，李健熙继任成为三星电子新的会长。1988 年，李健熙在三星庆祝公司成立 50 周年的庆典上，宣布公司将开始“二次创业”，标志着李健熙希望领导三星电子成为世界级企业的坚定决心。

为此，三星电子将三星半导体与无线电通信进行了合并，经历企业内的第一次重组优化，使三星电子走上了最大化整合企业内部各种技术资源优势、大力开发高附加值产品的道路。另一方面，三星电子逐步将生产基地向海外转移。20 世纪 80 年代末到 90 年代，三星电子先后在印度尼西亚、马来西亚和越南投资建厂，生产电冰箱、微波炉和彩电等产品，以低成本优势占领家用电器的中低档市场。

3. 高速运行。1989～1992 年，三星牌录像机、微波炉和显示器销量高居韩国市场的首位；信息科技部分凭借其脉冲传发器进驻波兰、俄罗斯等地，并成功打入移动电话及传真机市场；半导体部分生产的 16M 及 64M DRAM 销量稳居全球首位。

总的来说，经过积极的技术学习、技术吸收和技术能力培育，三星电子的技术开发能力大幅度提升，逐步缩小了与世界先进公司的差距，并在某些领域已接近或赶上世界先进公司。通过加大对技术研发人才的招聘力度，实施“天才人才计划”，三星电子一步步突破技术门槛，创造了后来者居上的神话。

（三）“新经营”时代中涅槃（1993～1999 年）

1993 年，李健熙率领三星电子高层领导团队到国外的主要市场上考察时发现，三星产品用的生产原料比其他企业多，在外观上显得笨重，因此得不到消费者的认可。这一次考察对公司经营团队的触动非常大，他们开始反思：公司必须进行改革，改变以前重数量、轻质量的思想。于是，李健熙提出了“除了妻儿，一切都要变”的口号，拉开了三星电子“新经营运动”[①] 的序幕。

1. 质量至上的理念。自1993年开始，三星电子在整个集团内部开展了大规模的“新经营运动”。“新经营运动”旨在造就世界一流产品、提高客户满意度、成为一个优秀企业的全面革新运动。“新经营运动”是三星电子发展过程中决定性的转折点，是整个公司彻底摒弃“重数量，轻质量”的思想，从而实现“质量第一”的理念。

三星电子围绕“提高产品质量”开展了一系列的活动和举措。推行六西格玛管理：在生产或服务过程中，将100万件产品中出现不良品的频率控制在3.4次以下，产品合格率要达到99.9997%以上。实行停线纠错制度：一旦在生产过程中出现不合格品，那么整个生产线都要立即停止运转，进行全面检修，查找问题，剔除不良因素后才可以恢复生产。成立客户满意度管理中心：对三星电子所有产品的质量进行评审，将结果汇总到一起进行横向比较，对于质量控制做的不到位的部门进行整改。PDCA循环：不断计划、执行，在执行过程中不断检查，出现问题及时整改并加以实施。通过采用这种闭环方法，最终达到产品质量的螺旋式上升。实行走动管理：要求管理人员要随时走到生产现场，以便在第一时间了解生产线上的质量信息，与基层员工并肩作战，消除质量隐患。实行生产方式的革新：使员工掌握整个作业环节的相关技术，提高员工整体素质，并将每件产品的质量责任落实到具体人员，提高生产效率的同时，保证了产品质量。引入国际通行的质量标准。通过开展“新经营运动”，“质量至上”的观念深深植入三星电子员工的心中，为三星电子成功打入高端市场，并在世界市场取得优异成绩打下了坚实的产品基础。

---

① 彭剑锋、周禹、杜贺敏、崔海鹏：《三星崛起之道 东方式管控＋西方式变革》，机械工业出版社2010年版，第21～36页。

1993年，三星电子推出了新的以英文拼写的“SAMSUNG”商标。椭圆形的LOGO形状象征着穿过空间移动的世界，传达着一个与众不同的创新与变革的企业形象。

2. 鲶鱼理论。在企业的危机管理方面，李健熙倡导“鲶鱼论”：即将鲶鱼放入泥鳅养殖池里混养，泥鳅会长得更快、更健壮。这是因为它们担心被鲶鱼吃掉，要不断游动，以保持警醒，随时应对鲶鱼的攻击，所以这些泥鳅就吃得多，长得更加结实。李健熙将“鲶鱼理论”加以推广，并运用到企业经营中。他认为要在竞争中取胜，就要时刻保持危机意识，为了企业的生存要进行不断变革，否则企业就会面临不变而亡的命运。

3. “生鱼片”理论。所谓的“生鱼片”理论指的是：一旦抓到了鱼，在第一时间将其高价出售给第一流的豪华餐厅，如果不幸难以脱手，就只能在第二天以半价卖给二流的餐馆。到了第三天，这样的鱼就只能卖到原来价钱的1/4。而此后，就是不值钱的“干鱼片”了。鲜鱼一旦捕获后，每天跌一半的价，电子产品的开发与市场推广也是同样的道理。在竞争激烈的电子产品市场，今日高价热卖的宠儿很可能在短短数月沦落为低价售卖的黄花。三星电子把新产品比作生鱼片，要趁着新鲜赶快卖出去，不然等到它变成“干鱼片”，就难以脱手了。

1997年亚洲金融危机爆发。由于生产线拉得过长，再加上利润空间进一步萎缩，三星电子面临着前所未有的经营危机。当时，韩国的GDP增长率为负的6.7%。三星电子领导不得不宣布“经营原则的革新方案”，这也是继“二次创业”宣言之后第二次大规模的业务调整：将业务按照发展潜力划分成种子产业、苗圃产业、果树产业和枯木产业。三星电子制定了“选择、集中”战略，本着要做就做成行业第一的“第一主义”的原则，结合三星电子各业务当时的情况，果断撤销局限型非主打型的“枯木”产业。通过结构调整、精简运营模式，三星电子形成了自己的黄金产业结构——半导体、通信、数字多媒体和家电四大产业。

通过一系列的战略调整，三星电子安然度过了亚洲金融危机这段艰苦的岁月，并为日后的飞速发展奠定了结构基础。三星电子确立了以电子产品和电信产品为主打业务的战略，并做到了每周都有新产品问世，为此后品牌形象的成功塑造打下了良好的基础。

（四）品牌提升中蜕变（2000年至今）

随着世界步入第二个千年，三星电子也迈向其第二个世纪。数字时代为全球业务带来了革命性的机遇和革新。三星电子一直紧随这些变革，不断更新自己的业务结构、经营理念以及公司文化，以满足信息时代日益变化的需求。

2000年开始，三星电子将经营重点由制造与研发转移到品牌形象的提升上来。不断增加三星电子品牌内涵，成功树立了“动感、时尚、高科技”的品牌形象，从根本上摆脱了那种大量生产、廉价卖出的规模经营模式。为了贯彻定位高端的品牌战略，三星电子采取了一系列的营销动作，展开了全方位的营销攻势：从体育营销、娱乐营销和公益营销三面出击。

在体育营销方面，通过奥林匹克“TOP”赞助计划使三星电子高端、时尚、健康、前卫的品牌形象深入人心，大大提升了其品牌的知名度。三星电子产品与奥运营销理念挂钩，推出一系列奥运金版手机等，给世人灌输了一个“三星奥运”的无形概念。以意大利都灵冬奥会为例。在成功赞助该届大会后，三星电子在该国信誉度提升了10点以上，产品占有率提升60%～70%，跃居意大利消费电子市场第一把交椅。

在娱乐营销方面，三星手机随着《黑客帝国》影片的播放出尽了风头，向观众充分展示了时尚魅力，使消费者将三星与“酷”、“高科技”联系起来。三星影视类广告将三星品牌理念结合在故事情节里，浑然天成。以最经典的李孝利Anymotion广告为例，故事情节完整地将三星手机的音乐、摄像、蓝牙等功能信息传达给观众，同时向消费者传递了三星电子消费者是年轻、时尚、向往自由的新一代人群的代表，拥有三星的是走在时代前端的潮流人士的理念。

除了商业化运作外，三星电子也热衷于走公益路线，通过投资教育文化、环境保护、建立儿童慈善基金等社会公益活动，切实履行企业的社会责任，积极用实际行动回报社会。此外，三星电子通过与意大利著名服饰乔治·阿玛尼联手打造奢华概念手机，通过兜售文化理念的营销策略使三星电子在充满浪漫与艺术气息的意大利、法国等欧洲市场十分受欢迎。

三星电子有“三心”——“称心、舒心、放心”。品牌运作的成功离不开优质的客户服务，为了让顾客放心，三星电子采取了一系列措施。例如，打破传统的做法，首次提出“在哪里购买，在哪里解决问题”的新型售后服务模式，明确责任承担者，尽可能为客户提供方便。

2007年，三星电子打破了以单一消费类产品销售为主的模式，而开始向商用类与消费类两条腿走路转变。同时，三星电子也在产品上进行了变革，在商用产品上更加突出实用性、操作方便性的特点，而在公众消费产品上则注重体现时尚性等适合个人消费的性能。细分市场，使得客户能够快速找到适合的产品和服务。

经过不断战略调整和品牌塑造，三星电子的品牌价值得以快速增长，被世界级品牌评估机构 Interbrand 公司评选为发展最快的国际品牌，创造了全球企业发展史上的神话。

三、二维视角解码三星电子崛起之源

（一）海外之旅剪影——三星电子在中国

1992年，三星电子在天津成立第一家在华合资企业。1992年8月，中韩两国建交以后，三星电子在中国的发展开始加速。但此时三星电子将投放中国市场的产品定位为“价廉物美”，推行“以量取胜”的策略。连续多年，三星品牌在中国也成为“低质廉价”的代名词，三星电子在中国的业绩一直处于亏损状态。而后，随着中国经济的快速发展，三星电子高层管理人员开始认识到中国大中型城市中存在着数百万具有高消费能力的群体，于是三星电子开始将目光聚焦在这些潜在消费者身上，开始重新考虑在中国的布局。

1997年的亚洲金融危机使三星电子遭受重创，以三星电子为主体的三星集团1998年在中国的亏损高达3 700万美元。为此三星电子决定走一条技术振兴之路，对企业进行了全面治理与整顿，关闭了23个销售网点，责令7家工厂进行整顿，自负盈亏，同时收缩了战线，将所有产品集中在10个主要城市。这个时期，三星电子选择香港明星陈慧琳作形象代言人，全方位塑造三星产品的高端品牌形象。三星电子将消费对象锁定在年收入4万元以上的人群，认为中国是“最重要的海外业务与品牌开拓市场”。通过这次大规模的事业结构和经营模式调整，三星电子所有在中国的法人企业都实现扭亏为盈，在中国的事业取得了质的飞跃。

从2000年开始，三星电子开始在中国市场上主推数码产品。以IT通信产品为主扩大在中国的业务，并以高端产品为重点，在保证利润的前提下扩大市场占有率。为了巩固自己的高端品牌形象，走在时代的前沿，三星电子在中国市场鲜明地提出了“打开数字新世界”的口号，力争成为数字世界的先锋。经过这次调整，三星显示器、背投电视、笔记本电脑、数码照相机等在市场上均取得了很好的业绩，2001年在中国的电子产品销售额达到18.1亿美元，比1998年增长了5倍。

2008年，三星电子赞助北京奥运会通信设备，使三星电子品牌认知度大幅提升。北京奥运会把三星电子“做中国人民喜爱的企业，贡献于中国社会的企业”理念充分体现，以一个暖性的品牌形象构建起中国人民对三星电子的信赖感，赢得了消费者的喜爱和信任。北京奥运会使三星电子在中国销售额已经逼近全球销售额的一半，为此三星电子立志于在中国建设“第二个三星”。

2009年，在有着“天下第一雄关”之称的长城居庸关，三星电子召开了“3G全标准手机发布盛典”，正式宣布了“3G Samsung for all（三星3G，全为您）”的3G战略，展示并介绍了三星全线30余款3G产品以及全面丰富的3G应用领域。“众用之选，解决有道”是对中国三星的最好诠释。三星电子凭借着其在3G领域深厚的技术积淀以及在海外3G应用的成功经验，不断生产出日趋完善的移动终端产品，走上了领跑中国3G时代移动终端快车道。

（二）植根知识资本沃土——“天才人才”计划

三星电子在短时间内迅速崛起，与李健熙卓越的领导能力密不可分。李健熙重视技术研发，强调大胆使用人才。他曾说过：“在这样一个竞争无止境的年代，输赢取决于一小部分有创意的天才。”

早在 1957 年，为了企业发展的需要，三星电子就大胆采用公开考试的方式在全国招募优秀人才。三星电子员工在正式进入岗位前都要经过严格的训练，而且在走上工作岗位后，每隔几个月或新产品投入生产前，都会重新接受有针对性的培训，以更新知识体系，提升操作技能。通过不断更新知识和技能，三星电子培养出大批适应新环境、新工艺、新竞争状况的优秀人才。

三星电子在人才管理方面，遵循“唯才是举”，不唯“大学出身取人”，善用奇才。公司在全球范围内网罗人才组建自己的人才库。为了吸引企业发展所需的天才，三星电子打破惯例开出 5 倍于市场工资水平，甚至更高的薪酬来聘请人才；李健熙还亲自赴日本、美国等人才聚集的地方去招揽各个领域的杰出人才；还用各种手段到 500 强企业挖掘自己所需的人才。

亚洲金融危机前，三星电子的产品在欧美市场上备受冷落。1998 年，李健熙不惜重金将神童汤姆·哈迪招入门下。哈迪原是 IBM 的设计师，曾为 IBM 设计出 ThinkPad 这样经久不衰的电脑。在哈迪的指引下，三星设计人员跳出条条框框的束缚，进行大胆创新，设计出时尚、前卫的产品，得到消费者的青睐。三星电子（北美）市场营销策略高级副总裁彼得·维法德年轻时是一个音乐厅的钢琴师。一个偶然的机会被三星聘请加盟后，领导一批天才员工，在北美地区进行广泛的市场开拓，取得了骄人的业绩。

此外，三星电子还建立起一套全方位的激励体系、科学的评价体系和分配体系，用以吸引人才。正是公司在用人方面的高瞻远瞩，才使它由一家从事进出口贸易的小公司发展成为数码时代的领航者，并且在多个关键领域领先于竞争对手，短时间内摆脱追随者的角色，成为国际性的大型集团，在全球竞争中呈现勃勃生机。

四、博采众长——三星电子成功之道

三星电子从沧海一帆发展为擎天巨擘历时仅 40 多年，这与企业时刻保持危机意识，不断根据企业所处的内外部环境调整经营战略，有效利用政府的扶持政策进行业务的重组和转型是分不开的。

（一）新产品战略——以客户需求为导向

在新产品的研发市场中，三星电子总是以最快的速度，从细微处着手，深入地观察并把握消费者的各种需求动态，从而比竞争者抢先一步推出符合消费者需求的产品，如手机、数字电视等。这些产品不仅具有比竞争对手更先进的技术水平，而且能够在市场的推广时间上领先于竞争对手，从而为三星电子赢得时间上的价格差。

实施这种产品战略需要企业的技术积累，但并不一定要求企业具有基础技术层面上的创新能力。三星电子所谓的“新产品”大都是对技术的小步改进。新产品快速推出的战略要求更多的是先期对市场的准确判断、企业决策的灵活性，以及后期在市场上的推进能力。

（二）品牌战略——在平庸中脱颖而出

要在众多的企业中脱颖而出，最重要的是树立品牌意识，个性鲜明地突出自己的品牌形象。三星品牌价值提升速度之快，在于整个三星集团的战略构想、经营理念的贯彻执行和三星电子的品牌战略。有着“三星”品牌的知名度尤其是美誉度，“三星电子”1998年引入的“三星数字世界欢迎您”口号才可以叫得这样响亮，并且使得三星的品牌形象更加深入人心。

（三）价格战略——在高端市场开拓前行

三星电子在成立之初的20余年里，以价格优势和灵活的供应“战术”，确立了低端电子产品市场的领先地位，并成功进入美国和其他发达国家的市场。但长期的低价营销战略的负效应在90年代初暴露无遗：三星产品的消费群体主要是美国低收入和部分中等收入消费者。一旦收入状况有了改善，这部分消费者中的大部分便转向购买日本的索尼、松下和东芝，或者荷兰的飞利浦等中高端产品。这促使三星改变此前的策略。自1995年起，特别是1997年的韩国金融风暴之后，三星电子进行了全面的战略转移，全力向中高端电子产品市场进军。

当今的市场，价格竞争因素已经退居第二位，而真正占据首要地位的是品质服务和产品的技术支持及售后保证。在市场情况发生巨大变化的今天，三星电子的“弯道超越”策略，通过综合营销、提高产品质量等方式提升产品竞争力的方式是值得借鉴的。

（姜珊　饶海潮）

参考文献

[1] 陈宇峰著：《三星韩国造》，企业管理出版社 2005 年版。

[2] 范连雷著：《三星与索尼》，中国经济出版社 2006 年版。

[3] 金姬玉著：《电子世界之星——三星》，兰州大学出版社 1997 年版。

[4] 李相铉、刘必和著：《经营宪章：三星，与众不同的公司》，北岳文艺出版社 2004 年版。

[5] 彭剑锋、周禹、杜贺敏、崔海鹏：《三星崛起之道　东方式管控＋西方式变革》，机械工业出版社 2010 年版。

[6] 唐俊晚著：《三星王国——李健熙时代》，中国发展出版社 2006 年版。

[7] 洪夏祥著：《三星总裁李健熙》，华夏出版社 2004 年版。

[8] 余婉贞著：《三星技术扩张真经》，北京工业大学出版社 2006 年版。

[9] 杨延著：《三星品牌攻略》，南方日报出版社 2005 年版。

[10] 张正顺著：《解密三星培训之道——卓越体系造就金牌员工》，机械工业出版社 2008 年版。

9

化工行业的常青藤：杜邦

杜邦公司由法国移民 E. I. 杜邦（Eleutherelrenee du Pont）于 1802 年创立，公司总部位于美国特拉华州威名顿。经历二百多年的发展，杜邦公司从原来的制造作坊发展成为如今世界上历史最悠久、业务最多元化的跨国科技企业之一。目前，杜邦公司及其附属机构在全球拥有约 6 万名员工，生产设施遍布近 90 个国家和地区，公司业务涉及农业、营养、电子、通讯、安全与保护、家居与建筑、交通运输等多个领域。2009 年，杜邦公司在《财富》500 强排行榜上名列第 223 位，仅次于陶氏化学公司，位居美国化工行业第 2 名。

一、杜邦公司基本情况

图 1　E. I. 杜邦（1771～1834 年）

（一）公司简介

1799 年 10 月 2 日，E. I. 杜邦随同父亲皮埃尔·杜邦（见图 1），全家搭乘“美国鹰号”帆船，横渡大西洋前往梦想中的美国。在这里，杜邦家族展现出了非凡的商业才能，不断寻求新的市场、新的发展领域，成就了杜邦公司百年辉煌。经过二百多年的发展，公司经营范围已从生产黑色火药单一产品拓展到化纤产品、聚合物产品、农业用和工业用化学制品、工业消费品等多个领域，产品与服务项目多达 1 800 多种。截至 2009 年年底，杜邦公司已在全球 90 多个国家开展经营业务，在全球 12 个国家设立超过 75 个的实验室和服务中心。

（二）公司治理结构

目前，公司设立了由主席及行政总裁 Ellen J Kullman 及 12 名董事组成董事会，董事会下设 6 个委员会，分别负责战略指导、薪酬、公司治理等各个方面工作（见图 2）。

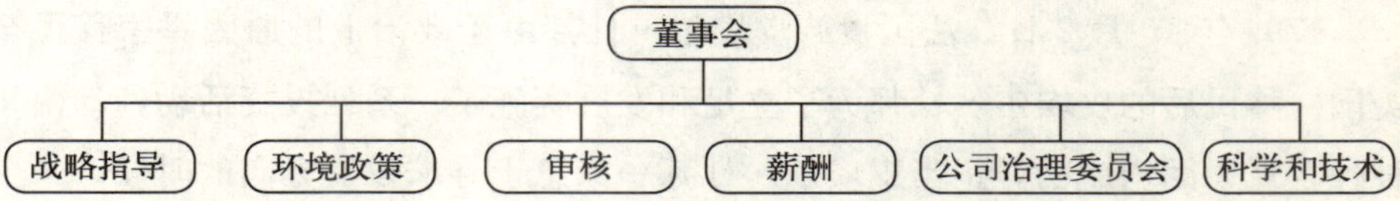

图 2

（三）业务组织架构

根据市场和技术划分，杜邦公司已组建 5 个业务增长平台，并设立 1 家纺织品和室内饰材全资子公司。这 5 个增长平台分别是：杜邦电子和通讯技术、杜邦高性能材料、杜邦涂料和颜料技术、杜邦安全防护、杜邦农业与营养。

（四）公司 2009 年年底财务数据

截至 2009 年 12 月 31 日，杜邦公司实现净销售额 261.09 亿美元，总收入 273.28 亿美元，净利润 17.69 亿美元，总资产 381.85 亿美元。公司主要财务数据见表 1。

表 1　　杜邦公司 2009 年主要财务数据　　单位：百万美元

	科　目	金　额
经营业绩	净销售额	26 109
	净收入	1 755
	研究和开发费用*	1 378
财务状况	总资产	38 185
	债务总额	11 034
	股东权益	7 215
雇员数	员工人数一年终（千人）	58

*不包括购买制造工艺的研究和发展。

数据来源：http：//dupont.com。

二、企业发展历程简介

（一）火药时代（1802～1914年）

杜邦家族是美国最古老的财富家族，杜邦公司也是世界500强企业中最长寿的企业，创建于1802年的杜邦公司几乎有着和美国一样长的历史，但鲜为人知的是杜邦公司是由法国移民创建的。

1799年10月2日，法国贵族皮埃尔·杜邦由于政治上的原因举家移民至美国。移民后的皮埃尔·杜邦为了立足和发展实施了一系列投资活动，却由于种种客观原因未成功。正当皮埃尔·杜邦一家急于寻求投资方向的时候，一个偶然事件却促成了杜邦公司的诞生。皮埃尔·杜邦的儿子E.I.杜邦一次应朋友之邀外出狩猎，而猎枪在举枪射击之时却发射不了子弹，而有时火药又会在枪膛里自行爆炸而差点伤人。E.I.杜邦事后通过调查发现原来当时美国生产火药的方法非常落后，质量很差。这次狩猎给E.I.杜邦带来意外的启发。E.I.杜邦自幼对科学有着浓厚的兴趣，14岁就曾写过一篇火药制法的文章，在法国还曾与有着近代化学之父美誉的著名化学家拉瓦锡结识过，并随后在拉瓦锡的法国皇家火药厂工作过一段时间，可谓是火药制造方面的专家。那么既然美国的火药质量如此之差，何不在美国开办火药厂？

捕捉到这一商机的E.I.杜邦立即开始实施火药制造计划，并于1802年在美国特拉华州建造了杜邦公司的第一个火药厂。1776年的美国，正处于动荡不安而又生机勃勃的时代，战争频繁并不断开拓疆土。伴随着美国向西部开拓，修建铁路、建设运河网、开挖煤矿、加利福尼亚淘金诸此等等，火药的需求日益增加，凭借着领先其他同行的火药质量和技术，杜邦公司规模不断扩大。1861年爆发的南北战争，对杜邦公司来说更是一个难得的发展机遇。战争期间杜邦公司为北方军队提供了1 800吨火药，是全美国供应量的40%。

火药作为特殊的商品，随着战争的结束需求量大大减少，价格急剧下降，导致火药业竞争异常激烈。为了应付无序的市场竞争局面，杜邦公司联合几家较大的火药公司成立了“美国火药同业工会”，对市场进行了划分，并规定了统一的销售价格。一方面，杜邦公司通过火药联盟与市场上的大企业联合作战；另一方面，不断吞并中小企业，使得杜邦公司的规模和实力迅速增大。自1902年起到1905年杜邦公司共兼并企业64家，实际控制69家。杜邦公司生产的5种火药当时占全国火药总产量的64%～74%，生产的无烟军用火药占100%。

19世纪的杜邦公司是一个典型的家族公司，公司基本上实行个人决策式经营，但实践证明这一经营模式总体上是成功的，主要是因为：

- 这一时期公司产品单一，基本上是火药。
- 公司产品质量居于绝对领先地位，竞争对手难以超越。
- 市场需求变化不甚复杂。

（二）“死亡贩子”进军化工领域（1914～1929年）

1914年爆发的第一次世界大战为杜邦公司带来了绝好的发展机遇：一是欧洲的火药制造厂商受战争困扰，无法保证正常的生产活动；二是美国初始的中立地位使得杜邦公司可以向交战双方提供军火。第一次世界大战刚爆发时，杜邦公司每年生产840万磅无烟火药。1914年年底，这一数字已扩大了13倍之多，1917年年底，杜邦公司的产量是1914年的54倍。1918年，这场耗时4年多、夺去2 300万人生命的战争终于结束了。从1914年至1918年年底，杜邦公司总收入超过10亿美元，杜邦公司也借此获得了借战争发横财的“死亡贩子”的恶名。

为了避免战后因火药需求大幅萎缩而出现难以持续经营的危机局面，考虑到当时美国在化学工业方面落后于欧洲，化工染料几乎完全依赖欧洲的情况，这一期间，杜邦公司根据开发部的建议采取购置资产方式涉足染料、油漆等化工领域。1915年，杜邦公司买下了制造真漆、火棉塑料和搪瓷的阿林顿公司；1916年，杜邦公司购入生产染料、油漆和重化学产品的哈里森兄弟公司。1917年，杜邦公司在新泽西州建立了一座大型的合成染料厂，随后又连续追加投资，使其成为具有相当规模的集染料研究、开发与生产为一体的综合性实体。在此后的数年间，又陆续购入贝尔克顿化学公司等数家化学染料企业。杜邦公司的化学染料企业群已粗具雏形。

杜邦公司依靠在化工染料领域的大量投资，在当时美国的关税壁垒保护下，逐渐成为美国的头号染料制造商。杜邦公司生产的产品品种繁多，质量上乘，各种染料已达500种之多。虽然仍旧生产火药，但杜邦公司的战略性转移初步完成。

随着产品的多元化和公司经营规模的不断扩大，杜邦公司原有的单人决策经营模式已不再适应业务的发展，公司甚至出现两位副董事长和财务部长相继累死的事件。为顺应业务发展需要，杜邦公司在美国率先把单人决策模式调整为集团式经营。集团式经营最主要的特点是建立了执行委员会。执行委员会隶属于董事会，是公司的最高管理机构。在董事会闭会期间，大部分权力由执行委员会行使，董事长兼任执行委员会主席。

（三）企业形象和公司战略的成功转型（1929～1945年）

1. 辉煌的30年代。1929～1939年，是美国经济史上动荡不安的岁月，却是杜邦公司引以为豪的10年。1929～1931年最惨淡的大萧条时期，全国企业平均利润率下降到7.8%，而杜邦公司仍保持10%。到1937年时，公司资产总值已达6.44亿美元。在20世纪30年代美国经济大危机的10年中，在美国工商业普遍萧条的情况下，杜邦公司的投资却增长了1倍。到30年代结束时，公司的销售额和纯利润已经4倍于1929年的水平。杜邦公司在美国经济10年萧条期间的骄人成就，应归功于公司自第一次世界大战后实施的向化工产品的多样化生产和经营方向的成功转变。到1933年，杜邦公司利润90%以上来源于化工产品的销售。不仅如此，杜邦公司在汽车喷漆、玻璃纸、人造丝、染料、合成氨等生产领域也占据了统治地位或领导地位。

2. 划时代的发明——尼龙。时任杜邦公司总裁小拉摩特比前任更加重视化学工业的基础研究，公司建造了专门用于化学基础研究的大楼“纯科学厅”，并以高薪和优厚的工作条件在全国各地高等学校和科研机构招聘人才。1929年，公司在保证研究自由和充分的财物支持条件下，将哈佛大学的化学家华莱士·卡罗瑟斯招募到手，并任命为有机化学研究部主任。卡罗瑟斯领导的科研小组在10年间为杜邦公司带来了50多项专利产品，这其中就包括划时代的产品——尼龙。尼龙的出现使纺织品的面貌焕然一新，用它织成的尼龙丝袜既透明又耐穿。1938年在纽约世界博览会上，用尼龙生产的新式长袜一向世人展示，立即受到了市场的热烈欢迎。1939年10月24日，杜邦公司在总部所在地公开销售尼龙丝长袜时引起轰动，被视为珍奇之物争相抢购，混乱的局面甚至迫使治安机关出动警察来维持秩序。到1940年5月尼龙纤维织品的销售已遍及美国各地。

3. 爱国企业——杜邦公司。1941年，美国正式加入第二次世界大战。为了应对战争的各种急需，杜邦公司的尼龙不再用于生产丝袜而是降落伞线、手术缝合线以及飞机轮胎线，人造皮革则用于生产军用皮靴。相对于第一次世界大战，军用爆炸品不再是杜邦公司唯一提供的产品，那些用于减轻人们痛苦、拯救生命的产品也成为杜邦公司的主要产品。此外，杜邦公司还参与了制造原子弹的"曼哈顿工程"，在与政府签订的协议中，杜邦公司加入了如下条款："杜邦公司负责全部计划所需的设计、建造及安全运转。报酬除成本外，再加上适当的利润，杜邦公司将其利润定为1美元。"利润设为1美元是杜邦公司改善社会形象的举措，这主要是因为杜邦公司加强了对外建立广泛友善的公共关系。类似的企业形象塑造行为让杜邦公司获得比第一次世界大战时期2倍多的利润，还让公众淡忘了其"死亡贩子"的称号。杜邦公司爱国企业的形象渐入人心。

整个第二次世界大战期间，杜邦公司生产了40.5亿磅火药。这个数字虽然是杜邦公司在第一次世界大战中火药总产量的3倍，但它在杜邦公司这一时期的全部产品产量中却仅占20%；而在第一次世界大战中，杜邦公司的火药产量占了公司全部产品产量的80%。从这一数字的变化中，人们可以清楚地看到两次世界大战期间杜邦公司所取得的惊人发展。从生产军火到生产以丝袜为代表的与生活密切相关的产品，从被诩为"死亡贩子"到获得"爱国企业"赞誉，杜邦公司成功完成了企业形象和商业的转型。在这一时期，杜邦公司提出了"生产优质产品，开创美好生活"的企业目标。

杜邦公司的集团式经营模式在保证公司有序经营和高效运转方面发挥了重要作用，然而这一经营模式不能对市场需求的变化作出预判和调整，公司原有组织形式对业务发展缺乏适应力。1923 年公司创造了一个多分部的组织机构：在执行委员会下，除了设立由副董事长领导的财务和咨询两个总部外，还按各产品种类设立分部，而不是采用通常的职能式组织如生产、销售、采购等等。在各分部下，则有会计、供应、生产、销售、运输等职能处。各分部是独立核算单位，分部的经理可以独立自主地统管所属部门的采购、生产和销售。

（四）杜邦公司的国际化（1945～1996 年）

第二次世界大战前，杜邦公司已经在海外拥有了一些联营企业，但是它对产品出口和对外直接投资的重视程度远不如它对国外技术的重视，1939 年，杜邦公司的出口总额仅为 1 480 万美元，约相当于该公司当年销售总额的 5%；它的对外投资额为 2 060 万美元，约占其投资总额的 4%。进入 20 世纪 50 年代，客观环境有了很大变化：由于税收和工资的不断提高，美国国内化工产品的生产成本开始上升，而第二次世界大战后美国化学工业的发展又使化工产品市场上的竞争日趋激烈，这一切都促使杜邦公司谋求在海外发展。1958 年杜邦公司国际部成立，开始大规模海外投资。1959～1972 年，杜邦公司对外直接投资从 3 亿美元猛增至 16 亿美元，海外销售占全部销售的 20%，1978 年达 31%，从而成为真正的跨国公司。80 年代，杜邦公司进一步向上下游延伸，并加速了国际化经营的步伐。上游收购了大陆石油公司，下游通过收购、合资和技术研发进入聚合物、电子和生命科学领域。90 年代，杜邦公司开始退出上游石油业务，收缩通用化学品业务，发展专用化学品和材料科学及生物科学，并将国际化目标由欧洲转向亚洲和南美。

20 世纪 60 年代初，杜邦公司陆续遇到一些难题：过去许多产品的专利权纷纷期满，在市场上受到日益增多的竞争者的挑战；陶氏化学公司（Dow Chemical）、孟山都公司（Monsanto）及一些大石油化工公司相继成为劲敌。1962 年，科普兰临危受命，出任第 11 任董事长（兼总经理），担当起“危机时代的领跑者”。为了应对这场危机，科普兰提出新的经营战略：运用技术情报，选取最佳销路的商品，强力开拓国际市场；发展传统特长商品，发展新的产品品种，稳住国内势力范围，争取巨额利润。新的经营战略还必须有与之相应的组织机构作为保证，除了不断完善公司原设的组织机构外，1967年年底，科普兰把总经理一职史无前例地让给了非杜邦家族的马可，财务委员会议议长也由别人担任，自己专任董事长一职，从而形成了“三驾马车式”的体制，标志着杜邦公司由家族企业向现代巨型公司转变。

（五）杜邦公司的第二次转型（1996年至今）

20世纪后期，石油危机令杜邦公司陷入利润和经营的大幅波动期。石油价格上涨、食品安全问题严重、资源有限性和人类需要的矛盾突出。杜邦公司抓住这一大趋势开始谋求新的战略转型，重新将企业“核心主业”战略定位在创造可持续发展的科学新领域，全力向生物科技领域拓展。杜邦公司试图在不需要自然资源的前提下，利用生物科技与物理学、化学工程科学及资源科学相结合建立科技发展平台，从而拓展新的产品与材料，以知识密集的方法，尽可能减少对环境的影响，开发出人类生存必需品。1999年，公司将沿用了65年的企业口号“生产优质产品、开创美好生活”改变为“创造科学奇迹”。杜邦公司正致力于从一家化学公司转型为以综合科学为特征的公司，并采取了一系列战略举措：

• 战略资产的扬弃。化工是杜邦公司的战略资产。一方面，杜邦公司尽量把化工技术与生物技术相融合，保证其生物化工产业链充分利用原来的战略资产；另一方面，又果断抛弃原来的战略资产，将原来严重依赖石油的化工业务剥离。

• 通过自主研发和收购兼并，将“农业和营养”新业务作为平台，先播种“种子业务”。在生物化工方面，成立杜邦泰特利尔生物产品公司生产生物丙二醇等生物化工原料；在生物能源方面，与BP合作生产燃料乙醇；从生物化工源头上布局，收购先锋种子等。

杜邦公司的第一次战略转型从某种意义上说是被动的，转型后所从事的行业也是在公司原有经营范围基础上的延伸。杜邦公司的第一次转型是成功的。

杜邦公司在进入第3个百年之际对业务结构作出的大幅调整，是基于对未来资源、经济、环境、市场综合判断基础上的主动调整，业务重组后的业务增长平台分为5个部分，分别是电子与通信技术、高性能材料、涂料与颜料科技、安全防护以及食品与营养。在杜邦公司与化工企业身份渐行渐远的同时，一些化工巨头如巴斯夫集团却在出售非主要业务部门的同时加大了对化工行业企业的收购力度以增强企业的整体协同效应，并且在企业Logo中加入“The Chemical Company”来突出“化工、化学企业”的身份。与巴斯夫集团清晰的经营战略比起来，杜邦公司的第二次业务转型显得难以理解。或许杜邦公司前任CEO贺利得下面的这一番话能描绘出杜邦公司在第3个百年中的发展方向：“我们决意要建立一个时代延续的公司。很多观察者想把杜邦公司标签为这样或那样的公司。我们是一个化学公司吗？我们将要成为一个生物科学公司吗？从很多方面来说，这些都是错误的提问。正确的提法应该是：‘我们是一个强大的、在世界范围内探索人类基本需求并为之提供解决之道的公司吗？’对于这个问题的回答是大声说‘对！’。”

三、发展历史上的经典案例

（一）良好的公共关系是企业发展的助推器——“路易斯安那事件”

火药作为特殊的商品，政府采购才是销售的主要渠道，如果能拿到政府的订单，对企业来说无疑是重大利好，在这方面杜邦家族抓住了有利的机遇。杜邦创始人E.I.杜邦的父亲皮埃尔·杜邦在移民美国之前，曾在路易王朝任职，参与了英国、美国关于结束战争的《巴黎条约》的签订工作，并扮演居中调解美国独立战争的角色，在此期间结识了杰弗逊、富兰克林。1803年，皮埃尔·杜邦受杰弗逊总统之托，并在其斡旋下为美国成功从法国手中用1 500万美元买下路易斯安那州。正在寻求政府订货的E.I.杜邦紧紧抓住了这一机遇，立即给杰弗逊总统写信，请求美国政府对杜邦公司予以关照。不久，杜邦公司得到了一份提炼政府全部硝石的合同。1805年7月4日，美国政府作战部长亨利·迪尔伯恩上校宣布：杜邦公司将承包政府的全部火药。

杜邦公司凭借着与政府的良好关系和自身一流的军火生产技术，在历次战争中不断获得政府大额订单，实现公司业务快速扩张（见表 2）。

表 2　　　　杜邦公司在美国历次对外战争中获益情况

序号	事　件
1	1804～1805 年美国与波多黎各等国战争，杜邦公司向政府销售了 2 万多磅火药，同时承揽政府的全部火药生产
2	1812 年英美爆发战争，杜邦公司获取政府 100 多万磅火药订单
3	1846 年美墨战争，杜邦公司获取政府 400 万磅火药订单
4	第一次世界大战期间，杜邦公司赚得 10 多亿美元毛利，纯利润达 2.3 亿美元之多
5	第二次世界大战期间，杜邦公司生产了 40.5 亿磅的火药，纯利润高达 7.41 亿美元，生产火药总量占全美总量的 70%，并参与制造原子弹的“曼哈顿工程”
6	1950～1952 年朝鲜战争中的绝大部分火药订单由杜邦公司承接
7	越南战争期间，杜邦公司从军火生产中获得 10 亿美元以上的利润

（二）未雨绸缪，提前布局——杜邦公司在第一次世界大战时期的平稳转型

第一次世界大战初期，为了满足战时对军火的巨大需求，杜邦公司投入巨资对生产设备进行了更新、扩大了生产规模。然而战争一旦结束，杜邦公司将面临两个问题：一是军火的需求将大幅萎缩，公司的持续经营面临难题；二是生产能力的过剩将使大量价格不菲的生产设备处于闲置状态。杜邦公司对此已有预判，并制订了解决方案。在战时，杜邦公司已将扩大生产规模和更新设备的费用全部计入火药价格中，将生产能力过剩带来的成本转嫁到购买方身上。对于公司如何持续经营的问题，时任杜邦公司领导人的皮埃尔·S. 杜邦早在 1915 年起即第一次世界大战开始的第 2 年就要求公司的开发部研究和选择在战争结束后最适合工厂生产的产品。此外，他还要求开发部研究能够最有效使用公司现有资源和设备的经营战略，为战后杜邦公司的发展制定计划。1916 年，负责此项任务的开发部主任 R. P. M 卡朋特向公司提交了有关报告，建议

公司发展“一系列相关产业”，以在“3 至 5 年内”继续使用“大多数过剩的工厂”，最终将吸纳公司在战争期间积累起来的技术人员、设备和资本。“相关产业”包括：植物油及其副产品如肥皂等、油漆和清漆、染料和相关的有机化学产品、水溶性化工产品、以硝化纤维为原料的合成纤维纺织品及类似产品。开发部的建议在技术上和商业方面均有可行性，因为上述产品的原料很容易由杜邦公司现有工厂生产出来，且产品之间大多具有关联性，可以使公司获得纵向联合的益处。建议获得了公司的采纳。公司首先从染料行业开始布局。

染料本来是从煤或木炭的焦油中提炼出来的，但杜邦公司希望染料的生产与火药产生直接关系，毕竟火药生产是杜邦公司的强项。此外一旦战争开始或结束，杜邦公司可以在火药和染料两种产品之间迅速切换。经过多次实验和探索，杜邦公司终于在火药与染料之间搭起一座“桥”：先生产 TNT 火药的溶液，然后从 TNT 火药的溶液即苯溶液中提取苦味酸作为化学染料的原料。由于有了这座“桥”，染料生产成了杜邦公司火药生产的延长线。这座“桥”显示了杜邦公司的智慧和产业转移中的正确思路，也使杜邦公司在战略性大转移中避免了总产值的大起大落，做到有序平稳的过渡，并进而取得成功。

四、启示与借鉴意义

创建于 1802 年的杜邦公司是美国历史上创建最早、存在时间最长的企业之一，还是经营和管理堪称一流的成功企业。在近两个世纪的发展中，杜邦公司建立了良好的公共关系，并根据企业规模的扩大和市场的变化不断进行组织和管理的创新；与此同时，根据消费者的现实需求和潜在需要，不断进行技术和产品创新，以创造和开拓更广阔的市场，从而保持了公司 200 年不断持续发展，长盛不衰。杜邦公司在发展过程中的一些成功经验值得我们借鉴和学习。

（一）营造良好的公共关系

杜邦公司重视与政府沟通交流，关心员工安全，倡导可持续发展企业文化，塑造良好的企业形象，为公司的生存发展创造一个良好的环境。

杜邦公司不断调整自身发展战略以适应国家战略需要，注意与美国政府沟通和联系。公司凭借与政府密切关系，不断获得政府订单，开拓了国内外市场；杜邦公司高度重视安全生产，关心员工的健康，建立健全安全管理规章及员工抚恤制度，倡导可持续发展企业文化。由于杜邦公司建立初期生产火药，发生爆炸事故可能性较多，为了保障员工权益，提高员工生产积极性，从1803年开始，杜邦公司就形成了一套遇难者家属抚恤金的制度，给予遇难者家属安排住宅，负责其子女的生活费和教育费，并且在1811年建立了第一套安全管理规范。为了使员工在火药厂安心工作，提高公司高管对安全的重视程度及执行的彻底性，杜邦家族成员也搬进厂区与工人为邻。此外，杜邦公司规定，在最高管理层亲自操作前，任何员工不得进入一个新的或重建的工厂工作。目前，杜邦公司已经成为全球最安全企业之一。杜邦公司充分认识到塑造良好企业形象，可以帮助企业获得社会公众的好感和信赖，提高公众对企业认可程度。为此，杜邦公司成立专门对外沟通部门，采取设计口号或标语，赞助公益事业等多种手段，建立良好的公众关系。

（二）不断改进组织结构，创新企业制度

杜邦公司能主动根据市场及业务发展的需要，不断改革企业组织机构，适应发展需要。其变革进程见图 3。

1802 ~ 1902 年	1903 ~ 1922 年	1923 ~ 1960 年	1961 年至今
实行成功的单人决策	实行首创集团式经营	充分适应市场的多分部体制	“三架马车式”体制

图 3　杜邦公司变革进程

1. 第一阶段：单人决策。1802～1902 年公司采取较为成功的单人决策式经营，特别是杜邦家族继承人亨利接任公司以后，公司许多决策均由其本人亲自决定。亨利采取了一系列措施如加速账款收回，严格支付条件，促进交货流畅，降低产品价格，成功使杜邦公司在火药行业成为领军企业。

2. 第二阶段：集团式经营模式。杜邦公司于 1903 年建立了最高管理机构，即“执行委员会”，隶属于公司董事会之下，开始实行集团式经营。执行委员会每周听取各部门汇报，审阅业务报告，审查投资和利润，讨论公司政策，并就建议进行商讨。由于实行统一指挥、垂直领导和专业分工原则，公司效率显著提高。

3. 第三阶段：充分适应市场的多分部体制。杜邦公司发现原先的集团式经营模式无法适应公司成长的需要，为增加管理体制弹性，公司增设了由副董事长领导的财力和咨询两个总部，并且按照产品种类设立分部。在这种形式的组织机构中，自治分部在不同的、明确划定的市场中，通过协调从供给者到消费者的流量，使生产和销售一体化，从而使生产和市场需求建立密切联系。分部通过直线组织管理其职能活动。总部采用利润指标监督分部，使它们的产品流量与波动需求相适应。由于多分部管理体制的基本原理是政策制定与行政管理分开，公司的最高领导层摆脱了日常经营事务，把精力集中在考虑全局性的问题上，研究和制定公司的各项政策。

4. 第四阶段："三驾马车式"的体制。为提升公司决策质量，提高企业竞争力，杜邦公司实行了由总经理、财务委员会议长、董事长领导的公司架构，并且增设了办公室和委员会以增加公司管理收缩性。

（三）研发创新是企业发展的强大推进器

杜邦家族发迹靠的是火药，发的是战争财。在杜邦公司历史的前120年里确实如此，这也成为公司沉重的历史包袱。在第一次世界大战后，杜邦公司开始开拓民用化工产品。当时的公司决策层认识到公司要继续发展就要开发新的产品，而更大的市场需求来自于民间而不是军方。20世纪20年代以来，出自杜邦实验室的各类打着杜邦印记的新产品相继问世：玻璃纸、氯丁橡胶、尼龙、特氟隆、奥纶、涤纶、氨纶、纯钛，直到最近出现的聚烯烃。这些新产品连同制造它们的新工艺和新技术一起，为杜邦公司带来了巨额利润，也使这个存在了近两个世纪的老牌公司始终保持着青春的活力。实际上，杜邦公司的大多数产品属于新型材料系列，并不直接面向普通消费者，但消费者依然能够深刻地感受到它们的存在。如涂抹了"特氟隆"衍生产品的不粘锅、掺进了"莱卡"丝（氨纶）的新型衣料、使用"泰尼克斯"尼龙单丝（杜邦丝）作刷毛的牙刷、用聚酯纤维作填充材料的“安睡宝”枕头等，都加深了普通消费者对杜邦产品品牌的认识；同时，这些提高了人们生活质量的新产品也使杜邦公司的市场不断拓宽。

根据2006～2009年公司财务报告，杜邦公司每年用于科研开发的费用约为13.53亿美元，占销售收入比重为4.78%。仅杜邦实验站每年就要投入12亿美元的研发费用，集中精力专攻那些具备市场前景、商业可操作性以及技术原创性的项目，这些使杜邦公司的技术始终在世界上占有优势地位。

（仰利群　丁林）

参考文献

[1]［美］阿德里安·金南著，杜邦中国有限公司译：《杜邦200年：发源于白兰地河的科学奇迹》，上海科学技术出版社2002年版。

[2] 博知：《杜邦家族的百年发展史》，《中国城乡金融报》，2009年12月4日，第B03版。

[3] 李顺荣著：《军火的诱惑　杜邦家族》，社会科学出版社1998年版。

[4] 李存茂、李九江著：《战神鹰犬化工巨头杜邦公司解读》，中国方正出版社2005年版。

[5] 刘卫伟著：《杜邦》，远方出版社2006年版。

[6] 胡国成：《美国现代化工之父杜邦》，北京大学出版社1997年版。

[7] 橡实：《杜邦200年：一个国家、一家企业和一段历史》，《商务周刊》，2002年12月刊。

[8] 胡国成著：《美国现代化工之父杜邦》，北京大学出版社1997年版。

10

化工巨人：德国巴斯夫集团

德国巴斯夫集团（BASF SE）是全球领先的化工公司，总部位于德国路德维希港。巴斯夫集团以“The Chemical Company”作为企业的LOGO，从公司成立时就始终坚持将化学化工作为自己的核心竞争力，视其为企业成功和发展的基础。向客户提供一系列的高性能产品，包括化学品、塑料品、特性产品、农用产品、精细化学品以及原油和天然气。其别具特色的联合体战略（即德语中的“Verbund”）是公司的优势所在，它使巴斯夫集团实现了低成本优势，从而保证了极大竞争优势。公司注重研发创新，在2009年年底其10.5万名雇员中研发人员超过了9 000人，科研经费超过10亿欧元，保证其产品始终具备较强的竞争能力，在其涉足的商业领域中有75%都占据了前三位的市场份额，2010年3月被美国商业杂志《财富》评为“全球最受赞赏化工公司”。

一、巴斯夫集团简介及发展现状

巴斯夫集团成立于1865年，是全球最大的化工企业之一。2009年在世界500强中排名第73位，在化学化工行业排名首位。巴斯夫集团总部设在路德维希港，在世界39个国家设有350多家分厂和公司。巴斯夫集团实行监事会监督指导下的管理委员会负责领导体制。集团管理委员会设执行委员会负责日常经营业务管理，并领导各部门的工作。目前，集团管理委员会下设20个经营部门、12 个地区管理部门、11 个公司部和 6 个职能部门分管各种业务，实行矩阵式的组织管理体制。巴斯夫集团是全球工厂面积最大的化学产品基地，至 2009 年年末公司拥有雇员超过 105 000 人，其中研发人员超过 9 000 人，公司销售额超过 500 亿欧元，业务领域涵盖化学品、塑料纤维、石油天然气、保健及营养，染料等多个领域，公司的股票在法兰克福（BAS）、伦敦（BFA）、纽约（BF）、巴黎（BA）和苏黎世（BAS）等多个股票交易所上市。

在中国，1982 年，巴斯夫集团在香港成立巴斯夫中国公司，统筹负责集团产品中国的销售、推广、分销进口业务活动。20 世纪 90 年代中期，巴斯夫集团开始在中国投资设厂。目前巴斯夫集团在中国拥有 19 家全资总公司、10 家合资公司、7 家研发中心和 5 个生产基地，在香港、北京、上海、广州、南京等地设有 8 家办事处，雇员超过 6 000 人，2009 年销售额约为 41 亿欧元。

二、公司主要成长历程

从 1865 年巴斯夫公司成立开始，公司主要经历了染料时期、化肥时期、新高压合成技术时期、生产装置的破坏和重建时期、石油化工时期以及全球化发展六个时期。

（一）染料时期（1865～1901 年）

1865 年 4 月 27 日，巴斯夫集团创始人弗里德里希·恩格霍恩（F. Engelhom）在曼海姆建立了巴斯夫集团的前身——“巴登苯胺纯碱厂”，后搬迁到巴伐利亚州的路德维希港，成立之初公司只有职工 30 人。恩格霍恩为一家煤气厂厂主，为满足 19 世纪后半叶飞速发展的纺织业对染料的需求，他开拓创新，利用煤气生产过程中产生的煤焦油加工成染料。1861 年他开始利用煤焦油生产苯胺和品红。1870 年，巴登苯胺碱厂从煤焦油生产葱酮染料。接着该公司又研制并生产了亚甲基蓝、坚牢红、金胺、靛蓝、阴丹士林蓝、茜素等染料，并在德国、法国、美国、俄国等国建立了染料生产和销售机构。1888 年，在著名染料化学家卡尔安德烈亚斯（Carl Andreas Glaser）领导下，公司开发出了接触法硫酸生产工艺，开始生产高浓度硫酸，成为现代化学的重要原料之一。基于这些当时较为先进的化工产品，公司很快跻身染料市场前列。该时期也是德国纺织工业快速增长的时期，对染料需求巨大，这一时期巴登苯胺碱厂经过40多年的发展，在其研究部门的不懈努力下，不断推出新的染料，使之成为世界上最大的染料生产企业。1900年，巴登苯胺碱厂已成为世界上最大的化工厂之一，也是世界上最大的染料生产企业，拥有职工6 207人，其中有148名化学家、75名工程师、305名销售人员。至今染料及颜料仍是巴斯夫集团的重要产品，巴斯夫集团仍是世界主要染料生产基地之一。这一时期，巴斯夫集团经过40多年的发展，从小到大，在世界化工市场占据了一席之地，成为世界主要化工公司之一。

（二）化肥时期（1901～1923年）

这一时期，巴斯夫集团（巴登苯胺碱厂）开发出Haber－Bosch法合成氨工艺，并成功地合成了尿素，揭开了其历史发展新的一幕。1907年，巴登苯胺碱厂与拜耳、阿克发公司合资收购了奥古斯特维多利亚煤矿，该煤矿为公司提供了可靠的原材料供应基地。1908年，巴登苯胺碱厂开始研发用氢和氮高压合成氨工艺（Haber－Bosch工艺）。1909年，巴登苯胺碱厂化学家Fritz Haber成功建立了每小时能产生80克氨的实验装置，为合成氨工业奠定了基础。1910年，公司发明了合成氨的高效铁催化剂并建起了世界第一座合成氨试验厂。1913年，巴登苯胺碱厂建立了年产7 000吨的合成氨厂，开始工业化生产合成氨。1914年成立了农业研究站，为农业化学的发展奠定了基础。合成氨工业的研发，使大气中的氮成为生产氮肥的廉价来源，从而使农业生产依赖土壤的程度减弱，为解决粮食危机提供了有力手段。由于该贡献Fritz Haber被授予1918年诺贝尔化学奖。巴登苯胺碱厂也由于该发明，揭开了其历史发展新的一幕，公司在化肥等产品中得到迅速发展。

1914年第一次世界大战开始，在战争期间该厂为德国提供了世界少有的氮化合物，以生产炸药和化肥。1921年，位于路德维希港的合成氨厂发生爆炸，合成氨装置受到严重破坏。1922年巴登苯胺碱厂开发出合成尿素。1923年开发出合成甲醇，并于1924年开发出褐煤沸腾床气化技术——温格勒法，这一发明也是巴斯夫集团化肥时代主要标志产品之一。

（三）新的高压合成技术发展阶段（1923～1943 年）

在这一阶段，在原有化学工艺的基础上发展的高压合成技术成为巴斯夫集团业务活动的重点。同时，随着汽车工业的兴起，巴斯夫集团亦开始涉足与之相关的燃料、合成橡胶、表面涂料、染料原材料及车用试剂等工业。这一时期，该公司通过高压技术，生产出合成汽油、橡胶和乙酰等新型产品。1925 年，巴斯夫集团前身巴登苯胺碱厂与拜耳·赫斯特等 5 家公司合并为法本工业联合公司（I. G. Farben）。

在这一时期巴斯夫集团取得了丰硕成果，开发了一系列当时世界上新型化工产品。1927 年，生产出第一批汽油；1929 年，法本工业联合公司开始工业化生产苯乙烯；1930 年开始工业化生产聚苯乙烯、聚丙烯腈、聚丙烯酸酯；1931 年开发了聚异丁烯、聚氯乙烯；1935 年，生产了世界上第一盘录音磁带；1937 年，开发出聚乙烯。在 30 年代中期，巴斯夫公司首先研究了脂肪醇与环氧乙烷进行乙氧基化技术。1939 年第二次世界大战爆发后，法本工业联合公司建设了由乙炔和甲醛生产丁钠橡胶的大型装置，生产军需品。

（四）主产装置的破坏和重建时期（1943～1953 年）

第二次世界大战期间，巴斯夫集团也未能幸免，为纳粹政府控制，为其生产军需化学用品，在战争中遭到严重破坏。第二次世界大战结束之后，巴斯夫集团 33％的工厂被完全毁坏，61％严重破坏，生产及研发能力受到较大影响。巴斯夫集团开始进行战后重建，战争中全部摧毁的工厂设施的重建工作持续了数年时间。1952 年，法本工业联合公司解体，巴登苯胺公司作为法本工业联合公司的三个继承者之一，开始重新注册。

（五）石油化工时期的开始（1953～1965 年）

伴随着战后欧洲重建、经济复苏以及塑料产品的需求急剧增大，巴斯夫集团迎来了合成塑料的时代，并重新走上崛起之路。巴登苯胺公司继承了战前所沿袭下来的注重研究开发的优良传统，在战前研发技术的积累支持下，继续开发出尼龙、泡沫塑料等新的产品，使公司在战后新兴起的塑料工业工艺开发中继续保持领先地位。这一时期，石油代替煤成为石油化工的原料，标志着石油化工时期的开始。

（六）全球化时代（1965年至今）

从20世纪60年代开始，公司致力于全球化的操作。1973年，公司正式启用“巴斯夫”（BASF）名称。公司先后在北美、欧洲、亚洲等地建立了多家制造企业，从80年代开始加大了对亚洲的投资力度，最初韩国是其在亚洲的投资重点，90年代以来中国开始取代韩国成为其在亚洲的投资重心。2005年在中国南京建立的新的一体化化工生产基地，是巴斯夫集团历史上最大的一笔单体投资。2008年集团在重庆筹备建立大型的MDI（二苯基甲烷二异氰酸酯）生产基地。

同时巴斯夫集团还不断优化业务结构，2006年巴斯夫股份有限公司和位于杜塞尔多夫的德固赛股份有限公司达成协议，收购德固赛的建筑化学品业务；同年，巴斯夫集团还收购了约翰逊聚合物公司和德固赛化工公司的建筑化合物部门。这不仅巩固了巴斯夫的产品结构，更增强了其在北美市场的实力。2009年公司收购另一化工巨头汽巴公司，进一步加强了其在化学化工行业的地位。

到2009年年底，巴斯夫集团已发展成为拥有雇员超过105 000人、销售额超过500亿欧元的企业，其中在中国拥有雇员近6 500人，销售额超过41亿欧元。

三、精细管理、勇于创新、独具特色——巴斯夫集团成功战略研究

（一）坚持一体化理念

一体化理念是巴斯夫集团始终坚持的经营思想和企业的主要标志，是巴斯夫集团竞争力及创新力所在。巴斯夫集团的一体化哲学全方位地贯彻在企业的各个方面，主要有能源一体化、客户一体化、信息一体化、研究一体化、采购一体化、社会一体化等等。

什么是巴斯夫集团“一体化”模式？从生产方面的一体化来说，就是通过

将生产工厂相互连接，增值链应运而生：一家工厂的产品与副产品可以用作另一家工厂的原材料。工厂在使用原材料的同时，也提供原材料。生产一体化的起始点是蒸汽裂解装置——一套使用蒸汽将石油“裂解”成丙烯、乙烯及其他物质的大型装置，这些物质是生产一系列其他化学品重要的原材料。巴斯夫集团生产一体化能够仅用几种原材料就生产数十种基础材料，进而生产数百种中间体。此类中间体是巴斯夫集团复杂增值链中 8 000 多种不同工业品的基础产品。通过将生产工厂相互连接，增值链应运而生。一个项目或工厂的产品和副产品往往就是下一个项目或工厂的原料。在巴斯夫集团路德维希港基地，250 套装置中每一套都与其他装置紧密连接。如果比较该联合体的生产成本和彼此间隔 100 公里的 70 套装置进行同样生产规模的成本，可以发现联合体的优势非常明显：每年节约的成本高达 5 亿欧元。

在巴斯夫集团，生产工厂中化学工艺流程所产生的能源可立即转换为蒸汽，并源源不断流入巴斯夫集团蒸汽网络。而其他生产工厂则以这些蒸汽为能源，为其生产流程提供能量。换言之，生产加工工艺流程中产生的过剩能量并未释放到环境中，而是作为其他地方的能源。根据计算，如果没有一体化的联合体，巴斯夫集团电力和蒸汽产量所消耗的能源将要提高 92%，相当于 370 万吨原油。在巴斯夫集团生产流程中，通过改进使用的催化剂，减少了 23 万吨的二氧化碳，相当于 14 万德国家庭一年所消耗的电能，可以说是循环经济的代表。

不仅在生产领域，巴斯夫集团还将一体化战略思想应用于技术研发领域。路德维希港基地的“全球技术平台”是这一体系的核心，集团所有的基础研发工作都在这里进行。现在该中心已经拥有 5 000 多名科学家，每年还面向全球招募 180 名科学家。围绕这一核心，巴斯夫集团在各个运营部门和子公司之间构建起一个统一的研发网络，在化学品研究与工程技术、聚合物研究、植物生物技术研究和特种化学品研究这四个方面进行集中式研发。在此基础之上，巴斯夫集团还在全球各地设立了 50 个区域性研发中心，其中亚洲 17 个、欧洲 16 个、北美 13 个、南美 4 个。当总部在某项基础研发和生产技术方面获得突破之后，巴斯夫集团的区域性研发中心就会随之而动，贴近当地市场，以顾客为导向进行具体的产品开发和改进。在此过程之中，各区域性研发中心也不断与研发总部进行交流与互动，共同攻克一些技术难题。同时巴斯夫集团并不单纯依靠自己的力量进行研发。它在全球一共有 1 300 多个研发合作项目，其中 2/3 是与大学或者研究机构进行合作，及时转化最新的学术研发成果；其他 1/3则是与行业内合作伙伴或者客户进行合作，既能根据客户要求改进产品，又能在合作伙伴提供的新技术支持下进行创新。通过这些外部合作，巴斯夫集团有效扩大了一体化研发体系的半径。

目前“一体化”的经营思想已经深入到巴斯夫集团生产、能源、物流、员工、技能、采购、客户等所有经营活动中，极大提高了企业的效率，降低了经营成本，取得了巨大的社会及经营效益。“一体化”的经营思想已经成为巴斯夫集团不可或缺的部分，塑造了巴斯夫集团的过去和未来。

(二) 贴近客户创新商业模式

巴斯夫集团在美国市场有一句经典的广告语：“虽然我没有为您生产直接的产品，但我让您购买的产品更加优秀。”客户的满意以及忠诚度是巴斯夫集团成功的重要因素。在巴斯夫集团 8 000 多种产品中，大多数都作为原材料提供给各个领域的企业，企业在这些新型化工原料的基础上再对自己的产品进行改进。因此，巴斯夫集团坚持客户导向型的创新模式，把单纯的研发创新拓展到商业模式创新上。巴斯夫集团的经营哲学是先帮助客户更加成功，然后从客户的成功中获取自己的利润。贴近客户是帮助客户取得成功的基础，巴斯夫集团要求在空间上和情感上都实现同客户的贴近。

通过一体化研发体系和遍布全球的子公司，实现无论客户在哪里巴斯夫集团的销售人员和技术专家都能为其提供支持。情感上的贴近性则要求巴斯夫集团的管理者不仅要精通化工知识，还必须对客户的业务领域有深入了解，否则就不可能提供成功的解决方案，这个方面的要求较在空间上的贴近性有着更高的要求。

巴斯夫集团提供多种帮助员工贴近消费者的培训，其中以 2004 年成立的

"观点学校"（Perspective Academy）级别最高。巴斯夫集团所有的市场和销售人员都必须接受这项培训，学习和理解客户思维模式的方法，从而系统掌握同客户沟通与合作的方式。他们还会定期到各自的地区总部接受培训，了解其业务领域内最新的发展情况。

除了各种培训之外，巴斯夫集团还在各业务部门建立"焦点小组"，以帮助员工更好地了解客户需求。巴斯夫集团通常为一个行业内的各个生产环节提供产品和解决方案，这样巴斯夫集团员工就能够从与同事的交流中获得经验，从而更好地理解一个行业。以汽车工业为例，巴斯夫集团是全球三大汽车涂料供应商之一，同时也为汽车提供塑料部件，汽车工业涉及巴斯夫集团的众多业务部门。巴斯夫集团的各个部门会通过汽车业焦点小组进行交流，了解丰田、奔驰最新的技术进步，讨论他们最新的采购要求。

在贴近客户、切实了解客户需求之后，巴斯夫集团开始在商业模式上进行创新。在专用和标准产品领域里，巴斯夫集团关注客户的个性化需求，并为之开发合适的方案。巴斯夫集团通过把产品和服务结合起来获得系统解决方案，既可为客户提竞争优势，也给自己创造未来的效益，达到双赢。例如，在中国，巴斯夫集团为长春一汽轿车股份有限公司（简称"一汽"）免费安装了一套汽车喷漆设施，并派技术人员帮助指导一汽人员，使一汽生产出来的奥迪轿车更加光亮，从而抓住消费者的心，卖出了好价钱。一汽卖出的汽车越多，需要巴斯夫集团的油漆也越多，巴斯夫集团也因此获利更多，并形成与竞争者的比较优势。

（三）前瞻性的发展战略

巴斯夫集团能够取得持续增长的重要原因在于，它总是以未来发展为导向，在历史上多次把握市场命脉，抓住商业机会，取得成功。1861 年，化学家曼思有一个重大发现，即可以通过芳香胺重氮盐与芳香胺或芳香酴耦合，人工合成染料苯胺。当时大多数染料都是从植物汁液和矿物溶液提取，虽是天然产品，但染色效果差，而且很不持久，容易褪色。当时正是德国资本主义快速兴起、纺织工业迅速发展的时代，巴斯夫集团的创始人恩格霍恩看到了巨大的商机，马上在另一位化学家卡尔·克来姆（Carl Clemm）的帮助下建立了一个小作坊，从煤焦油中提取苯胺和品红，抢得染料业先机，使巴斯夫集团伴随德国纺织工业的发展迅速兴起，到19世纪末已成为德国乃至世界主要化工公司之一。

20世纪初，汽车工业成为主要资本主义国家重点发展产业，巴斯夫集团在刚刚进行合成氨工艺研发后，马上着手研究相关材料，包括与高压合成技术相关的燃料、合成橡胶、表面涂料、染料原材料及车用试剂等，抓住汽车行业迅速崛起机遇，开辟了新的业务增长点，并促进德国汽车工业的发展。在该业务领域巴斯夫集团至今仍占有重要地位。

第二次世界大战结束后，巴斯夫集团开始重建工厂，但是德国作为第二次世界大战发起国与战败国，巴斯夫集团被美国和法国当局没收了几乎全部知识产权，除了录音磁带。本来录音磁带的知识产权被转移给美国3M公司，但后者对此不太重视，更没有将其付诸商业用途。巴斯夫集团抓住契机，以该技术为基础，迅速研制出聚苯乙烯塑料泡沫，在新兴塑料工业中占得先机，成功夺回了世界化学业的前沿阵地。与此同时，巴斯夫集团开始生产录音磁带，凭借其产品的质量和数量，仅仅一年之后就成为主导厂商，并一直保持到20世纪90年代中期。

20世纪60年代以来，巴斯夫集团开始其全球化发展战略，80年代开始将亚洲作为其战略发展重点。目前，巴斯夫集团已经把未来的发展中心定在了亚洲，而中国则是其亚洲战略的核心。1990～2000年，巴斯夫集团在亚洲投资26亿欧元；2000～2005年，投资追加到30亿欧元。2005年巴斯夫集团在南京投资近29亿美元，建立大型一体化化工产品生产基地。该项目是巴斯夫集团历史上最大的一笔单体投资。2009年年底巴斯夫集团在中国地区拥有雇员近6 500人，销售额超过41亿欧元。2010年在重庆又计划建立40万吨聚氨酯（MDI）项目。预计到2010年年底，巴斯夫集团实现亚洲销售和盈利占其全球份额的20%，其中10%来自中国，并能够对70%的产品实现本地化生产。中国以及亚洲市场对巴斯夫集团具有举足轻重的作用。

四、启示与借鉴意义

（一）明确发展方向，增强整体竞争力

当新经济浪潮席卷全球之时，有舆论把化工业列入“夕阳产业”，但巴斯夫集团仍将主要精力及资源都投向化工行业，坚持在化工领域的发展，认为没有真正意义上的“夕阳产业”。20 世纪 90 年代末互联网泡沫破灭之后，德国股票市场上那些被标榜“引领人类未来生活”的 IT 公司纷纷落马，而巴斯夫集团则一直保持稳定增长。1996～2005 年，巴斯夫集团年均资本回报率高达 18.2%，是 DAX30 指数成员该项平均值的 2 倍。

巴斯夫集团在其发展历程上都以化学化工行业作为其发展主营方向，并不断围绕其核心业务进行产业结构的调整，增强自己在化学化工行业的竞争力。巴斯夫、陶氏、拜耳、杜邦都是世界上主要的化工公司。巴斯夫集团曾经一度落后于杜邦、陶氏等企业，但是在 20 世纪 90 年代，当其他化工公司涉及其他业务领域，甚至剥离部分传统业务的时候，巴斯夫集团却一直强化其在化学化工行业的地位，围绕其核心业务进行兼并收购，并且在企业 LOGO 中加入“The Chemical Company”来突出“化工、化学企业”的身份。到 2006 年巴斯夫集团已经超越陶氏化学成为世界上最大化工公司。

巴斯夫集团在开展并购业务的时候，不仅仅是单一考虑业绩，还要考虑这一行为是否符合公司整体的发展方向，是否能够利用自身的优势增强其整体竞争力，增强其协调效应。2003 年以来，巴斯夫集团明显加大了专业化进程和收购力度，其中最引人注目的是 2006 年投入了 80 亿美元用于收购德国德固赛化学建材业务、美国庄臣聚合物公司、安格公司。特别是近 50 亿美元收购安格公司，在业内引起了不小的震动。巴斯夫集团本身也有催化剂业务，收购安格公司后以安格公司为班底建立了巴斯夫催化剂公司。这一收购使巴斯夫集团获得了协同优势。估计，2010 年前因协同效应所节省的成本每年将达到 1.6 亿欧元。2009 年集团斥资近 38 亿欧元收购了瑞士汽巴公司，进一步加强了其在特性化学品的市场地位。

除了不断进行吸收并购外，巴斯夫集团还根据集团发展情况对自身业务不断进行调整。巴斯夫集团2001年将医药品部门出售，2006年又将其在8个国家的动物营养饲料业务出售给了荷兰动物饲料集团泰高公司（Nutreco）。巴斯夫集团出售这些业务的原因，并不完全是这些业务亏损或者收益低，而是这些业务类别与公司主要业务之间的关联度不大，无法产生足够的协同效应。例如，为提高集团的整体竞争力，巴斯夫集团将一度位列世界十大医药企业之列的医药业务出售。

通过不断对产业结构进行优化，目前巴斯夫集团所有业务结构已经被整合为化学品部门、塑料部门、功能性解决方案部门、特性产品部门、农业解决方案部门和石油天然气部门6个业务单元（见图1）。在化工领域的竞争力也不断增强，其主要业务产品在世界化工市场都具有重要地位。

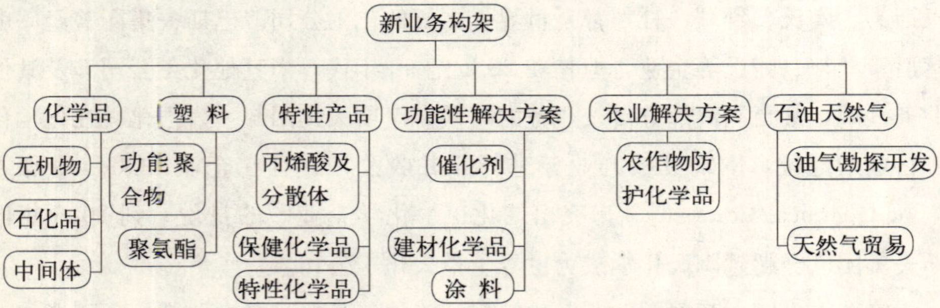

图1 巴斯夫集团业务管理架构图

目前，世界500强中很多化工企业都采用了多领域发展战略，涉及业务领域也非常广泛，而巴斯夫集团始终以化学化工行业作为自己的主要发展方向，围绕化学化工行业的上下游进行并购扩张，不断提高业务协同效应，提高集团整体竞争力。

（二）以创新为先导，支撑百年基业

化学化工行业企业众多，产品也较雷同，如何突破瓶颈，在竞争激烈的同质化市场占领一席之地，是每一家化工企业面临的现实问题。面对这一障碍，巴斯夫集团解决办法是——创新，并且让创新深入到企业文化的精髓，无

论在何时、何地，客户都能感受到巴斯夫集团创新理念。

从巴斯夫集团的发展历程来看，较强的研发及创新能力及新产品的推出是其核心竞争力。巴斯夫集团从成立伊始就将研发创新作为企业发展的生命线。1919年巴斯夫集团的化学家 Fritz Haber 因发明工业合成氨的方法获得了诺贝尔化学奖，巴斯夫集团的各项工业合成氨产品也随之迅速占领世界化工市场。在同一时代，当汽车业逐渐崛起时，巴斯夫集团马上着手研究相关材料，包括与高压合成技术相关的燃料、合成橡胶、表面涂料、染料原材料及车用试剂等。在这一系列产品中，巴斯夫集团也获得了巨大的成功。纵观巴斯夫集团百年来的发展历程，其产品始终在世界化学化工市场保持了较强的核心竞争力。

巴斯夫集团的成功、其产品的竞争力来源于对创新的重视，一系列的数据更证明了这一事实。2009年，巴斯夫集团研发投入接近20亿欧元，用于拓展巴斯夫集团的全球科研活动，如在全球范围扩大研究实验室以及设立地区开发中心等。作为研发投入的一部分，已有约12亿欧元拨给了能源管理、原材料变化、纳米技术、农作物生物技术和工业生物技术这五大增长群，用于2006～2009年期间的研究活动。同时，巴斯夫集团也广泛与各大学、研究机构、其他公司等通力合作，利用各种资源进行创新研发，保持其产品的竞争力。目前巴斯夫集团全球专职研发人员有9 300多人，研发项目和课题有3 300个，研究的领域包括能源管理、植物生物科技、白色生物科技、纳米技术和原材料的变化等。

巴斯夫集团预期到2010年，通过产品创新能够增加约60亿欧元的市场销售额，到2015年能够增加80亿欧元的销售额。

（鲍敦康　陈涛焘）

参考文献

［1］顾荣良：《巴斯夫发展战略的启示》，《中国石化》，2008年第3期。

［2］单红青、谭小平：《以前瞻性战略保证稳定发展的巴斯夫公司》，《当代石油石化》，2006年第12期。

[3] www. basf. com.

[4] 李立著：《企业和产业发展战略研究》，经济科学出版社2007年版。

[5] 彭砚苹著：《逆势布局：经济危机下的经营投资策略》，东方出版社2009年版。

[6] 刘立著：《德国化学工业的兴起》，山西教育出版社2008年版。

[7] 傅雷、袁建财著：《世界500强企业顶尖用人之道》，中国经济出版社2008年版。

[8] 关志华：《巴斯夫可持续发展塑造未来》，《中国外资》，2008年第1期。

[9] 李月佳、袁满：《创新——企业长盛的生命线》，《东方企业文化》，2009年第9期。

11

解读芯片之王：Intel 公司

一个新兴行业会有数以万计的竞争者，经历激烈的市场竞争和多次重组，最终只会有少数几个巨头公司主导整个行业。Intel 公司最初只是一家生产存储器芯片的小公司，40 多年来，它秉承“只有偏执狂才能生存”的企业精神，已经发展成为全球最大的半导体芯片、计算机、网络产品制造商，在 IT 业中拥有着不可替代的地位。Intel 公司在 IT 领域迅速壮大的过程堪称是世界企业发展史上的传奇，比尔·盖茨曾盛赞：Intel 公司是“芯片之王”以及世界上最有价值的公司之一。

为适应环境的变化而始终如一地对技术创新进行不懈的追求，建立在技术创新基础上的产品优势、广告宣传战略，与强大合作伙伴达成联盟，面对危机果断实施战略转型以求得“凤凰涅槃，浴火重生”……这些措施促使 Intel 公司走向成功。Intel 公司的辉煌之光已经照耀了 40 多年，尽管我们很难预测这束辉煌之光还能照耀多久，但它的过去已足以让我们回味无穷。

一、Intel 公司简介

Intel 公司成立于 1968 年，具有 40 多年产品创新的历史，为全球日益发展的计算机工业提供建筑模块，包括微处理器、芯片组、板卡、系统及软件等。《时代》周刊曾撰文称：“正如当年的蒸汽机、电力和装配线一样，微芯片已经成为推进新经济的先驱。……Intel公司则是数字时代的核心企业。”

今天，互联网的日益发展不仅正在改变商业运作的模式，而且也改变着人们的工作、生活、娱乐方式，成为全球经济发展的重要推动力。作为全球信息产业的领导公司之一，Intel公司致力于在客户机、服务器、网络通信、互联网解决方案和互联网服务方面为日益兴起的全球互联网经济提供建筑模块。

2009年，Intel公司以376亿美元的营业收入、44亿美元的净利润列全球500强第202位。2010年第3季度，Intel公司营业收入为110亿美元，同比增长18%，营业利润为41亿美元，净利润30亿美元。

二、Intel公司发展之路

（一）“三驾马车”领军Intel公司

硅谷是随着20世纪60年代中期以来微电子技术高速发展而逐步形成的，它是美国重要的电子工业基地和世界最为知名的电子工业集中地。Intel公司的创立起源于20世纪50～60年代的硅谷。

1955年，成就了“本世纪最伟大发明”的“晶体管之父”肖克利博士，在硅谷创建了“肖克利半导体实验室”，很多年轻、优秀的科学家慕名加盟，其中包括Intel公司的两位创始人罗伯特·诺依斯和戈登·摩尔。

但由于肖克利缺乏经营能力，1957年，几位年轻人向肖克利递交了辞职书，在一家摄影器材公司的支持下，创办了后来著名的仙童半导体公司。20世纪60年代，仙童半导体公司在诺依斯精心运筹下，一举成为硅谷成长最快的公司。同一时期，仙童半导体公司也开始孕育着危机，母公司总经理不断把利润转移到东海岸，公司的大批人才精英纷纷出走，自行创业。

1968年，诺依斯和摩尔也带着安迪·葛洛夫脱离仙童半导体公司自立门户，新公司取名“Intel”，这是由“集成电子”（Integrated Electronics）两个英文字组合而成的，象征新公司将在集成电路市场上飞黄腾达。诺依斯是公司的“脸面”，吸引和团结人才，组织推动商业行销；葛洛夫果断干练，具有“铁石心肠”，做事雷厉风行，擅长于管理和鞭策下属；摩尔天生一个科学家的头脑，又善于运筹帷幄，公司的技术核心非他莫属。于是，这一最佳人才组合的创业小组，构成了新公司的“三驾马车”，从此拉开了 Intel 公司辉煌历史和传奇经历的序幕。

（二）不断突破极限的产品开发

在 Intel 公司的辉煌中，最耀眼、最能够撞击世人心灵的那道光束，无疑是 Intel 公司在芯片制造方面令人耳目一新的尖端技术、让人眼花缭乱的先进产品。在 Intel 公司的成长过程中，它所开发生产的产品从半导体存储器到微处理器，再向信息网络通讯发展，即便按顺序排列在一起，也足以看出，Intel 公司产品开发的过程其实就是不断追求完美的过程，这个过程积淀着 Intel 公司在企业运作中所奉行的一贯原则——追求极限。无论是学者研究还是业界评价，都将 Intel 公司走向成功的首要原因归结为它的“技接不暇”。下面，以编年史的方式，回顾一下 Intel 公司开发的主要产品。

1969 年：第一款产品“3101 Schottky”双极随机存取存储器，以及世界闻名的“e 下沉”标识双双问世。

1970 年：推出世界第一个动态随机存取存储器——1103 芯片。

1971 年：推出被誉为“电脑大脑”的第一款微处理器 4004。这一举措不仅改变了公司的未来，而且对整个工业产生了深远的影响。同年，推出了第一款 EPROM（可擦编程只读存储器）1702。

1974 年：Intel8080 问世，被许多人视为第一款真正的通用微处理器，用于停车灯和收银机等多种市场领域。

1976 年：业界第一款微控制器问世——8748 和 8048。

1977 年：业界首款单芯片编解码器 Intel2910 处理器诞生。

1978 年：推出 Intel8086 处理器，随后成为行业标准配置。

1980 年：推出第一个运算协处理器。

1982 年：推出 Intel286 微处理器，是处理器进入全新技术的标准产品。

1985 年：推出 32 位 Intel386 微处理器，可同时运行多个软件程序。

1989 年：第一款商业化微处理器 Inteli860 处理器诞生，内嵌超过 100 万枚晶体管。

1993 年：奔腾处理器推出，助力多媒体革命。

1995 年：高能奔腾处理器推出，支持 32 位工作站和服务器。

1997 年：奔腾 II 处理器面世。

1999 年：赛扬处理器面世，用于经济型的个人电脑市场。

1999 年：奔腾 III 和奔腾 III 至强处理器面市，处理器性能更上一层楼。

2001 年：安腾处理器上市，进一步提升服务器和工作站的性能。

2003 年：迅驰移动计算技术面市，其中集成无线局域网功能简化了无线互联网连接，被业界广泛普及采用。

2006 年：推出四核 Intel 至强 5 300 系列处理器和 Intel 酷睿 2 至尊处理器，开启多核时代大幕。

2007 年：推出代表性的无铅酷睿 2 至尊处理器和至强处理器，突破性的 Intel45 纳米制程和高－K 金属栅极硅制程技术重新定义了晶体管概念。

2008 年：推出业内体积最小的低功耗处理器家族——面向移动互联网终端、上网本和上网机的 Intel 凌动处理器。

（三）昔日垄断辉煌与如今双雄相争

1. 昔日的垄断辉煌。Intel 公司诞生于集成电路迅速发展的时代，借助有利时机在行业中崭露头角。20 世纪 70 年代前后，Intel 公司完成了对存储器芯片市场的垄断。90 年代以来，Intel 公司呈现出一种加速发展趋势，年销售额、利润额和资产总额全面增长，而且盈利增长快于销售额增长。

在包括服务器、台式机和笔记本在内的计算机 CPU 领域，竞争参与者不多，能够占有一席之地的更少，而 Intel 公司形成了一家独大的局面：2003 年第 1 季度在全球计算机 CPU 市场上，Intel 公司占据 80％以上的市场份额；AMD 与 Intel 公司进行全面竞争，占有 16％左右的市场份额，处于第二梯队；VIA（威盛）和 Transmeta（全美达）只占有很小的市场份额，处于第三梯队。

2. 光环不再，双雄相争。然而最近几年，Intel 公司的同盟阵营倒戈频频不断。AMD通过一系列创新举措，包括率先推出64位以及双核等芯片，得到了众多PC厂商的支持，不断蚕食Intel公司的市场份额，成为其有力的竞争对手，上演着“双雄”相争的大戏。

2010年，美国市场研究公司IDC发布报告称，按照出货量计算，Intel 2009年第4季度全球PC微处理器市场份额为80.5%，低于2008年同期的81.9%；AMD的市场份额则达到19.4%，高于2008年同期的17.7%。

AMD已利用产品的独特优势迅速崛起，使得处理器领域持续多年的垄断格局被打破，Intel公司独霸电脑芯片业的历史已结束，电脑芯片业朝着Intel公司、AMD两强争霸的局面发展。

3. 巅峰之战，Intel公司全力对抗。为应对AMD所发起的疯狂挑战，Intel公司采取了多项措施。如：对处理器提前大降价，抗击AMD的销售策略；全面启用双核技术，并针对其商业战略作出了根本性的调整；宣布启用全新的品牌标识，走向前台更直接地面向消费者……经过一系列的商场交战，Intel公司稳固了其行业巨头的地位。

（四）成功的“转折”造就历史的“飞跃”

任何事物的发展都不是一帆风顺的，Intel公司也不例外，在其发展历程中经历了不少危机，作出了三次重大的战略转型。Intel公司的第三任总裁，有“领袖的领袖”美誉的葛洛夫对企业经营发展中遇到的危机看法比较特别，他不称其为“危机”，而称其为“战略转折点”。这一看法事实上充满了既将危机看做危难，又将它当做机遇的哲学蕴含。以他为代表的公司决策层面对这三次“战略转折点”审时度势，针对当时行业形势和同业竞争情况积极应变，使Intel公司成功完成飞跃，始终站在行业的顶尖位置。

1. 20世纪80年代：从存储器市场向微处理器市场的转移。半导体竞争是各国电子产业乃至整个高技术产业竞争的前哨战，并一直是美国高技术竞争和贸易战的一个热点。Intel公司在成立后的很长一段时间内以生产动态随机存取存储器（D－RAM）为主，这也是日本半导体公司的主要产品。在日本资金雄厚的大电子公司冲击下，Intel公司的D－RAM由于产品质量低、成本高，市场份额不断下降，到80年代中期陷入了困境。1984年Intel公司40%的营业额和100%的利润都来自于微处理器，但80%以上的研究和开发费用却花在存储器上。1979年担任Intel公司总裁的葛洛夫在80年代中期意识到公司的战略存在问题。1985年充满危机意识的葛洛夫终于壮士断腕，果断放弃了自己开辟的存储器市场，专心开发微处理器。这是Intel公司的第一次战略转移。

就在那时，全球生产这种芯片的公司也屈指可数。微处理器是计算机的心脏和大脑，是计算机的核心部件。它的设计和制造工艺比D－RAM复杂得多，是高投入、高增值、高利润的产品。从1992年开始，美国在世界半导体市场的份额超过了日本，这其中关键的因素是以Intel公司为代表的美国半导体公司集中力量研究开发和生产微处理器。

事实证明这是一个使Intel公司走向兴旺的非常高明的决策，是企业捕捉和利用历史机遇、化“危”为“机”的一个最佳典型，因为这个决策顺应了随后出现的个人电脑和信息网络大普及的需要，也把Intel公司推向了半导体霸主的宝座。

2. 20世纪90年代初：开拓新兴通讯和多媒体领域。20世纪90年代，全球通讯产业正悄悄发起一场革命，各种线上通讯服务业务如雨后春笋般萌芽，个人电脑的多媒体风潮也正方兴未艾。Internet在美国迅速推广，特别是1993年应用多媒体技术的万维网出现，在全世界范围内涌现了信息网络技术开发的热潮。

作为信息技术产业基础的Intel公司迅速决定借着个人电脑的优势去开拓新兴的通讯与多媒体领域，积极抢占制高点，抢得先机，先发制人。1991年，Intel公司建立总体设计实验室（IAL），主要任务是编制新型软件，其中包括使万维网网址通过Internet发送和收视视频信息更加方便的软件。万维网用户为此必须购买装配有快速微处理器的附加线路板。IAL还开发了普及应用Internet电话的软件，并使它的软件成为Internet的标准。

3. 20世纪末：积极探索工业领袖之路。20世纪末，Intel公司意识到：

如果人们不去买拥有更多功能的芯片，就不会有钱来开发下一轮的产品。因此，Intel 公司决定自己创造需求，依靠开发、投资和观念的改变使市场成长，为微处理产品创造用户和用途。Intel 公司果断调整了经营策略，将其由产品的供应商真正实现向世界领袖与主导潮流的公司转变，把芯片巨人塑造成远比零件供应商重要得多的角色，从而成为梦想中的整个计算机工业的领袖。

Intel 公司利用一切机会收集有关 Internet、电脑产业以及各公司竞争的新信息，集中考虑 Internet 和低成本的 Internet 家电对 Intel 公司可能产生的影响，谋划对策，以“超前决策”和“领先开发”引导和促进产业标准的发展和更新，建立“产业标准推动者”的形象。从 1993 年开始，Intel 第五代和第六代芯片的产品系列以闪电般的速度领先进入市场，并逐步成为新型个人电脑的主流，以致电脑使用者拒绝使用非 Intel－Pentium 的电脑。竞争对手不得不联合起来对自己的芯片进行相应的 Pentium 件升级，这无形中加固了 Intel 公司作为领导者的地位。随后 Intel 公司又在 1997 年推出的奔腾 II 处理器和 1999 年推出的奔腾Ⅲ处理器中极大地提升了电脑在多媒体处理时的性能，市场认可了 Intel 公司的这个举动，“奔腾”芯片大获全胜，成了家喻户晓的“明星”，Intel 公司也凭借着这次极为成功的战略转型在积极探索工业领袖的道路上前进了一大步。

从 Intel 公司受日本半导体行业冲击，被迫放弃半导体市场转向微处理器市场，到积极出击、转向信息网络通讯业发展，再到探索工业领袖之路，体现的是 Intel 公司对待危机的态度，是从被动到主动的转变。

三、创造需求——Intel 公司营销战略管理

Intel 公司的产品为什么能在较短的时间内迅速征服芯片市场，除了产品本身具备的技术优势外，与公司采取的一系列营销战略密切相关，其核心诉求只有一个，那就是激发起用户对 Intel 公司产品的购买欲望，营造促使用户购买 Intel 公司产品的环境。用最干脆的话来说：也就是“创造需求”。在联盟战略和品牌战略方面，Intel 公司的确有很多经典案例值得我们学习和借鉴。

1. 联盟战略。结合 Intel 公司的产业链环境可以将其联盟大致分为技术协同、参股合资企业及纵向伙伴关系三大类型（见表 1）。

表 1　Intel 公司联盟信息

联盟类型	联盟对象	联盟时间	联盟领域	备　注
技术协同	微软	1981 年	个人 PC	联盟垄断
	阿里巴巴	2008 年	中小企业 PC	提供平台
				技术创新
				业务延伸
	佳杰、连邦	2008 年	高端客户软件	
	用友	2005 年	高端客户软件	
	夏新	2004 年	数字家庭与移动	
	腾讯	2008 年	移动	
	百度	2006 年	数字家庭与移动	
参股合资企业	美光	2006 年	存储器闪存	技术相关型
				多元化
	力成	2007 年	存储器闪存	
	意法半导体	2008 年	存储器闪存	
纵向伙伴关系	海尔	2007 年	个人 PC	针对直接竞争对手 AMD
	SUN	2007 年	高端客户计算机	

其中最具代表性的就是 Intel 公司与微软构建的 Wintel 联盟、与意法半导体组建的恒忆公司及与海尔构建的“Hi”战略联盟。

（1）双剑合璧—Wintel 联盟。20 世纪 80 年代，IBM 推出第一台 IBM PC 时，采用了 Intel 8080 作微处理器、微软的 MS－DOS 作操作系统，从此微软与 Intel 公司共同搭上了 IBM 的快车，并逐步在 PC 机市场上形成唇齿相依的关系，垄断了计算机产业硬件与软件的主要领域。软件必须依赖硬件才能发挥作用，而硬件的使用也同样离不开软件系统的支持。微软和Intel公司一软一硬，基于战略利益的一致性和产品结构互补特点，完全统治着全球PC机的市场，成为整个PC时代的象征，被世人称为Wintel联盟。

它们使其产品相互兼容和匹配，适应对方产品更新换代的需要，双方均得到了长足的发展。Intel公司总是在微软推出新的大型软件的时候，紧锣密鼓地隆重推出其最新研制的CPU。于是Intel公司的486与微软的WIN3.2齐飞，586与WIN95并进，奔腾Ⅲ代、奔腾Ⅳ代系列微处理器与WIN2000同步，这种发展一步步成就着计算机行业一"硬"一"软"两大霸主。

微软和Intel公司的联盟推动了计算机事业的发展，它们的合作制定了个人电脑产业的行业标准，促进了电脑向个人电脑的转变，创造了一个更大的个人电脑需求市场。

(2) 合作建立跨国合资企业——恒忆公司。2008年4月，Intel公司与欧洲最大的芯片厂商意法半导体（ST）联合投资公司共同建立了一家闪存芯片公司，新公司被命名为"恒忆"（Numonyx）。恒忆公司专注于闪存业务，自行设计和生产NOR、NAND、PCM（相变）、MCP（多芯片封装）、存储卡等多种闪存产品，为手机、MP3播放器等消费电子产品制造商提供服务。经过整合，恒忆公司成为全球第三大非易失性存储器供应商，年收入大约30亿美元。Intel公司将自己的NOR闪存业务和相变存储技术的资产转移至恒忆公司，换取了该公司45.1%的股份。

Intel公司与意法半导体结成联盟后，在产品、技术和专长上优势互补，使得合资成立的恒忆公司从一开始就从两家母公司继承大量的专利技术、先进完整的产品线、专用的制造设施、市场领先的相变存储器开发制造能力、经验丰富的管理团队和出色的存储器技术团队，因此在存储器市场具有超强的竞争力，在成立之初即成为一家令业界震撼的存储器解决方案提供商，前途无限，这也为母公司Intel公司带来丰厚的回报。

(3) 纵向伙伴携手——"Hi"战略联盟。2007年11月1日，Intel公司宣布与海尔集团共同签署了一项战略合作备忘录，以加强双方在产品创新方面的合作力度。双方将充分发挥各自独特的技术和全球资源优势，在移动产品、移动互联网设备（MID）、通信设备、数字家庭领域的创新产品以及针对学生和娱乐用电脑产品上展开合作；同时，加强新的电脑使用模式的开发，共同把创新电脑及其他电子产品带给中国乃至全球的消费者。因其品牌首个英文字母的关系，海尔集团与Intel公司的战略合作被业界称之为“Hi”战略联盟。

从两家公司的实力和规模上看，一方面，Intel公司作为芯片创新、开发技术、产品与计划的全球领先厂商，为全球日益发展的计算器工业提供建筑模块；另一方面，海尔集团是世界第四大白色家电制造商，致力于3C［计算机（Computer）、通信（Communication）和消费类电子产品（Consumer Electrics）］融合，为全球家庭提供信息化时代的生活解决方案。因此，对海尔集团来说，Intel公司的全球领先科技对集团在3C融合领域的技术创新有非常重要的支持作用。而对Intel公司来说，海尔集团成功运作中国市场的经验和有竞争力的营销服务网络对Intel公司进一步拓展中国市场举足轻重。

当其他企业与对手在角斗场上互相厮杀时，Intel公司聪明地规避了竞争，眼光集中在了“共赢”、“多赢”上，通过与可与其优势互补的同行业、上下游行业的联手合作，达到垄断市场和创造市场需求的最终目的。

Wintel联盟的实践证明，Intel公司的联盟战略是成功的。Wintel联盟将这两家公司分别推上了各自行业的领头地位，而它们在联手之后便成为20世纪最后20年间个人电脑业的真正霸主。之后，无论与意法半导体组建的恒忆公司，还是联手海尔集团启动的“Hi”战略联盟，都对公司的发展起到了举足轻重的重要作用。

2. 品牌推广。全球知名的品牌管理专家、品牌资产学说的创导者大卫·艾格认为：Intel公司是有效实现品牌战略与商业战略结合的典范。以品牌为引擎驱动企业发展战略是Intel公司一项伟大而光荣的传统。

（1）“内含Intel”（Intel Inside）。20世纪90年代，拥有快速运算能力的Intel微处理器虽然为全球八成以上计算机所使用，但是除了业界的专家之外，知道这一“幕后英雄”的人并不多。因为对于芯片，计算机用户本人几乎根本看不见、摸不着，Intel公司高市场占有率背后隐藏的是生存空间时时受制于人的危机。

为扭转这一不利局面，时任CEO安迪·格鲁夫突破常规，在业界人士怀疑的态度下，于1993年3月开始强力推行以“Intel Inside”为主题的品牌广告。Intel公司不仅投巨资在这一品牌的广告宣传上，还给那些附带宣传“Intel Inside”的电脑厂商补助部分广告费用。

这一传播运动使得Intel公司卓越的运算能力家喻户晓，其大众知名度一夕暴增，进入全球品牌的前5名。Intel公司全球“Intel inside”项目总监卡罗尔·贝瑞特对此项计划的评价是：“Intel inside”使得计算机制造商纷纷将其视为他们所提供产品的一个重要组成部分，而电脑购买者也愿意选择这个品牌，因为这能够使他们确信从产品中获得Intel公司领先的技术、优质的产品和可靠的保证。

(2) 迅驰品牌的推广。20世纪初，随着全球IT产业的变革不断深入，笔记本电脑成为新一波的竞争重心，网络化运动驶入快车道，“移动”成为主导业界经营思想的关键词。“速度再见，移动是王”的产业主旋律让“Intel Inside”魅力逐渐衰减。

为继续保持自身的产业主导地位，Intel公司再次发动品牌引擎，高调推出包含微处理器、芯片组和无线上网芯片3个项目的迅驰品牌，并举行了跨越世界各国主要城市的大手笔接力品牌造势运动。Intel公司为迅驰品牌争取市场支持的做法和10年前推出“Intel Inside”如出一辙，即为采用迅驰的厂家提供广告补助。在整个IT产业向网络世纪跃变的转型时期，Intel公司成功抢得战略先机。

迅驰的推出表明Intel公司由单一优势产品市场竞争策略转向产品多样化市场策略，这样就降低了将希望全部寄托在下一代产品上的风险，Intel公司正在实施前所未有的复合品牌战略。

(3)“Lead Ahead”平台营销。在个人电脑市场日趋成熟情况下，Intel公司必须找到新的利润增长点，以保持其高速增长。Intel公司一步步由产品为中心转变为以客户为中心，实现向平台营销的转变。

2006年1月初，在拉斯维加斯举办的消费电子大展（CES）上，Intel公司宣布全面启用新商标，被视为科技营销典范之作的“Intel Inside”也改为“Lead Ahead”（超越未来），以PC芯片为核心战略的Intel公司随之成为过去时。

投入25亿美元，换掉一个位居全球品牌价值前5位的企业标志，这一风险系数极高的举措寓含了Intel公司以“品牌再造”为切入点实施战略突围的意图。近年来，全球PC成长趋缓，竞争对手AMD也在不断侵蚀市场。更为重要的是，3C融合的新浪潮将整个IT产业带至新的转型关口。以往Intel公司的CPU运算速度已不再是消费者选购PC时最重要的参考因素。为避免被“芯片厂商”的传统标签钉在历史之柱上，Intel公司决定推出满足最终用户全方位数字消费需求的最新品牌——欢跃平台，以此将“科技技术”的品牌形象改变为“科技应用”的领导厂商。此次更换品牌标识正是Intel公司实现历史性跨越的战略先声。

从高扬“速度”这一单项技术优势的“Intel Inside”，到领先移动时代的铁人三项冠军“迅驰”，再到满足全方位科技消费的“十项全能”式平台“Lead Ahead”，Intel公司均以品牌运动为先导，开创了“合作营销”、“整合传播”的营销模式，并最终实现了技术导向到用户需求导向的跨越。

四、Intel公司成功的启示

1. 提升企业创新能力，并迅速转化为生产力和竞争力。在日益激烈的市场竞争面前，创新对企业发展至关重要，它关系到企业的生存发展、技术水平的提高、经济效益的实现，并能有效提高企业核心竞争力。

Intel公司的发展之路告诉我们：产品创新和技术创新是经济增长和企业创造财富的关键，是符合全球经济发展趋势的，也是企业获得持续竞争优势的主要源泉。成功属于那些深刻理解、关注并积极参与技术创新活动的企业，属于那些能够进行良好技术创新管理的企业。另外，企业的创新研究要跟上生产以及发展着的社会现实，保持研究部门和生产部门高度协调、紧密合作，将科技成果迅速商品化，转化为生产力和竞争力，并以先进的生产力推动社会的进步。

2. 组建企业联盟，提升核心竞争力，实现战略多样性。企业建立战略联盟，可以实现企业价值链环节之间的合作，将创造价值的重点从一味的企业内部转向跨越企业组织边界的外部关系。通过联盟伙伴间深入的价值链环节链接关系，企业战略联盟能够实现价值链环节之间链接的低成本和快速度，为企业创造更多价值以及创造传统组织结构所无法比拟的竞争优势，打造和提升自身核心竞争力。另外，通过与拥有不同技术或分处不同行业的企业结成联盟，有助于企业实现业务组合和战略的多样性，从而有效抵御外部环境中不可预测的风险。在这方面，Intel 公司和微软组建的 Wintel 联盟能给我们很多有益的启示。双方通过联盟方式在技术领域进行分工协作，强化了各自拥有的核心竞争优势，而彼此竞争优势的叠加强化了它们在行业中的领先者地位。

随着经济全球化趋势的不断发展，中国市场的巨大潜力吸引着世界上许多国家的企业，它们极欲从中国获得市场份额和丰厚回报，所有这些都将给国内企业带来无情的冲击。在这种形势下，选择组建企业战略联盟，确实是中国企业缓解压力、继续生存并获得发展的有效手段，可以在企业战略联盟的过程中增长自己驾驭市场和抵御风险的能力。

3. 抓住市场变化设计品牌战略。从历史发展的角度看，品牌塑造是培养忠实用户的最新、最有效的手段。因为一个成熟且具有相当美誉度的品牌对其拥有者具有极为重要的意义。一是有助于产品的销售和占领市场；二是有助于稳定产品的价格，减少价值弹性，增强对动态市场的适应性，减少未来的经营风险；三是有助于市场细分，进而进行市场定位；四是有助于新产品开发，节约新产品投入市场的成本。品牌不仅是企业、产品、服务的标识，更是一种反映企业综合实力和经营水平的无形资产，在商战中具有举足轻重的地位和作用。

近年来，国外跨国公司与知名品牌大举进入中国市场，我国企业和产品与世界知名品牌的企业和产品在同一市场角逐，产品的竞争实际已过渡到品牌的竞争。因此，积极开展品牌营销，对于我国企业是当务之急。

设计品牌战略最重要的是依据市场变化与趋势适时调整公司战略。Intel公司对其推出品牌的三次变更都敏锐地抓住了市场的变化和发展趋势，精准定位了未来的发展战略。我国公司也要从中汲取经验，针对客户的"专业化"需求提供"专业化"服务。

4. 化危机为转机的危机处理能力。思路决定出路，危机孕育着巨大的机会。

管理危机的根本在于企业能否转化危机，使危机为企业所用，危机的反面是机遇，这是辩证的，也是高超的管理艺术。越是在危机中，企业越是受关注。一方面，企业如果不能及时解决危机，会导致生存危险；但仅仅是解决问题只是危机管理的第一步，转化危机、主动牵引危机、利用危机为企业品牌宣传所用，往往只是一步之遥。如果危机是百年一遇，那么机遇也是百年一遇。Intel公司在其成长阶段面对危机所作的三次战略转型和就可圈可点，值得借鉴。在面临重大战略转折点时，切不可犹豫再三以致丧失最佳行动时机，令自己付出惨痛代价，而要反应灵敏，勇于自我超越，这样才能化"危"为"机"，为企业赢得更广阔的发展空间。

（周　娟）

参考文献：

［1］伯格曼著，高梓萍等译：《战略就是命运》，北京机械工业出版社2004年版。

［2］蒂姆·杰克逊著，张连超等译：《Intel探秘》，国防工业出版社1999年版。

［3］黄中才、曹辉林著：《Intel成功之道》，北京工业大学出版社2003年版。

［4］理查德·泰德罗著，杨俊峰等译：《Intel创始人安迪·格鲁夫传》，

上海人民出版社 2007 年版。

[5] 莱斯利·柏林著，孟勇彪译：《硅谷之父》，中国社会科学出版社 2008 年版。

[6] 李懿、张一杰著：《穿越时空走廊 Intel 不惑之年后的畅想》，太平洋电脑网。

[7] 刘昆山著：《创新激活一颗奔腾的“芯”——美国 Intel 公司核心竞争力探析》，中国价值网。

[8] 黎晓珍、左慧著：《Intel 芯片攻略》，南方日报出版社 2005 年版。

[9] 虞有澄著，季安译：《Intel 创新之秘》，台湾天下文化出版股份有限公司 2000 年版。

[10] 张兵武著：《Intel：品牌引擎带动战略转型》，《21 世纪商业评论》，2006 年第 4 期。

[11] 郑成龙著：《逆境中求发展 09 年 Intel 与 AMD 行业趋势》，中关村在线。

12

IT 行业历史的见证者：IBM

长久以来，IBM（International Business Machines Corporation）就是计算机的代名词。它 1911 年创立于美国，是全球最大的信息技术和业务解决方案公司，其业务遍及 170 多个国家和地区，全球总雇员数超过 40 万人。百年 IBM，从未离开过创新和突破的道路。IBM 的发展史无疑是计算机行业的创新史。

一、IBM——计算机行业的代名词

IBM 为计算机产业长期的领导者，在大型、小型机和便携机方面的成就最为瞩目。其创立的个人计算机（PC）标准，至今仍被沿用和发展。另外，IBM 还在超级计算机（主要代表有深蓝和蓝色基因）、UNIX、服务器方面领先业界。软件方面，IBM 软件部整合五大软件品牌，包括 Lotus、Websphere、IOD、Rational、Tivoli。截至目前，IBM 软件部也是世界仅次于微软的第二大软件实体。IBM 还在材料、化学、物理等科学领域有很大造诣。硬盘技术即为 IBM 所发明，扫描隧道显微镜、铜布线技术、原子蚀刻技术也为 IBM 研究院发明。

IBM 的历史就是一部计算机的历史。美国《时代周刊》称：“IBM 的企业精神是人类有史以来无人匹敌的，没有任何企业会像 IBM 这样给世界产业和人类生活方式带来和将要带来如此巨大的影响。”在计算机发展的历史上，IBM始终以超前的技术、出色的管理和独树一帜的产品领导着全球信息工业的发展，保证了世界范围内几乎所有行业用户对信息处理的全方位需求。2008年，尽管发生了全球金融危机，但IBM的收益依然稳定上升，实现营业收入1 036亿美元，是创纪录的收入；税前利润167亿美元，是创纪录的获利。作为企业界的常青树，IBM对市场的洞察和把握，使其在金融危机的大潮中一如既往地稳步前行。2009年，IBM的全球营业收入达到958亿美元，在美国共计注册4 186项专利，成为美国历史上首家在单一年度专利注册数量超过4 000项的公司。

二、百年老店IBM的发展历程

IBM的历史可以追溯到电子计算机发展前的几十年。在电子计算机发展之前，它制造穿孔卡片数据处理设备。IBM历史大事件见表1。

表1　　IBM历史大事件一览表

年 份	IBM历史大事件
1911	IBM的前身为CTR公司，在美国宾厄姆顿西几英里处的纽约恩迪科特注册。老沃森是IBM的创始人
1924	CTR公司改名为国际商用机器公司（IBM）
1951	IBM开始决定开发商用电脑，聘请冯·诺依曼担任公司的科学顾问
1952	IBM第一台存储程序计算机诞生，也是通常意义上的电脑——IBM701
1957	IBM设计出世界上第一个计算机硬盘RAMAC350，直径24英寸、总容量5兆字节。IBM开发出FORTRAN语言
1964	IBM主席小沃森亲自发布system360，标志着第三代电脑登上历史舞台
1967	IBM推出世界上第一张软盘，直径为32英寸
1968	IBM开发出世界上第一个数据库管理系统IMS
1969	IBM允许客户分开购买它的软件和硬件，从而建立了软件市场

续表

年 份	IBM历史大事件
1985	约翰·埃克斯接任CEO。IBM投资的科研项目催生了4位诺贝尔奖获得者
1993	IBM宣布1992会计年度亏损49.7亿美元，这是当时在美国历史上最大的公司年损失。郭士纳出任CEO，拯救危难中的“蓝色巨人”，IBM经营重点从硬件转向软件和服务
1994	自1990以来，4年内IBM宣布第一次赢利
1995	IBM宣布巨资购并Lotus软件公司
1997	IBM的“深蓝”（Deep Blue）计算机击败世界象棋大师卡斯帕罗夫
2002	彭明盛出任CEO。公司把重点放在推动企业解决咨询、服务及软件上
2005	IBM出售桌面电脑与笔记本电脑业务给联想集团，ThinkPad和ThinkCentre品牌归联想集团所有
2008	IBM的全球营业收入达到1 036亿美元，创造了其历史上新的高峰，其中服务份额超过60%

从1911年IBM成立以来，其发展历程可以分为三个阶段，每一个阶段IBM都勇为时代的领跑者与拓荒者，指引着计算机行业前进的方向。

（一）打孔机时代（1911～1953年）

1911年6月15日，CTR公司在宾厄姆顿西几英里处的纽约恩迪科特注册。CTR公司由三家独立的公司合并而成：列表机公司（1896年创立于华盛顿）、计算表公司（1901年创建于俄亥俄州代顿）和国际时代唱片公司（1900年创办于纽约州恩迪科特）。CTR公司主要制造各种产品，包括员工计时系统、磅秤、自动切肉机，而且最重要的是发展计算机、穿孔卡片设备。

老沃森是IBM的创始人，他在1914年担任CTR公司总经理，1915年担任总裁。1924年2月14日CTR公司改名为“国际商用机器公司”（IBM）。即使在大萧条时期，老沃森坚持工厂继续生产，不解雇任何人。他要求工厂继续生产仪器和零部件，将它们存放在库房里。他的逻辑是，需求将会重新爆发，到那时 IBM 将做好准备利用这一需求。此外，他还在 1932 年投入巨资 100 万美元（年收入的 6%）建设第一个企业实验室，进行没有特定方向的研究与开发，并让它因此赢得了独家代理罗斯福新政会计项目的合同。此时 IBM 涉足的行业领域较为复杂，在第二次世界大战时期曾经与政府从事过军火的买卖，没有特定方向的研究与开发，IBM 的产品重点仍然是传统的电子加法和终端设备。但在 1944 年，老沃森出资 100 万美元，并派出 4 名工程师，协助海军军械局在哈佛大学研制成功著名的"MarkI"电磁计算机。从此 IBM 进入了这个崭新的、拥有无穷发展前景的高科技产业——计算机行业。

（二）计算机时代（1954～1993 年）

20 世纪 50 年代，老沃森的长子小沃森接手 IBM，聘请冯·诺依曼担任公司的科学顾问，决定开始开发商用电脑。1952 年第一台存储程序计算机 IBM701 的问世、1957 年第一个计算机硬盘 RAMAC350 及软盘的研制、1968 年第一个数据库管理系统 IMS 的开发都使得 IBM 在计算机技术创新方面走在了时代的前列。这个时期，IBM 成功推出了 360 系列兼容机，并借此奠定了大型机的领先地位。兼容计算机极大地刺激了用户对计算机的需求，使用户可以采用不同的计算机协同工作；同时"兼容"概念强化了 IBM 对整个计算机产业的影响力，从而使 IBM 成为计算机行业标准的权威制定者。此外，IBM 还于 1957 年推出了世界上第一个高级语言—FORTRAN。此后几十年里，FORTRAN 仍是科学计算选用的语言之一。

1981 年 8 月 12 日，IBM 在纽约宣布 PC 电脑横空出世，个人电脑以前所未有的广度和速度向办公室、学校、商店和家庭进军。同时，IBM 把技术文件全部公开，热诚欢迎同行加入个人电脑的发展行列。这不仅使广大用户认可了个人电脑，而且促使世界各地的电子电脑厂商争相转产 PC 机，仿造出来的产品就是 IBMPC 兼容机。总之，IBM 凭借技术实力在这个时期成为计算机市场和行业的统治者。

（三）电子商务时代（1993 年至今）

1993 年 1 月 19 日，IBM 宣布 1992 会计年度亏损 49.7 亿美元，成为当时美国历史上年损失最大的公司。因为这次损失，IBM 发生了重大的经营活动变化。郭士纳成功实现 IBM 的大逆转，保持了 IBM 这头企业巨象的完整，并且让 IBM 成功从生产硬件转为提供服务，成为世界上最大的不制造计算机的计算机公司。郭士纳为公司找到了“服务”，按他的说法是代表客户的利益为顾客提供信息技术服务，而不是仅仅站在 IT 厂商的立场。IBM 进入了电子商务时代，通过挖掘客户的需求，形成技术研发和市场推广的导向，依赖互联网时代的信息技术高速发展而找到新市场。

IBM 在咨询、软件和技术服务的过程中，增强了全球配送能力。2001 年 3 月 9 日，IBM、新力、东芝三社达成共识，共同开发次世代游戏机的处理器。2002 年，IBM 通过收购专业咨询服务公司普华永道，使其咨询能力加强。2004 年，IBM 宣布建议出售其个人电脑业务给中国电脑厂商联想集团，并以 6.5 亿美元现金和 6 亿美元的联想股票成交。因购买、继承了联想产品线，包括 Thinkpad 笔记本电脑，laptops 已经成为 IBM 最成功的产品。

此外，IBM 近年不断加大专利研发，从 1993 年到 2010 年每年 IBM 获得的美国专利明显比其他公司多，甚至超过了 HP、谷歌、Oracle、微软的总和。保护公司的知识产权已逐渐成为企业的一项事业，IBM 通过知识产权许可证带来了每年约 10 亿美元的利润。

三、IBM 世纪末的战略转型

回顾 IBM 的历史，20 世纪 90 年代之前，IBM 非常成功，不断引领着 IT 行业的发展，连续多年被美国《幸福》杂志评为全美 500 家最大公司中最受好评的公司之一。但当历史跨进 90 年代后，由于个人电脑和工作站的功能越来越强大，IBM 的主要财源——大型主机业务的需求量剧减，IBM 财务状况迅速恶化。从 1990 年连续 4 年亏损，总亏损额达到 168 亿美元，IBM 的 PC 被挤出国际市场前三名，大型机产品大量积压，几乎已经没有人认为 IBM 还有挽救的可能性。1993 年 1 月，IBM 当时的董事长埃克斯向董事会递交了辞呈，IBM 面临空前的危机，转型势在必行。

1993 年 4 月 1 日，郭士纳成为 IBM 董事长兼 CEO，受命于危难以弥补其前任给 IBM 留下的空前的亏损纪录。下面主要分析 IBM 如何通过一系列的创新手段，最终实现成功转型而渡过难关的。

（一）危机的起因——源于内外部因素的合力

随着 IBM 的成功发展，其官僚主义作风日盛。至 20 世纪 80 年代末，IBM 一直未能向市场推出什么新产品，而且也未能对一些小公司实施的价格战略作出快速的反应。太多的管理层级、太多的既得利益以及日益弥漫的满足于现状的精神状态，都已经成为 IBM 发展的羁绊。

IBM 的研究实验室是行业中规模最大、耗资最多的研究实验室，它在科研与技术方面的开销巨大，通常占到了其总销售额的 10%。但在将技术革新转化为市场的能力上，IBM 却落后了。由于缺乏将实验室的样品转化为成功商品的能力，IBM 的商业性研发并未得到充分利用，而是被浪费了。当软件与服务变得越来越重要时，IBM 仍只关注硬件。1992 年，服务所得仅占 IBM 收入的 9%。

20 世纪 80 年代初，两个名不见经传的小公司——英特尔与微软在计算机行业脱颖而出。英特尔与 IBM 签约为其制作芯片，微软则为之提供软件。然而在接下来的 10 年中，通过制定换代 PC 的标准，英特尔在微处理器方面，微软在操作系统方面取得了垄断地位。IBM 却没能抓住这个发展契机，而是将这个千载难逢的发展机会让给了这两家小公司，让后者充分把握住了这个发展机会，成为计算机行业中耳熟能详并且处于主导地位的公司。

（二）大刀阔斧的革新

1. 企业文化的发展。20 世纪 80 年代后期，IBM 强势的企业文化逐渐沦为僵化和官僚、等级森严、循规蹈矩、霸权式的封闭状态。公司不再关心客户的需要，不鼓励与其他部门的协作。因此，IBM 的转型首先是对企业文化理念进行再造，其中主要包括以下两个方面的内容：

（1）成就客户。IBM 让每一位员工认识到，无论在哪里工作，无论是销售产品、服务还是提供解决方案，都要以帮助客户成功为目标，在客户迈向成功的过程中发挥作用。这种客户服务理念的建立对日后IBM建立和维护良好、坚固、持久的客户关系起到了至关重要的作用。

(2) 创新为要。向员工宣扬创新的应用能够改进商业、社会和人类环境的理念。引导员工成为一个创新者，鼓励员工在企业里尝试不同的工作，充分发挥每个人的长处，鼓励员工主动寻求办法解决问题，鼓励新的想法，鼓励团队在技术上、商业上和相关政策上争当第一。

2. 组织框架的再造。20世纪90年代以前，全球IBM的分部还是以地域划分，每个分部就像一个小型的IBM总部。不论是人力资源还是财务，不论是研发还是咨询，每个分公司都是“五脏俱全”，具有总部全部的功能。这种组织结构不仅造成各自为政，内、外部资源的浪费，也为激烈的企业内部竞争埋下隐患。

从1993年起，IBM对其组织结构进行重大改革。郭士纳主张保持公司的完整性，确保公司不分立，并在此基础上建立一个全球性的以客户为导向的机构。首先，IBM果断地合并或撤销了许多过去以地域划分、组织机构中重复和低效的部分，在生产、分销和劳力配置等流程运作上采用完全创新的方法：把技术研发中心设置在技术人才丰富的国家；把生产和制造基地建立在制造业发达，并距离原材料产地较近的地区；把财务中心、采购中心等职能中心分布在相应具有优势的地区。通过这种全球企业模式的整合，不仅使得各分公司的业务功能得到极大强化，并且实现了全球资源的高效配置。其次，IBM还将所有分散独立的广告部门集中起来，合并成只用一个广告代理机构来代理IBM的广告业务。通过广告向世界传达出一条信息：IBM是全球的，而且IBM将坚决团结在一起成为一个世界级的集成者。自此，IBM凝聚成包括硬件系统、软件系统、集成服务、应用开发等产品集合的集团性公司，其更好地发挥出公司在产品、服务、技术以及竞争力方面的优势。

3. 经营管理理念的改进。作为行业的领头人以及有着先进科学技术的组织机构，转型前的IBM很少注重市场拓展和机构合作，新技术都是采用开发的方式来获取，也很少开展市场营销活动。转型后的IBM更新了原有的经营管理理念。一方面，引进了“购并”和“引进”的全新理念。因为随着时代的进步和IT行业的发展，单个企业是不可能插手所有领域，也就是“术业有专攻”，所以技术不仅可以“开发”，而且可以“并购”和“引进”。随后的10年间，IBM进行了70余次并购行动，给IBM的技术领域带来了新的空气。另一方面，IBM在整个组织范围内实施了以客户为导向的理念。它不仅仅要求售前、售后对顾客信息的了解，更强调贴近客户、了解客户的业务甚至行业。技术创新的重点已经不再是核心技术的研发，而是如何将核心技术转移到应用领域，“成就客户”的同时，IBM也能获得“实际”的利润。

（三）转型后的成效

1994年年底，IBM获得了30亿美元盈利，这是自1990年以来的第一次赢利。1995年6月，郭士纳最终以35亿美元购并Lotus公司，开创了软件史上最大的并购案，开始向软件市场发动总攻，并一举拿下企业网络市场。1996年11月15日，IBM股票从最低点时的40美元升到145美元。自IBM开始实施财务重建计划后，服务业已经为整个公司的年收入增长带来了大约80%的增长，服务业成为IBM最大的收入来源，2001年，服务业营业收入约占公司总收入的43%。IBM转型时建立的4个事业部几乎可以为用户搭建起完整的电子商务基础设施，加上与硬件业务、服务业务的整合，已经成为各国企业跨平台资源整合的典范。

四、IBM的成功基因——创新

IBM在近代商业史上并非独一无二的。这家拥有近百年跌宕起伏历史的公司既非最长寿者，也不是表现最为稳定的，同样也不是规模最大、市值最高的。但长期以来，它始终被视为美国的标志之一，其中最主要的因素就是其创新精神。一部IBM的发展史就是一部计算机行业的创新史。百年IBM，从未离开过创新和突破的道路，其成功经验完全可以用“创新”这个词概括。

（一）战略创新——勇于引领市场，敢于急流勇退

IBM建立之初，涉及领域广泛，然而它于20世纪40年代果断转型进入

具有无限发展前景的高兴技术领域——计算机行业，反映了它富有远见的精神和追求卓越的品质。

其后，IBM首创性地提出了“兼容”概念，使得计算机附属软硬件等设备可以在不同的计算机上移植使用。兼容计算机极大地刺激了用户对计算机的需求，使用户可以采用不同的计算机协同工作；同时“兼容”概念强化了IBM对整个计算机产业的影响力，从而使IBM成为计算机行业标准的权威制定者。

随着PC电脑产业的蓬勃发展，在激励的价格竞争中IBM通过一系列的战略创新，巩固了市场份额，拓展了新的业务格局。首先，IBM采取了一系列战略型撤退，选择性退出硬件市场。2002年8月，IBM以20.5亿美元的价格将硬盘生产部门出售给日本最大的电子设备制造商日立公司；2005年IBM以12.5亿美元将PC业务部卖给中国的联想集团；2007年1月，IBM以7.25亿美元把打印机生产部门出售给日本的理光。通过一系列并购重组，IBM逐渐在软件市场站稳脚跟，并且开拓了世界上最大的软件业务。其次，IBM努力向服务主导型公司转变。IBM对内建立了以科技为核心、以客户需求为导向、以向客户提供满意的解决方案为目标的服务策略；对外则通过合作收购等方式尽快占领市场，扩大自己的业务范围。

（二）市场创新——视客户为上帝，视需求为先导

老沃森时代的IBM非常重视与客户建立良好的互动合作关系，把顾客看作合作谋求发展的伙伴，而不仅仅是销售产品的对象。而小沃森提出了“重视销售和服务——不能失去任何一名顾客”的口号。不同的是，小沃森强调用系统化专业知识为顾客提供高质量的服务，通过技术手段提升服务质量，提供电话服务，建立24小时反映制度，并要求销售人员按时对顾客进行电话回访。

在计算机时代，IBM在PC技术上推行开放政策，他们将把技术文件全部公开，不仅使广大用户认可了个人电脑，而且促使世界各地的电子电脑厂商争相转产PC机，从而推行了PC产业标准，迅速扩大了PC市场。在PC的营销方面，IBM采用了由经销商销售的方式，而非业务代表。这种创新的营销方式有利于高效地拓展销售业务，从而使IBM更专注于PC的研发和生产。

在网络与服务时代，客户不仅仅从技术先进与否来决定是否购买某个产品，技术创新只是实现客户需求的工具，所以市场要素起了主导作用。从分析客户购买心理和行为、分析行业发展，到设计新型、高技术含量的服务项目，IBM的业务重点已经不再是单纯的生产高科技产品，而是为客户提供高技术附加值的、能满足实际或潜在需求的技术型服务。

（三）组织创新——重整全球业务框架，提升员工归属认同

IBM历来非常重视营销队伍的建设，它改变了忽视销售人员的传统观念，专门为销售人员安排培训计划，提出了三角形销售队伍的理念，即业务代表、维修工程师和系统工程师共同面对顾客，进行整体化的营销和服务。IBM还建立了公司职员的内部升迁制度，使得员工们对工作充满信心。它为员工提供终身雇佣的职业保障，增强员工对公司的忠诚度和献身精神，在公司内部建立起团队精神和家族般的凝聚力。为了鼓励技术创新，IBM引入内部竞争机制，鼓励技术人员进行技术讨论和竞标。IBM果断放弃了原有单一的项目团队形式，采用更为灵活的高层决策体系，将短期决策与长期决策区分，建立适应市场的分权与授权体制，充分发挥各级组织的主动性，充分满足了顾客的多样化需求。

进入21世纪之后，IBM采取了一系列的组织创新举措，包括削减机构，合并工厂，裁减员工，取消终身雇佣制，减少中间管理层次，废除效率低下的经营委员会决议机制，引入外包原则，重整全球组织结构和业务框架等等。

五、IBM成功的经验借鉴

IBM作为IT行业的元老企业，见证着IT行业发展的历史，并且通过持续不断的改进，直到今天依然保持着健康的活力，它成长的智慧是值得我国企业、特别是IT企业从中去学习和思考的。首先，树立全面创新的战略思想。IBM认为创新是一个自上而下的过程，牵一发而动全身，它所信奉的是全面创新管理模式，即全要素创新、全时空创新、全员创新的“三全”协同模式。

其次，建立与战略相适应的企业文化。IBM 提出的“成就客户、创新为要、诚信负责”的核心价值观正是 IBM 企业文化对顾客态度的表述。良好的企业文化，使得所有 IBM 员工团结一致，共同完成企业的转型。最后，培养优秀的领导者团队，人才是第一生产力。IBM 的成功实践表明，企业领导者的决策能力在创新转型过程中起着决定性的作用，要重视人才培养，为企业带来长久的发展动力。

（赵　琳）

参考文献

[1] 陈广著：《IBM 变革攻略》，中国人民大学出版社 2005 年版。

[2] [美] 郭士纳著，张秀琴等译：《谁说大象不能跳舞》，中信出版社 2003 年版。

[3] [美] 泰德洛著，赵凤山译：《沃森父子与 IBM 王朝》，中国人民大学出版社 2005 年版。

[4] [美] 布德瑞著，盛逢时等译：《企业研究院》，中信出版社 2003 年版。

[5] 陈莞、郭习文著：《IBM：随需应变》，中国人民大学出版社 2005 年版。

[6] [美] 哈特利著，严若森译：《世界 500 强风云：战败启示录》，中国人民大学出版社 2009 年版。

[7] 李珊：《IBM 随需应变的十年》，《电子商务》，2005 年第 4 期。

[8] 仲长江：《IBM 的服务转型》，《企业改革与管理》，2006 年第 12 期。

[9] 王宇露：《从制造商到服务商——IBM 成功的战略转型》，《企业管理》，2005 年第 26 期。

[10] 胡敏，郑悦：《IBM 服务十年而立》，《中国计算机用户》，2006 年第 40 期。

[11] 姜勇，修理义：《企业战略转型的本质及其影响因素分析》，《科技与管理》，2007 年第 2 期。

13

软件行业的图腾：微软

每天，当我们打开电脑，在 WINDOWS 的界面下工作、娱乐或学习时，微软就进入了我们的生活。电脑对我们有多重要，微软对我们就有多重要。没有功能强大、简单智能的软件，电脑毫无用处，而软件行业的图腾，只能让人想到微软。2009 年，微软公司以 604 亿美元的主营业务收入列全球 500 强第 117 位，同时微软公司以 2 706 亿美元的总市值成为 IT 行业市值第一、全球市值第三位的企业。

苍天巨树，始于粒种。再庞大的企业也是源自微小的车间、作坊和办公室。微软的成功离不开信息科技革命的兴起，更离不开计算机的普及与互联网技术的突飞猛进。而微软的腾飞则再一次印证了经济学的一条基本定律：如果市场起飞，那些恰巧在起飞点进入市场的人，将会获得超过一般数学期望值的投资回报率。

一、粗线条勾勒的巨人轮廓

（一）巨人面目掠影

自 1975 年盖茨和艾伦创办微软公司以来，在软件行业，尤其是在操作系统领域，微软占据着无与伦比的统治地位。公司从创立之初的两个人、数万美元的营业收入逐步发展壮大，并成为软件行业的象征、知识经济的代表和科技至上的典范。截至2009年年末，微软在全球60多个国家和地区设有分支机构，全球雇员人数接近92 000人；2009年主营业务收入604亿美元，列全球第117位；净利润146亿美元，股票市值2 706亿美元，列全球第3位，IT行业第1位。

（二）后盖茨时代的开幕

北京时间2008年6月27日，微软创始人、董事长比尔·盖茨（Bill Gates）宣布正式退休，淡出微软日常管理工作。现任CEO、盖茨大学好友史蒂夫·鲍尔默（Steve Ballmer）将全面接掌微软大权。这意味着微软正式进入了“后盖茨时代”，在史蒂夫·鲍尔默的带领下，微软将与对手在八个主要领域展开争夺（见表1）。

表1　微软面临的竞争领域

竞争范围	主要竞争对手	微软目前最新产品
桌面操作系统	Apple、Linux	Windows 7
服务器系统	Linux、IBM、HP	Windows Server 2008
服务器软件	IBM、Oracle	Microsoft SQL 等
商业软件	SAP、Oracle、IBM、SAS	Office 2010 等
手机系统	Nokia、Google、Apple	Windows Mobile 6.1
游戏机	Sony、Nintendo	Xbox 360 等
数字音乐播放器	Apple、Creative	Zune HD
搜索服务/在线广告	Google	Bing

（三）桌面与手掌的争战

2010年5月26日，在微软股价当日暴跌4%之后，乔布斯带领的苹果公司终于以2 221亿美元的股价总市值超越微软，成为IT行业市值最高的企业；而上一次苹果市值超过微软还要追溯到1989年12月19日。事实上，在鲍尔默2000年出任微软CEO以来，微软的市值已经从当年的5 560亿美元缩水一大半至目前的2 192亿美元；而在同时期，苹果的市值却从156亿美元暴涨至2 221亿美元，微软面临苹果的严重挑战。

新闻媒体对此评论基本可以归结于一句话“创新打败陈旧”。《纽约时报》评论说：“华尔街见证了一个时代的终结，而新的时代也已开始；全球技术含量最高的产品不再是你桌子上的，而是你手中的。”而鲍尔默对此回应称：“这是一个长期的游戏，微软并不在意市值被苹果超越，微软将更加专注于如何改进生产线，如何让产品更具创新力，该朝什么方向走。”微软在推出WINDOWS XP系统后创新能力的欠缺、高端人才的流失、新产品的乏力与拖沓，尤其是VISTA的一再拖延发布和低劣品质，是微软面临困境的主要因素。而在无线网络、搜索服务及数字音乐等新兴领域的短视更是微软近十年来的重大战略失误。桌面与手掌电脑的争战日趋激烈。面临苹果的咄咄攻势，微软将如何应对，值得我们期待。

二、探索微软成长的足迹

（一）信息科技革命与美国硅谷文化的交融

看起来无比强大的微软，仅仅创立于1975年——第三次科技革命中信息科技革命的高潮期。第三次科技革命是发生在第二次世界大战后科技领域的重大革命。在这次技术革命中，空间技术、原子能技术的利用与发展是重要成果，但若与电子计算机技术带来的深刻变革相比，则逊色很多。第三次科技革命正是以电子计算机的发明为标志，因此也被人称之为“信息科技革命”。

1946年2月14日，在宾夕法尼亚大学，世界第一台以电子管为主要计算元件的第一代计算机面世，它由17 468个电子管、6万个电阻器、1万个电容器和6千个开关组成，重达30吨，占地160平方米，耗电174千瓦，耗资45万美元，而运算能力仅仅是每秒5 000次。1959年，晶体管取代了电子管，第二代计算机问世，运算速度被大幅度提升至每秒100万次以上；1964年计算机的运算能力达到300万次。信息科技革命的兴起起初并没有为社会和民众带来多大的变化，毕竟数以吨计的计算机与我们的生活并无交集。随着微电子技术的发展，20世纪60年代中期，出现许多电子元件和电子线路集中在很小的面积或体积上的集成电路，每秒运算达千万次，已经基本适应一般数据处理和工业控制的需要，使用方便。在20世纪70年代中后期，在第四代大规模集成电路技术的成熟与推广下，微型计算机终于成为普通民众可获得和利用的手边之物，而这给微软的创立奠定了无比坚实的基础。随着计算机技术的发展与个人电脑的普及，起步于微型计算机操作语言编写的微软开始了其腾飞之路。

如果说信息科技革命和个人电脑的普及为微软的创立打下了技术基础，那么硅谷创业文化则坚定了创建者创立微软的决心。

硅谷是美国科技产业的发祥地，也是当代高科技企业最集中的地方。因此，硅谷已成为各国研究和效仿的高科技产业发展模式。但硅谷的成功不仅在于它拥有大量的风险资本，以及因毗邻著名学府而拥有众多的高素质人才群体，更在于它在发展过程中所创立的独特的、激励创新的“硅谷文化”。硅谷文化的基本内涵，简单概括起来就是“繁荣学术，不断创新；鼓励冒险，宽容失败；崇尚竞争，平等开放；讲究合作，以人为本”。硅谷人的创新意识和创新活动营造、构成了硅谷文化的核心内涵。这个文化内核又感染、影响了新到硅谷的人。可以说，硅谷充满了求异求新的气息，创新思维、创新活动无时不在、无处不在。微软的创立者盖茨与艾伦正是在这种文化的熏染下，以极具美国特色的方式创立了微软帝国。

（二）一次不广为人知的谎言

在信息化的浪潮中，曾经有无数优秀的IT企业，但今天，却只有一个微软。微软的创立源于一次并不广为人知的谎言。

时间拉回到1975年的1月，美国《流行电子杂志》封面刊出了首部阿尔泰电脑机组（由微型仪器遥测系统公司研制）的图片，并指出“世界上第一部微型计算机，堪与商用型号相匹敌”。两个年轻人，一个是哈佛大学二年级的年仅20岁的盖茨，一个是刚从华盛顿州立大学退学专心编写商业软件的年仅

22岁的艾伦，以其无与伦比的敏锐商业直觉从上述的文章中捕捉到了巨大的商机——为阿尔泰电脑编写系统程序，即BASIC语言。盖茨和艾伦在认真阅读了关于阿尔泰的文章后，立刻给微型仪器遥测系统公司负责人罗伯茨打电话，宣称已经研制出一种BASIC语言，只需稍加修改即可用于阿尔泰。而事实上他们并未研制，打电话只为抢先获得订单。在随后的8个星期内，盖茨和艾伦夜以继日地在机房做别人认为不可能做的事情——为阿尔泰电脑发明一种语言，因为之前没有任何人为微型计算机编写过BASIC语言。8个星期后，BASIC语言成功编写完毕，同时获得了微型仪器遥测系统公司的认可，可以说盖茨和艾伦为软件工业开创了先河，并制定了基本标准。

1975年7月，盖茨和艾伦在美国新墨西哥州正式创建微软公司，公司采用合伙人制度，最初股份为盖茨占60%，艾伦占40%，主营业务为销售BASIC语言，当年的销售收入仅为16 000美元，但微软帝国却由此迈出了它最坚实的一步。

20世纪90年代，信息产业作为知识产业的“火车头”，迎来了其全面繁荣的黄金时代。而盖茨则以其微软公司的成就，成为信息产业无可争议的代表人物。但我们需要认清的一点是，盖茨之所以成为代表，杰出的创新能力和渊博的知识与极高的智商只能算他成功的基础，但使他从优秀变为卓越，甚至伟大的决定因素却是他超乎常人的市场直觉、经营手法和杰出的营销能力。盖茨总是以高人一筹的市场远见与超越平庸的经营策略，成功占领信息产业的制高点。

（三）御风飞翔

“如果说我看得比别人远，那是因为我站在巨人的肩膀上。”1976年年底，刚刚创业仅一年半的微软年收入已经达到了10万美元，微软的BASIC语言已经被通用电气和美国收款机公司采用，微软名气大振。1980年，“蓝色巨人”IBM终于找到了微软公司，要求其为IBM的个人PC编写操作系统，这让盖茨兴奋不已，因为他知道，只要微软公司编写的新操作系统被IBM PC采纳后将成为整个PC行业的标准。于是盖茨果断地用75 000美元的高价从“西雅图计算机产品”这一小公司的手中买下86－DOS系统，并将其改进后更名为MS－DOS。随后该系统成为PC行业的唯一标准，无论是IBM的PC机，还是APPLE的Macintosh，你所看到操作系统无一例外的全部是MS－DOS，它统治了PC行业长达十年之久，直到微软下一代操作系统的降临。

与蓝色巨人和苹果的合作，让微软以令人难以置信的速度迅速膨胀，盖茨成为IT行业最具影响力的人物。1995年微软的营业收入已经从1975年16 000美元增至59.37亿美元，在20年的时间内增长37 106倍。站在巨人的肩膀上御风飞翔，这是微软从优秀走向卓越的关键。

（四）WINDOWS时代的华丽降临

在大多数人的眼中，对WINDOWS的理解基本局限在WINDOWS 95上，但事实上，早在1983年微软已经发布了WINDOWS的公告。WINDOWS系统的图形界面，从最初的创意来看并不是微软的想法，而是苹果公司研发人员的创意。但在当绝大多数人都不看好“图形用户界面”系统的技术开发时，盖茨却立马预感到这一系统的广阔前景。于是，盖茨选取了微软内部最优秀的工程师来开发这一系统，同时说服制造厂商和软件开发商为这一操作系统提供支持和捆绑销售。之后在微软高级管理人员汉森的建议下，盖茨将这一系统正式命名为WINDOWS。1990年WINDOWS 3.0版问世，从此IBM PC进入一个新纪元。微软的巨大投入获得了更为巨大的成功，一向是图形用户界面上的佼佼者苹果公司遭受到了沉重打击，从此微软的软件设计不再考虑IBM硬件，相反的，IBM今后的硬件设计必须考虑微软的软件支持，这一趋势直至今日也从未改变。

WINDOWS时代的真正降临在1995年WINDOWS 95系统的推出，这是一款真正意义上划时代的软件，它让用户彻底摆脱了烦琐枯燥的DOS命令，使个人计算机变得极其简单易用。当微软以5亿美元为WINDOWS 95进行促销宣传的时候，全世界为之震惊。这时的微软已经强大到无可阻挡。WINDOWS 95系统大大加强了联网功能，从此个人PC不再是单独的个体，这也标志着微软开始向信息高速公路发起冲锋。WINDOWS 95取得巨大成功，当天销售 30 万套，4 天之内销售超过 100 万套，1 年内共售出 3 000 万套。从此在世界 90%以上的电脑里你都能看到 WINDOWS 的图标，它如一面小旗帜飘扬在世界各地。1999 年 7 月 16 日，微软公司股票市值达到 5 560 亿美元，成为人类历史上第一家突破 5 000 亿美元大关的企业。盖茨个人财富也史无前例接近 1 000 亿美元。随后推出的 WINDOWS 98、WINDOWS NT、WINDOWS 2000、WINDOWS XP 不断巩固着微软在计算机软件行业的霸主地位。

（五）VISTA 的惨败及微软被多元化

进入 21 世纪后，在经历了个人电脑的普及推广、应用软件之争、多媒体行业标准建立和互联网技术的崛起后，微软在竞争极为激烈的 IT 行业中略显颓势。自 2001 年微软推出 XP 系统后，VISTA 系统的研制和开发经历了无数次的失败，发布日期也一再推后，直到 6 年之后也就是 2007 年 VISTA 系统终于面世。但该系统在诸多方面存在缺陷，对硬件要求极高，绝大多数用户并不使用，而是继续延用 XP 系统。VISTA 系统耗费了微软太多的精力和时间，以至于微软错过了互联网音乐及搜索服务市场的进入，这对微软来说是一次损失无可估计的惨败。

从微软目前的营业范围来看，WINDOWS 系统仍然是其主要的利润来源，而迫于竞争形势和利润增长的需要，微软不得不开始将其软件开发扩展至更多更新的领域，如移动手机、互联网搜索等。微软甚至开始出售鼠标、游戏杆、XBOX 游戏机等硬件设备。这不得不令人感叹，难道盛极一时、不可一世的微软被多元化了？2009 年 2 月，微软宣布将在全球建立零售店，这预示着微软巨大的战略转变，微软将进一步摆脱硬件厂商的制约，直接从 B2B 到 B2C，并为用户提供更好的体验。微软的明天究竟会怎样，值得我们期待。

三、机会从来只给有准备的人

在微软的发展历程中，有两个最为典型也最为成功的案例，一个是收购“西雅图计算机产品”公司的 86－DOS 系统，另一个就是开发 WINDOWS 系统。微软无一例外地用自己极为敏锐的商业嗅觉，利用对手的疏忽和失误，成就了微软的霸业。

（一）微软最成功一次收购

如果你在20世纪的时候有幸接触电脑，那你一定不会对MS－DOS感到陌生。事实上，在微软推出WINDOWS 95之前，MS－DOS系统是全球90%以上的电脑中所采用的唯一操作系统，另外10%的电脑是苹果公司生产的，但是其使用的操作系统也不过是稍微修改过的MS－DOS。MS－DOS系统事实上统治了整个计算机操作系统长达十年之久。

1980年刚刚成立不过5年的微软公司迎来了它最大的客户，也是它未来10年赖以成长和腾飞的关键客户——蓝色巨人IBM。当IBM提出要求微软协助其开发PC机上操作系统时，盖茨心头一阵狂喜，因为他已经看到了无可限量的商机。盖茨准确判断出，个人电脑将成为IT行业的主流趋势，而IBM公司的个人电脑将成为计算机市场的龙头，如果IBM的PC机上使用微软的操作系统，那么微软将站在蓝色巨人的肩膀上飞翔。为了拉住蓝色巨人，盖茨满口承诺了将在最短时间内提交操作系统，而这一次和上次的BASIC一样，盖茨还是唱了空城计，事实上微软根本没有可以适用于个人计算机上的操作系统，重新开发一套这样的系统至少也要1年以上的时间，蓝色巨人是不可能等到那个时候的。但盖茨并不慌张，他知道有一家名叫“西雅图计算机产品”的小公司开发了一套名为“86－DOS”的操作系统，于是一场信息完全不对称的谈判开始了。

盖茨深知只要这套操作系统被IBM采用并推广普及它就将成为行业标准，而微软也就将成为行业标准的唯一制定者，但西雅图计算机产品公司的布洛克和帕特森却不明白这其中的奥秘，更不知道IBM和微软的协议。当这两位DOS的编写者听到75 000美元的收购报价时，他们甚至无法思考。于是，微软以别人看来不可思议的高价完整收购了DOS系统的版权和其他所有权力。这里是微软历史上最为成功的一次收购，时间是1981年7月。

1982年，在对86－DOS系统进行简单修改后，微软以MS－DOS的名称取代了 86－DOS 并在 IBM 新研制成功的 PC 机上使用，MS－DOS 系统成为行业的唯一标准。自此，IBM 每售出一台装有 MS－DOS 系统的计算机，就得支付微软版税，MS－DOS 的影响力与日俱增，为其开发的应用软件益发增多，盖茨和微软开始成为软件行业的领军人物和霸主。

从这一次伟大的交易中，微软从中获得的利润保守估计在数百亿美元之上，而付出的代价仅仅为 75 000 美元，说它是微软历史上最为成功的一次收购，是盖茨一生中最杰出的一次风险投资，并不为过。在这次收购中，盖茨极为敏锐的市场直觉和把握时机的果断与坚决彰显无疑。

（二）软件行业没有不可能

今天当我们已经习惯于用鼠标轻松向电脑发出指令时，可能大多数人已经忘记了繁琐的命令记忆和输入。正是 WINDOWS 改变了我们电脑的使用方式，让我们越来越热爱电脑。

1983 年年初，当 DOS 已经独霸整个 IT 行业操作系统，周围一片歌舞升平时，盖茨听到了这样一个论断：图形用户界面操作系统开发难度太大了，苹果不可能开发成功。这让盖茨产生了浓厚的兴趣，而这也是 WINDOWS 系统的最初创意。当时，苹果的个人电脑 Macintosh 搭载了苹果公司研发人员的杰出创意——图形视界操作界面，其界面无比友好，但功能远逊于 MS－DOS 系统。盖茨对这一系统产生了浓厚兴趣，他一贯以来的商业直觉告诉他，这一系统将成为个人计算机操作系统的未来。随后在极短的时间内，盖茨召集了 20 名他认为最为优秀的程序设计师，开始搭建“界面管理者”操作系统。在投入了无数时间、精力和资金后，1985 年 11 月，WINDOWS 1.0 问世；1990 年 5 月，WINDOWS 3.0 问世，全世界为之震动，它被人称为“史上最让人渴望的产品”。从此以后，IT 界软件为硬件服务的历史和趋势被改写。

1995 年 WINDOWS 95 系统推出，这是一款真正意义上划时代的软件，它让用户彻底摆脱了烦琐枯燥的 DOS 命令，从此计算机开始变得极其简单易用，个人计算机时代进入全面扩展期。2000 年，WINDOWS 2000 系统推出，从此 WINDOWS 彻底摆脱了 DOS 系统，成为真正独立的操作系统，WINDOWS 时代华丽降临。

WINDOWS 是微软公司第一款真正意义上具备完全自主产权的操作系统软件产品，时至今日，它也是微软公司主要的利润点，它为微软公司称霸了在 DOS 系统被淘汰后的整个软件行业，而这些，仅仅来自于盖茨的一次决断，机会从来都只给有准备的人。

四、成功并不都是偶然

对于一家在 30 多年的时间里一直占据行业龙头地位并成为行业图腾的全球 500 强企业来说，它的成功必定不都是偶然。一次成功的收购或一个果断的决策固然可以极大地促进企业的发展，但要长期保持卓越，只能依赖企业全方位的持久创新。

从微软成立之初，盖茨就认识到软件是硬件的灵魂，没有软件硬件毫无用处，于是在微软发展的 30 余年里，软件开发一直是公司的主营业务。从以技术为核心竞争力、协助硬件生产商编制计算机语言及操作系统，到整合自身资源、不断推出从操作系统到应用软件的全方位软件生产，再到设立行业标准、摆脱硬件生产商的限制，独立建立零售营销网络，最后到目前的全面进军手机、游戏机、数字音乐播放器、在线搜索服务等新兴领域，微软的成功依靠在人才、产品、市场和研发策略上的卓越创新。而这些正是微软给我们的启示，也是那些走出 IT 小作坊，从平凡变成优秀，甚至变成卓越的中国 IT 企业所要牢记的。

（一）只录用最顶尖的人与穿着拖鞋上班的人

在微软面试的时候，你会经常忘记自己是在参加一场面试，“为什么下水道的盖子是圆的?”、“没有天平的情况下，你怎么称出一架飞机的重量?”诸如此类的问题会让你摸不到头脑，微软的人力资源部甚至还会丢给你一堆从未见过的材料，让你在两个小时后回答其中的问题，这些看起来都那么不可思议，但这正是微软招聘的一贯风格，那么，它的面试真的是在儿戏么?

事实当然不是这样的。盖茨曾说过这样一句话："如果微软最顶尖的20个软件工程师被挖走，那么微软马上就会变成一个无足轻重的公司。"这充分说明了微软对人才招聘和任用上的重视。日新月异的软件行业需要大量极具创造性的人才，传统的面试方式和提问无法体现面试人员的这一素质，于是极具创意的面试问题就这样被提出；而接受新生事物的速度和能力也是瞬息万变的软件行业所必备的技能，于是可塑性成为微软看重的第二大能力。只有最顶尖的人才会被微软公司录用。以行业和企业的特点来搜寻的最顶尖、最适合的人才，正是微软最主要的人才策略。

而如何让最优秀的人才最大程度地发挥他们的聪明和才智，是微软在人才策略上的第二个挑战。在微软公司内部，从来都没有超过200人的团队，基层架构全部以职能小组的方式运作，小组成员均具有交叉职能，在某个小组中可能是队员，但在另一个组中他可能就是队长。同时，微软的员工管理极具弹性，他们没有固定的上下班时间，每个人都有自己独立的办公室且办公室24小时开放，员工可以随意着装，哪怕穿着拖鞋都可以来上班，只要你在规定的时限内完成工作任务即可。虽然这样的架构和管理会花费大量的资金，但盖茨认为，只有让微软找到的这些最顶尖的人才充分发挥自己的自主权和决策权，才能最大限度的保持高效和活力。

不同的行业有不同的特点，不同的企业也有不同的需要。根据行业特点和企业需要挑选合适的人才并让其发挥最大的能力，是微软在人才策略上给我们的启示。

（二）聆听客户的心声

软件行业是一个高风险、竞争极为激烈的行业，技术水平的日新月异和客户需求的瞬息万变使得软件的产品周期都在不断缩短。软件企业必须不断缩短研发时间，对市场作出尽可能快的反应，最短时间内获得某一市场领域主导地位，从而形成行业标准逼迫竞争对手和客户去追随和接受。微软正是这些原则的坚定执行者和行业的领跑者。

面对激烈的市场竞争，一方面微软通过巨额研发资金的投入，不断加速产品的更新换代速度，让竞争者始终在身后追赶；另一方面深层次了解用户的需要和感受，将客户支持视为微软产品的一部分，并将其作为改善的数据依据，同时将产品的研发、测试、推销、改进等阶段平行开展，并经常同步进行，不要求一开始即拿出较为完美的产品，而是在推向市场后再进行完善和修改。这些都是微软赖以成功的产品策略。

（三）以标准抢占蓝海市场

有人说“微软并没有最好的产品，但微软制定了最好的标准。”而在软件业同时还有这样一句话“永远不要去做微软想做的事情”，因为即使你先做了微软想做的事，微软做了以后它也会占走你几乎所有的份额。在市场策略中，微软总是以其极为敏锐的市场直觉在大多数人发觉之前抢先占领蓝海市场，用具备一定水准的产品迅速建立行业标准。之后采用大规模促销和签署版权协议等方式确保公司产品成为或继续成为行业标准，充分利用法律手段保障市场先行者的权益和优势。

中国并不缺乏优秀的软件产品，也不缺乏创造性的研发人才，但极度缺乏能够将优秀产品向市场大规模推广的优秀人才；同时，中国的软件企业知识产权的意识淡薄，利用法律保护自己的决心不强，往往在推出优秀产品后迅速被人模仿甚至盗版，从而丧失研发的动力和资金，导致整个软件行业的浮躁。高度重视知识产权的保护与新兴市场的开拓，充分利用法律手段来保护自己的合法权益，是微软在市场策略上给中国IT企业的启示。

（四）用今天的投入，赚后天的钱

1991年，当时的微软已经成为IT行业的龙头，但此时的盖茨深感IT行业的发展超乎想象，完全依靠市场直觉的方式不可能永远正确把握市场的脉搏，于是产生建立微软研究院的想法。有人说：“研究院是盖茨的心肝宝贝。”这句话是完全正确的。微软设立研究院，既源于盖茨对“科技能够改变世界”的信念，也源于微软对“支持长期的计算机科学研究，而不受产品周期所限”的目标。截至2009年，微软研究院全球总人数不足1 000人，比例为微软全球员工的1%左右，但微软对其的投入却占纯利润的50%以上，而这被誉为微软基业长青的秘诀和源泉。

曾有记者采访微软亚洲研究院的院长洪小文，当谈及研究院在微软中的地位和作用时，他这样回答："微软的销售部门是赚今天的钱，微软的研发部门是赚明天的钱，而微软研究院是赚后天的钱。"微软对研究院的研发项目从不要求得到短期回报，因为这会束缚研发人员的手脚，也不指定研究计划，完全由研究人员决定研究什么，如何研究以及何时出结果，这是耐心的体现，更是长远眼光的卓越判断。

软件行业虽然是一个瞬息万变的行业，但任何一家企业都应当有其对市场走势的基本判断，并相应的制定企业远期战略目标，在逐渐向目标努力的过程中保持足够的耐心和完全的自信，这是浮躁的中国软件企业所必须牢记的。市场和客户最终将告诉我们，浮躁永远是企业的致命之伤。

（杜　军）

参考文献

［1］［美］Michael A. Cusumano、Richard W. Selby 著，章显洲、贾菡、杨文俊译：《微软的秘密》，电子工业出版社 2010 年版。

［2］李开复、范海涛著：《李开复自传：世界因你而不同》，中信出版社 2009 年版。

［3］李玲玲：《中国软件该向微软学什么》，《IT 时代周刊》，2009 年第 51 期。

［4］李琦：《微软常青的秘密：用一半利润搞研发——〈TI 时代周刊〉对话微软亚洲研究院院长洪小文》，《IT 时代周刊》，2008 年第 47 期。

［5］苗得雨：《微软的王朝新梦》，《中国新技术新产品》，2008 年第 9 期。

［6］毛蕴诗、舒兆平、吴瑶：《从微软看标准之间的企业全球竞争》，《经济理论与经济管理》，2008 年第 2 期。

［7］李佳：《论微软公司软件维权与知识产权保护》，《现代商贸工业》，2009 年第 9 期。

[8] 王志平：《对微软公司与福特公司的比较及其启示》，《外国经济与管理》，2003年第6期。

[9] 蔡恩泽：《谷歌与微软的争战》，《中外企业文化》，2009年第9期。

[10] 缥缈：《闲话“微软”》，《新理财刊》，2009年第6期。

第二篇 采矿业

caikuangye

矿产资源的开发与利用是经济发展的重要支撑，在城市化、工业化加快发展的背景下，矿产资源短缺成为制约我国经济可持续发展的重要因素。在高效开发并合理利用国内外两种资源、建设能源和资源低耗的节约型社会的过程中，中国采矿业任重道远。本篇对埃克森美孚、壳牌、新日本石油、力拓、必和必拓、淡水河谷6家采矿业巨头的发展历程进行了梳理和研究，以期为正在“走出去”谋求全球化发展的相关中国企业带来一些启迪和借鉴。

采 · 矿 · 业

1

石油史上百年佳话：埃克森美孚

埃克森美孚公司（Exxon Mobil Corporation），是全球最大的非政府油气生产商、天然气销售商和炼油商之一，总部位于美国得克萨斯州爱文市。在经历过美国经济大萧条、反垄断调查和第二次世界大战等危机后，这家最初由石油大王约翰·洛克菲勒创立的小炼油厂已成为全球最成功和最赚钱的公司。抓住新兴市场经济体对能源需求高度增长和油价高企的机遇，埃克森美孚公司通过有效利用强有力的国家机器，重视资源的接替和储备，注重兼并收购的“时机”和“方式”，发挥洞察市场长期变化趋势的优势，秉承一贯稳定、严谨的投资决策，着力提升新产品及新技术的研发应用等战略及战术，在历次挫折和磨难中化危为安，成功创造了石油史上的百年佳话。

一、企业基本简介

埃克森美孚公司由约翰·洛克菲勒于 1882 年创建。公司所属各部门和子公司主要从事原油和天然气勘探和开采，石油产品制造，原油、天然气、石油产品和石化产品运输和销售，煤炭开采和发电设备制造等业务，并由旗下子公司提供相关产品的技术研发服务。公司连续 85 年获得 3A 信用等级。自 2006 年起，连续 4 年在全球《财富》500 强排名中第 1 位。2008 年全年以 452 亿美元领先全球并刷新全球上市公司年度盈利记录，被评为全球最赚钱的公司[①]。

（一）公司规模情况

公司经营范围涉及全球200多个国家，在30多个国家从事原油勘探和生产，年生产原油和天然气1.28亿吨；在21个国家共有38家炼油厂，每日炼油能力达630万桶，约为中国石油天然气集团公司（简称“中石油”）的3倍。润滑用原基油生产能力每天达1.4万桶，占2009年全球炼油能力8 722万桶的7.2%[②]。在全球拥有3.7万多座加油站及100万个工业和批发客户，其中加油站数量为中国石油化工集团公司（简称“中石化”）2008年2.8万个的1.3倍，是中石油2008年1.9万个的2倍[③]。公司每年销售大约2 800万吨石化产品，同中石化2009年2 987万吨的石化产品销售量相当[④]。其中，公司海外的原油产量、天然气产量、炼油产品产量、炼油产品销量及主要化工产品销量分别占公司总产量的85%、84%、69%、62%和61%[⑤]。

埃克森美孚公司在我国香港和世界其他地区热电联供的装机容量合计7 500兆瓦以上，为世界上最大的独立发电厂商之一。此外，公司在哥伦比亚经营全世界最大的出口煤矿和其他在美国及澳大利亚的煤矿，在智利有2座铜矿和1座冶炼厂。

埃克森美孚公司现有资源基数（已探明储量以及其他预计最终将开发的已发现资源）约748亿桶石油当量[⑥]，天然气储量约326 100亿立方米，其中海外原油储量和天然气储量分别占公司总资源储量的76%和60%。过去10年的平均储量接替率（年度全部新增净储量占当年油气产量的比例）达110%，一定程度上反映了埃克森美孚公司在战略上重视资源获取，也体现了公司在投资策略和项目实施过程中的成效。

---

① http：//baike. baidu. com/view/2507132. htm? fr=ala0_1.

② http：//www. tianjinwe. com/rollnews/201009/t20100915_1795174. html.

③ http：//b2b. hc360. com/supplyself/86954859. html.

④ http：//www. sinopecgroup. com/scjy/gnscjy/Pages/hgxs. aspx.

⑤ http：//wenku. baidu. com/view/47ad20c30c22590102029dab. html.

⑥ http：//www. in-en. com/oil/html/oil-1421142132301694. html.

埃克森美孚公司2007年年报披露，公司现拥有8.6万名员工，其中大约有1.4万名工程技术人才和科学家，其中37%为美国国内员工，63%为其他国家的员工，员工数量为约为中石油员工数量的1/6。

（二）财务基本情况及分析

埃克森美孚公司近3年的主要财务经营指标如表1所示：

表1 单位：百万美元

项目 \ 年度		2008年第3季度	2007年	2006年
利润表	总收入	64 028.00	477 359.00	404 552.00
	毛利总额	20 449.00	137 712.00	127 217.00
	净利润	4 550.00	45 220.00	40 610.00
资产负债表	流动资产总额	64 818.00	72 266.00	85 963.00
	资产总额	222 491.00	228 052.00	242 082.00
	流动负债总额	49 505.00	49 100.00	58 312.00
	负债总额	115 488.00	115 087.00	120 320.00
	股东权益合计	107 003.00	112 965.00	121 762.00
现金流量表	净利润	4 702.00	45 220.00	40 610.00
	经营活动产生的现金流量	−10 105.00	−44 027.00	−38 345.00
	投资活动产生的现金流量	−4 740.00	−15 499.00	−9 728.00
	筹资活动产生的现金流量	8 910.00	59 725.00	52 002.00
	现金净增减额	−6 465.00	−2 544.00	5 737.00

从销售收入结构分析，埃克森美孚公司2007年原油勘探、生产等上游业务收入、原油炼制等中游业务收入和化工产品等下游销售收入分别占总收入的7.3%、83.2%、9.5%。可见，公司主要收入来源为原油炼制等中游业务收入。从公司盈利结构上分析，公司总利润的65%来自于原油勘探、生产、运输及销售等上游业务，且70%以上的收入和利润均来自于美国之外。从收益

率上分析，2007 年公司的销售毛利率、销售净利率、总资产回报率和净资产回报率分别为 40.7%、10.4%、16.8%和 33.4%，净资产回报率较高，主要得益于公司对生产成本和费用支出的控制。

（三）股权结构

作为全球最大的私营企业，埃克森美孚公司股权十分分散，主要是机构和基金共同持股，持股比例如表 2 所示①：

表 2

持股方	比　例
机构持股	49.22%
机构前十持股比例	17.80%
共同基金持股比例	1.02%
内部持股 5%以上比例	1.00%

（四）主要高管及经历

百年发展历程中，埃克森美孚②公司最重要和最关键的人物有两位，分别为洛克菲勒③（见图 1）和李·雷蒙德（见图 2）。其中，洛克菲勒的成功之处可归纳为三个方面：一是敏锐意识到石油产业发展前景，通过收购小炼油厂、大萧条中控制生产成本、采取储备现金及保守分红等策略渡过经济危机，成立标准石油公司；二是运用政府高层关系成立南方改良公司，收购同业竞争者，实施横向与纵向整合战略；三是创造性运用信托人管理制度，实

① http：//finance. sina. com. cn/stock/usstock/US100_XOM. shtml.

② http：//image. baidu. com/i? ct = 503316480&z = 0&tn = baiduimagedetail&word = %C0%EE%A1%A4%C0%D7%C3%C9%B5%C2&in=6102&cl=2&cm=1&sc=0&lm=－1&pn=4&rn=1&di=9664366485&ln=954&fr=&ic=0&s=0&se=1.

③ http：//image. baidu. com/i? ct = 503316480&z = 0&tn = baiduimagedetail&word = %C2%E5%BF%CB%B7%C6%C0%D5&in=24752&cl=2&cm=1&sc=0&lm=－1&pn=18&rn=1&di=3278351688&ln=2000&fr=&ic=0&s=0&se=1.

施海外炼油厂及油管公司的收购战略。

图1 约翰·戴维森·洛克菲勒

图2 李·雷蒙德

同样，雷蒙德的经营之道主要有三个方面：一是控制勘探和开采成本，大幅提高盈利能力；二是实施规模化、多元化经营；三是投资海外资源，扩充资源储量。

自20世纪70年代以来，埃克森美孚公司大幅增加石油和天然气储量，如花费数百亿美元的风险投资开发俄罗斯、印度尼西亚和非洲的石油天然气资源。

二、公司发展历程

埃克森美孚公司从创立之初至今，历经近150年的发展史，其中有许多成功之处，亦有挫折磨难之时，概括起来，公司发展历程可分为五大阶段，分别为创立初期、成长壮大期、挫折磨难期、稳定经营期和跨越式发展期。

（一）创立初期

这个阶段以1863年洛克菲勒创立安德鲁斯－克拉克炼油厂至1871年南方改良公司的成立为标志性事件。主要事件见表3。

表3

时 间	事 件
1863年	洛克菲勒作为合伙人投资创办了名为“安德鲁斯－克拉克”炼油厂
1865年	因与合伙人产生意见分歧，洛克菲勒买下公司全部股权，并将公司改名为“安德鲁斯－洛克菲勒”
1867年	费拉格勒入伙，公司改名为“洛克菲勒－安德鲁斯－费拉格勒”公司
1870年	标准石油公司成立，资产100万美元，由洛克菲勒任总裁
1871年	成立炼油业和铁路运输的联合体“南方改良公司”

1839年7月，约翰·洛克菲勒出生于纽约州哈得逊河畔的小镇，6岁时积攒零花钱向同伙放贷，从小就显示了原始商人的“逐利”天赋①。16岁那年，洛克菲勒入商行当了3年伙计，积累了较为丰富的经商经验。不到20岁，洛克菲勒成立专营粮食生意的经纪公司，经营取得初步成功并在商业领域小有名气。1859年，自美国人德雷克在宾夕法尼亚州打出了第一口工业性油井后，在粮食贸易上赚到第一桶金的洛克菲勒“嗅”到了发财机会，果断地从石油行业的下游入手，1865年收购了合伙人克拉克的炼油厂，成立“安德鲁斯一克拉克”炼油厂。随着20世纪70年代美国和欧洲资本的迅速累积和石油需求的激增，洛克菲勒清醒地意识石油运输的重要性，其通过各种关系笼络铁路运输人员，降低运营成本，逐步垄断了美国石油加工和经销业。1867年，随着石油市场竞争日趋激烈，炼油业开始陷入困境之时，洛克菲勒意识到“合作经营”可以降低经营风险。为此，洛克菲勒在1870年联合炼油业和铁路运输成立了“南方改良公司”。此时，洛克菲勒已成为当时世界上最大炼油集团的主人。后来，有位传记作家写道：“在所有美国工业家们想出来的办法中，这种联合运营的方式是最残酷、最致命的。”

（二）成长壮大期

这一时期为1872年克利夫兰收购战打响到1885年成立准石油纽约总部成立。标志性事件见表4②。

表4

时　间	事　件
1872年	克利夫兰收购战打响，标准石油公司并吞了克利夫兰26个竞争对手中的22个
1875年	通过巴尔的摩收购战，标准石油公司打垮剩余的几个竞争对手，垄断了全球煤油市场
1882年	标准石油托拉斯成立
1885年	标准石油纽约总部成立，百老汇26号成为石油托拉斯权势与地位的象征

① http：//finance. ifeng. com/news/people/20100610/2301614. shtml.

② 干春晖主编：《并购之路，20个世界500强企业的并购历程》，上海人民出版社2008年版。

正当洛克菲勒拟开启炼油产业化时代之时，炼油行业的同业竞争日趋激烈，仅克利夫兰就出现了50多家炼油厂，当时洛克菲勒决定垄断石油产业链的下游工业。洛克菲勒充分运用其经营才能、市场谋略，不断战胜外界各种经营和技术冲击，让竞争对手接受其并购条件，逐步建立了从原油生产到销售的一体化经营系统。到19世纪末，美孚石油公司的经营触角已伸到了世界各个角落。1878年，标准石油已垄断全美90%的炼油业、85%以上的管道运输、85%的油品市场和出口，以及30%左右的原油开采。通过不断收购与兼并，洛克菲勒在1882年组建了美国第一家，也是世界第一家现代托拉斯企业。在当时，无论是左派还是右派，都把标准石油公司的成立看成是垄断资本时代来临的标志[①]。

（三）挫折磨难期

这一时期为1890年的《谢尔曼反托拉斯法》[②] 通过到1911年标准石油公司的解散。标志性事件见表5。

表5

时　间	事　　件
1890年	《谢尔曼反托拉斯法》通过
1892年	俄亥俄州制定反托拉斯协议，标准石油公司借此进行重组，拆分为20家分子公司
1893年	美国经济萧条开始，股市全面下跌，标准石油公司经受住了考验，主要原因归功于大量的现金储备和保守的分红政策
1906年	联邦政府起诉标准石油公司，要求解散公司
1911年	美国最高法院宣布解散标准石油公司的裁决，并禁止公司重新组建

在洛克菲勒的托拉斯王国不断膨胀的同时，反垄断的声音也越来越响。一些人认为，洛克菲勒这种垄断行为对中小资本家造成了极大威胁，他们要求政

① http：//finance.ifeng.com/news/people/20100610/2301614.shtml.

② 美国的一项联邦法令。1890年，由美国国会众参两院正式通过。因这一法案是由俄亥俄州共和党参议员约翰·谢尔曼提出，故有此称。

府进行商业立法，对托拉斯滥用经济势力的做法加以限制和禁止。迫于压力，1890年美国国会通过《谢尔曼反托拉斯法》，但该反垄断法没有得到真正施行。随后，标准石油公司还利用手中大量现金和保守分红政策很好地渡过了美国19世纪末的经济萧条时期。1904年，罗斯福发起了对标准石油公司的垄断调查，在经历了6年旷日持久的诉讼之后，1911年5月美国最高法院判定“标准石油公司必须在6个月内解体”。自此以后，标准石油公司被分成38个独立企业，其中最大的7家分别为埃克森（Exxon）、美孚（Mobil）、雪佛龙（Chevron）、德士古（Texaco）、海湾（Gulf）、英国石油公司（BP）和英荷皇家壳牌石油公司（Royal Dutch/Shell），并称“石油7姐妹”。

解散后的标准石油公司与其说是石油公司，还不如说是一家银行或贸易公司，它从其他的标准石油公司购买石油并贷款给它们用于勘探和发展。在其后的1911～1928年，石油7姐妹处于既竞争又相互合作的发展阶段。

（四）稳定经营期

这一阶段由1928年《红线协定》达成到1948年新泽西标准石油公司和纽约标准真空石油公司加入阿美石油公司。标志性事件见表6。

表6

时间	事件
1928年	英国、美国、荷兰三国石油公司代表与古尔本金在比利时达成《红线协定》，奠定第二次世界大战前中东石油政治格局
1945年	第二次世界大战爆发，洛克菲勒家族利用美洲事务协调员的身份，扩展其在拉丁美洲的势力范围和向各参战国销售石油
1948年	新泽西标准石油公司和纽约标准真空石油公司加入阿美石油公司

这个时期，洛克菲勒家族领导下的石油公司获得了重大外部机遇。一是1928年7月《红线协定》的签署。该协定签署标志着美国和英国等石油企业为得到中东石油资源取得实质性进展。当时的背景是，因不满英国、法国在中

东的利益垄断，以埃克森为代表的美国等7家石油公司组成联合体通过美国政府向英国政府施压，时任殖民部大臣的丘吉尔致信外交大臣寇松："只要美国人被排斥在伊拉克的石油开发之外，你们在中东将会永无宁日。"根据此协定，英一波、壳牌、法国和美国公司各占土耳其石油公司23.75%的股份。最重要的是，《红线协定》划定了上述四国五家公司的共同开采范围，即埃及以东、波斯以西，除了科威特之外的全部海湾国家[①]。由此，新泽西标准石油公司获得大量的石油资源储备，为进一步发展壮大奠定了基础。

此外，第二次世界大战时期，洛克菲勒家族不仅资助美国对外关系理事会从事战争与和平研究，而且也向各参战方倒卖石油资源等产品。如仅埃克森美孚公司就为美英盟军提供了1/4的燃料，并借机在各大洲扩张势力范围，取得了业务扩张和丰厚利润的双重回报。自此以后，伴随着世界经济高速增长，尤其是新兴经济体对石油需求的高速增加，埃克森公司的势力和财力越来越大，逐步成为多元化和国际化的跨国大企业。

（五）跨越式发展期

美国石油排行榜首的埃克森与位居第2的美孚石油公司合并后，公司全面实施产业链整合、加大资源储备及进军天然气等新能源战略，进一步实施跨越式发展战略。标准性事件见表7：

表7

时 间	事 件
1998年11月	美国石油排行榜首的埃克森石油公司（简称"埃克森"）与位居第2的美孚石油公司（简称"美孚"）合并，成立埃克森美孚石油公司（简称"埃克森美孚"）
2006年	埃克森美孚排名《财富》500强企业的首位
2009年6月	埃克森美孚宣布，公司将加入横加油气管线公司（Trans Canada）正在实施的管道项目，已将阿拉斯加北坡的天然气运输到美国大陆，项目成本约为260亿美元

① http：//baike. baidu. com/view/837506. html.

续表

时间	事件
2009年7月	埃克森美孚召开了2009年上半年及第2季度业绩发布会。该季度埃克森美孚仅盈利39.5亿美元，比2008年同期的119亿美元大幅下滑66%
2009年10月	埃克森美孚已与非洲油气公司Kosmos Energy就在加纳近海石油区块中的权益达成了排他性收购协议，竞标价格高达40亿美元。这是埃克森美孚公司成立近十年来首次重大收购
2010年2月	埃克森美孚收购美国著名私营天然气开采企业XTO能源公司获得通过

1998年油价比亚洲金融危机发生前下跌了40%，大大影响石油需求，世界石油市场供大于求的趋势日益严重，加上石油输出国组织于1998年11月未能就限产达成协议，石油市场笼罩在阴霾当中[①]。油价不振导致石油公司收益大降，即使是埃克森和美孚这样实力雄厚的石油公司也难以幸免。面对这种形势，石油公司只得通过降低成本来改善经营，而兼并重组被视为重振雄风的重要手段，石油巨擘们纷纷行动，通过资产重组谋求出路。

1998年11月，埃克森和美孚达成766亿美元的并购交易。根据有关协议，埃克森以每股90美元的价格收购美孚股票，每股美孚股票可兑换1.32股埃克森股票。合并后，美孚的股东们持有新公司30%的股票，埃克森的股东们持有新公司70%的股票[②]。

在石油资源有限、环保压力日益增大背景下，国外石油公司以石油为主逐步转向油气并重，通过加大对天然气资源的投资力度，抢占天然气资源，将天然气业务视为业务增长点。2009年12月，埃克森美孚公司宣布耗资410亿美元以全股票方式收购XTO能源公司。预计此项交易将有助于埃克森美孚扩大天然气领域的市场份额，积极培育新的经济增长点。2010年6月，据国外媒体报道，埃克森美孚宣布已经以换股形式完成了对XTO能源公司的收购交易。按照收购

① 王基铭主编：《国外大石油石化公司经营发展战略研究》，中国石化出版社2007年版。

② 干春晖主编：《并购之路，20个世界500强企业的并购历程》，上海人民出版社2008年版。

协议，XTO能源公司每股股票将转换为0.7098份埃克森美孚公司股票的认购权[①]。至此，埃克森美孚公司实现了多元化、一体化的跨越式发展。

三、典型案例

（一）提升核心竞争力的兼并收购战略

埃克森收购美孚和XTO能源公司的时间分别为1998年和2009年，分别为亚洲金融危机和全球性经济危机发生期间，石油等资源品价格均表现大幅暴跌，其中，1998年的石油价格比1977年下跌了40%，2009年石油价格从最高从2007年的高于140美元/桶下降到2009年的不足70美元/桶。两次收购时机绝不是巧合，而是埃克森美孚并购战略原则之一，即以“成本最低”完成公司并购目的，实现股东回报最大化的运营目标。其次，从美孚和XTO能源公司的经营业务上看，原美孚油品销售业务正好弥补了原埃克森在美国油品销量市场份额低的劣势，两者合并后的新公司在油品销售业务的竞争力得到加强，合并后公司在美国销售市场上的份额高达64%，在美国市场上占有主导地位。埃克森美孚收购美国XTO能源公司则体现了进军新能源领域、培育新经济增长点的发展战略。这两起收购案较好体现了公司收购目标企业“优势互补”的业务原则，很好地规避了单纯追求规模效应，避免出现“食而不化”现象和脱离公司核心竞争力的不良局面。再者，埃克森收购美孚和XTO能源公司基本采用相同的收购方式，均是采取“换股交购、交叉持股”的运作方式，而不是运用现金。此举不但可以降低收购风险和得到相关税收方面好处，而且可以从目标公司控股股东因持有收购方公司股票能够产生潜在的长期股票增值收益，这也是埃克森采用“换股收购”手段的根本原因。

（二）增强资源实力的可持续发展战略

埃克森美孚增强资源实力的主要做法有：一是在资源潜力大和勘探开发前景好的地区构建战略接替区。1996年以后，伴随着国际石油市场和原油定价

---

① http://finance.qq.com/a/20100626/000736.htm.

机制的重大变化、20世纪90年代以来的全球化进程的加快及苏联解体后里海资源的对外开放，埃克森美孚加快了在欧美以外地区构建战略接替区的步伐[①]。与2000年相比，公司欧美以外地区的石油储量占公司石油总储量的比例从42%左右提高到了58%左右，欧美以外地区的天然气储量占公司天然气总储量的比例从23%左右提高到了49%左右。二是努力扩大非常规石油资源的勘探开发。技术进步和油价高企让非常规石油（如深水石油、重油和油砂）的开发利用成为可能。2007年，埃克森美孚计划将其非常规能源的比例从2003年的20%占产量提高到40%。三是优化现有资产，提高资源利用率。一方面，公司采用先进的开发技术与管理技术，努力提高回采率，降低生产成本，控制产量递减速度来延长资源利用时间。另一方面，通过“上大压小，产能置换”方式，剥离小型、成本高、风险大的油气资源，逐步向大型、低成本、高回报的油气资产集中。

（三）降低运营成本的经营战略

埃克森美孚的“优异运营”经营模式表现为：一是实施横向的规模化发展和纵向的一体化运营。公司不断升级改造形成规模化优势，坚持一体化发展理念降低运营成本，大幅提高产品附加值增强盈利能力来达到“优异运营”的目标。二是严格控制勘探和开采成本，大幅提高盈利能力。通过剥离非盈利的副业、对下游产业进行资产重组等手段，使得埃克森美孚的内部运营损耗相当少，在石油石化行业中，其勘探和开采石油的成本最低。

（四）多样化服务和连锁经营的客户服务理念

埃克森美孚多样化营销战略主要表现为：一是通过开设便利式加油站等多样化服务，提高成品油销售的营销效率。在遍布41个国家和地区开设了总量接近1 500座的便利式加油站。二是推广与各地知名食品或日用连锁店的战略合作经营模式，为消费者提供方便、快捷等人性化服务，提高客户对公司的忠诚度。

---

① 王基铭主编：《国外大石油石化公司经营发展战略研究》，中国石化出版社2007年版。

四、启示及借鉴

（一）善抓"石油需求高速增加和油价高企"的机遇

在20世纪的100年时间里，伴随着世界经济高速增长，世界石油产量和煤油能力分别从2 043万吨和2 000多万吨/年提高到了32.27亿吨和40.77亿万吨/年，分别增长了157倍和200多倍①。可见，在世界经济对能源和原材料需求日益增加的同时，也催生了大型石油石化企业的成长和壮大，埃克森美孚正是借此"势"成长的巨头之一。此外，国际油价除两次石油危机时期处于低价状态外，自1999年以来，国际油价一直呈振荡上升态势，特别是2003年以来，国际原油一路飙升，屡创历史新高。2005年布伦特原油平均价格为55.2美元/桶，比2004年上升17.2美元/桶，涨幅达45.3%。2006年，布伦特原油平均价格为65.1美元/桶，同比上涨10.7美元/桶，涨幅为19.6%，与1998年国际油价处于低谷时相比，每桶原油的价格已上涨412%。因此，油价高企也是石油石化行业得到了发展的绝好机遇。

（二）利用国家力量开拓海外市场

在公司发展过程中面临资源紧缺时期，以埃克森为代表的美国等7家石油公司组成联合体通过美国政府向英国政府施压达成《红线协定》，获得大量石油储备资源。第二次世界大战时期，公司向各参战方倒卖石油资源等产品，借机在各大洲扩张势力范围。可见，公司能通过上层社会关系推动国家力量实施"走出去"战略，并善于抓住战争等外部时机，走上了做大做强之路。

（三）注重收购、兼并的"时机"和"方式"

埃克森公司收购美孚公司后，有效弥补了公司油品销售方面的薄弱环节，进一步形成了产销结合和优势互补的双赢局面，并使公司业务在地域上分散化，有效规避了经济波动风险。2009年，基于全球石油资源潜力有限、环保压力日益增大等原因，为寻求新的利润增长点，埃克森美孚公司收购了XTO

① 王基铭主编：《国外大石油石化公司经营发展战略研究》，中国石化出版社2007年版。

能源公司。正如埃克森美孚所宣称，收购“将帮助公司提升在持续增长的国内天然气供应市场的市场地位和盈利能力”。如果说，前者收购有利于公司构建核心竞争力，实现产业上下游整合，大幅降低了运营成本；而后者，则是着眼未来的“未雨绸缪”，实现了名副其实的跨越式发展。需要指出的是，上述两起收购是在金融或经济危机期间，也就是目标公司市值最低时期，表明公司尤其注重资本运作时机的选择。

（四）重视资源的接替和储备

埃克森美孚通过加大投入、构建各地区资源接替区、扩大非常规石油资源的勘探开发和提高资源利用率等措施，增强石油等资源的储备量，提升公司的可持续发展能力。

（五）洞察市场长期变化趋势进行资产组合管理

一般而言，石油石化行业的发展依靠长期的积累，但埃克森美孚鉴于市场以往的波动，洞察市场长期变化趋势，在资产管理上能够利用不同企业之间、不同经济制度、不同地区之间的市场变化周期进行资产管理组合。如埃克森美孚从 20 世纪 80 年代以后，开始布局中东和亚太石化市场。21 世纪以来，公司以亚太市场，特别是中国市场为目标，掀起又一轮投资热潮，旨在构筑以新加坡、中东（沙特和卡塔尔）、中国为重要基地的亚洲铁三角布局。

（六）坚持稳定、严谨的投资决策

鉴于石油天然气是具有高风险、高投资、长周期和经济效益递减等特点的特殊行业，埃克森美孚一直坚持“严谨投资”战略，主要表现为：一是投资项目多为运行周期长的项目，且投资计划不受宏观经济环境发展态势的影响，自始至终如期按计划执行。2007 年 1 月退休的埃克森美孚前 CEO 雷蒙德就曾表示：“埃克森在做投资时一向谨慎，考虑的投资年限会很长，有的长达 20 年甚至 30 年左右”。[①] 以埃克森在安哥拉的项目为例，1993 年，埃克森购买了在安哥拉

---

① http：//www.businesswire.com/portal/site/home/permalink/？ndmViewId＝news_view&newsId＝20100203006423&newsLang＝zh.

项目的开采权，但直到2004年才开始投产。又如受2008年全球性金融危机的影响，在2009年营业收入同比下降了41.2%、净利润同比下降68.1%的不利情况下，2009年公司资本支出为271亿美元，比2008年的260亿美元净增11亿元美元，再度创下历史纪录。① 可见，公司当初投资决策时的稳定性和严谨性。

（七）研发新产品和新技术开拓市场

埃克森美孚公司长期秉持“拥有核心优势技术，才能获取发展先机”的理念。公司在全球各地拥有20个大型研究中心，每年研发资金超过6亿美元，在美国和欧洲共取得1万多项专利。研发人员根据不同客户的要求，通过不断推出创新产品将自已与其他竞争者区别开发，获得客户信任和青睐。此外，技术应用人员为客户提供技术服务，为客户创造最大价值，提升市场份额。

（张宇驰　朱旋）

参考文献

[1] 干春晖主编：《并购之路，20个世界500强企业的并购历程》，上海人民出版社2008年版。

[2] 王基铭主编：《国外大石油石化公司经营发展战略研究》，中国石化出版社2007年版。

[3] 吕振合：《自然辩证法专题讲座》，内蒙古大学出版社2007年第1版。

[4] 王曦：《埃克森美孚公司经营战略体系分析》，《当代石油石化》，2007：13（1）。

[5] 王曦：《以不变应万变，保持世界领先优势——埃克森美孚公司最新战略分析》，《当代石油石化》，2009：17（9）。

[6] 李峰：《国际石油公司投资管理分析与启示》，《产业与科技论坛》，2008：7（3）。

① 王曦：《以不变应万变，保持世界领先优势－埃克森美孚公司最新战略分析》，《当代石油石化》，2009年第17期。

2

石油业中的“贝壳”神话：壳牌石油

荷兰皇家壳牌有限公司（Royal Dutch Shell plc. 简称“壳牌”），是全球领先的国际能源和化工集团，总部位于荷兰海牙。历经百年锤炼，这家原由荷兰皇家石油公司和壳牌运输贸易公司联合组成的“小企业”成为当今国际石油界叱咤风云的巨头。从自身并不产石油的英国和荷兰走出来的壳牌，依靠其国际化的战略理念、一体化的业务布局、行业领先的核心技术、科学审慎的投资决策、独树一帜的“情景规划法”等，在历次危机中步步为营、稳健发展，创造了名扬世界的“贝壳”神话。

一、壳牌基本情况

壳牌在全球90多个国家和地区开展业务；员工人数约为10.1万人；每天生产约310万桶石油和天然气，生产的石油占世界石油总产量的2%，生产的天然气占世界天然气总产量的3%；在全球共有44 000家壳牌加油站；运营超过35家炼油和化工厂。根据美国《财富》杂志2009年公布的数据，壳牌2008年营业收入为4 584亿美元，位列当年《财富》世界500强第1位。受国际金融危机影响，2009年壳牌营业收入为2 782亿美元，实现盈利127亿美元，较2008年分别下滑39%和52%，在2010年《财富》世界500强中排名第 2 位。[1] 2009 年年末公司总市值 1 866 亿美元，位列全球第 12 位（见表 1）。

表 1　　　　壳牌 2005～2009 年主要财务数据　　　　单位：亿美元

	2009 年	2008 年	2007 年	2006 年	2005 年
主营业务收入	2 782	4 584	3 558	3 188	3 067
总收入	2 851	4 709	3 698	3 275	3 164
利润	127	265	319	263	263
总资产	2 922	2 824	2 695	2 353	2 195
总负债	350	233	181	158	129
总市值	1 866	1 589	2 695	2 258	2 077
每股收益（美元）	2.04	4.27	5.00	3.97	3.79
员工数（万人）	10.1	10.2	10.4	10.8	10.9
石油 & 天然气日产量（万桶）	314	325	332	347	352

壳牌的业务涉及石油勘探与开采、油品生产、化工及乙烯生产、天然气和电力及可再生能源五大核心业务领域。壳牌正将其业务架构重组为上游业务、下游业务和项目与技术业务。

• 上游业务主要负责石油和天然气的勘探和开采，其中很多业务是通过合资企业来开展。上游业务还负责天然气的液化、油砂业务和风力发电业务，并积极推动天然气制油技术。

• 下游业务涵盖油品。该业务在全世界范围内提炼、供应、交易、运输原油，并生产和销售一系列石油产品，包括燃料、润滑剂、沥青和家用、运输用及工业用液化气。下游业务也包括化工，为工业客户生产化工产品，包括生产纺织品、医疗用品和计算机所需的塑料、涂料和清洁剂原料。下游业务还包括生物燃料和太阳能业务，同时负责组织整个公司的二氧化碳排放管理。公司

[1] 《财富》500 强根据营业收入排名，2005～2008 年采用的是壳牌的主营业务收入，2009 年采用的是总收入。

管理着一支规模排名世界靠前的液化天然气和石油运输船队。

• 项目与技术业务主要是壳牌主要项目的交付，并推动研究和创新，提供技术解决方案。它为上游和下游业务提供技术服务和技术能力支持，包括为壳牌和第三方提供先进的勘探和生产技术。同时，还负责整个壳牌的安全和环境业绩以及采购流程。

二、壳牌发展历程

今天的壳牌其实是由来自两个不同国家的两家公司合并而来：一家是设在英国的壳牌运输贸易公司，另一家是设在荷兰的皇家石油公司。

（一）起步发展阶段（19世纪30年代～90年代）

180多年前，壳牌起源于一家位于伦敦泰晤士河码头的小古董店，店主老塞缪尔是一个犹太人。小店每天从海上归来的人手中买些贝壳，然后精心制作成衣扣和各种装饰品。19世纪中叶，随着英国海外贸易风的兴起，老塞缪尔将眼光瞄向了海外，开始经营一些工业品的出口，英国出口日本的第一批机械织布机就是他经办的。在此过程中，老塞缪尔与远东的一些贸易商行建立了稳定可靠的联系。1870年，老塞缪尔去世，大儿子马库斯·塞缪尔（Marcus Samuel）在伦敦设立马库斯·塞缪尔公司；二儿子萨姆·塞缪尔（Sam Samuel）长期居住在日本，并在日本横滨开设了萨姆·塞缪尔贸易公司。兄弟俩在日本的工业化进程中发挥了重要的作用。通过与那些同父亲有关系的贸易商行的合作，塞缪尔家族的生意逐渐壮大，其贸易范围也逐渐扩展到中国香港、泰国、新加坡等地区。

1859年，美国人德雷克在宾夕法尼亚州的泰德斯维尔打出了世界上第一口石油钻井，现代石油史揭开帷幕。1870年，约翰·D. 洛克菲勒（John D. Rockefeller）创立标准石油公司。凭借其强力手腕和美国丰富的石油资源，标准石油迅速成为世界上最大的石油公司，在全球市场大量出口石油，并形成垄断优势。1873年，随着俄国沙皇允许外国势力在巴库地区勘探石油，诺贝尔家族迅速进入，短时期内控制了俄国石油业，俄国石油工业迅速崛起。到

1884 年，俄国石油产量几乎接近美国的 1/3。为了运送巴库的石油，1880 年俄国开建从巴库经高加索到里海港口巴统的铁路。金融世家罗斯柴尔德家族通过为铁路融资，获取了所有俄国出口的石油统归罗氏家族销售的特权。为了将俄国石油运往亚洲地区，罗氏家族找到了长期在远东地区做生意的塞缪尔兄弟。凭借自身的运输经验，塞缪尔兄弟承包了一支蒸汽船队，用于大量运输石油。他们还通过设计制作世界上首艘油轮，革新了石油运输方式。1892 年，Murex（骨螺号）成为有史以来首艘穿越苏伊士运河的油轮。新航道的开辟、新油轮的起航，使得运输成本大大降低，壳牌在第一次与标准石油公司的竞争中赢得了主动。到 1902 年，经过苏伊士运河运送的石油有 90%属于塞缪尔和他的集团。1897 年，塞缪尔把自己所有的石油买卖和油轮船队以及属于各个商行的储油设施合并成一个新公司，命名为“壳牌运输贸易公司”。

1880 年，荷兰人安昆·邵克（Aeilko Jans Zijlkar）在荷属殖民地印尼的苏门答腊地区一个烟草种植园里发现了石油。此后 10 年，他一直想方设法筹集资金，在取得荷兰国王威廉三世的特许后，荷兰皇家石油公司于 1890 年创立，在阿姆斯特丹上市融资。公司成立几个月后，邵克去世，让·巴普蒂斯特·奥古斯特·凯斯勒（Jean Baptiste August Kessler）继任。1892 年，经过在丛林地区的艰苦钻探，公司实现投产，第一批皇冠牌煤油投放市场。随后几年，荷兰皇家石油公司迅速发展壮大。

（二）联合发展阶段（19 世纪 90 年代～20 世纪 30 年代）

早期的石油应用局限于照明及润滑油，随着 1886 年卡尔·奔驰发明的汽车问世，世界各国对运输燃料的需求不断增加。壳牌运输贸易公司在东方开展业务活动，同时希望开发新的石油资源，减少对俄国石油的依赖。在此过程中和荷兰皇家石油公司开始接触，相互之间既有竞争，又有合作。19 世纪末，石油业出现了世界性繁荣，然而 1900 年秋天以后，由于俄国遭遇饥荒和经济萧条导致国内石油需求大减，俄国炼油商只能将煤油大量向世界倾销，石油价格开始下跌。在中国这个最有前途的市场，由于义和团运动爆发引起的社会动荡，壳牌的煤油销售不出去，公司陷入危机，标准石油公司甚至在 1901 年提出以4 000万美元对壳牌进行收购。1903年，壳牌运输贸易公司与荷兰皇家石油公司联手，抵抗洛克菲勒标准石油公司的市场霸主地位。1907年，两家公司合并成立荷兰皇家壳牌有限公司（简称‘荷兰皇家/壳牌集团’或“壳牌集团”）由此诞生，荷兰方面占60%的股份，英国方面占40%的股份，荷兰人亨利·德特丁（Henri Deterding）成为首任董事长。合并后两家母公司相互独立，并不经营具体业务，而是由旗下统一的子公司经营管理。同时，母公司均拥有自己独立的董事会，还可以互相购买对方的股票。通过强强联合，壳牌集团将索取能源的触角伸向了世界各地，迅速成为叱咤风云的石油巨头。

1911年，标准石油公司面临《谢尔曼反托拉斯法》的制裁被强制拆分，这对壳牌集团来说无疑是一个好机会。1912年，壳牌集团挥戈直捣标准石油公司老巢，在美国相继成立洛克萨那石油公司和加利福尼亚壳牌公司。几年以后，壳牌集团在全世界的石油开采量中，已经有近一半是从美国本土开采出来的。

第一次世界大战爆发后，壳牌集团成为英国远征部队的燃料主供应商，并且提供了盟军80%的TNT炸药，承担了英国海军的航运任务。1917年俄国十月革命爆发，壳牌集团在俄国的资产被没收，好在通过美洲业务的拓展，壳牌集团很快恢复了元气。20世纪20年代末，壳牌集团已成为世界领先的石油公司之一，石油产量占世界原油总产量的11%，并拥有10%的油轮吨位。随着第二次世界大战爆发，1939年纳粹入侵荷兰，公司总部被迫迁到库素拉岛。在英国，公司致力于帮助英国军队抗击纳粹；在美国，公司的炼油厂生产航空燃料支持同盟国的空军；公司所有的油轮均受政府控制，在战争中的损失高达87艘。尽管如此，由于战争对石油巨大的消耗，公司的原油产量仍然持续稳定增长。

（三）调整发展阶段（20世纪40年代～80年代）

凭借在战争期间与政府形成的良好合作关系，第二次世界大战后壳牌将业务迅速扩展至非洲和南美洲。1947年，壳牌在墨西哥湾钻取了第一眼具有商业效益的海上油井，开启了人类向大海“索要”石油的先河。到1955年时，壳牌已拥有300眼离岸油井。与此同时，壳牌的找油计划也有了重大突破，在尼日尔河三角洲和婆罗洲（即加里曼丹岛）相继发现石油，并于1958年开始在尼日利亚进行商业开采。

和平年代的到来带来了石油需求的爆炸性增长。美国的汽车数量从 1945 年的 2 600 万辆增长到 1950 年的 4 000 万辆，增加了近 60%，高速增长的石油消费造成了美国国内的石油短缺。1948 年，美国进口的原油及石油制品第一次超过了出口，美国结束了向世界其他地区提供石油的历史。为了结束供应瓶颈，壳牌与中东海湾石油结成联盟，进入了中东这个日益重要的地区。

1951～1953 年伊朗石油国有化运动导致壳牌在伊朗的资产被查封，而 1956～1957 年埃及的苏伊士运河危机也大大影响了壳牌的业务，壳牌开始注重供应的安全性，在市场附近兴建炼油厂，原油通过网络化的输油管道输送，并开始建造超级油轮。60 年代，壳牌通过参与阿曼的石油开发强化了自己在中东的势力，同时开始涉足天然气领域。

1969 年，卡扎菲通过军事政变掌控了利比亚政权。当时欧洲原油消费总量的 1/4 来自利比亚，新政府开始减少石油产量并提高价格，其他石油生产国也威胁采取同样的举措。1973 年的赎罪日战争将石油危机推向白热化境地。数周内，欧佩克国家就将石油价格翻了 4 倍，并实行了为期 2 个月的禁运，这对西方国家的经济是沉重的打击。廉价能源的时代宣告结束，石油市场已不再是买方市场。为了生存，壳牌采取了多元化战略——进入煤炭、核能和金属行业。1970 年，壳牌一度购买了必拓公司（后来出售）。依靠其传奇式的情景规划，壳牌较为平稳地度过了七八十年代的石油危机，企业发展实现步步为营。

（四）可持续发展阶段（20 世纪 90 年代至今）

从 20 世纪 90 年代起，随着环保问题日益受到重视，公众对石油行业的指责也逐渐加剧。壳牌准备将其位于苏格兰北海地区的 Brent Spar 储油平台沉入海底的计划饱受公众指责，同时由于萨罗·维瓦（尼尔利亚著名作家、环保人士，发动针对壳牌公司的示威抗议）被政府判处绞刑也让壳牌国际声誉一落千丈。壳牌开始关注多方利益者价值的平衡，进入了强调社会责任、规范企业治理结构等方面的可持续发展阶段。壳牌比以往更加重视降低能源消耗和化学品对环境的影响，并努力提高能源和资源的利用效率，将环保理念渗透到新产品和新工艺的研发中，致力于开发新能源尤其是太阳能、风能的利用，在追求经济效益的同时，提升企业在公众面前的整体形象。

1990年，壳牌超过埃克森石油，成为世界上最大的石油公司。1995年，它甚至名列世界500强的第1位。但1999年，埃克森石油公司和美孚石油公司合并，合并后的埃克森美孚石油公司又赶超了壳牌。

世纪之交，壳牌开始寻求进入新兴的经济增长区域，其在中国和俄罗斯市场发展迅速。它在俄罗斯的萨哈林岛（即库页岛）以及西西伯利亚的萨利姆（salym）油田实施了几个巨大的石油和天然气项目；在中国，通过与中国海洋石油总公司合资成立中海壳牌石油化工有限公司，在广东惠州大亚湾建设并运营了一家世界级规模的石化联合工厂，项目总投资高达41亿美元。

2004年1月9日，壳牌忽然宣布将确定的油气储备等级降低。紧接着，3月16日、4月19日，壳牌又两次宣布调低公司的油气储量，三次下调数量占公司总储备量的22.8%，消息一出，引起投资者、舆论一片指责声。事实上，早在2000年，壳牌的储量审计员就对公司发出警告，指出公司的储量数据有可能被夸大，但真相直到4年后才被揭发出来。每一个丑闻的背后总会有几个失意者，由于石油、天然气是稀缺资源，它们的储量对于壳牌这样的公司来说就像一条重要的生命线，当时的壳牌董事长菲利普·沃茨等三位公司高层被迫辞职，延续了98年的“双董事会”制度到了瓦解的边缘。

2005年7月，两大母公司董事会合并方案获得通过，荷兰皇家石油公司和英国壳牌运输贸易公司实现真正的统一，荷兰皇家壳牌有限公司成立。合并后的公司在英国注册，总部设在荷兰海牙。

2007年7月5日，壳牌度过了自己百岁生日。

2008年，壳牌再度登顶世界500强榜首。

三、壳牌称王之道

（一）立足资源布局全球

英国人认为壳牌是英国的，荷兰人认为壳牌是荷兰的。壳牌1/3的业务在美国，美国人又把它看成是美国公司。壳牌在欧洲和亚洲都有子公司。壳牌的全球化战略由此可见一斑。不同于标准石油公司的是，由于英国和荷兰自身并不产石油，壳牌从诞生的那天起就注定了要走国际化路线。

壳牌公司成立之初，其主要资源是荷属东印度地区的石油资源，凭借的是分享殖民地果实。公司合并后以惊人的速度在美国、中东、俄罗斯、埃及、墨西哥、特立尼达岛、委内瑞拉、土耳其、马来西亚等地购买油田，使壳牌的油井横跨四大洲。

壳牌全球化战略的重要思路是广撒网。壳牌在大约 50 个国家勘探石油、天然气，在 30 多个国家里提炼石油，并把产品销往 100 多个国家。这样，一个地方发生动乱对该公司不会有大的影响。在政治气候微妙的国家，壳牌公司通常设法在该国取得垄断地位，以确保获得高额利润。如果赚不到丰厚的利润，便马上撤走。

近年来，中国成为壳牌进行国际化扩张的重点。目前，壳牌是在中国投资最多的国际能源公司之一，拥有 30 多家全资或合资公司及 600 余家加油站，雇员近 14 000 人。壳牌的五大核心业务在中国都有分布，与中国三大能源企业——中石油、中石化和中海油均建立了合作关系，参与了南海石化、“西气东输”、煤气化、液化天然气等一系列重大项目。

（二）产业链条上下一体

作为一家全球化的综合型能源公司，壳牌从事的业务遍及石油行业的上游及下游。上游有石油的勘探与生产、天然气与电力，下游业务有油品、化工、可再生能源的开发利用等，上下游紧密相连，形成一个完整的业务链条。在产业布局上，壳牌公司提出了“更多的上游和赚钱的下游”的战略思路。

壳牌从事石油的勘探与开采业务已经有超过 100 年的历史，壳牌在全世界约 40 多个国家从事石油的勘探与开采业务，其勘探和生产技术在全球领先。

壳牌早在 20 世纪 20 年代就开始接触天然气业务，那时候的天然气业务还不成规模，直到 1959 年壳牌在荷兰的格罗宁根首次发现大型天然气田，天然气业务才逐步引起重视，并开始在世界各地大规模从事天然气生产、运输与贸易。

壳牌是炼油业的先驱，集团的第一座炼油厂于1892年建在印尼的苏门答腊。在各大石油公司中，壳牌的活动地域分布最广。就规模而言，从日处理9 000桶的文莱炼油厂到日处理40万桶的荷兰和新加坡炼油厂，壳牌都拥有。壳牌在全球的炼油能力，大约有70%集中在欧洲和北美，其余集中在经济增长较快地区，主要是远东。此外，壳牌还有广泛的润滑油制造业务。

壳牌进入化工领域始于20世纪20年代。在美国，壳牌是最大的化学品制造商之一。壳牌的化工厂生产化工原料、洗涤剂中间体、添加剂、催化剂、塑料和树脂等产品，还包括除草剂、杀虫剂等农业化学产品。

壳牌在世界范围从事着石油、石油产品、化工类、煤炭、液化石油气和液化天然气的贸易活动，这些贸易都需要大规模的海洋运输。壳牌是世界上最大的、从事业务数量最多的海洋营运集团之一。同时，壳牌技术部提供关于轮船设计建造、翻新改造、监督管理和某些专门技术的咨询服务；航海运作部提供轮船检验、货物转运、海上平台检测、港口服务等专业咨询服务。

基于这种一体化的上下游业务整合，壳牌能够将其拥有的石油资源实现价值最大化。正是由于这种业务布局，使得在危机年代，壳牌凭借其强大的下游盈利能力弥补上游业务损失，从而帮助公司渡过难关。

（三）投资决策科学审慎

虽然壳牌是全球巨型石油石化能源企业，但它在投资的时候，具有强烈的危机意识，坚持通过对各种数据的科学分析作出决策。根据壳牌投资决策的理念和原则，在投资一个项目的前期，要先后作出±30%、±20%、±10%三次投资额度估算，将项目投资中每笔可能的开支一一列出。经过三次越来越精确的估算后，壳牌在每一个项目投资前都能清楚地知道要花多少钱，如果每次投资额估算都达不到期望的投资回报率，投资风险过大，就会立即终止该项目。

以南海石化项目为例，壳牌在1998年就开始对该项目进行基础性研究，研究内容包括场地面积、厂房、设备、开办费等。通过±30%的投资额估算，壳牌需要投资40亿美元。在工厂建立初期的前20个月，壳牌又做了±20%的投资估算，得出需要花费42亿美元的数据。在各总包和分包厂家标书开标后，壳牌又在2002年10月作了±10%的估算，最后可能要投资43亿美元。根据最后一次估算，该项目的投资收益率达到了壳牌在石化行业投资回报率的标准，于是获得壳牌集团总部的批准，顺利通过最终的投资决策。

2006年，南海石化项目建成投产后，投资总结算与项目初期的投资估算十分接近，为42亿美元。

另一个例子是，2004年年底壳牌与神华宁夏煤业集团签署谅解备忘录，并在2006年7月签署联合研究协议，约定双方将采用壳牌的煤炭间接液化技术共同在宁夏开发煤炭间接液化项目，并拟在宁东煤炭基地共同建设一座日产油品及化工品7万桶的煤炭间接液化工厂，预计总投资约60亿美元。项目在进入联合研究阶段后，壳牌经过初步±30%的投资估算和风险评估，认为该项目投资大、风险高，资产投资收益率达不到公司要求，于是在2007年选择退出，终止了对该项目的投资，再一次体现了保守及谨慎的投资决策原则。

（四）情景规划未雨绸缪

石油业是个波动十分剧烈的行业，产油国政策的风吹草动对油价的影响十分明显，而油价的高低又马上会对石油公司的利润造成显著影响。与其被动地“坐以待毙”，不如主动应对，从危机中寻找转机。

壳牌是情景规划最早、最忠实的应用者之一，他们对情景分析的研究与应用可追溯到20世纪60年代中期。1972年，传奇式的情景规划大师法国人皮埃尔·瓦克领导着壳牌情景规划小组假设了一个名为“能源危机”的情景。针对这一情况，他们设想，一旦西方的石油公司失去对世界石油的控制，将会发生什么，壳牌应该怎样应对这种情况。皮埃尔并不认为这是天方夜谭，而且很可能在不久的将来成为现实。为此壳牌自20世纪70年代初一直进行现金储备。当1973～1974年冬季OPEC宣布石油禁运政策时，壳牌的竞争对手纷纷被打得措手不及，而拥有足够现金储备的壳牌却早已有了应对之策，成功化危机为转机，一跃成为当时仅次于埃克森石油公司的世界第二大石油公司。

1982年彼得·施瓦茨接替退休的皮埃尔·瓦克。在1986年石油价格崩溃前夕，彼得·施瓦茨领导的壳牌情景规划小组又一次成功预见了这种情况的发生。在危机前夕，当其他各大石油公司大肆收购石油公司和油田扩大生产时，壳牌没有效仿，而是及时调整炼油投资政策，将投资从初级的产能扩张转移到升级炼油产品，这一战略措施为壳牌锁定了其在炼油产品上的优势。

2002年2月美国《商业2.0》（Business 2.0）杂志推出了一个关于风险管理的专题，其中特别提到壳牌传奇式的情景规划："没有一个行业比石油行业对危机的理解更深刻，而在石油行业里也没有一家公司比壳牌石油公司传奇式的情景规划小组更具长远的眼光。"

四、启示与借鉴

（一）掌控资源是能源企业发展的根基

毋庸置疑，在石油业中，谁拥有足够的石油储备谁就拥有话语权。因而壳牌从成立的那天起，就没有停止过对石油资源的攫取。在早期，通过对殖民地的掠夺，石油资源的获取相对简单。然而自20世纪70年代石油危机以来，石油国产化浪潮席卷中东各国，对包括壳牌在内的各大石油公司造成重大冲击。壳牌一方面通过合资方式与产油国合作；另一方面凭借强大的技术力量，获取那些开采成本高、技术要求高、离市场较远地区的资源。中国经济的快速发展对能源的需求日益增长，2009年我国对石油的进口依存度已高达52%，如何获取稳定、低价的能源资源，已经上升到了国家战略高度。与壳牌等国际石油巨头联手开拓国际资源，不失为一条好的路子。如中石油与壳牌合作在卡塔尔勘探开采天然气，同时双方联手收购澳大利亚煤层气公司Arrow等举措，都是我国能源企业海外收购的有益尝试。

（二）确立技术领先的核心竞争力

在石油行业中，同样面临着激烈的竞争，壳牌却一直以其拥有领先行业的技术而自豪。1892年壳牌运输贸易公司首创大型油轮运输石油，赢得与标准石油公司的竞争；1897年荷兰皇家石油公司通过派遣地质学家勘探油田，开启壳牌在石油勘探与生产方面走科技化路线的先河；1947年在墨西哥湾钻取第一眼具有商业效益的海上油井；壳牌当前领先全球的Smart Fields技术和蛇形钻井技术……可以说，强大的科技力量一直是壳牌的核心竞争力。2009年，壳牌在研发方面的投入超过12亿美元，在同行业中位居第一。随着全球石油资源的日益减少，先进的石油开采、化工生产及新能源技术将进一步成为能源企业提升竞争力的法宝。

（三）以高度的社会责任感融入地方

随着世界经济一体化，中国企业走出去的步伐逐渐加快，如何在走出去的过程中被当地认可和接受是一门很大的学问。比如中国在非洲和南美等地区的能源和矿产资源的投资，就被一些西方媒体炒作为“新殖民主义”。纵观壳牌的发展历程，我们发现，这家能源巨头正是在跨国经营中越战越勇、不断发展壮大的，中国企业在走出去进程中面临的一些困境，壳牌在历史上也有类似的经历。“不论何时，壳牌均以善意会友；不分何地，我们均致力于提供经验、技术和资本。我们雀跃于被视为忠实、诚信的盟友；在与各地人民共同合作，为公司赚取满意回报的同时，我们亦致力于为当地缔造繁荣进步。能够运用所在地的自然及人力资源，我们心存感激，亦必以关心及善意与社区建立良好关系。”时任壳牌主席的亨利·德特丁于1934年发表的这个讲话是对壳牌强调合作共赢理念的最好诠释。为了更好地处理在发展过程中产生的与环境、社会之间的矛盾，壳牌制定了《壳牌商业原则》，并先后设立了社会责任管理委员会、壳牌基金会，同时注重在环保科技研发方面的投入。壳牌各地的子公司无论在什么地方，所采取的态度都必须是有利于双方的长期互惠互利。任何项目的投资都必须既有利于集团利益，又有利于当地国家或地区的利益，达到双赢。因此壳牌始终重视与当地各方合作，努力融入当地，成为当地社会结构中一个被接受的、有价值的部分。回顾壳牌曾经经历过的备受指责的Brent Spar储油平台事件以及尼日利亚环保事件等丑闻，以及壳牌通过强调社会责任感重新挽回公司声誉的成功经验，可以为我国企业更好的开展走出去业务提供借鉴。

（朱 子）

参考文献

［1］彭剑锋、刘坚：《百年壳牌》，机械工业出版社2010年版。

［2］蔡丰：《亲历壳牌——企业帝国的经营细节》，机械工业出版社2010年版。

［3］温青山：《国际石油公司发展战略与财务管理》，石油工业出版社2004年版。

［4］［美］彼得·圣吉著、郭进隆译：《第五项修炼——学习型组织的艺术与务实》，上海三联书店1998年版。

［5］李晓春：《壳牌公司的战略管理》，《中国石化》，2007年第4期。

［6］刘淑英：《壳牌集团何以保持石油霸主地位》，《石油企业管理》，2000年第9期。

［7］董秀成：《跨国石油公司的战略演变》，《中国石油企业》，2005年第11期。

［8］刘玲：《壳牌称王之道》，《市场经济导报》，1999年第3期。

［9］张湘玫：《英荷壳牌集团公司》，《国际化工信息》，2001年第8期。

［10］罗承先：《壳牌集团的管理体制和经营特点》，《石油化工技术经济》，1999年第1期。

［11］李晓春：《壳牌公司的战略管理》，《中国石化》，2007年第4期。

［12］朱建军：《壳牌集团：战略领先天地宽》，《中国石油企业》，2003年第6期。

［13］吴筠：《从壳牌集团看国际大石油公司的投资决策》，《石油天然气学报》，2005年第6期。

［14］王震、熊伟：《壳牌情景规划对中国企业的启示》，《第一届中国能源战略国际论坛论文集》，2006年。

［15］王颖：《壳牌抛弃百年传统》，《英才》，2007年第7期。

［16］张军：《壳牌向上游倾斜》，《英才》，2010年第4期。

［17］阚世华：《壳牌马拉松式长跑》，《中国新时代》，2008年第8期。

3

求新求变的典型：新日本石油

新日本石油集团是日本最大的炼油企业，也是日本最大的石油进口商和营销商。“求新求变，挑战自我”是新日本石油集团一直秉承的经营理念。经历过百年风风雨雨的新日本石油集团至今仍在不断自我改革、求新求变以适应新的环境。希望通过对新日本石油集团的案例研究，借鉴其积极应对危机的经营管理措施，学习并应用至我国现有企业的生产运营活动之中。

一、新日本石油的概况

（一）简介

1999年4月1日，日本石油集团（Nippon Oil，成立于1888年）与三菱石油集团（Mitshubishi Oil，成立于1931年）合并成立了日本最大的石油集团——新日本石油集团（简称“新日本石油”，Nippon Mitsubishi Oil）。合并之初，集团曾被命名为“日石三菱石油集团”；直至2002年6月27日，经过股东大会讨论决定，正式更名为“新日本石油株式会社”，原商标品牌也都统一为“ENEOS”，是取自英语“ENERGY（能源）”和希腊语“NEOS（新的）”，寓意着集团的创造性和革新性。

新日本石油是集石油勘探开采、炼制与销售油品、生产石化产品的上中下游一体化的石油石化公司，经营着13 100多个加油站，其勘探和开采业务涉及墨西哥湾、英国北海、南美、澳大利亚和东南亚等地区。自成立以来，新日本石油致力于向综合性能源企业方向发展，集成石油运营以建立统一贯通的运作体制。2009年的资产总额约405亿美元，负债总额约301亿美元。集团一直秉承环保、节能和高附加值的经营理念，致力于研发新型环保技术，不断提升核心业务收益，促进企业可持续发展，以保持在同业竞争中的高速发展，同时巩固其在世界能源行业的领军地位。

新日本石油的主营业务为汽车燃料的生产，同时还销售航空、船舶等运输业以及工厂、发电站等其他行业使用的燃料，并向汽车、船舶、工业等所有领域提供高品质且在节能、环保等方面都具有高性能的润滑油。此外，集团积极致力于石油能源以外的事业，生产高性能蓄电池、面向未来液晶薄膜、TU纤维布（用于加强或修补混凝土构造物）等产品；提供与日常生活密切相关的各种石油化学制品的原料；其他领域的产品还包括石油树脂、维生素B12、碳素纤维、汽车仪表板，办公室设备（电脑）等。

（二）组织机构

新日本石油在本土拥有24个株式会社。其中，新日本石油株式会社是总公司，主要负责石油的冶炼和销售，其净资产约1.69亿美元，目前员工总人数已达到13 900人。随着不断向海外扩张与兼并重组，新日本石油还拥有10家海外公司（包括中国的新日石上海贸易有限公司和天津日石润滑油脂有限公司）。集团旗下的子公司按其业务范围主要划分为五个部分：石油精炼与销售，石油储备与运输，石油开采与加工，工程与建筑，房产、咨询、研发等其他业务。此外，面对复杂的市场与激烈的竞争，新日本石油对公司内部机构的职能分工也进行了细致划分，不但增强了有效的管理层次，而且也有利于对日常运营的精细化管理，保证了各职能部门维持高效运行（见图1）。

（三）经营概况

作为日本最大的炼油企业、石油进口商和营销商，新日本石油的业务范围非常广泛，其石油产业包括从探矿开采、储备、炼制、输送至销售的各个环节，并已逐渐扩展到电力、煤炭、液化天然气、润滑油、石油、石油化学、液

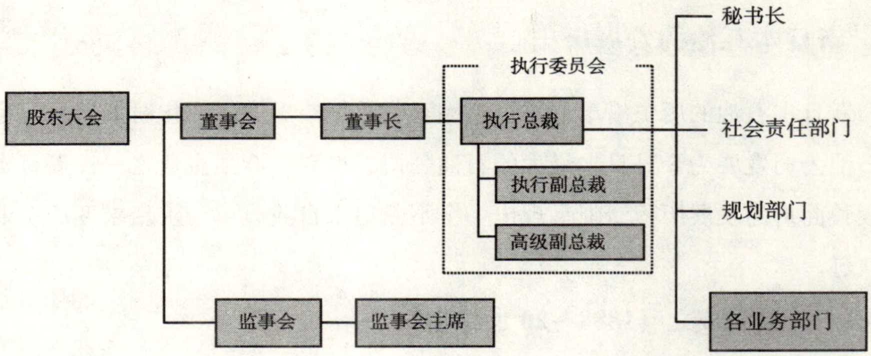

图 1 新日本石油组织机构图

资料来源：www. eneos. co. jp/company/organization/index. html

化石油气体、新能源等各个领域；其中，石油炼制与销售是公司的核心产业。目前，新日本石油的年生产能力达到 130 万吨（世界排名第 4），炼制能力达到 123 万 B/D，除拥有 13 100 多个 ENEOS 品牌的加油站之外，还拥有日本国内最大的加油站网。仅从商业供应的向外销售的能力来看，新日本石油的规模仅次于埃克森美孚石油公司，在世界石化企业中排名第 2。

近年，新日本石油在国内燃油销售市场份额占比较高，约占市场份额的 23%；在世界润滑油销售量亦名列前茅，排名约在第 10 名左右。2009 年集团的净销售额为 754 亿美元（见表 1），其中石化产品炼制与销售约 690 亿美元，石油天然气开采与生产约 22 亿美元，其他业务约 42 亿美元。

表 1　　　　　　　　销售数据

	2009	2008	2007	2006	2005
销售收入（千美元）	151 063 592	147 030 163	131 121 551	118 766 235	95 526 265
销售成本（千美元）	75 663 245	71 254 755	63 627 102	56 338 694	45 279 704
销售收益率（%）	2.67	2.72	1.06	1.97	−3.41
资产收益率（ROA,%）	3.88	4.30	1.63	3.30	−5.88
净资产收益率(ROE,%)	14.80	16.00	5.90	11.80	−22.60

数据来源：www. eneos. co. jp/。

二、新日本石油的发展历史

新日本石油的历史沿革最早可追溯至明治维新后的工业化时期，从一家私营石油公司发展为今日日本最大的石油公司、世界 500 强企业之一。新日本石油漫长曲折的发展历程清晰呈现出一个不断追求自我改革、求新求变的企业成长轨迹。

（一）公司成立（1888～20 世纪初）

明治维新时期（1867～1912 年）是日本发生巨大变革的工业化时期，西方国家尤其是美国的新兴技术对日本经济现代化发展产生了重大影响。随着日本工业化程度提高以及对石油需求的迅速增长，日本石油工业开始起步。1888 年 5 月 10 日，由 21 名富裕的领主私人出资成立了私营公司——日本石油（Nippon Oil），是日本的第一家石油公司。虽然掌握 66%股权的股东们对公司具有控制权，但对公司发展命运具有重大影响的决策者始终是 Gonzaburo Yamaguchi 和公司首任总裁 Hishairo Natio。

受美国、阿塞拜疆等地发现和开发石油的鼓舞，公司成立后立刻着手在本土寻找石油。当时美国掌握着世界石油工业最尖端的工艺技术，1889 年 Yamaguchi 决定亲自前往美国考察石油开采工艺。折服于美国最新的钻探技术，回国时 Yamaguchi 兴奋地从美国纽约的 Pierce 公司购入了一套钻机，并高价聘请了一名得克萨斯州的钻井技师来日指导日本石油的工程师们。在公司运营之初，支付给美国技师的工资占公司费用开支高达 12%，但 Yamaguchi 及其支持者坚信先进的技术对公司发展必不可缺。

功夫不负有心人，1891 年公司终于在东京北边的 Amaze 尼濑油田成功地开采了原油；随后一年公司又在日本近海大陆架上成功钻井，成为日本第一家近海石油钻探公司。依靠美国先进的冲击钻机技术，日本石油不仅平稳度过 1897 年的日本金融危机，而且在国内石油生产与精炼的业务份额更是有了大幅提升。

（二）初期起步（20世纪初～20世纪30年代）

凭借先进的经营理念及钻探技术，自成功开采石油后日本石油一度在国内同业竞争中风光无两。可惜好景不长，随着1900年美标石油公司（American Standard Oil）进驻日本并成立了国际石油公司（International Petroleum），日本石油就深陷与该跨国公司的激烈鏖战之中。直至1907年，日本石油成功收购了国际石油公司在日本境内全部开采设备，成为日本最大的石油公司之一，这场恶战才得以告终。然而一波未平一波又起，受到国内资源的限制，自1908年开始油井枯竭导致日本石油的开采量逐年下降。危急时刻日本石油当机立断再次求助于美国先进技术，斥资带头引进了旋转钻机，对现有油井进行更深的钻探开采。国内其他石油公司随之纷纷效仿，致使当年全日本石油的总产量大幅提高。

1918年第一次世界大战结束，作为战胜国日本不仅获得了战败国德国在太平洋地区的殖民地，还取得了在中国的贸易让步条款。随后日本工业飞速发展，整体国民生活水平得到显著提高，国内汽车销量上升，对石油的需求量也急剧增加。日本石油把握良机，开始在国内建立自己的石油仓储网络。1919年，公司在东京建立了第一家手压泵加油站，至20年代晚期已在全国已拥有超过160家加油站。

1921年，日本石油顺利兼并了竞争对手宝田石油公司（Hoden Oil），占有国内80%的原油生产市场份额。但是长期以来由于本土石油产量较低，尤其到了20世纪20年代末期，日本的石油储备已无法满足本国经济及工业增长需求。与其他精炼厂一样，日本石油也越发依靠于进口石油。1923年日本石油仅进口170 000千升石油，占公司原油供应量的23%；至1937年其进口石油的占比已高达80%，主要来来源于美国。随着国内石油的减产，日本石油的主营业务逐渐转向石油进口与精炼加工。

（三）第二次世界大战低谷（1937～1945年）

20世纪30年代，与其他工业国家一样，日本遭受到经济大萧条的负面影响，第二次世界大战的爆发对其无疑是雪上加霜。1937年，日本发动对中国的战争，以军事侵略的暴力方式在中国开辟新的市场，政府开始实行战时体制，尤其对石油工业加以严控，日本石油被政府强制并入州立垄断组织“石油共贩公司”（Oil Co—operative Sales），丧失了生产经营的独立性。

由于日本过度依赖石油与原料进口，第二次世界大战期间的联合封锁给其带来致命打击。太平洋战争爆发后，美国海军频繁活跃于日本近海，致使日本油船损失惨重，来自美国的石油供应中断，日本的石油工业也随之逐渐进入停滞状态。此外，战争期间密集的空袭轰炸也导致日本石油开采装备严重毁损，政府的后期补救措施对于挽救本国石油产量锐减的现状也显得捉襟见肘。

1941 年，日本议会通过了《帝国石油株式会社法》以国家保障石油供应，加紧战争准备并扩大侵略，为鼓励国内石油生产。应对石油进口受限的不利形势，政府将日本石油与小仓石油公司（Ogura Oil）合并。同年 9 月，政府投资一半成立帝国石油公司，作为“国策公司”统管民间私营石油工业。1942 年，政府强制把当时的日本石油、日本矿业、旭石油三家公司的油气勘探开采部门，全部划归帝国石油公司；接着帝国石油公司又吞并了太平洋石油公司和大日本石油矿业公司，成为垄断性的上游石油企业。第二次世界大战期间的日本石油先后出让经销、开采部门，最后只能专门从事石油精炼业务。

（四）战后新生（1945～20 世纪 70 年代）

1945 年第二次世界大战结束，以重建和平时期工业经济为由，美国、英国、苏联等战胜国对战败国日本进行了长期的联合驻军监管。日本战争期间的州立垄断随之被打破，小经济体之间的竞争越发激烈。1949 年，日本石油也顺势东山再起，与美国加利福尼亚—德克萨斯石油公司合作成立了一家小型“日本石油”，主要从事石油运输和精炼，并逐渐涉足石油化工业和天然气行业。

20 世纪 50 年代初，朝鲜战争爆发使日本成为美国在远东地区的重要合作伙伴。1951 年 10 月，它与加德士公司（Caltex，由雪佛龙公司与德士古公司两大石油企业于 1936 年组成的合营公司，主要从事石油和天然气业务，包括勘探开发、炼油、销售和运输，以及化学产品的生产、销售和发电业务）合资成立日本石油炼制公司（Nippon Petroleum Refining），先后在横滨、松下建设了两座大型炼油厂。自此日本石油的大部分原油采购于加德士公司，再由日本石油精炼进行加工。1951 年，子公司东京油轮公司（Tokyo Tanker）成立，专门支持日本石油的物流运输。1955 年起先后成立的日本石油瓦斯公司、日本石油化学公司、日本石油不动产公司、日本加工油公司、日本石油开发公司等子公司标志着日本石油进军石化和天然气行业。

二十世纪六七十年代，日本石油持续快速发展，在美国特拉华州设立海外分公司。1961 年，公司当年盈利 21.4 亿日元，至 1970 年公司年收益已高达 107.6 亿日元。这种趋势一直持续至 1973 年中东战争爆发，阿拉伯国家主导的 OPEC 组织大幅压低石油产量致使原油价格翻了 4 倍，日本石油的海外进口业务也因此受到巨大打击，直接影响了收益利润。1974 年，日本石油的税后净利润减至 9.02 亿日元，甚至不及 1970 年利润的 1/10。随着日本经济实力增强与日元升值，1977 年日本石油终于逐渐从能源危机中解脱出来。到了 80 年代初公司利润再创历史新高，达到 45.67 亿日元。

（五）迅速发展（20 世纪 80 年代至今）

在董事长 Yasuoki Takeuchi 的指挥下，20 世纪 80 年代初日本石油开始积极在美国、东南亚、中国南海、欧洲北海等地参与勘探开发，仅 1985 年一年用于勘探美国油田的投资额就高达 10 亿美元。1986 年日本石油就在美国北部达科他州成功开采油田。此外，公司相继与德士古公司（Texaco）就阿拉斯加油田开发达成协议，与雪弗龙公司合作共同对墨西哥湾天然气进行开发。至 1989 年，日本石油从中东进口石油量占比已减至 56.6%，东南亚进口量占 37%，剩余的 6.4%主要来自于墨西哥与其他地区，顺利实现了利用国外的油气资源从而减少公司对中东石油进口的依赖。

20 世纪 80 年代中期至 90 年代末期，日本石油先后与三菱石油集团、出光兴产公司（Idemitsu Kosan）等公司形成商业联盟，其间终止了与加德士公司的合作，获得日本石油精炼的全部股权，并成功在越南 Rang Dong 海上油田进行原油开采。1999 年，日本石油合并三菱石油集团成立日本最大的石油集团——“日石三菱石油集团”，随后与COSMO石油公司形成商业联盟，并于2002年6月27日正式更名为“新日本石油株式会社”（ENEOS）。作为集石油勘探开采、炼制与销售油品、生产石化产品的上中下游一体化的石油石化公司，进入21世纪的新日本石油继续兼并重组、海外扩张，目前经营着13 100多个加油站，勘探和开采业务涉及及墨西哥湾、英国北海、南美、澳大利亚和东南亚。

2008年12月，新日本石油与日本排名第6位新日矿石油（Nippon Mining Holdings）达成合并协议，计划于2010年完成合并重组。两公司的重新整合有利于生产经营活动适应市场环境变化，有利于实现利润增长以及企业利益最大化，有利于实现更稳定高效的能源、材料供应，从而促进社会经济的稳定与增长。作为新日本石油发展史上又一里程碑事件，合并后的公司将成为世界排名第8位的石油公司，将掌握本国石油市场33%的销售份额，稳固其在日本石油精炼行业遥遥领先的龙头地位。

三、新日本石油的成功之道

面对起伏不定的市场和经济环境，新日本石油秉承“求新求变，挑战自我”的经营理念，多年来在激烈的同业竞争中存续并保持领先地位，与其高瞻远瞩的发展策略以及不断的资源优化措施密不可分。其成功之处具体反映在以下几个方面：

（一）推进海外勘探开采业务，抢占世界能源

受国土地形的限制，日本是一个能源极度贫乏的国家，只有日本海沿岸为数不多的几个油田（石油产量仅占日本全国石油需求量的0.2%），几乎是个石油纯进口国。作为典型的日本石油企业新日本石油也高度依赖进口原油，1973年的石油危机对于能源极其匮乏的日本无疑更是一次国家危机。然而，长期能源受限的窘境也让新日本石油等一批企业很早就形成了危机意识，如何最大限度地抑制和规避石油危机带来的影响、舒缓及强化能源的瓶颈约束成为新日本石油经营管理的重大课题。

针对日本政府危机后一系列石油紧急对策纲要，新日本石油从石油进口、价格、分配和市场等角度制订了企业管理经营措施，从20世纪60年代起，公司积极推进海外地区拓展勘探开采事业，至80年代中期新日本石油已经扩大范围至东南亚、墨西哥等地区，并逐步摆脱了以往对中东石油进口的单一依赖。近年来，继续依托日本政府“变他国资源为自己资源”的一贯政策，公司加速抢占海外能源，积极参与美国、东南亚、中国南海、欧洲北海等地的勘探开发，在获取海外油田、矿山权益的同时享受政府提供的低息贷款和无偿的国家技术支持。例如，新日本石油获取了在巴布亚新几内亚油田股份及开采许可权，并且继马来西亚和印度尼西亚的天然气项目之后将在巴布亚新几内亚的液化天然气项目中分得新的收益。通过能源危机的历练，新日本石油及时实施走出去抢占海外能源的措施，实现了经营管理上的未雨绸缪，不但保证了新日本石油生产所需的原料，也为其未来海外市场扩张奠定了基础。

（二）兼并重组扩大海外战略投资，分散运营收益风险

面临着国内石油产品需求超预期的减少、能源行业竞争的白热化，新日本石油为实现资源的优化配置，在不断扩张的同时也十分关注如何解决生产能力过剩问题从而使企业的降本增效。例如，2008年10月，新日本石油与九州石油公司（Kyushu Oil Co.，Ltd.）合并，九州石油公司的大分精炼厂（Oita Refinery）增强了新日本石油的石油出口能力以及下游石化产品的生产能力。2009年1月，因日本海石油公司（Nihonkai Oil Co.，Ltd.）的富士精炼厂（Toyama Refinery）经营状况欠佳，新日本石油决定终止其在该精炼厂的原油生产，转而投向其他更有竞争力的亚太地区企业，如与中石化集团设立合资企业（南海华创、天津日石），签订出口重油的定期合同等。

通过多年海外经营活动的摸索和总结，新日本石油在理论和实践上已经积累了一定的经验，依托本土大企业的综合实力，新日本石油通过在海外设立中小规模的子公司、与外方企业合作、直接参股或收购海外项目公司等方式，积极融入世界市场。例如，新日本石油与中国的石油公司建立密切的关系，开展各项业务，如与中石油集团合作进口大庆原油，委托克拉玛依炼油所制造冷冻机油等，并且积极参与其他亚洲地区、北美等市场的润滑剂、石油化工等产业的加工与销售等。全球化战略投资使得新日本石油的经营范围从国内市场延伸至广阔的世界市场，既减轻了资源产地等因素对生产经营的冲击，又分散了公司的单一市场风险，同时增加了收益来源。

（三）拓展经营思路，涉足新能源的研究与开发

早在石油危机后，20世纪80年代日本就开始发展风电、太阳能发电、生物能、废物发电、废物热能等新能源。1980年日本政府制定了《石油替代能源开发及引进促进法》，1997年又制定了《新能源利用促进特别措施法》，此外还定期发布《长期能源供需预测报告》。作为行业的领军者，新日本石油深刻意识到新能源的重要性，管理层认真研究政府政策及信息导向并有针对性地制定企业发展方针，开发政府提倡的技术，积极普及和推广相关新能源技术。尤其在近年国际原油价格波动起伏不定和全球经济衰退的大环境下，新日本石油在维持传统石油业务的运营同时，逐步涉足相关新能源行业，如太阳能、电子、生物等领域。例如，2008～2009年新日本石油与三洋电机公司（SANYO Electic Co.，Ltd.）先后合作成立新日本电池科技公司（ENEOS CellTech Co.，Ltd.）和三洋新日本太阳能公司（SANYO ENEOS Solar Co.，Ltd.），致力于燃料电池和超薄太阳能电池的生产与销售。新日本石油一直强调企业的社会责任，尤其对环境保护非常重视，新科技能源的开发不仅完善了新日本石油的产业链，其节约资源与环境保护的效应也是显著的。

四、对中国企业的启示

从新日本石油的发展历程中，我们可以看出公司最初的成功之道主要源于其积极从海外引进先进技术，尤其是学习借鉴拥有当时全球石油业领先技术的美国。随着公司的飞速成长，兼并重组以及抢占海外资源成为其发展壮大的重要手段。此外，管理层在日常生产经营中先进的理念和精细化的管理也是新日本石油崛起的关键因素。我国企业应从以下三方面借鉴新日本石油的经验：

（一）拓展海外事业，实施“走出去”战略

行业的技术进步带来了世界能源无边界化，导致石油市场趋向于全球化，竞争日益激烈。新日本石油多年来不断创造条件到国外争取油田开发权、获得份额油。此举措不但打破了本土资源稀缺限制，同时还帮助其开发了海外市场，提升了业务份额。因此，在新的国际经济形势下，中国的石油企业也应当坚定不移地继续实施“走出去”的发展战略，把握海外资产收购的良好机遇，适时加大利用国外能源资源力度，加强资源国际合作，在全球范围内实现优化资源配置，建成具有国际竞争力和中国特色的现代跨国石油公司。

（二）顺应行业发展趋势，实现资源优化配置

石油工业是传统的资金和技术密集型行业，经过多轮并购浪潮后，越来越向超大型化的超级石油巨头趋势发展，新日本石油近年不断兼并重组的进化过程就是全球经济一体化趋势最好的例证。我国石油企业应及时顺应潮流，促进企业的优胜劣汰，加速行业内资源整合，通过对国内外石油石化企业的并购重组，高效拓展产业领域，促进产业优化升级并缩短资金筹措和技术发展的周期，优势互补、强强联合，最终实现降本增效及规模效应，提高国内外市场占有率，全面增强企业的行业竞争实力。

（三）引进先进技术，不断自主创新

核心技术对于企业提高竞争力以及可持续发展具有重大意义。作为拿来主义的代表企业，新日本石油不惜高价引进美国先进技术以提高自身竞争力，依托先进的技术支持，新日本石油在快速完成初期起步发展后又顺利度过了瓶颈时期。由此可见，我国企业也应拓展思路、开阔视野，在不断学习他人先进技术的同时锐意创新，保持企业旺盛的活力，特别是规模较大的石油企业应广纳人才并积极引进国外先进技术及设备，使技术与本土接轨得到更好的应用与发展，从而提高企业综合竞争实力。

（安娜　陈晨）

参考文献

[1] http：//www.eneos.co.jp，新日本石油株式会社。

[2]《新日本石油2009年年报》，新日本石油株式会社，2009年3月31日。

[3]《新日本石油社会责任报告》，新日本石油株式会社，2009年。

[4] 节艳丽等：《新日本石油集团的研究开发事业》，《国际石油经济》，2004年第8期。

[5] 蒋浩：《日本能源公司生产经营的新情况》，《石油化工动态》，2000年第3期。

[6] 陈振友等：《浅谈日本石油公司环境保护理念及采取的措施》，《石油规划设计》，2005年第5期。

[7] 王磊：《浅析日本石油市场》，《石油企业管理》，1998年第11期。

[8] 洪雨：《日本如何推进产业转型升级》，《政策瞭望》，2008年第3期。

[9] 努尔兰哈孜坎：《石油公司经营上应实现几个转变》，《石油企业管理》，1998年第10期。

4

全球多元资源巨头：必和必拓

必和必拓（BHP Billiton）最早可追溯到1851年，是国际采矿业的先行者。在100多年的发展进程中，公司通过实行全球化和多元化的经营战略、以客户为中心的市场营销策略，实现了从单一资源公司到多元资源巨头，从先驱到霸主的转变。近年，必和必拓又发起了对全球第二大矿业公司力拓的敌意收购，阻止了中铝对力拓的注资，在攻守中进一步谋取对资源和市场的控制，在国际矿业市场产生了重要影响，对我国的资源保障和产业安全影响尤甚。面对必和必拓的步步紧逼，坐拥全球最大需求市场却痛失话语权、受制于人的中国企业该如何突围？必和必拓的发展历程为我们提供了许多有益的启示。

一、必和必拓简介

必和必拓由两家巨型矿业公司——澳大利亚的BHP和英国的Billiton于2001年6月合并而成。公司全球总部设在澳大利亚墨尔本，是全球最大的多元化资源公司，名列2009年全球500强企业第120位，全球矿产与金属行业第2位[①]。公司的目标是通过勘探、开发和转换自然资源，提供以客户和市场为中心的具有创新精神的解决方案，来实现长期价值。

① 水清木华研究中心发布的2008～2009全球矿产与金属行业500强研究报告。

（一）治理结构

必和必拓是一家双重上市公司（Dual Listed Company，DLC），合并后BHP、Billiton仍作为独立的经济实体在澳大利亚、英国及美国等地上市，在统一的董事会和高管领导下运营。公司治理框架结合了澳大利亚、英国和美国等国家的监管要求及公司治理的最佳实践。董事会的职责是代表股东，对股东负责，通过对公司进行有效治理创造和保护股东价值。董事会下设多个委员会，通过监督公司行为以确保公司朝着既定目标前进。其中，风险与审计委员会、可持续发展委员会、提名委员会和薪酬委员会是长期设立的，其他委员会则在处理专项事务时临时设立。

必和必拓认为高质量的公司治理与股东长期价值的创造是紧密相连的。截止2009财年，BHP和Billiton持股前十大股东如表1所示。前十大股东中国际金融资本所持股份较高，如汇丰、JP摩根分别持有BHP 16.08%、11.62%的股份，分别为BHP第一、第二大股东。汇丰、纽约银行等国际金融机构在Billiton也持有大量股份。必和必拓已与国际金融资本紧密结合。

表1　　BHP和Billiton前十大股东①

BHP Billiton Limited股东	持股比例（%）	BHP Billiton Plc股东	持股比例（%）
HSBC Australia Nominees Pty Ltd	16.08	PLC Nominees（Proprietary）Limited	18.43
J P Morgan Nominees Australia Limited	11.62	National City Nominees Limited	3.60
National Nominees Ltd	9.41	GEPF Equity	3.60
Citicorp Nominees Pty Limited ＜BHP Billiton ADR Holders A/C＞	8.42	HSBC Global Custody Nominee(UK)Limited ＜357206 A/C＞	3.05

① 必和必拓2009财年年报。

续表

BHP Billiton Limited 股东	持股比例（%）	BHP Billiton Plc 股东	持股比例（%）
Citicorp Nominees Pty Limited	4.81	Chase Nominees Limited.	2.99
Australian Mutual Provident Society	2.42	Nutraco Nominees Limited	2.96
ANZ Nominees Limited <Cash Income A/C>	1.91	Chase Nominees Limited <LEND A/C>	2.63
Queensland Investment Corporation	0.90	State Street Nominees Limited <OM02 A/C>	2.63
Potter Warburg Nominees Pty Ltd	0.45	Nortrust Nominees Limited <SLEND A/C>	1.93
Australian Foundation Investment Company Limited	0.42	Bank of New York（Nominees）Limited	1.72

（二）资源储量

必和必拓在全球超过 25 个国家拥有 100 多个项目，拥有许多大规模、低成本、长寿命的众多优良资产，开发、生产 9 类 20 多种资源。公司部分资源储量如表 2、表 3 所示①。

表 2　　石油、天然气储量

国家	澳大利亚	美国	其他国家	合 计
石油（百万桶）	316.7	274.4	48.9	640.0
天然气（十亿立方英尺）	3 666.3	86.6	772.8	4 525.7

① 必和必拓 2010 财年年报。

表3　部分资源储量

种　类	控制矿石量	推断矿石量	合　计
铝（百万干公吨）	279	59	338
铜（百万干公吨）	1 967	2 966	4 933
铜铀矿（百万干公吨）	182	416	598
铜锌矿（百万干公吨）	104	572	676
银铅锌矿（百万干公吨）	23	5	28
钻石（百万干公吨）	10	26	36
铁矿石（百万湿公吨）	2 443	2 980	5 423
锰矿（百万干公吨）	123	136	259
冶金煤（百万湿公吨）	1 543	1 838	3 381
动力煤（百万湿公吨）	2 053	734	2 787

（三）经营情况

2009财年，必和必拓生产石油（包括原油和凝析油、天然气及液化天然气）1.37亿桶，铝（包括氧化铝、原铝）563万吨，铜（铜精矿、阴极铜）121万吨，铅23万吨，锌16万吨，金18万盎司，银4 134万盎司，氧化铀4 007吨，钼1 522吨，钻石322万克拉，钛65万吨，镍17万吨，钴1 400吨，铁矿石1.1亿吨，锰（锰矿石、锰合金）499万吨，冶金煤及能源煤1亿吨。

截至2009年年底，公司总资产为788亿美元，总市值约1 440亿美元。2009年实现销售收入502亿美元，利润58亿美元。收入来源的区域分布为：欧洲108亿美元，中国99亿美元，日本71亿美元，其他亚洲国家93亿美元，澳大利亚46亿美元，北美40亿美元，南美17亿美元，非洲南部地区13亿美元，世界其他地区14亿元美元。

二、必和必拓发展历程

从1851年Billiton成立以来，Billiton、BHP产品从印尼、澳大利亚走向智利、秘鲁等20多个国家。产品由锡矿扩大到9类20多种资源，每一类产品都具有重要的市场地位。

（一）不约而同，锡矿起家

1851年，荷兰人Vincent等人登上印度尼西亚的勿里洞岛，发现了岛上的锡矿资源。随后于1860年在荷兰海牙成立了勿里洞矿业公司（NV Billiton Maatschappij），即为Billiton的前身。23年后，即1883年，澳大利亚人Charles Charles在澳大利亚新威尔士西部的布罗肯希尔（Broken Hill）发现了锡矿，组建了布罗肯希尔矿业公司（Broken Hill Mining Company）。1885年，布罗肯希尔矿业公司解散后新成立了布罗肯希尔控股有限公司（The Broken Hill Proprietary Company Limited），简称为“BHP”，即为BHP的前身。Billiton、BHP两家公司先后发现了印度尼西亚和澳大利亚的锡矿资源，揭开了两大矿业公司发展的序幕。

（二）立足国内，多元发展（1883～1970年）

在较长一段时间内，BHP、Billiton分别立足于澳大利亚、荷兰开发资源，涉及资源种类逐步多元化。BHP通过大量兼并、收购从锡矿逐渐扩展至金、银、铅、锌、钢铁、煤炭、石油、天然气及锰矿等。1885年，BHP开始开采布罗肯希尔的银、铅、锌矿，直至1929年关闭。1900年，Iron Knob铁矿投产。1915年，Newcastle钢铁厂投产。1925年，收购新威尔士北部煤区的John Darling和Elrington煤矿，两个煤矿分别于1922年、1928年投产。1931年，收购Hannan's North金矿。1965年，在澳大利亚巴斯海峡发现天然气。1966年，投资的锰矿项目投产。1967年，在巴斯海峡发现可供商业开采的油田。同期，Billiton在荷兰也从锡矿扩展至铝土矿、氧化钛等资源领域。

（三）全球并购，攻城略地（1970～2001年）

20世纪70年代以后，BHP、Billiton加速了全球化的进程，通过合资、并购等开发、控制海外资源。

BHP从70年代起逐步“走出去”开发印尼、昆士兰、美国、加拿大、智利等10多个国家的资源。1979年，在印尼投资的Kelapa Kampit锡矿投产。1980年，位于昆士兰的Gregory煤矿投产。1984年，以24亿澳元收购美国犹他国际公司等3家公司100%的股份，获得了加拿大、智利等国的大量铁矿、铜矿资源，其中包括著名的智利Escondida铜矿。1990年，位于非洲马里的Syama金矿投产。1991年，收购美国加利福尼亚Supracote钢铁公司100%股权。1994年，收购秘鲁Tintaya铜矿。1995年，位于阿根廷的Sierra Chata天然气投产。1996年，位于爱尔兰海域Liverpool Bay的油田投产。1998年，投资于加拿大西北的EKATI钻石矿投产。

Billiton也不甘示弱，大力开发海外资源，涉及秘鲁、英国、巴西、哥伦比亚等十几个国家。1976年，秘鲁Cuajone铜矿投产。1978年，收购英国Morris公司。1979年，在巴西亚马逊盆地Trombetas河附近的铝土矿投产。1982年，投资于巴西的Valesul铝厂以及哥伦比亚的镍矿投产。1983年，位于爱尔兰的氧化铝厂投产。1984年，位于巴西的Alumar氧化铝厂投产。1986年，位于南非的Pering铅锌矿以及Fairview金矿投产。1988年，位于智利的金银矿、西澳大利亚的铅锌矿及位于德国的INGAL镓厂投产。1989年，收购加拿大Selbaie铜矿。1990年，位于加纳的Bogosu金矿、巴西的Alumar铝厂以及位于印尼的Lerokie金银矿投产。2000年，与云南省兰坪有色金属公司共同开发兰坪铅锌矿，以12亿美元收购Rio Algom的全部股权，资产包括加拿大、智利、阿根廷及秘鲁等国的煤矿、铜矿、铅锌矿等资源。

（四）攻守兼备，谋取霸权

2001年3月8日，BHP与Billiton达成合并协议。5月16日、18日，Billiton、BHP股东先后同意合并。6月29日，经过澳大利亚和欧盟委员会审批，BHP、Billiton合并为必和必拓，正式成为在伦敦证券交易所和澳大利亚证券交易所上市的双重上市公司。合并后，必和必拓成为全球最大的多元资源公司。然而，必和必拓并未因此止步，而是在攻守中寻求更高的寡头地位。一方面，主动进攻，矢志不渝地在全球发起多起大型并购，企图进一步提高垄断地位并扩展资源控制领域。2007、2010 年先后发起对全球第二大矿业公司力拓、全球最大钾肥生产商加拿大 Potash 钾肥公司的收购。在被迫放弃 Potash 钾肥公司后，必和必拓仍表示将继续寻求大型收购的机会，未来可能寻求并购澳大利亚第二大石油和天然气生产商伍德塞德石油公司。另一方面，积极防守，极力阻止竞争对手与下游客户的结合，巩固自身的行业地位。2009 年，阻击了中铝对力拓的注资以及中铁物资公司对联合矿业公司股权的收购。

三、必和必拓的攻与守

为了进一步控制全球资源和市场，谋求更高的寡头垄断，必和必拓发起了对力拓的敌意收购，阻止了中铝对力拓的注资，为自身赢得了更强的议价能力和利润空间。

（一）敌意收购力拓，谋求独一无二的霸权

2007 年 10 月 30 日，必和必拓正式向其竞争对手力拓发出总金额约 1 530 亿美元的收购提议。根据该收购提议，必和必拓每 3 股换购力拓股票 1 股。尽管按照力拓股票 10 月 31 日收盘价计算，这一出价约有 25%的溢价，但仍立即遭到了力拓的反对。11 月 8 日，力拓发表声明称必和必拓报价极大地低估了公司的价值和前景，不能实现股东的最大利益，力拓董事会全体成员反对必和必拓提出的收购方案。

力拓的拒绝没有让必和必拓放弃。11 月 12 日，必和必拓发表声明公布了收购方案的具体细节。必和必拓在声明中提出，两家公司一旦合并将产生巨大协同效应，预计每年可节约 37 亿美元生产成本。为争取力拓股东们的支持，必和必拓还在声明中承诺，如果收购成功将回购价值 300 亿美元的力拓股票。

2007 年 12 月 11 日，力拓要求英国并购委员会根据“要么付诸行动要么闭嘴”的原则设定收购的最后期限。必和必拓必须正式报价，否则就停止

行动。根据力拓申请，2007年12月21日，英国并购委员会规定2008年2月6日为必和必拓正式报价的最后期限，否则将再等6个月才能提出新的收购计划。

在英国并购委员会设定的正式报价最后期限前5天，2月1日，中国铝业公司联合美国铝业公司在伦敦市场收购了力拓英国公司Rio Tinto plc约12%的股份，占力拓股份的9%，交易总对价约140.5亿美元。8月24日，中国铝业公司增持力拓股份至11%获得澳大利亚政府的批准。

中国铝业的加入没能阻止必和必拓收购的步伐。2月6日，必和必拓正式发布对力拓的收购要约，提出以3.4股必和必拓股票置换1股力拓股票。5月30日，必和必拓正式向欧盟委员会递交申请，希望其收购力拓的交易能够通过欧盟的反垄断审查。7月4日，欧盟委员会对该收购进行深度调查，发表强硬声明并列出合并可能会导致的问题。11月4日，必和必拓证实收到了欧盟反垄断监管机构对其收购力拓公司的"反对声明"。11月25日，必和必拓宣布撤回对力拓的收购。

必和必拓、力拓均为国际矿业巨头，若两家公司合并，将成为全球最大的铁矿石、铜、铝生产商，并在煤炭、锌、钻石等行业占据重要地位，进一步提高垄断地位，控制全球资源和市场，提高议价能力。

（二）游说澳洲政府，阻击中国铝业公司注资力拓

为阻止必和必拓并购力拓，2008年中国铝业公司购入力拓9%的股份，成为力拓的最大单一股东。2009年2月12日，中国铝业公司宣布通过认购可转债以及在铁矿石、铜和铝等资产层面与力拓成立合资公司，向力拓注资195亿美元（其中约72亿美元用于认购力拓发行的可转债），将持有股份最高提升至18%，并向力拓派驻2名董事。力拓因自身财务负担希望通过中国铝业公司注资得以缓解。但对于必和必拓来说，中国无疑是其最大客户，而力拓则是其最大的竞争对手。为了阻止最大客户和竞争对手的"联盟"，时任董事会主席安德（Don Argus）亲自带领必和必拓发起了一场阻击战。必和必拓利用交易需要得到两国政府批准的时间窗口积极向澳大利亚政府游说。安德积极赴堪培拉与澳大利亚总理陆克文秘密会谈，强调必和必拓与力拓合并的好处和中国铝业公司在力拓持股的威胁，要求政府从保障本国资源安全、为本国企业提供更多投资资源行业的机会等方面否决该交易。同时，安德还在行业会议等多种场合宣扬自己的观点。安德 1996 年加入 BHP，并于 1999 年当选为 BHP 董事会主席，BHP 与 Billiton 合并后成为必和必拓董事会主席直至 2010 年 3 月。因其在矿业等领域的杰出领导力和卓越贡献，于 2010 年获得澳大利亚国家勋章。安德在矿业领域具有重要影响力，他的观点得到了很多政府官员、行业人士和普通民众的支持。此外，必和必拓还以每小时 400 澳元的价格雇佣说客，对政府高层进行公关。最终政府部门接受了必和必拓的建议，认为中国铝业公司注资力拓将危及国家安全，延长了对交易的审查。3 月 17 日，澳大利亚外国投资审查委员会决定，为使政府能够“充分考虑”这笔交易，延长对中国铝业公司与力拓交易的审查时间，在原定 30 天的审查期基础上，再增加 90 天。中国铝业公司因此错过了最佳收购时机。随着主要金属产品、矿业市场回暖，协议公布后力拓股价不断上扬，力拓自身的融资能力增强，通过中国铝业公司注资缓解公司财务负担的必要性不断减弱，股东开始反对交易。6 月 4 日，中国铝业公司收到了力拓撤回对中国铝业公司交易的推荐通知，注资交易失败。必和必拓通过阻止最强竞争对手与最大客户的联盟，有力维护了自身的市场地位。

四、必和必拓启示录

在 1 个多世纪的发展历程中，必和必拓始终引领着矿业公司的发展，最终成为今日的多元化资源巨头，其成功的经验对我国矿业公司做强做大具有借鉴意义。

（一）积极向金融资本融资、融智

必和必拓与国际金融资本紧密结合，积极向金融资本融资、融智，促进公司发展。在股东层面，公司引入了汇丰等大量国际金融资本。在管理层，引入了许多有着丰富金融从业经验的高管。公司前董事会主席安德曾在澳大利亚国民银行工作40余年，曾担任国民银行的CEO。现任主席纳赛尔（Jac Nasser）则是摩根大通旗下私募股权公司One Equity Partners的合伙人，两人都有着丰富的金融从业经验。金融资本为公司在全球开展大规模的资源勘探、开发以及并购提供了强有力的资本、智力及信息支持。

我国矿业公司基本由国有法人控股，金融资本主要以财务投资的身份出现在股东名单中，且份额少、话语权弱。高管层以矿业专业人才为主，知识、经验结构较为单一。国有股一股独大、高管知识结构单一的现状难以形成产业资本与金融资本的有机结合，不利于企业的科学决策和持续发展。一方面，我国矿业公司应注重改善公司治理，加强与金融资本的结合，充分发挥金融资本的资本、信息等优势，提高公司的持续、快速发展能力；另一方面，应积极改善高管人员知识、经验结构，通过引入金融人才、加强同金融机构的人员交流等，提高公司的经营、管理能力。

（二）通过兼并收购做强做大

兼并收购是矿业公司做强做大的有效途径。BHP、Billiton在合并之前均为世界领先的大型矿业公司，在其做强做大的过程中，兼并收购是重要手段。据不完全统计，BHP从1925年收购Rylands Bros公司100%股份开始，在其与Billiton合并之前共完成了20多宗收购，快速扩充了煤矿、钢铁、金矿、石油、铜矿等资产。Billiton也发起过多次并购交易，2000年通过收购获得了世界级的智利Cerro Colorado、Spence铜矿和秘鲁Antamina铜锌矿等。2001年BHP与Billiton合并则直接诞生了全球最大的矿业公司。合并后的必和必拓并购野心更大。2005年，必和必拓斥资70亿美元收购澳大利亚WMC资源公司。2007年年底，报价1 400亿美元向力拓发起收购行动，震动全球。可以说，必和必拓的发展史就一部典型的资源并购史。

我国矿业集中度较低，矿业公司规模普遍较小，缺少能与世界矿业巨头抗衡的大公司，以致在资源价格方面一直没有话语权，严重威胁我国经济安全。因此，应积极运用兼并收购手段促进有实力的矿业公司做强做大。首先，应为国内矿业公司实施兼并收购提供一个自由、开放的市场。一方面，应打破地方保护壁垒，防止地方政府为了局部利益阻挠矿业公司的兼并收购活动。另一方面，应提高资源行业准入门槛，综合运用财税、环保、能耗等手段限制落后产能，引导矿业公司兼并重组。其次，国内矿业公司应借鉴国际矿业巨头的成功经验，积极运用兼并收购手段控制国内、国际矿权，为公司做强做大做好资源储备。

（三）大力实行全球化资源战略

BHP、Billiton 自 20 世纪 70 年代起即大力实行全球化经营，在全球范围内控制了众多的优质资产和发展项目，为公司的多元化经营和持续发展奠定了坚实的基础。

我国自改革开放以来，国民经济的持续增长带来了矿产资源消耗的急剧上升。随着工业化、城市化的进一步推进，对矿产资源仍有大量需求。然而，我国人均资源量仅为世界平均水平的 58%，且贫矿多、中小型矿床和共生伴生矿床多，开发利用难，大宗、支柱性矿产不足。因此，中国矿产资源超过 90%需从海外进口。矿产资源自给率低不但制约了我国矿业公司的发展，削弱了矿业公司在国际市场的话语权，而且成为我国经济发展的长期制约因素，影响国家经济安全。因此，在合理利用国内资源的同时，大力实施全球化资源战略，积极“走出去”。开发海外资源、建立全球资源供应体系，应成为国家和矿业公司的共同战略。首先，政府应从国家层面对“走出去”进行扶持。如利用外交和经济、技术合作等为企业“走出去”开辟道路，通过设立境外勘探基金、提供优惠贷款或贴息等为企业分担风险，减轻矿业公司“走出去”的财务压力，提高其积极性；其次，中国矿业公司应坚定全球化战略，主动参与全球资源的开发、并购，建立资源的全球供应体系，提高资源保障水平，促进公司的可持续发展。在“走出去”的过程中，企业应加强横向合作，避免恶性竞争。最后，要注重对当地环境、社区和民众的保护，维护良好的国家和企业形象，保证全球化战略的顺利实施。

（邓会勇　刘俊宽）

参考文献

[1] 必和必拓：《商业行业守则》。

[2] 姚传江：《国际矿业巨头的成长模式及对中国的启示》，《世界有色金属》，2008年第6期。

[3] 邓旭、蒋政：《浅议中国在世界矿产资源竞争中的全球战略》，《中国矿业》，2009年第18期。

5

世界第二大矿业巨头：力拓集团

一、企业情况简介

力拓集团（Rio Tinto Group）是一家集矿产资源勘探、开采及加工于一体的跨国矿业集团，主要生产铝、铜、钻石、煤、铁矿石、铀、黄金以及工业用矿物（硼酸盐、二氧化钛、盐、滑石粉、锆石）等资源产品。其生产经营活动遍布全球 50 多个国家，主要资产集中在澳大利亚和北美，同时在南美、亚洲、欧洲和南非也有大量业务。目前力拓是世界第一大铝土矿和电解铝生产商、第三大铁矿石生产商、第五大铜精矿生产商、前五大煤炭生产商。从综合实力上看，是仅次于必和必拓的第二大矿业巨头，位列 2009 年全球 500 强企业第 134 位。

（一）复杂的历史沿革

力拓集团成立于 1995 年，由英国力拓股份公司（Rio Tinto plc）和澳大利亚力拓有限公司（Rio Tinto Limited）合并而成，总部位于英国伦敦。力拓集团历史沿革可以分别追溯至 1873 年成立的英国力拓公司（Rio Tinto）和 1905 年成立的澳大利亚联合锌公司（Zinc Corporation Limited）。

力拓历史上经历了两次合并，过程较为复杂，主要如下：

英国力拓公司成立于 1873 年，主要开采西班牙 Rio Tinto 铜矿和 Corta

Atalaya 铁矿；1929 年收购南非 Rhodesian 铜矿，使力拓公司顺利度过西班牙内战、第二次世界大战以及西班牙弗朗哥民族政治危机。随后，力拓公司通过风险勘探，发现多处矿产资源，但缺少足够资金进行开发。

澳大利亚联合锌公司成立于 1905 年，初始业务是处理澳大利亚新南威尔士州布罗肯希尔的锌轴矿渣；1911 年收购 South Blocks 公司，继续在罗肯希尔地区开采并冶炼锌、铅、银、金等矿产资源，并在随后的 50 年内积累了大量资金。

1962 年，英国力拓公司与澳大利亚联合锌公司合并成立英国 RTZ 公司（Rio Tinto－Zinc Corporation）和澳大利亚 CRA 公司（Conzinc Riotinto of Australia），总部分别设在伦敦和墨尔本，其中 CRA 公司为 RTZ 公司的全资子公司。此后，RTZ 公司和 CRA 公司实行独立管理和运营，CRA 公司主要负责澳大利亚业务，RTZ 公司则负责世界其他地区业务。

1986 年，英国 RTZ 公司对澳大利亚 CRA 公司股权降至 50%以下，导致两家公司出现利益冲突；为解决这一问题，1995 年两公司再次合并成立 RTZ－CRA，成为在伦敦和澳大利亚的双重上市公司，并拥有共同的股东和董事会。

1997 年，英国 RTZ 公司改名为“英国力拓股份公司”（Rio Tinto plc），澳大利亚 CRA 公司改名为“澳大利亚力拓有限公司”（Rio Tinto Limited），两者组成了现在的力拓集团（Rio Tinto Group）。

（二）完善的公司治理结构

力拓集团是双重上市公司，集团作为一个整体，在统一的董事会领导下运营。董事会成员 14 名，主要由独立董事（10 名）构成。董事会下设审计、薪酬、提名、社会及环境和董事长 5 个委员会（见图 1）。

• 审计委员会负责监督决策的执行，保障财务报告的完整性，负责内部控制和风险管理。

• 薪酬委员会负责监督薪酬政策和执行的公平合理，确保薪酬与公司和个人绩效挂钩。

• 提名委员会负责评估董事会成员组成情况，确保执行董事和非执行董事数目平衡，确保董事会成员专业和能力的多样性。

• 社会及环境委员会负责管理社会及环境风险，监督达成社会及环境责任和承诺。

• 董事长委员会由董事长、行政总监和财务总监组成，确保董事会及下属委员会计划的合理性及计划与管理的衔接。

力拓集团具体经营由执行委员会负责。执行委员会主要由首席执行官、首席财务官，生产、技术和投资、法律、人力资源及业务支持等部门的执行官组成，并在首席执行官的领导下对业务正常的运营、目标业绩的实现、集团战略的实施等负责。董事会在年末对执行委员会进行考核，并确定执行委员会绩效。

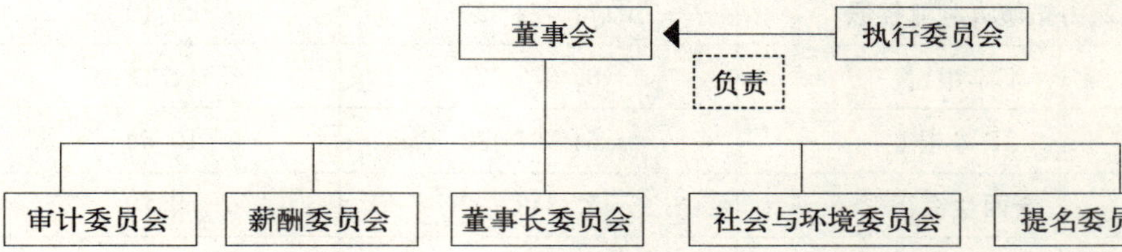

图 1　必和必拓公司治理结构图

（三）双重上市公司的股权结构

力拓采取了“双重上市”的特殊结构，英国力拓股份公司总部设在伦敦，在伦敦证券交易所上市，同时也在泛欧证券交易所、纽约证券交易所上市；澳大利亚力拓有限公司运营管理中心设在墨尔本，在澳大利亚证券交易所上市，同时也在新西兰证券交易所上市，虽未在英国上市股份也可以在伦敦证券交易所交易。目前，力拓股票已计入英国金融时报 100 指数和澳大利亚标准普尔 ASX200 指数。

从表 1 和表 2 可以看出，除中铝子公司和力拓澳大利亚控股公司外，力拓其余大股东均为金融寡头，说明力拓已与金融资本进行了完美融合。

表1 英国力拓股份公司前六大股东（截至2009年12月31日）

股东名称	股票数量（股）	占比（%）
中铝子公司	119 705 134	12.00
美国贝莱德集团	127 744 871	8.38
美国资产管理公司	75 461 183	4.95
法国安盛保险集团	48 493 873	4.86
巴克莱	42 129 019	4.02
美国资本集团	41 031 494	3.90

表2 澳大利亚力拓有限公司前六大股东（截至2009年12月31日）

	股票数量（股）	占比（%）
力拓澳大利亚控股	171 072 520	28.19
汇丰银行	85 679 627	14.12
JP摩根	64 267 120	10.59
新西兰银行	53 343 702	8.79
花旗	13 918 306	2.29
澳新银行	11 791 068	1.94

资料来源：力拓年报。

（四）良好经营业绩以及优质的资产

力拓集团是世界领先的国际矿业公司，生产经营活动分布在50多个国家，目标市场面向全球。截至2009年年末，力拓总资产972亿美元，实现销售收入440亿美元，净利润49亿美元。按地域划分，力拓的资产主要分布在澳大利亚、北美和欧洲，这三个地区的资产分别占总资产的33%、43%和18%。按产品划分，力拓的销售收入中27%来自铝业务，29%来自铁矿石，14%来自铜，15%来自煤炭，6%来自钻石；销售收入主要来自于中国、北美、欧洲、日本和亚洲其他地区，这五个地区的销售收入分别占总额的24%、23%、

17%、14%和13%。不过由于各产品的利润率不同，对于整体净利润，铁矿石业务贡献46%，铜（及半生产品）贡献26%，铝业务贡献16%（见表3）。

表3　力拓集团2005～2009年主要矿产品产量

	2005年	2006年	2007年	2008年	2009年
铁矿石（百万吨）	124	133	145	153	172
铜精矿（千吨）	784	804	738	699	805
精铜（千吨）	315	299	390	322	412
铝土矿（千吨）	15 604	16 319	20 900	34 987	30 696
氧化铝（千吨）	2 963	3 247	3 877	9 008	8 815
电解铝（千吨）	854	845	1 480	4 062	3 808
钻石（千克拉）	35 635	35 162	26 023	20 816	14 026
黄金矿（千盎司）	1 726	1 003	1 233	501	1 111
黄金（千盎司）	369	462	523	303	479
铀（千磅）	14 511	12 561	12 616	14 200	14 140
硬炼焦煤（千吨）	7 195	5 909	6 179	7 431	7 467
其他煤（百万吨）	146	156	149	153	133

资料来源：力拓年报。

力拓作为全球领先的综合性矿业公司，在资源储量、品质及成本等方面具有明显优势（见表4和表5）。例如，在铁矿方面，力拓所控制的铁矿石约占全球的11%，平均品位达61%，生产环境优越，配套设施完善，铁矿石开采成本低；在铜矿方面，力拓拥有世界一流的铜资产，所控制的铜矿（精矿）约占全球的7%，平均品位约0.7%，开采成本较低；在铝土矿方面，力拓控制了全球约16%的铝土矿，绝大部分均为高品位、易加工的三水矿石，易采易选。

表 4　　力拓集团 2005～2009 年矿产资源储量情况表

	2005 年	2006 年	2007 年	2008 年	2009 年
铝土矿（百万吨）	1 211	1 193	1 387	1 966	1 941
铜（百万吨）	18.84	17.99	17.26	16.72	15.72
钻石（克拉）	313 300	281 500	255 400	237 600	224 700
硼酸盐（百万吨）	23.5	21.9	21.5	21.3	24.6
氧化钛（百万吨）	83.2	75	75.4	74	70.1
煤炭（百万吨）	2 184	1 975	1 936	2 002	1 119
铀（磅）	117 826	121 594	136 027	140 511	123 285
铁矿石（百万吨）	2 339	2 430	2 449	2 720	2 532

资料来源：力拓年报。

表 5　　力拓集团主要矿山情况

股权		储量	品位	开采条件	2009 年产量
铝土矿		百万吨			
Weipa（Australia）	100%	1 699	51.9%	露天	矿石量 1 623.5 万吨
Gove（Australia）	100%	186	49.4%	露天	氧化铝 251.9 万吨
Porto Trombetas（Brazil）	12%	214	49.7%	露天	氧化铝 251.1 万吨
铜矿		万吨			
Bingham Canyon（US）	100%	524	0.47%	露天	铜 30.35 万吨
Escondida（Chile）	30%	4 157	0.54－1.07%	露天	铜 106.12 万吨
Grasberg（Indonesia）	40%	2 590	1.00%	露天	铜 26.93 万吨
Oyu Tolgoi（Mongolia）	19.7%	930	0.50%	露天	建成后约 45 万吨
铁矿		百万吨			

续表

股 权		储 量	品 位	开采条件	2009 年产量
Brockman 4	100%	621	62.0%	露天	控股 100% 的 Hamersley 公司下属 6 个铁矿年产 106.81 百万吨；控股 50% 的 Hope Downs 铁矿年产 20.634 百万吨；控股 58.7% 的 Iron Ore Company of Canada 年产 13.844 百万吨；控股 53.0% 的 Robe River 铁矿年产 54.417 万吨
Western Turner Syncline (Brockman ore)	100%	314	61.9%	露天	
Yandicoogina(Pisolite ore HG)	100%	209	58.5%	露天	
Yandicoogina(Process Product)	100%	102	58.9%	露天	
Hope Downs 1(Marra Mamba ore)	50%	353	61.4%	露天	
Hope Downs 4 (Brockman Ore)	50%	136	63.1%	露天	
Iron Ore Company of Canada	58.7%	584	65.0%	露天	
Pannawonica(Pisolite ore)	53%	267	57.3%	露天	
West Angelas(Marra Mamba ore)	53%	347	61.7%	露天	
煤 矿		万 吨			
Bengalla (Australia)	30.30%	12 600	热当量 28.21MJ/kg (兆焦耳/千克)	露天	546.6 万吨
Hunter Valley perations (Australia)	75.70%	27 800		露天	1 123.2 万吨
Warkworth (Australia)	42.10%	27 000		露天	516.2 万吨
Cordero Rojo (US)	48.30%	37 200		露天	3 568.7 万吨

资料来源：力拓网站。

海洋运输也是力拓集团的重要业务之一。集团各地运营机构每年出口散装货物总量接近 2.45 亿吨，大约占世界干散货海运业务的 10%。力拓海运公司负责管理物流任务，集团大约有 30%产品在交货基础上出售，庞大的海运基础降低了短、中、长期货运成本，为集团各经营部门提供核心竞争力。同时，力拓产品的多样性和全球覆盖也为力拓海运提供了巨大的贸易流，增加了海运盈利能力。

此外，力拓在管理中采用了先进的信息控制技术，实施物资集中采购和资金集中管理，全方位地降低产品的单位成本，有利于进一步提升产品的竞争力。

（五）明确而务实的经营战略

力拓坚持资源开发主业、全球化经营和本土化发展以及专业化与多元化相结合的经营模式，保证了公司的稳步经营；秉承兼并和勘探相结合、矿业和金融相结合的发展理念，确立了其在矿业领域的领导地位。力拓的目标是成为全球矿业的领军者，通过有规划地勘探、开发和加工矿产资源保障公司可持续发展和不断壮大。重点发展具有竞争优势的矿物勘探、开采及加工领域，经营战略是对规模大、寿命长且具有成本优势的矿山进行投资。基于此，力拓集团长期遵循以下战略：（1）专注于业务发展，将降低成本、提高产能作为目标；（2）通过有规划的资本支出实现业绩的持续增长；（3）与世界其他矿业公司合作；（4）谨慎的财务管理；（5）加强与贸易伙伴和资源输入大国的关系。

（六）已与中国建立了密切的关系

力拓早在20世纪初就开始与中国的贸易往来，1983年在北京设立了第一个代表处。目前，力拓矿业在北京、上海、广州设有3个代表处。此外还设有一家甘肃勘探合资公司、一家上海独资贸易公司、一家苏州全资金属粉末加工厂。力拓集团还曾先后与中国中钢集团公司、宝山钢铁股份有限公司、北京首钢股份有限公司等中国大型钢铁企业开展合作，在澳大利亚先后成立了合资公司，如恰那、宝瑞吉、HIsmelt熔融炼铁厂等，为中国企业“走出去”锁定海外矿产资源提供了一定的保障。例如，成立于2002年的宝瑞吉合资公司，力拓矿业与上海宝钢集团签订了达20年之久的长期合同，保证每年为其提供1 000万吨的铁矿石。两国企业的合作不但体现在矿产开发方面，还在先进技术工艺、节能减排和环境保护等方面展开了不同层次协作。

2009年中国成为力拓最大的贸易伙伴，力拓24%的销售收入来自中国。中国也是力拓集团业务增长最快的市场，并且是未来需求增长的主要市场之一。目前，力拓出口到我国的铁矿石占其铁矿石出口份额的43%，铜、氧化铝等产品都对我国有出口。因此，发展与中国长久友好的合作关系对于力拓具有重要的战略意义（见表 6）。

表 6　　力拓集团 2005～2009 年分区域销售情况表

单位：百万美元

	2005 年	2006 年	2007 年	2008 年	2009 年
中国	3 112	4 062	6 021	10 934	10 691
占比	15.0%	16.0%	18.0%	18.8%	24.3%
北美	4 499	5 575	7 582	12 984	10 190
欧洲*	4 260	4 378	6 641	12 015	6 337
日本	3 954	4 986	5 633	8 825	5 921
亚洲其他国家	2 663	3 438	4 105	6 453	5 822
澳大利亚**	1 400	1 477	1 892	1 737	1 373
英国	—	—	—	2 112	1 161
其他地区	854	1 524	1 644	3 005	2 541
合计	20 742	25 440	33 518	58 065	44 036

*：2008～2009 年不包括英国；**：2005～2007 年包括新西兰。

另外，我国的中铝公司还是力拓集团单一最大股东，直接持有英国力拓股份公司股权 12%，间接持有力拓集团股权 9.3%。2010 年 7 月，力拓集团与中铝公司签署协议，双方将成立合资公司，共同开发几内亚西芒杜铁矿；中铝公司将在未来 2～3 年向合资公司分期投入 13.5 亿美元，并最终获得合资公司 47%的股权。

二、公司发展历程

世界上的矿业巨头——必和必拓、淡水河谷、英美资源等，他们的成长史同时也是一部兼并史。力拓集团也不例外，通过近百年来的兼并发展，最终成为世界第二大矿业巨头。

（一）生存的考验

1873年，力拓公司成立于西班牙，成立目的是开发西班牙Rio Tinto铜矿和Corta Atalaya铁矿。公司的第一个大型并购是在1929年，力拓发行股票集资250万英镑并购南非Rhodesian铜矿。对Rhodesian公司的投资实现了风险分散，使力拓公司顺利度过了随后接连发生的西班牙内战、第二次世界大战以及弗朗哥民族政治危机。20世纪50年代，西班牙弗朗哥独裁的政策环境使外国投资者抽回利润的困难逐渐增大，于是1954年力拓出售了西班牙2/3的业务，余下的业务随后也被剥离。西班牙矿产的出让为后来10年大规模的风险勘探提供了资金支持。

力拓通过风险勘探发现了多处优质矿产资源，但缺少足够资金进行开发，由此催生了力拓史上意义最重大的合并。1962年英国力拓公司与澳大利亚联合锌公司合并，成立英国RTZ公司及其主要子公司澳大利亚CRA公司。合并使力拓有能力开发新发现的资源，也使联合锌公司获得了更多的资产储量。

（二）第一次合并后的快速扩张

1962～1968年，英国RTZ公司和澳大利亚CRA公司通过发现重要矿床、开发大型采矿项目以及兼并不断发展壮大。在项目开发方面：发现并开发了南非Palabora铜矿、澳大利亚Hamersley铁矿、巴布亚新几内亚Bougainville铜矿、澳大利亚和新西兰Comalco铝土矿、澳大利亚Argyle钻石矿、澳大利亚Tarong煤矿、印度尼西亚Kelian金矿和Kaltim Prima煤矿等。在资产并购方面，则于1968年成功收购美国硼砂集团。

（三）多元化扩张与回归核心业务

1968～1985年，英国RTZ公司在水泥、化工、油气、建筑和汽车领域制造业获得重大收益。1981年，澳大利亚CRA公司发现HI熔融还原法炼铁技术潜力，与Klckner Werke公司组成合资公司，并成功开发这一工艺。

1987～1988年，核心战略定位，重新聚焦在矿业和相关领域业务。1988～1994年，处置一系列非矿业资产，同时大举收购具有影响力的矿业资产。1989年，并购了BP国际矿业业务和澳大利亚煤矿资产、美国Kennecott Utah

铜矿；1993年，收购美国 Nerco 和 Cordero 公司煤业务；同年，完成对澳大利亚 Coal & Allied Industries 公司70.7%的股权收购。

（四）第二次合并成立力拓集团

英国RTZ公司和澳大利亚CRA公司最初分别独立管理、独立经营，CRA公司主要经营澳大利亚市场，RTZ公司经营世界其他地区市场。在独立经营过程中，1986年RTZ对CRA的股权降至50%。在面对新业务时，两公司出现利益冲突。为解决这一问题，1995年两公司再次合并成立RTZ－CRA，成为在伦敦和澳大利亚证券交易所的双重上市公司，作为统一整体运营，拥有共同的股东和董事会。1997年6月，RTZ更名为英国力拓股份公司，CRA更名为澳大利亚力拓有限公司，两者被统一视作力拓集团，或简称力拓。

（五）大手笔收购并成为矿业巨头

2000年，力拓集团出资40亿美元收购澳大利亚北方矿业公司和阿什顿矿业公司，大大增强了在铝、铁、钻石和煤矿等方面的资源储量和生产能力。2001年力拓集团收购了美国 Peabody 能源集团在澳大利亚的煤炭业务。

2007年11月14日，力拓集团完成了公司截至目前最大的收购，即381亿美元收购加拿大铝业公司，成为世界第一大铝土矿和电解铝生产商。此次并购也使力拓超越巴西淡水河谷成为世界第二大矿业公司。

（六）两拓合作

2007年11月8日，必和必拓提出以3股公司股票换1股力拓股票的形式收购力拓，力拓股份上涨高达30%。但力拓拒绝提议，认为该报价极大地低估了公司的价值和前景。2008年2月6日，必和必拓正式发布对力拓的收购要约，提出以3.4股必和必拓股票置换1股力拓股票，交易总额约1 500亿美元。力拓再次拒绝了此收购要约。2008年10月1日，澳大利亚竞争及消费者委员会（ACCC）批准了必和必拓公司的收购计划，认为这桩交易并不会在任何市场导致不公平竞争的发生，它将不会对全球矿业产生任何实质性的影响。然而2008年11月，欧盟反垄断监管机构发表声明反对必和必拓收购力拓。虽然面对全球钢铁企业的一致反对，但两拓组建合资铁矿石公司一事还是不断向前推进。2010年6月21日，据路透社报道，西澳大利亚政府已宣布批准力拓与必和必拓铁矿石合资项目的方案。但这项合资方案仍然需要得到澳大利亚联邦政府、欧盟及中国等多方面的审批。根据2009年达成的非约束性协议，如果双方不能在2010年12月31日前满足所有先决条件，则双方合资协议将被终止。

三、近年来重要案例

（一）矿业史上最大并购案——力拓收购加铝

1. 美国铝业公司敌意收购。美国铝业公司2007年5月7日宣布，在与加拿大铝业公司历时近两年的并购谈判失败后，将斥资近268亿美元对后者发起敌意收购。美国铝业公司的举动，遇到了来自包括加拿大铝业公司在内的多方拒绝和反对，加拿大铝业公司多次针对美国铝业公司的恶意收购表示拒绝，甚至开出天价收购价格以警示美国铝业公司放弃收购。

2. 力拓381亿美元天价收购。与此同时，俄罗斯铝业公司、巴西淡水河谷、瑞士斯特拉塔以及力拓集团对收购加拿大铝业公司也表现出强烈的兴趣，并暗中与加拿大铝业公司进行了谈判。2007年10月9日，力拓收购加拿大铝业公司方案通过了澳大利亚外国投资审查委员会审批；2007年11月20日，力拓以381亿美元的总价完成收购加拿大铝业公司100％股份。力拓对加拿大铝业公司股票的每股现金报价为101美元，而后者11日的收盘价仅为89.60美元，这一报价也较美国铝业公司发出的每股76美元的价格高出33％。

3. 力拓成为世界第一大铝生产商。成功收购加拿大铝业公司后，力拓铝土矿储量达到19.66亿吨，而铝产量则增加了3倍——2008年力拓铝土矿、氧化铝、电解铝产量分别达到3 498.7万吨、900.8万吨和406.2万吨，一举超越俄罗斯铝业和美国铝业成为全球第一大铝生产商。

（二）力拓2009年的起死回生

1. 面临破产。2008年力拓收购加拿大铝业公司，耗资381亿美元，致使集团负债近400亿美元。其中，2009年到期58亿美元、2010年到期131亿美元。2009 年上半年力拓陷入债务困境：

• 受金融危机影响，国际原材料价格大跌，力拓收入大幅降低，造成财务能力大幅下降。

• 股票价格大幅下跌以及正在蔓延的金融危机，使得发债和银行融资变得十分困难。

• 力拓 2009 年非核心资产出售计划难以按预定目标实施。如不能有效解决偿债资金来源，力拓集团将面临破产危险。

2. 求救中国铝业公司。在金融危机大背景下，唯有求助公司最大股东——中国铝业公司。2009 年 2 月 12 日，中国铝业公司与力拓签署战略合作协议，中国铝业公司拟向力拓注资 195 亿美元，帮助力拓脱离债务险境。

3. 重获新生。当力拓出现危机濒临破产边缘时，中国铝业公司第二次大规模投资使力拓重现生机，最直接的好处就是力拓股价的止跌回升，在澳大利亚政府审批的 90 天内从最低时的 60 美元上升到接近 200 美元。在之后的 3 个月，世界经济出现复苏迹象，使得通过金融手段解决债务危机成为可能，于是 2009 年 6 月 5 日，力拓在权衡利弊后支付了 1.95 亿美元违约金，单方面宣布撤销中国铝业公司第二次注资的协议。随后，力拓完成 152 亿美元配股，并摆脱债务危机。

四、启示和借鉴

分析研究以力拓为代表的国际一流矿业公司的发展特点和战略模式，对中国矿业公司制定正确的发展战略，尤其是对现阶段中国矿业企业“走出去”以及中国金融业配合国家“走出去”战略具有十分重要的参考价值。

（一）注重通过收购兼并做强做大

观察力拓集团发展年表，可以清晰地看到通过收购兼并实现做强做大这一成长路径贯穿其百年历史。力拓集团的创始企业分别成立于 1873 年和 1905 年，经过几十年生存期的积累，于 1962 年完成第一笔影响重大的合并。在之后几十年内，相继开发和并购了系列矿产资源。1995 年，力拓集团正式合并成立，并分别在纽约和澳大利亚证券交易所上市。之后，力拓集团一直延续其发展战略，持续在发展和收购方面的投资。2000年，力拓集团出资40亿美元收购澳大利亚北方矿业公司和阿什顿矿业公司，大大增强了在铝、铁、钻石和煤矿等方面的资源储量和生产能力。2001年力拓煤炭与合金业务部收购了Peabody集团在澳大利亚的煤炭业务。2007年，力拓集团381亿美元收购加拿大铝业公司，成为世界第一大铝土矿和电解铝生产商；同时，也一举超过巴西淡水河谷成为世界第二大矿业巨头。在经过近百年的不断兼并，力拓集团最终成为世界级的综合矿业巨头。

（二）大力实行全球化经营和本土发展

由于矿业公司的生产地不能自由选择，只能在矿业资产赋存地生产，而矿床的分布是全球性的，这就意味着矿业公司的发展必须全球化，因此国际一流矿业公司普遍实行全球化经营战略。力拓主要在南半球的澳大利亚、北美洲、南美洲和南部非洲生产矿产品，销售地更是呈现全球化的格局。

在大力实行全球化经营的同时，国际一流矿业公司注重本土化发展。力拓集团强调环境保护和采竭矿区生态复原，努力做到员工和环境“零伤害”，与矿业区当地居民和谐相处，尽量为当地居民提供就业环境和社区服务，获得矿山所在国官方和民间的支持。公司董事会专门设有“健康、安全与环境部门”，负责评价公司对健康、安全、环境、社会等的影响，保证公司的声誉。

力拓集团之所以在全球取得如此成绩，承担良好的企业社会责任是至关重要的一环。遵循当地的有关法律和法规，执行高标准的环境保护准则，与当地百姓建立良好的关系，尽可能地理解和尊重当地社区的文化等行为不约而同地证明了：无论力拓集团在世界的哪个地方运营，员工的健康与安全永远排在首位，同时集团一直秉承为全人类的可持续发展贡献力量的理念。

（三）理性的选择矿业发展模式

国际一流矿业公司大多是由矿山采选业或冶炼业起步，在公司发展前期大多实行专业化经营；经过多年发展，再逐步向上游、下游延伸，实行一体化经营；然后再向多品种经营发展，直至壮大成为具有相当经营规模和拥有雄厚经济实力的集团公司。这些公司在战略模式的选择顺序上，一般都遵循以下几个原则：第一，按照专业化、一体化、多元化的顺序，在专业化战略、一体化战略没有选择余地的条件下，再慎重考虑多元化；第二，在发展的早中期选择专业化和一体化，成熟后再选择多元化；第三，专业化是多元化的基础，公司只有搞好了专业化，拥有了专业化的核心能力，才能成功实现多元化，而且多元化经营要循序渐进，不能贪大求快，要一步一个脚印地拓展。

中国矿业公司在选择战略模式时可以参考遵循以上三个原则，从而确保战略选择的科学性和可行性，避免矿产品强烈的周期性兴衰等因素掣肘企业的健康快速发展。

（四）通过风险勘探创造最大价值

力拓自1946年起坚持开展风险勘探工作，发现了一系列矿产资源，这也直接促成了1962年力拓与澳大利亚联合锌公司的合并，使公司能够获得充足资金迅速扩张。经过近70年的发展，力拓已经建立了一套完善的风险勘探机制，并培养了一支经验丰富的团队。进入21世纪，力拓每年在风险勘探方面都有近亿美元的投入。这些投入也为力拓带来了丰硕的成果：相继发现阿根廷Potasio Rio Colorado钾矿（已出售）、美国Resolution铜矿（239万吨）、几内亚西芒铁矿（22.54亿吨，66%）、秘鲁La Granja铜矿（141万吨）、澳大利亚Caliwingina铁矿（已出售）、印度尼西亚Sulawesi红土镍矿（262万吨）、莫桑比克Mutamba钛矿（已出售）和塞尔维亚Jadar硼酸盐矿（1 620万吨）。风险勘探不仅增加了力拓资源储量，提升了公司价值，同时也带来了直接的收益。据统计，2000～2009年仅出售风险勘探项目就为公司带来净利润12.09亿美元。总的来说，力拓风险勘探的目标就是通过发现从而创造最大价值，这一原则和做法值得我国矿业企业借鉴。

（五）注重矿业和金融的融合

力拓集团已经做到矿业与金融的完美结合。一方面，力拓集团在英国和澳大利亚两地上市，其大股东基本为国际著名金融机构；另一方面，力拓董事会及高级管理人员均有着丰富的金融从业和管理经验，其中还有部分独立董事至今仍担任国际著名银行的董事或顾问，如现任董事长 Jan du Plessis 曾任劳合银行非执行董事，独立董事 David Clementi 曾任英格兰银行副董事长和英国保诚集团董事长。这种结合使力拓不仅可以得到必要的融资支持，而且能够成熟且快速地应对国际并购，并始终处于优势地位。

近几年，中国海洋石油总公司收购优尼科石油受阻、中铝公司第二次收购力拓失败的案例，充分说明了矿业与金融融合的重要性，我国矿业企业在走出去过程中要多加强与金融机构的交流，提升自身核心竞争力。

（赵浩　汪源）

6

私有官办的矿业巨擘：淡水河谷

巴西首都里约热内卢的格拉萨·阿拉尼亚大街上，矗立着一栋十几层高的白色建筑物，这里就是全球矿业巨头——淡水河谷公司总部所在地。在这片仍保留着昔日巴西首都辉煌的里约热内卢老城区里，淡水河谷的建筑并不引人注意，然而它作出的每一个重要决定却牵动着地球另一端的中国钢铁企业。

一、淡水河谷基本情况

巴西的淡水河谷公司（Vale of Brazil，简称为 Vale，全称是 Companhia Vale do Rio Doce），成立于 1942 年 6 月 1 日，总部位于巴西首都里约热内卢的格拉萨·阿拉尼亚大街。淡水河谷公司是世界上最大的铁矿石（矿砂）生产和供应商，也是美洲大陆最大的采矿业公司，被誉为巴西“皇冠上的宝石”和“亚马逊地区的引擎”，是私营跨国公司，也是全球铁矿石价格谈判的主要谈判方之一。

淡水河谷公司除经营铁矿砂外，还经营锰矿砂、铝矿、金矿等矿产品及纸浆、港口、铁路和能源。该公司于 1997 年 5 月 7 日开始推行私有化并大举兼并铁矿砂企业。2000 年年初，淡水河谷不仅收购了 SOCOIMEX 公司，还收购了萨米特里矿业的全部股份。巴西铁矿砂资源极为丰富，占全球总储量 6.5%，为世界富铁矿第一生产大国。现在，淡水河谷铁矿石产量占巴西全国总产量的80%。其铁矿资源集中在"铁四角"地区和巴西北部的巴拉州，拥有挺博佩贝铁矿、卡潘尼马铁矿、卡拉加斯铁矿等，保有铁矿储量约40亿吨，其主要矿产可维持开采近400年。主要矿藏储量见表1：

表1

主要矿产品	预计储量（万吨）
铁矿石	4 150 000
铁铝氧石	67 800
锰	7 200
金	0.06
铜	99 400
高岭土	6 700
钾	12 200
镍	7 000
锌	900
铀	180
钛	100
钨	51
铌	6

资料来源：Marta Alvim，*How Green Was My Vale*，www. brazzil. com，6/30/1997。

在2010年英国《金融时报》公布的全球500强企业名单中，淡水河谷公司市值163亿美元，从2009年榜单的第31位提升至第23位。淡水河谷公司业务经营额在世界各国和地区所占比重为：欧洲29.0%，巴西27.5%，中国12.4%，日本8.9%，美国4.4%，亚洲其他国家4.8%，世界其他国家13.0%。

表2列示了截至2010年4月末淡水河谷公司参股的子公司、附属公司及合资企业。

表 2

序号	公司名称	业务领域	所在国家	普通股持股比例（%）	持股比例合计（%）
1	Vale Inco Limited	镍	加拿大	100.00	100.00
2	PT International Nickel Indonesia Tbk	镍	印度尼西亚	61.16	61.16
3	MBR	铁矿	巴西	92.99	92.99
4	Albras	铝	巴西	51.00	51.00
5	Alunorte	氧化铝	巴西	59.02	57.03
6	Vale Manganês S. A.	锰铁合金	巴西	100.00	100.00
7	Vale Manganese France	铁合金	法国	100.00	100.00
8	RDMN	铁合金	挪威	100.00	100.00
9	Vale Australia Pty	煤	澳大利亚	100.00	100.00
10	Pará Pigmentos S. A. －PPSA	高岭土	巴西	85.57	86.17
11	CADAM S. A.	高岭土	巴西	100.00	61.48
12	Ferrovia Centro Atlntica－FCA	物流	巴西	100.00	100.00
13	Vale International S. A.	贸易	瑞士	100.00	100.00
14	CVRD Overseas Ltd	贸易	曼群岛	100.00	100.00
15	Samarco	铁矿石、球结矿	巴西	50.00	50.00
16	Hispanobras	球结矿	巴西	51.00	50.89
17	Itabrasco	球结矿	巴西	51.00	50.90
18	Nibrasco	球结矿	巴西	51.11	51.00
19	Kobrasco	球结矿	巴西	50.00	50.00
20	Minerao Rio do Norte－MRN	矾土	巴西	40.00	40.00
21	MRS Logística	物流	巴西	37.86	41.50
22	Log－In Logística	物流	巴西	31.33	31.33
23	CSI	钢	美国	50.00	50.00
24	Shandong Yankuang Int. Coking Co. Ltd	焦化	中国	25.00	25.00
25	Henan Longyu Energy Resources Co. Ltd.	煤	中国	25.00	25.00
26	Teal	铜	南非	50.00	50.00

资料来源：淡水河谷官方网站，http：//www.vale.com/。

二、私有官办的演化历程

(一) 私有化前的淡水河谷公司 (1942～1996年)

淡水河谷公司成立于1942年6月1日，前身为英国所属的伊塔比拉铁矿（Itabira）和维多利亚—米纳斯铁矿公司（Vitoria－Minas Railroad），经英国政府国有化后交给了巴西作为国有企业运行，隶属于巴西联邦政府矿业动力部。

20世纪60年代淡水河谷成立了远洋子公司，开始纵向发展，涉足交通、生铁加工等。70年代间转向横向发展。到1985年时，淡水河谷公司拥有34家子公司和合资公司，运营范围涉及工程、地质研究、森林（森林再造）、纤维素涂料、铁铝氧石、铝、锰、铁矿石和钢铁。80年代初期，在淡水河谷的努力下，巴西Carajas矿业联合企业引起了美国钢铁业的兴趣，并修建铁路将矿区和Porto Madeira连接起来。90年代初期，巴西钢铁业国有企业进行私有化改造，淡水河谷公司购买了大量的股份，这些企业包括米纳斯吉拉斯钢铁公司（Uniminas）、全国钢铁公司（CSN）、巴西图巴朗公司（CST）和Acominas。1997年（成立55年）淡水河谷公司拥有65家所属或附属公司，一举成为世界最大的铁矿石生产商和拉丁美洲最大的黄金生产厂家。

淡水河谷公司建立使巴西钢铁部门得到了可靠的原材料供应并可以出口铁矿砂。在钢铁、铝的制造以及在亚马逊地区的开发上，淡水河谷公司对巴西经济的工业化具有战略性意义，其商业经营范围包括帕拉、马拉尼昂、拖坎廷斯等巴西14个州237个城市。私有化之前淡水河谷公司共向这些城市投入1.69亿美元用于公共卫生、用水设备、教育等经济和社会发展事业，年平均投资额占淡水河谷公司年净利润的8%。1996年，淡水河谷公司向这些城市的投资额就达到了2 600万美元。

淡水河谷公司资产供应多元化，有国家资产投入、巴西国家开发银行和国际金融机构的贷款等。巴西政府共向淡水河谷公司投资5.94亿美元，而其在私有化之前共获得714亿美元的红利。

1993 年巴西经济研究机构——热图利奥·瓦加斯基金会将淡水河谷公司定为巴西一级国有企业。随着业务的不断扩展，淡水河谷公司成为法系最大的出口创汇部门，出口额一度占巴西总出口额的 5%。同时，淡水河谷公司在世界远洋运输铁矿石总量中的份额达到了 29%。

（二）私有化过程中的淡水河谷（1997～2002 年）

1997 年 5 月 6 日，淡水河谷公司由巴西非国有化全国委员会在里约热内卢证券市场拍卖成交，表明其私有化过程取得了新进展。全国经济与社会发展银行行长门多卡·德巴罗斯认为："随着淡水河谷的私有化，政府结束了一个时代，即国家作为企业家的时代。"淡水河谷的私有化被看成是巴西国有企业私有化进程中具有里程碑性质的事件。其重要意义不仅在于淡水河谷公司在巴西举足轻重的地位，同时也揭开了巴西国有企业改革新的一页，成为拉丁美洲有史以来最大一次私有化，并且带动了巴西电力和电信等部门的一系列私有化。

巴西国有企业私有化主要依据是 1990 年颁布的第 8031 号法律和 1994 年公布的第 1204 号法令。第 8031 号法律制定了"非国有化全国计划"（National Privatization Program，PND），用以统领整个 10 年的私有化进程。该计划以巴西经济与社会发展银行（BNDES）在 20 世纪 80 年代所积累的经验为基础，确立了私有化进程的正规程序，并成立了一个直属总统府的私有化指导委员会，由计划部长、总统府民事办公室主任、财政部长、联邦管理和国家改革部长、工商部长、中央银行行长，以及拟私有化企业的主管部长等人组成，专门管理和审查该计划的实施，其中包括推荐私有化企业，核准国有企业（SOEs）私有途径和拍卖条件，特别是确定最低拍卖价格。第 1024 号法令规定了私有化进程的重要环节。这两项法令确定了 BNDES 为私有化具体的办事机构，具有联邦政府赋予的两项职能：资助国家基础设施建设和执行非国有化全国计划。根据后一项职能，它具体负责企业的私有化全过程。从招标进行资产评估，确定最低价格，直到最后拍卖，均由该银行主持进行。BNDES 通过公开招标确定两家咨询公司操作将出售的公司。其中，一家公司对即将私有化的国有企业进行估价，并确定最低价格；另一家公司除了进行同样的评估外，还需指出私有化过程中的障碍，提供解决方案，鉴定可能的投资者，提出出售方案。然后，私有化委员会根据咨询公司的评估确定企业的最低拍卖价格。为保障PND的透明度，出售中的每一个步骤都需查账，只有在企业的审计报告公布后才能开始真正的出售。

淡水河谷公司私有化是分两个阶段进行的，即1997年和2002年两次股份拍卖。该公司的私有化完全是依据上述两项法令进行的。

1997年5月6日，淡水河谷公司拍卖会在里约热内卢证券交易所举行，以全国钢铁公司（1992年被私有化）为首的国际财团Valepar S. A. 击败世界矿业巨头英美公司（Anglo American Corp.）和巴西最大的工业集团圣保罗沃特兰蒂姆工业集团（SA Industrias Votorantim）竞标成功，以33.38亿雷亚尔（31.3亿美元）共收购104 312 500股普通股（每股价格为32雷亚尔，比预期价格高出19.99%，预期每股最低价格为26.67雷亚尔），占淡水河谷公司有投票权股份的41.73%（淡水河谷公司共388 559 056股，其中普通股为249 983 143股，优先股为138 575 913股）。其中，全国钢铁公司以13亿雷亚尔购得16.3%股权，收购款项从美国国家银行（Nations Bank）的贷款中获得；巴西社会保障基金会以8.345亿雷亚尔的价格收购10.43%的股份；Opportunity Capital Partners Ltd.（里约热内卢的一个基金管理公司）以8亿雷亚尔的价格购得10%的股份；美国国家银行通过甜水河投资有限公司（Sweet River Investments Ltd.）以4亿雷亚尔购得淡水河谷公司5%的股权。同时，淡水河谷公司的职员按照国家颁布的私有化法，通过淡水河谷公司职工投资俱乐部购得4.45%的普通股和6.31%的优先股。

2002年3月20日，BNDES第二次公开出售淡水河谷公司股份，巴西政府规定此次出售的股份对公司未来的战略决策没有投票权，收购对象必须是控制集团以外的投资者。由于2001年年初全国钢铁公司撤出股份控制集团，巴西社会保障基金成为目前淡水河谷公司的最大股东。

（三）私有化后的淡水河谷公司（2003 年至今）

通过两次股份拍卖，淡水河谷公司完成私有化改制，总共出售了 73.52%的公司股份，巴西政府从私有化中共获得 50 多亿美元的收入。截至 2003 年 10 月 31 日，淡水河谷公司股份公众流通量占总股份的 59.7%。美国存托凭证（ADR）为 129 883 741 股，其中普通股数为 64 589 497 股，优先股数为 65 294 244 股。

截至 2010 年 4 月末，淡水河谷公司股本结构见图 1：

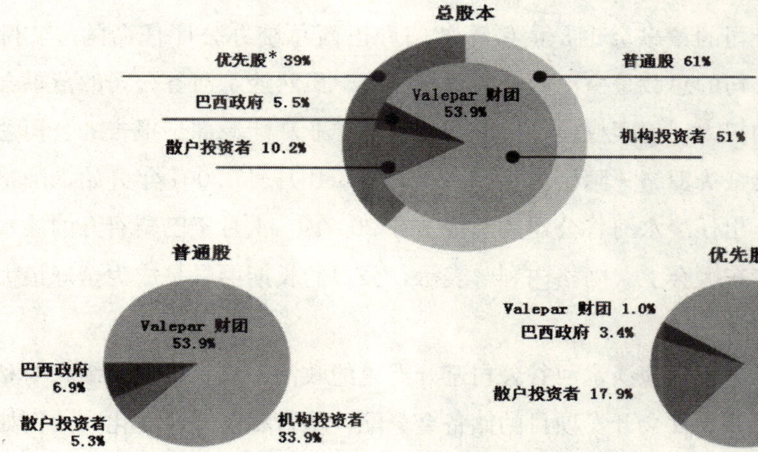

*：所有有投票权的优先股股份

图 1　淡水河谷公司股本结构图

经过一系列的收购与兼并，淡水河谷公司早已由一个区域性的铁矿石公司，发展成为一个大规模、综合性、多元化的矿业巨头。普华永道会计师事务所在其 2007 年全球金属采矿业年度报告中将 2006 年称为“淡水河谷年”。这一年，淡水河谷公司以 194 亿美元现金收购了加拿大镍业资源公司（Canico）。2007 年 11 月 29 日，淡水河谷公司宣布由“Companhia Vale do Rio Doce (CVRD)”更名为“Vale”，并采用了新的标识，以显示其在收购加拿大镍业资源公司后的全新形象。品牌名称的改变是企业价值的重新定义，是企业发展和新愿景催动下的产物，是品牌发展到新阶段的必然过程，也昭示着以一个新的开始面对新机遇，在未来创造更为卓越的地位。

三、淡水河谷公司成功之道

（一）避免政治干预

虽然强有力的董事会似乎是建立强有力的国有企业的一种简单而透明的途径，但董事会结构比较薄弱的国有企业有时可以利用独特的经营因素取得相当高的独立性。淡水河谷公司就是一个很有趣的例子。和巴西其他国有企业一样，淡水河谷公司的董事会也是由监管部门和巴西总统办公厅任命的。实际上，淡水河谷公司的总裁是由巴西总统直接任命。虽然淡水河谷公司的董事会具有许多正式的权力，但实权还是集中在直接向矿业和能源部长报告的公司总裁手里，现任总裁为罗格·阿格内利（Roger Agnelli）。从2001年开始，阿格内利已连续9年出任淡水河谷公司的总裁。在2007年11月于巴黎召开的淡水河谷公司全球股东大会上，阿格内利曾表示，公司的长期愿景是成为全球最大的矿业公司。

实际上有几个因素使淡水河谷公司避开严重的政治干预：出口实绩；与私有企业合资；公共和社会开发项目的储备金分配；培育私营企业文化——例如提高财务透明度和扩大投资者服务；管理绩效合同的谈判。对于众多的子公司，淡水河谷公司则是依靠常规的股东大会、董事成员任命和董事会程序来进行管理。相当独立的董事会制度无疑给予企业较大自主性，避免了过多的政治干预，这是淡水河谷公司成功私有化的一个重要因素。

（二）专注核心业务、多元发展

毫无疑问，淡水河谷公司核心业务是铁矿石的生产和经营，尽管铁矿石业务给公司带来了高额利润，但淡水河谷公司并未放松多元发展的经营战略，以此分散风险和减少波动。淡水河谷公司的其他业务领域包括镍金属、锰矿砂、铝矿、金矿等矿产品及港口、铁路和能源等。

淡水河谷公司矿产开采开发规划着眼全球，在全球六大洲都拥有项目和资产，其铁矿石的贸易额占全球该产品干散货市场总贸易额的30%。除经营铁矿砂之外，淡水河谷公司还经营锰矿砂、铝矿、金矿等矿产品及纸浆、港口、铁路和能源等产品和服务。按国家归类，包括：在委内瑞拉开采煤、铝矾土、铜、铁和钻石；在秘鲁开采铝和铜；在智利开采铝和铜；在阿根廷开采钾、铝和铜；在加蓬开采锰；在莫桑比克开采煤、铝和铜；在安哥拉开采钻石、铝、铜、钾和铁；在巴西开采铝、铜、镍、白金族矿、锰、钻石、高岭土和铝矾土；在蒙古开采铝、铜和煤；在中国开采煤、铜、铝和铝矾土。

此外，淡水河谷公司在跨国经营中常采用对外直接投资的方式，以规避反倾销限制，同时将触角向下游延伸，以分享更多的产业利润。例如 2003 年淡水河谷公司出资 1 760 万美元并购了挪威埃尔肯金属集团的 ElkemRana 铁铬合金厂，又以 200 多万美元将该座合金厂改建为铁锰合金生产厂，使该厂成为淡水河谷公司第 8 家铁锰厂，也使淡水河谷公司成为全球最大的锰合金生产厂家之一。2007 年 10 月，淡水河谷公司以 194 亿美元收购了加拿大镍业资源公司（Canico），从而成为世界上最大的镍矿生产商。另外，淡水河谷公司还在中国成立了两家合资企业——永城集团项目（淡水河谷公司占 25%股份，投资 8.64 亿美元）和兖州煤矿项目（淡水河谷公司占 25%股份，投资 2 600 万美元），以寻求在中国煤炭市场有所发展。所有这些投资和并购都是淡水河谷公司多元化经营战略的一部分，通过成立这些公司，淡水河谷公司的经营范围得到了迅速扩张。

另一方面，淡水河谷公司也积极向下游延伸自己的势力。淡水河谷公司拟与合作伙伴共同出资在巴西建造至少 5 座钢铁厂，推动巴西钢产量到 2012 年增长 70%。2007 年 10 月，淡水河谷公司与中国宝钢集团合资组建了宝钢 CSV 钢铁公司。该企业一期总投资约为 35 亿美元，二期总投资额略少于一期。按计划，项目建成后，该公司将成为一期年产 500 万吨板坯、二期达到年产 1 000 万吨板坯规模的现代化钢铁企业，并留有发展钢铁下游产品的空间。2007 年 11 月，淡水河谷公司又与韩国东国制钢集团签署合作协议，拟共同投资 20 亿美元建造一座最高产量达 500 万吨钢坯的冶炼厂。通过与其他钢铁公司合资建立钢厂的方式，淡水河谷公司可以分享更多的产业利润。

（三）因地制宜加强供应链建设

现代矿业不单是采掘和销售的问题，而是一个完整的供应链服务。淡水河谷公司最大的客户——中国，距离巴西13 000英里。由于从巴西到中国的海运距离是澳大利亚到中国的2～3倍，高昂的海运费一直是淡水河谷公司与力拓公司、必和必拓公司在中国市场竞争的掣肘。为此，淡水河谷公司打算调整企业的发展模式，采取一系列措施控制供应链建设。这些措施包括：在中国建立全国性的铁矿石分销中心，由淡水河谷公司先将矿石配比好，再通过中国的分销中心在现货市场销售；扩大码头容量，提高吞吐量；在中国订购16艘400 000载重吨的超大型矿砂船（VLOC）；争取在青岛设立专用的400 000吨级的码头。

作为长期战略，淡水河谷公司需要削减运输成本，稳定其出口，从而在中国市场上攫取竞争对手力拓公司和必和必拓公司更多的市场份额，这些举措能为淡水河谷公司带来以下几方面的好处：

1. 更快地应对市场变化，减少海运费波动带来的不利影响。继在大连港建立起中国北方矿石分销中心后，如果淡水河谷公司能在再建立起中国全国性的分销中心，通过自己造船来运输矿石，就能有效缩小与力拓公司、必和必拓公司之间的价格差距。

2. 通过在中国建立铁矿石分销中心，淡水河谷公司可以加强对现货市场的操控能力。依据现货市场定价，恰是国际矿商当前积极推动的定价方式。若铁矿石供应商对现货市场的影响力加大，则需求方在交易谈判中将处于更为不利的地位。

在2010年2月11日的投资者电话会议上，淡水河谷公司铁矿石部执行董事马丁斯（José Carlos Martins）指出，客户将不得不接受以现货行情为依据的短期合同定价方式："如果客户想要保留基准价格体系，他们首先必须接受接近于现货市场的价格水平，其次是必须接受一定程度的价格体系的灵活性。"

随着铁矿石定价体系由年度定价向季度定价转变，现货市场对铁矿石合同价格的影响将更加直接。这意味着，淡水河谷、力拓、必和必拓三大矿山企业的竞争也将转向对现货市场操控能力的竞争。

3. 淡水河谷公司期望通过分销中心改革与中国客户之间的合作模式。淡水河谷公司在中国市场实行“一对一”的服务模式，每家钢铁企业都有专门的团队负责，根据企业自身需求来确定具体的服务内容，包括产品类型、合同周期、海运服务、结算方式等。在中国建立全国性的分销中心之后，淡水河谷公司将利用分销中心的设施，通过混合方式生产符合客户不同需求的铁矿石产品，提高供货时效并更好地满足客户的特殊需求，以提高公司在飞速发展的亚洲市场尤其是中国市场上的竞争力。

(四)“两拓”鹬蚌相争，“河谷”渔翁得利

从 2009 年 7 月 22 日起，晚上 9 点多，中国人耳熟能详的巴西球星罗纳尔多就会出现在电视屏幕上，用憨憨的语言传递着三个信息：淡水河谷公司在中国采购了价值 16 亿美元的货船；淡水河谷公司在中国成立合资企业，给中国解决上万就业岗位；淡水河谷公司是中国与巴西的经济桥梁。最后，他还用中文谦卑地说了句：“谢谢。”除了电视台，在北京公交车身上、互联网上，淡水河谷公司的形象广告随处可见。

一家巴西铁矿石企业不远万里来到中国，不惜重金在大众媒体上做广告，淡水河谷公司这样做的目的究竟是什么呢？树立良好形象，借助公共舆论向中国政府和客户进行商业游说，才是其广告投放的主要目的。虽然号称世界上最大的铁矿石供应商，但与澳大利亚的必和必拓公司和力拓公司相比，巴西淡水河谷公司在中国的铁矿石贸易一直受到“两拓”的压制，施展不开拳脚。力拓公司“间谍案”事件的发生和“两拓”与中国钢铁工业协会有关铁矿石价格谈判陷入僵局的局面，让淡水河谷公司看到了反击对手的有利时机。如何争取民心，赢得中国政府有关部门和谈判对手的好感、进而增加铁矿石价格谈判筹码就成为淡水河谷公司在传播策略上的当务之急。2009 年 5 月 18 日，巴西总统卢拉开始对中国进行为期 3 天的国事访问，淡水河谷公司在当天《人民日报》第 8 版做一整版广告，庆祝中巴建交 35 周年。在这则广告中，微笑的罗纳尔多露出了他标志性的兔牙，手做代表胜利含义的“V”字状。显然，淡水河谷公司是想通过广告告诉中国的政府决策者：无论是在华投资还是采购，淡水河谷公司都值得信赖。

美国广告大师大卫·奥格威曾经说过，每个广告都是对某一品牌形象的长期投资。如果说在机关报上投放整版广告是给政府决策者展现企业形象的话，那么在中央电视台、互联网和公交车身上做广告，其用意就并不那么简单了。淡水河谷公司选择大众媒体做形象广告是因为它的目标受众并不仅仅是政府决策者、钢铁企业高级管理人员和行业意见领袖，还包括了中国最广大的普通公众。尤其是在目前人们对国际铁矿石企业颇有微词的时候，淡水河谷公司维护良好的企业形象就显得尤为重要。不难看出，淡水河谷公司这次推出的形象广告在创意上用心良苦。为了拉近和中国公众的感情，淡水河谷公司搬出了球星罗纳尔多做代言；为了表明自己对中国做出的贡献，广告举例说明淡水河谷公司在中国采购了16亿美元的货船，给中国解决上万个就业岗位；为了彰显公司在中国存在的价值，广告语说自己是中巴贸易的“桥梁”。这些诉求的用意就在于提高公众对淡水河谷公司的认知度、改变公众对于国际铁矿石企业一贯蛮横霸道的印象和态度，在行动上支持淡水河谷公司在中国业务的开展，最终通过公众舆论影响政府有关部门的决策，从而实现商业利益的最大化。

四、启示与借鉴

（一）创新中国钢铁企业经营战略模式

我国钢铁产业每年产量大幅增长但产业集中度仍旧很低，尚不足50%，大规模且竞争力强的钢铁企业十分缺乏。目前，我国约有粗钢生产企业近500家，生铁生产企业1 000家左右，钢材生产企业接近2 500家。在2008年世界最具权威的WSD钢铁企业排名中，中国仅宝钢集团有限公司入围前10名。对照国际同一时期的钢铁业发展历程，钢铁巨头的共同选择都是使自己坐拥完整的产业链，从上游的资源到产品链的延长与产品线的完善，都在走一条全而强的道路。中国钢铁企业对内需需要加快结构调整，推动企业重组，提高产业集中度和国际竞争力；对外需需要加快实施走出去战略的新局面。

值得肯定的是，中国政府也开始着手进行产业调整，增强钢铁的集中度，2009 年 3 月出台的《钢铁产业调整与振兴规划》就显示，将推进鞍本集团与攀钢集团有限公司、东北特殊钢集团有限公司、宝钢集团有限公司与包头钢铁集团等跨地区的重组，以及太原钢铁（集团）有限公司与省内钢铁企业等区域内的联合重组；力争到 2011 年，全国形成宝钢集团、鞍本集团、武钢集团等几个 5 000 万吨以上、具有国际竞争力的特大型钢铁集团。这个规划无疑给予我国钢铁行业更多的猜想，不过我们也应提防产能的简单相加。产业集中度并非是合并同类项，而是做减法，是淘汰落后产能，不迷信产量，在技术现代化逐渐向世界先进水平看齐的同时，以现代化的经营战略和理念实现产业链条整合，尽快形成若干具有国际开发竞争优势的新企业集团。通过模式创新，不断创造中国钢铁企业国际化经营的新竞争优势。

（二）将上游产业链命运掌握在自己手中

几次铁矿石谈判中大幅涨价的教训告诉我们：中国钢铁企业一定要把上游产业链命运掌握在自己的手中。只有有了这个战略调控力，才能迫使三大铁矿石供应商回到同中国钢铁企业发展长期合作的正确轨道上来。

三大铁矿石供应商与中国钢铁企业有长期战略合作关系，也有利益博弈关系。从长远看，三大铁矿石供应商仍将是中国钢铁企业的长期供应商。寻求利益博弈中的公平，寻求建立长期战略合作关系的前提条件是中国钢铁企业要在国际铁矿石市场供需布局结构中有自己的铁矿石产业链基地，有多渠道进口、开发铁矿石合作的新经营伙伴，有国际铁矿石市场的战略影响力和调控力。没有国际铁矿石市场战略控制实力，在三大铁矿石垄断势力游戏规则面前就没有真正意义上的公平。这也是中国钢铁企业在几次铁矿石谈判中屡屡被动的症结所在。

中国不仅有全球最大的铁矿石消费市场、散货轮海运市场，也有同国际企业发展合作双赢的愿望。任何一家国际矿业、海运公司只有同中国企业建立这种长期战略合作关系，才能在中国市场上得到长期发展。但是这种长期战略合作关系的维护需要有一定的实力作后盾。中国钢铁企业在国际化经营和产业链经营取得阶段性成果，有了铁矿石供需布局结构的战略调控能力，才能同三大铁矿石供应商建立长期合作关系。

钢铁国际产业链建设过程中一个重要环节是：加快钢铁企业的国际海洋运输产业链发展。建设铁矿石、钢铁的国际产业链基地，改变铁矿石进口谈判被动局面和进口铁矿石秩序混乱尚需时日。那么相对比较而言，虽然的铁矿石海运市场仍然操控在国际海运集团手中，但这毕竟是钢铁产业链的最薄弱环节。把钢铁企业、海运企业通过产业链利益整合形成的一体化发展机制，与单独靠中国国际远洋运输集团自己发展的结果是大不一样的。那种靠每个大钢厂各自买两条船，降低海运价格风险的发展模式是没有前途的。拥有6亿吨铁矿石海运市场的中国钢铁企业，需要把握国际海运市场不景气的有利时机，利用我们的造船、买船、租船的产业能力优势，以中国海运集团为核心，由钢铁企业入股组建世界最有竞争前途的铁矿石和散货轮运输集团。这不仅有利于减少国际铁矿石海运市场价格震荡，也有利于煤炭、大豆散货轮海运市场的稳定。

（三）创建铁矿石谈判的“中国模式”

中国是钢铁大国，但还不是钢铁强国。中国钢铁生产只有连续生产才能实现最大的效益，中国钢铁企业希望铁矿石供应具有稳定性，以维持企业正常的运转。一方面，即使钢铁价格下跌，中国钢铁企业减产的幅度不会太大；另一方面，铁矿石供应商可以根据市场需求的变化调整铁矿石供应，使铁矿石价格维持在较高的水平。因为对矿石生产来说，部分停产或全部停产给矿石生产商带来的损失并不大。从这个意义上说，中国钢铁生产的特点决定了中国铁矿石市场上供需双方不公平的竞争地位。

自1981年开始进口铁矿石，到2003年成为全球第一的铁矿石进口国，中国进口的铁矿石中60%以上来自全球三大铁矿石供应商。作为三大铁矿石供应商的最大买主，中国理应在铁矿石价格上拥有更多的主动权，而不应只是贸易价格的被动接受者。可事实上，中国已连续6年在铁矿石的谈判桌上处于被动局面。2005年，被迫接受了71.5%的涨幅；2008年遭遇联手夹击，澳粉矿涨79.88%，块矿涨95.6%。从2003年至2008年9月，进口铁矿石价格上涨了5倍①。

在市场的压力下，新一轮铁矿石谈判十分艰难。在开启新一轮铁矿石谈判之前，中国钢铁工业协会提出了铁矿石谈判的“中国模式”。所谓的“中国模式”包括三个方面：一是进口铁矿石的贸易结算时间从过去每年的4月1日到次年的3月31日，改为从1月1日到12月31日；二是争取长期协议、量大从优；三是实行全国统一价格，即确定了长期协议价格的供应商对中国企业不能出售两种价格的铁矿石。

事实上，要夺回铁矿石的定价权，保障我国钢铁产业安全，根本途径在于提高自身的资源控制力。对外部，要“开源”。一方面，为企业到国外投资采矿提供各种支持；另一方面，积极拓宽进口渠道，与更多的铁矿石供应商签订更多的长期协议合同，形成稳固的战略关系。对内部，要“节流”。一方面，控制钢材出口，强制性推广高效钢材，减少矿石的消耗；另一方面，加快淘汰落后和兼并重组，提高中国钢铁企业的集中度，以统一的声音一致对外，联合签订合同，而不是一家一价地在现货市场上购买铁矿石。

钢铁被誉为是“工业的脊梁”、“社会的骨骼”。如何挺起钢铁的脊梁，不被“疯狂的石头”砸断，成为真正的钢铁强国，中国要走的路还很长很长。

（徐莹莹　叶娜）

参考文献

［1］Metals Economics Group，*Capital Costs*：*Vale's Project Pipeline*，Strategic Report，2009.

［2］祁巨昆：《淡水河谷形象广告——一场讨好公众的商业游说》，《市场视察》，2009年第9期。

［3］齐守智：《六大项目奠定淡水河谷未来霸主地位》，《世界有色金属》，2010年第2期。

① 王明宇：《铁矿石：定价权与产业安全》，《新财经》，2009年第8期。

[4] 曾娜、袁瑛：《“淡水河谷”做了自己应该做的事——专访巴西淡水河谷公司执行董事、铁矿石部负责人何塞·卡洛斯·马丁斯》，《商务周刊》，2008年3月第5期。

[5] 曾娜、袁瑛：《淡水河谷：亚马逊的巨兽》，《商务周刊》，2008年3月第5期。

[6] 王颖：《美铝逆势调整》，《英才》，2009年第11期。

[7] 闫卫东：《2009年全球矿业展望》，《中国矿业》，2009年1月第18卷第1期。

[8] 王威：《巴西矿业简述》，《国土资源情报》，2006年第12期。

[9] 肖涵：《“金砖四国”新兴市场跨国公司比较研究》，硕士毕业论文。

[10] 孙玲：《铁矿石进口困境》，《中国报道》，2009年第12期。

[11] 王明宇：《铁矿石：定价权与产业安全》，新《财经》，2009年第8期。

[12] 周志伟：《从“皇冠上的宝石”到世界矿业巨头——巴西多西河谷公司私有化案例分析》，《拉丁洲研究》，2004年第6期。

第三篇 现代服务业

xiandaifuwuye

现代服务业是伴随着信息技术和知识经济的发展产生，向社会提供高附加值、高层次、知识型的生产服务和生活服务的服务业。一般包括金融保险业、信息服务业、旅游业、物流业、房地产及社区服务业等，是现代经济的重要组成部分。第二次世界大战后至今，科学技术和经济全球化的迅猛发展已经使现代服务业在世界各国尤其是发达国家发展达到了空前的水平。现代服务贸易已成为经济全球化的一项新的内容，现代服务业的重要性日渐凸显。

本篇分别撷取联邦快递、德国铁路公司、沃尔玛、花旗银行、巴克莱等几个现代服务业巨头的样本，为您展示其各自成长的独特风采与经验教训。

现 · 代 · 服 · 务 · 业

1

一个海军陆战队老兵的“隔夜快递”传奇：联邦快递

当前国际快递业中，有四大快递公司：UPS（联合包裹服务公司）、FedEx（联邦快递）、DHL 和 TNT。其中，联邦快递成立于 1971 年，成立最晚。短短 30 年之内，联邦快递就成功地从百年快递老店 UPS 手中抢得美国本土市场份额，并扩张到国际市场。本文通过对联邦快递传奇崛起历程和进入中国市场受挫的回顾，探讨了市场后进者的四点核心：战略定位、执行力、机遇与变革。

一、联邦快递素描

（一）联邦快递概况

联邦快递成立于 1971 年。目前，集团旗下有 4 个业务公司：联邦快递（FedEx Expresss）、北美第二大少量货件陆运公司 FedEx Ground、美国最大的区域散货运输公司 FedEx Freight 和北美最大的公文快印连锁 FedEx Services（原 Kinko's①）。联邦快递集团在全球拥有超过 28 万名员工、664 架

① 金考快印（Kinko's）是一家以印务为主要业务的全球连锁公司，总部设在美国德克萨斯州的达拉斯市，在 10 个国家经营大约 1 200 家商店，其中 400 多家商店为全年 24 小时营业。Kinko's 约有 2 万名员工，在美国占据了 80%以上的数码快印市场份额，是美国最知名的前 100 个品牌之一，还曾被《商业周刊》评为互联网应用 50 强。2003 年 12 月 30 日联邦快递宣布以 24 亿美元并购 Kinko's。

飞机和约8万辆专用车辆，环球航空及陆运网络覆盖全球超过220个国家地区，每个工作日运送的包裹超过800万个，能够在24～48个小时之内提供门到门、代为清关的国际快递服务，为顾客和企业提供涵盖运输、电子商务和商业运作等一系列的全面服务。

虽然受全球金融危机影响，联邦快递收入出现一定波动，但2010财年[①]仍取得了347亿美元的年收入，净利润12亿美元，总资产达到249亿美元。2010年联邦快递再次获得《财富》杂志评选的“世界最受尊敬的公司（2010年）”第13位、“100个最好雇主公司”等荣誉。

在国际四大快递公司中，联邦快递是最年轻的一个。其对比见表1。

表1

公司	成立时间	总部地址	2009财年收入（亿美元）	净利润（亿美元）	总资产（亿美元）	股价（亿美元）
UPS	1907年	美国	453		318	58
FedEx	1971年	美国	347	12	249	85
DHL	1969年	德国	614	8	462	18
TNT	1946年	荷兰	138	4	102	28

注：1. 表中DHL和TNT数据以欧元兑美元汇率为1.33换算。

2. 表中股价时间为2009年12月30日。

四大快递公司中，DHL已被德国邮政（Deutsche Post DHL）完全收购控股，具有官方背景（表1中的DHL数据均为集团整体数据）；UPS为百年老店，长期在美国本土处于领先地位；TNT也有长期的根基，其对外宣传中号称可追溯至250年前。只有联邦快递，是30多年前从零起步迅速崛起的。

（二）联邦快递的传奇创始人和核心商业模式

可以说，联邦快递是由一个海军陆战队老兵弗雷德·史密斯（Frederick

① FedEx的会计财年为上年5月31日至本年5月31日。

W. Smith）一手缔造的传奇。联邦快递的崛起，起步于史密斯在快递业内划时代地实现了“隔夜快递”的商业服务模式。

20 世纪 60 年代，随着信息时代新兴技术的兴起，类似于硅谷等环境优美、适宜人居但以往名不见经传的小城镇迅速崛起，成为新的智力与工商业中心。在这些新兴城市中，人们开始大量托运小件高附加值货物，如一张设计蓝图，甚至是一个开关。而美国传统工业重镇间的物流系统以卡车、火车、轮船等重型、批量运输工具为主，对单位重量运输价格较为敏感。传统物流系统的组织模式和运转方式已经难以适应新技术经济的需求。史密斯抓住这个领域，设计了一种全新的“隔夜快递”运作模式：采用“星形拓扑结构”，建设地区转运中心，将周边的包裹进行集中分拣与安排，然后利用飞机快速高效地分发到各地。这一模式现已成为“隔夜快递”行业的标准模式。史密斯创办的联邦快递公司将此模式转化为现实运作，借此在快递业闯出一番天地[①]。

在公司内，具有军旅生涯烙印的史密斯提出“P－S－P 理念”，以人为本，并注重执行，打造了一支有强大执行力和凝聚力的团队，和他一起创造辉煌。在公司成长中，史密斯以百折不挠的精神和独特犀利的眼光，带领联邦快递闯过一个个难关，完成一次次扩张，最终走向辉煌。目前，史密斯仍担任联邦快递集团董事会主席、总裁和首席执行官。

下面我们就共同领略一下联邦快递坎坷跌宕的创业和发展历程。

二、联邦快递的坎坷成长与飞跃

联邦快递的发展极为坎坷跌宕，如果没有史密斯近乎偏执的企业家精神和独特的市场眼光，或许我们今天还享受不到“隔夜快递”的服务。

（一）史密斯“隔夜快递”思想的起源

史密斯于 1944 年出生于一个运输业世家。他的祖父是一名汽船船长，父亲从一条公交线路起家，创办了美国著名的“Toddle House”连锁餐厅和

① 史密斯因此被誉为“隔夜快递之父”。

"迪克西灰狗"(Dixie Greyhound Lines)。

史密斯自己在十几岁时就学会了开飞机。1962年他进入耶鲁大学攻读经济学和政治科学学位，期间还利用周末在Tweed New Haven机场做租机飞行员。在与IBM、施乐等新兴高科技公司的雇佣飞行员交流中，史密斯听到他们经常抱怨公司购买的飞机实际作用不大，物流系统运转不畅。史密斯意识到，20世纪60年代后，随着服务业和高新技术企业的崛起，对图纸、文件、磁带、小型电子元件等高附加值、高技术产品进行快捷、可靠传递的市场需求越来越大；但传统航空货运业脱胎于旅客运输体系，已经难以适应这个新的市场。

1965年史密斯完成一篇学期论文，提出要建立一个基于航空运输的全新物流系统，为自动化社会提供服务。该论文被认为最早提出了"隔夜快递"的思想。坊间常流传该论文只得了个很低的评分："C"。此传言虽虚，但之后联邦快递命运多舛的创业史却表明，要实现"隔夜快递"确实有点"不靠谱"，非大能者不可为。

1966年史密斯大学毕业后加入海军陆战队，参加了越南战争，1969年以上尉军衔退役。4年海军陆战队员生涯进一步锤炼了史密斯百折不挠的意志，塑造了其注重结果、推崇行动力的行事方式。这段经历也让他有机会观察借鉴美国军队后勤系统运作方式，对"隔夜快递"模式的思考进一步精炼成型。

(二) 出师不利

1971年，史密斯退役后开始尝试实现其"隔夜快递"的梦想。

他直接将目标客户定位于美国联邦储备委员会，希望与联邦储备系统签下一个利用飞机在不同地区银行间隔夜传递银行票据服务的远期合约，为他计划构建的航空运输网络打下客户基础。史密斯自己出资25万美元，他的家庭信托基金出资25万美元并向孟菲斯国民商业银行贷款360万美元，于1971年6月18日在特拉华州注册成立了联邦快递公司(Federal Express)。

公司购买了两架达索尔特鹰式飞机，将其改装为货机运送包裹，史密斯充满热切期望地把这些飞机称为"时速550英里的送货卡车"。而新公司名字之所以用“联邦”，也是因为史密斯确信这能保证他获得联邦储备系统的合同。

然而出乎史密斯预料，联邦快递首战受挫。联邦储备系统是一种松散型的组织架构，内部各地区银行影响力较强。用飞机连夜快递银行票据会打破现有利益格局，受到一些地区银行抵制。美国联邦储备委员系统并没有和联邦快递签订合同[①]，史密斯的商务计划付之东流，2 架喷气机被闲置在机库里。

（三）再战受挫与坚持

虽出师不利，史密斯却继续投资 7.5 万美元，组织一支由市场专家、飞行员、广告代理商等组成的顾问小组，再次进行深入的市场调查，重新制定了更为雄心勃勃的商业计划：向美国多个城市提供“隔夜快递”服务。

这一计划需要筹集巨大的初始资金投入，以保证购买足够的飞机、获得多条航空线路经营权，建立起一个覆盖多个城市的服务网络。史密斯的做法是：将自己继承的 400 万美元家产全部投入这一计划，并在华尔街四处游说。他独特的个人魅力打动了风险投资家，获得 4 000 多万美元投资；之后花旗银行等也组成银团提供贷款。史密斯很快筹集到了 9 600 万美元，创下了当时美国单个项目筹集资本投入量的最高纪录。

联邦快递用筹集到的资金继续订购了 33 架达索尔特鹰式飞机作为主力运输机（其原因是这种飞机体积较小，不需要向民用航空委员会申请执照），创建了覆盖美国 25 个城市的快递网络。

1973 年 4 月 17 日，联邦快递公司正式营业，面向 25 个城市提供服务。

这次冒险的开头并不比上一次好多少。当晚 14 架飞机向美国 25 个城市运送了 186 件包裹——平均每 13 件包裹享用一架专机。刚开始的 26 个月里，联邦快递亏损 2 390 万美元，欠债 4 900 万美元，风雨飘摇。

对此，史密斯的选择是：卖掉自己私人飞机抵债；甚至伪造律师签字，从家庭信托基金中提取了属于他两个姐姐的钱，以维持联邦快递的运作。

① 但联邦储备系统之后却根据史密斯的计划，通过自己的 5 个主要航空中心隔夜送递票据。

（四）抓住机遇崛起

20世纪70年代后期，史密斯的坚持获得了回报。1974年，联合包裹服务公司（UPS）的员工长期罢工[①]，给市场后入者留下了一个机会。联邦快递成功抓住了这次机遇。首先以极低价格拿到了美国行政总局的合约，获得一个稳定大客源，稳定了投资者信心与公司客户群；然后在中小城市中逐步蚕食UPS等大公司让出的市场，稳步做大。1975年7月，联邦快递首次盈利5.5万美元。此后，联邦快递利润快速增长，1976年净利润350万美元；1977年营业收入突破1亿美元，获利820万美元。

此外，史密斯也主动争取到了新的市场机会。1938年的《联邦航空法》规定了普通企业不能购买大型飞机用于航空运输。随着业务迅速发展和隔夜快递市场的扩大，联邦快递以小型飞机为主的运输能力捉襟见肘。联邦快递曾向联邦民用航空委员会申请购买5架大型的DC—9型飞机许可证，却遭到拒绝。对此史密斯并没有沉默，反而进行了18个月的游说议员行动，并向国会正式递交“联邦快递法案”，力图废除《联邦航空法》。虽然由于竞争对手的强烈反对法案未通过，但1977年卡特当选总统后，公开赞同解除管制。联邦快递终于如愿以偿地购买了一批波音727飞机。

为了筹集购买大型飞机的资金，史密斯决定上市融资。联邦快递于1978年4月在纽约证券交易所挂牌上市。

20世纪80年代初期，联邦快递年度营业收入以约40%的速度增长，在1981年营业收入高居美国航空货运公司首位时，已超过了比它早20年进入航空货运业的埃默里货运公司、机载货运公司等竞争对手。1983年，联邦快递营业收入达到10亿美元，成为美国历史上第一家创办不足10年、不靠收购或合并而营业额超过10亿美元的公司。到80年代中期，联邦快递拥有了6 700名雇员，每夜向美国89个城市运送6.5万个包裹。公司有34架达索尔特鹰式飞机、15架波音727飞机、5架波音737飞机和8架10万磅的DC—10巨型

① 这一罢工最终导致铁路快运公司破产。

运输机。其“隔夜快递”的业务量，特别是存放重要文件、照片、小型工具和其他贵重物品的“信使包”服务量增长迅速，占全部营业收入的40%。

（五）大胆开拓国际市场

在国内市场取得领先地位后，联邦快递开始开拓国际市场。

1984年，联邦快递收购了位于明尼苏达州的吉尔科快递公司。这是联邦快递首次并购，获得了该公司为84个国家提供运输服务的航线。此后，联邦快递继续在英国、荷兰和阿拉伯联合酋长国等地进行扩张收购，拓展国际市场。1985年，联邦快递在布鲁塞尔机场开设分拣中心，进一步提升在欧洲市场的服务水平。

20世纪80年代末，联邦快递年营业收入超过35亿美元，净利润1.76亿美元，向全世界90个国家和地区提供服务，各项业绩指标都跃居全世界航空货运公司的首位。

1989年，联邦快递收购了其最大的竞争对手——比自己早20年进入航空货运领域的飞虎国际航空货运公司。这次收购被《商业周刊》称为“迄今最大的赌博”，使公司增加了1.4亿美元巨额债务。1989年到1991年公司营业收入虽增加，利润却从4.2亿美元下降到2.8亿美元。

从长远看，对飞虎国际航空货运公司的收购虽然冒险，却使联邦快递获得了不可替代的核心竞争力。首先，该收购极大地拓展了联邦快递国际业务能力。在收购飞虎国际航空货运公司之前，联邦快递只有5个在外国机场的着陆权；而当时飞虎国际航空货运公司号称在21个国家拥有长达45年以上的航空权和降落权。其次，飞虎国际航空货运公司下属的重型货物空运公司“飞虎货运”使联邦快递获得了在重型货运业的立足之地，提高了运营效率。最后，亚太区域是80年代后全球经济增长最迅速的地区，收购使联邦快递获得了飞虎国际航空货运公司在亚洲21个国家及地区的航线权，为联邦快递的亚太业务奠定了坚实的立足点。

此后，随着国际业务的稳定扩张，联邦快递利润重新增长，1999年净利润达到6.3亿美元，同比增长26%；2000年净利润6.8亿美元，同比增长9%。

进入21世纪，联邦快递除稳固快递主业、开拓中国快递市场外，开始逐步探索多元化经营，如收购2003年并购Kinko's等。

三、联邦快递的中国市场受挫

虽然在国际市场上联邦快递高歌猛进，进入中国市场后，由于市场定位、人才培养机制等“水土不服”，联邦快递却多次受挫。

（一）联邦快递的中国历程

进入20世纪末，改革开放的中国作为世界上最大的新兴市场，吸引了各类外资企业的注意。FedEx、DHL、TNT、UPS等外资快递公司纷纷进入中国。彼时我国邮政市场尚未开放，外资快递企业均通过与国内快递企业组建合资公司开展业务。2005年12月中国全面开放物流市场后，外资快递企业通过收购等方式获得对合资公司的完全控股权，直接进入中国市场。

联邦快递也采用了相同的策略。1984年与中外运集团合资组建中外运—联邦快递有限公司，取得中国的落地权；1999年组建大田—联邦快递有限公司；2006年斥资4亿美元，收购大田集团持有的大田—联邦快递有限公司50%股份和大田集团在中国89个地区的国内快递网络，成立联邦快递（中国）；2006年投资1.5亿美元，在广州白云机场建设全新的亚太区转运中心；2007年与杭州萧山机场签订租赁运营协议，并在杭州建立中国区转运中心。

截至目前，中国快递市场仍存在市场主体待遇不同、监管偏重行政手段等独特特征。虽然联邦快递非常关注中国市场，却也“水土不服”，多次受挫。

（二）中国市场定位失败

联邦快递最初进入中国策略是定位高端市场，其服务对象主要定位于那些设有中国分支机构并且已经是联邦快递在美国或是其他地区的客户的跨国公司，而不是那些中国国内的大型企业，因此投入巨资建设其自己的制造和配送网络，相应采用高价策略。如上海到北京的“次早达”服务收费为2公斤起价135元；而EMS为起价1公斤26元，民营的顺丰快递为起价1公斤20元。然而，目前中国快递市场大部分客户对高价并不认可，所谓高端市场非常有限。在2007年，全国快递收入近500亿元，最大的民营快递顺丰营业额达43亿元，而联邦快递在中国收入只有1.35亿元左右，份额少得可怜。

认识到市场定位错误后，联邦快递痛下决心，于2007年10月、2008年年初、2008年6月，接连实施了三轮降价。其中2008年6月的全面降价幅度最大，很多线路降价幅度超过40%，如“次早达”服务1公斤起价降为21.6元，以此低价来抢占市场。据估计，降价后联邦快递出票量增加了4倍以上。据业内人士分析，联邦快递的人工成本和操作成本是民营快递的3～5倍，每个省际快件成本约为60元，以2008年20元左右的收费、每天5万票货计算，每月亏损额超5 000万美元。由于其国内收入仅占其2008年20.75亿美元总收入的0.9%左右，无关大局，因此据传美国总部允许中国国内快递市场亏损3年以抢占市场。

然而，联邦快递掀起的这一轮降价风潮在国内快递市场引起激烈反弹。有民营企业认为，联邦快递的低价倾销导致5年内中国民营快递企业被消灭殆尽。2008年10月国家邮政局发布消息称，天津市和四川省邮政执法人员分别发现联邦快递违法寄递信件，向联邦快递开出罚单。这是四大国际快递公司进入中国20多年来首次领到罚单。2008年7月，商务部产业损害调查局和中国物流与采购联合会共同启动了物流行业产业损害预警机制，并开始调查联邦快递的“低价倾销”行为。

受到以上挫折，联邦快递宣布2009年恢复原价。

（三）P—S—P理念执行扭曲

史密斯在公司初创期，就将公司口号定为“员工（People)、服务（Service)、利润（Profit)”（P－S－P理念），追求员工、客户和公司之间的三赢局面，打造了一支有强大执行力的团队。但在中国大陆地区，P－S－P理念执行却遭到扭曲。高层们喜欢提拔来自新加坡以及中国台湾和香港地区的管理干部，大陆的人才的晋升往往十分困难，公司管理层对大陆不熟悉，导致管理错位，屡屡受挫。

首先，联邦快递一直采用标准化物流服务，并未针对中国的消费者提供量身订造服务。这种策略难以在国内普通企业打开市场。如北京某进出口公司的一个经理说："我知道他们是美国最好的公司之一，但在这里那不管用。在这里人际关系最重要，你必须和你的客户交谈，让他们感觉愉快……他们没有派任何一个人过来，所以我们不和他们做生意。"

其次，在人力资源管理方面联邦快递也出现了严重危机。2007 年 9 月 28 日，联邦快递深圳车公庙站共 40 多名快递员聚集在公司门口的草坪上罢工。据称此举是为抗议公司近期宣布的新工资计划不升反降，有 50 多部快递车因罢工而未出车。由于每逢大假前的星期五是联邦快递货量的最高峰，而 28 日正是国庆节前的最后一个星期五，罢工给联邦快递带来了沉重的经济损失和不良的社会影响。罢工事件是联邦快递内部矛盾长期积累的爆发。

四、联邦快递成长历程的启示与借鉴

综观联邦快递在北美、世界市场的快速成长，以及其在中国市场受挫，对我们有如下启示：

（一）恰当的战略定位

联邦快递之所以能在 20 年内迅速崛起，基本原因就是史密斯精确定位了一个全新的蓝海市场：新兴技术兴起带来的高附加价值物品快速传递市场。这也是经典的市场后入者瞄准细分市场，引导创造消费需求的案例。

而在中国，联邦快递将客户定位为设有中国分支机构并且已经是联邦快递在美国或是其他地区的客户的高端跨国公司，并采取了相对激进的高投入策略。而跨国公司快递市场并非如联邦快递预料中的迅速成长，这一相对狭窄的市场定位，导致其前期巨额投资难以在短期内获得回报，且在整个快递市场中占有率不高。由于难以摊薄运营成本，导致联邦快递在力图转变战略定位、利用降价策略直接抢占市场份额时，受到中国政府、企业针对其"低价倾销"的激烈打击。从另一方面看，联邦快递的前期巨额投入针对特定高端市场，也有其特殊吸引力。如 1994 年联邦快递利用其提前报关的服务，吸引了大批中美国际货运业务；2000 年，利用其亚洲转运中心，联邦快递率先在中国推出了两项新业务——亚洲一日达和北美次日达业务，吸引了一批对效率要求较高的客户。

综上，任何一个区域市场的后进入者，都应该寻找适合该区域市场特点的恰当战略定位，在蓝海领域闯出一片天地。

（二）提高执行力

这里的执行力首先是企业领导者的执行力。如前所述，如果没有史密斯那近乎偏执的对自己理想的执著，“隔夜速递”的理想会多次夭折。

其次是团队执行力。如果没有一支高效、团结、沟通良好的员工队伍，企业缺乏执行力，再好的战略也难以贯彻落实，这应该是史密斯作为海军陆战队老兵深入骨髓的认识了。也正因如此，史密斯在其为联邦快递树立的P—S—P理念中，将People（人才）放在第一位，着力提高企业执行力。联邦快递非常注重内部人力资源管理，形成了一套非常完整的人力资源体系来发现人才、培养人才、留住人才。如公司管理层的空缺都优先内部提拔，很多公司高层是从普通货运员做起的；公司每名员工每年都有2 500美元的培训费用，公司支出的50%用于员工薪酬及福利等。同时，公司努力营造一种平等民主的文化氛围，旗下的600多架飞机全部以公司员工子女的名字命名，在纽约证券交易所上市时由一名普通递送员和史密斯一起敲响上市钟声等。这种独特的企业文化，使联邦快递多次被评为美国“最佳雇主公司”，员工队伍稳定，流动率很低。正是员工队伍的凝聚力与执行力，联邦快递迅速抓住了几次战略机遇。

而联邦快递P—S—P理念在中国的执行走样，导致深圳罢工事件和中国员工普遍怀疑情绪，恰是缺乏执行力重创企业的典型案例。

（三）抓住机遇

企业有了良好的人才和资源储备后，只需抓住一两次机遇，就可以促成企业的崛起。

联邦快递就是抓住了以下几次战略机遇，而迅速崛起的：

• 20世纪70年代后期美国传统主要货运机构无暇顾及小城市快递市场留下了市场空缺，以及联合包裹服务公司（UPS）1974年的员工大罢工造成市场供给不足，联邦快递借此迅速抢占市场，获得了第一桶金。

• 联邦快递在联邦政府解除《联邦航空法》管制后，迅速成功上市融资，运力大幅提升。

• 联邦快递在夯实国内业务基础后，成功通过并购在短时间内进入国际快递市场。

国家开发银行也是抓住机遇的典型案例。国家开发银行主要是抓住了1998年亚洲金融危机后中国城市化进程的逐步加速的机遇而获得了迅速扩张；同时，在21世纪初期抓住国家海外能源战略、支持企业“走出去”的机遇，获得大量外汇业务，一举成为我国外汇贷款额的银行之一。

（四）不断变革

联邦快递的成功首先来自于对传统商业模式的变革，从而开创了一个崭新的行业。其后联邦快递能够一直保持旺盛的生命力，与其持续变革创新密不可分。

在技术上联邦快递不断引进新技术。联邦快递率先在其投递系统中应用了激光条码、扫描仪、无线掌上电脑等新技术建立了除美军之外最大的无线电网络，以便公司与投递包裹的飞机和卡车联系，掌握包裹的整个投递进程。1987年，联邦快递建立了一个名为PowerShip的系统，使顾客可以在全球范围内了解投递物品的情况。现在，该公司声称，不管是文件、包裹还是“小于一卡车”的大型物品，顾客都可以通过联邦快递的网站对包裹的投递情况进行跟踪。联邦快递也是率先同意购买新型空中客车380的公司之一。这种飞机能够从新加坡直飞到纽约。施伟德认为，这有利于提高长途运输的效率。

业务上的变革同样清晰可见。最初，联邦快递主要从事医疗和技术物资装运，后来增加了国际服务、低成本陆运和空运。史密斯采用了一种独立运营，又相互交叉销售的结构使整个集团高效运作：“美国军队由海军、空军、陆战队等组成。各军兵种必须完成各自的任务，但他们也必须相互协作。”

不断变革，是企业保持核心竞争力的关键。

（王宏宇）

参考文献

[1] Frederick W. Smith，“No Overnight Success”，*Business Week*，2004. 9.

[2] 商务部研究院课题组：《中国快递市场发展研究报告（总报告）》，《经济研究参考》，2006（34）：2—25。

[3] 国家发展和改革委员会经济运行调节局、南开大学现代物流研究中心：《中国现代物流发展报告（2009 年）》，中国物资出版社 2009 年版。

[4] 中国储运网编辑部：《从联邦快递的“价格攻略”谈起》，《中国储运》，2008 年。

[5] 王红红、卢建君：《解析联邦快递：“价格战”抢占中国市场》，《物流采购与研究》，2009 年第 10 期。

[6] 刘亮：《联邦快递诡异变招》，《中国新时代》，2009 年 1 月。

[7] 布莱克蒙·道格拉斯·A 和布来迪·黛安：《东方快车：一个美国公司应该如何努力追求外国市场》，《华尔街日报》，1998 年 4 月 6 日。

[8] 张远昌：《联邦快递“罢工”事件真相》，《凤凰博报》，2008 年 3 月 10 日。

2

迈向移动通信巨头之路：沃达丰

全球经济一体化的加速，有力推动了国际电信业的兼并与融合，许多大型电信公司纷纷将目光投向海外，建立国际电信战略联盟，以应对更加激烈、更加残酷的竞争，沃达丰便是最典型的例子。自1991正式更名为“沃达丰集团股份有限公司”以来，沃达丰在世界移动通信市场迅速增长的前提下，通过资本运作，购买和兼并国际移动通信服务企业，不断进行业务创新，统一品牌，经过短短20年的发展，已从偏居一隅的小公司发展到覆盖欧洲、中东、非洲、亚太和美国等34个国家、3.41亿用户的移动通信帝国。2010年英国《金融时报》全球500强企业市值排名第42位，在移动通信行业排名中仅落后于中国移动位居第2位。

在全球化的今天，我国电信企业经过30年的改革开放，已经积累了一定的经济资本，企业竞争力不断增强。中国移动也成为世界市值最大的移动通信企业，但其业务基本在国内，在开拓国际市场方面还处于较低水平，距离公认的全球化企业还有一段较长的路要走，通过分析沃达丰如何在全球一体化的形势下脱颖而出，走出英国迈向世界移动通信巨头的道路，能为我国电信企业走出去提供借鉴和帮助。

一、沃达丰（Vodafone）基本情况

沃达丰，英文名称Vodafone，是语音（Voice）、数据（Data）以及电话

(Phone) 三个单词的缩写组合，总部设在英国伯克郡的纽布利，为世界上最大的移动通讯网络公司之一，主要为客户提供基本语音、短信、数据和固定电话业务。集团公司现任 CEO 维托里奥·科劳，下设办公室、首席财务总监、欧洲区 CEO、中欧和非洲区 CEO、亚太和中东区 CEO。沃达丰的股票分别在伦敦证券交易所（代号 VOL. L）和纽约证券交易所（代号 VOD）上市。目前公司市值约 89.63 亿英镑，股权结构较为分散。按地域分其 54.3%的股份在英国，30.3%的股份在北美，11.9%的股份在欧洲，3.5%在其他地区。纽约梅隆银行作为其美国储蓄证券的托管人，拥有公司 11.7%的股份。

2010 财年沃达丰实现销售收入 445 亿英镑，息税前利润 147 亿英镑，净利润 86.2 亿英镑。截至 2010 年 3 月 31 日，沃达丰集团在全球雇佣了 8.5 万名员工，拥有 3.41 亿名客户。

二、沃达丰的发展历程

（一）创立阶段

1982 年，美国 Millicom 公司与雷康无线电公司获得了英国第二张移动电话牌照，并成立了雷康电讯公司（沃达丰前身）。其中，雷康公司拥有 80%的股份，Millicom 拥有 15%的股份，Hambros 公司持有 5%的股份。虽然雷康电讯公司此前从未涉足移动通信领域，但他们认准了这一领域，加大了资金投入，两年时间就投资了 8 亿英镑用于网络建设。

1985 年，雷康电讯公司更名为“雷康通信集团有限公司”。该公司建立的第一个模拟信号网络，成为英国首次成功的模拟网络通话，为运营移动通信模拟网[①]。

1988 年，雷康通信集团有限公司在伦敦证券交易所上市。

1991 年 9 月，雷康通信集团有限公司由母公司雷康电子分离出来，成立

① 特雷弗·梅里登著，袁丽琴译：《疯狂过山车　沃达丰与克里斯·金特的激流岁月》，上海远东出版社 2009 年版。

沃达丰集团股份有限公司。

(二) 疯狂并购阶段

1992～1998年，沃达丰一德国、英国、瑞典、葡萄牙、希腊、爱尔兰、新西兰、澳大利亚、斐济、意大利、西班牙网络相继启动。

1999年，沃达丰出资560亿美元成功并购了美国空中通讯公司，并购后的 Vodafone Airtouch 成为当时世界最大的移动通讯公司。

2000年2月，英国沃达丰公司与德国曼内斯曼公司合并，涉及金额近4 000亿德国马克，相当于2 000亿美元。

2001～2002年，沃达丰通过资本市场进行收购和增持当地合资公司的份额。并购了瑞士移动通信公司、爱尔兰的 Eircell 公司、西班牙的 Airtel 公司、法国的 Cegetel 电信集团、美国的威瑞森无线通讯（Verizon Wireless）公司、墨西哥的 Iusacell 公司、日本电信等；并两次购买中国移动股份，持有6.5亿股，占中国移动股份总数的3.27%；沃达丰还在中国移动的子公司卓望投资了3 500万美元，拥有其9.99%的股份。这一阶段沃达丰开创了其电信新帝国。

(三) 理性发展阶段

2003年后的移动通信行业竞争日益激烈，为保持沃达丰在行业中的地位，沃达丰对管理层结构进行了重大调整，主要举措是创建两个新的业务部门——市场营销集团和技术与业务整合集团，并相应调整了旗下各地区性业务的管理层结构。

2005年，沃达丰以10.4亿欧元的价格出售了旗下的瑞典业务。

2006年，沃达丰分别以89亿英镑和20亿欧元的价格剥离了其日本业务97.68%和比利时运营商25%的股权。将日本子公司97.68%的股权让与日本软银公司普遍被视为沃达丰在日本市场失败的标志。

2007年，沃达丰以190亿美元收购印度第四大电信运营商 Hutchison Essar 67%的股份，并以7.75亿欧元（约合11亿美元）收购 Tele2 的意大利和西班牙分部。

2008 年，沃达丰以 4.86 亿英镑从加纳政府手中收购了加纳电信 70%的股份，以 1.71 亿英镑增持波兰子公司股份至 24.4%，以 14 亿英镑增持南非电信运营商 Vodacom 股份增至 65%。

2010 年 9 月 8 日，沃达丰以每股 79.2 港元出售持有 3.2%（6.42 亿股）中国移动股份，套现 517 亿元人民币。

三、发展历史上的经典案例剖析

（一）成功案例——恶意收购德国老牌电信集团曼内斯曼

自 1997 年克里斯·根特就任总裁以来，沃达丰制定了全球化的发展战略，以 1 000 亿马克的价格收购了美国空中通信公司，又与贝尔大西洋和其他三个伙伴达成合作协议，一举成为美国市场上的老大，但唯独在欧洲大陆较弱。1999 年沃达丰在英国本土的直接竞争对手 Orange 公司被曼内斯曼公司收购，沃达丰担心其挺进欧洲大陆的战略受挫，因而提出并购曼内斯曼公司。沃达丰根据自身财务状况、德国的文化特点和曼内斯特股权机构，制定了股票代替现金收购、股东利益最大化的策略，打响了当代历史上最著名的一场恶意收购战。

沃达丰自恃实力强大，开价是曼内斯曼公司 1 股换沃达丰 53.7 股，即曼内斯曼公司只能占沃达丰公司股份的 47.2%。起初曼内斯曼公司强硬地提出要平等合并，股份各占一半。由于德国企业文化的特点，在此之前，来自外国的并购企业无一成功。德国的银行、保险界广泛参与大企业，因此往往能“同仇敌忾”地抵御“恶意并购”，德国朝野对沃达丰恶意并购一片反对之声，甚至德国总理施罗德也不同意。但是沃达丰认真研究了曼内斯特公司的股权情况，敏锐地洞察到曼内斯曼公司的股权结构不同于其他德国大企业，背后没有大银行撑腰，其股东多为私人股东，而且有 60%为外国股东。对股东来说，重要的不在于收购是“恶意”还是“友好”，更不在于企业姓“德”还是姓“英”，而在于股票能带来多少红利，股东的情绪决定着曼内斯曼公司领导层的决策。其次，自沃达丰收购曼内斯曼公司的计划公布以来，曼内斯曼公司的股价从1999年10月22日的140欧元攀升到12月29日的239欧元，说明曼内斯曼公司的股东普遍看好并购后的盈利前景。

在股东们对曼内斯曼公司领导层的压力已到火候的时机，沃达丰的老板根特亲自出马进行最后一轮谈判，把收购条件作了一些有利于曼内斯曼公司的改变，曼内斯曼公司也就顺水推舟地同意了并购。2000年2月3日，沃达丰赢得了这场并购战的胜利，德国曼内斯曼公司与英国沃达丰公司终于正式宣布合并，该笔交易涉及金额近4 000亿德国马克，相当于2 000亿美元，成为2000年最大的并购。合并后新的公司成为世界最大的手机制造商之一，拥有4 200万用户，营业范围遍及全世界，不仅涉足手机行业，还经营有线通讯和互联网业务，成为一个巨大的信息产业集团。但由于曼内斯曼公司原本处于亏损状态，沃达丰公司对其收购后不但要承担其亏损，还要对巨额商誉进行摊销，极大地增加了公司的费用，使得沃达丰净利润一直到2008年才转为正数。

（二）失败案例——移动巨头折戟日本

沃达丰日本业务是沃达丰数年不断并购扩张的产物，由于日本远离欧洲大陆，和欧洲文化和市场存在较大差异，为降低风险，沃达丰先持有企业的股份，到一定时间后通过收购其他合作者的股份实现对公司的控股。沃达丰于2000年收购日本电信15%的股权，2001年年初再次收购其10%的股权，又于5月和9月再度分别收购20%和21.7%的股份，最终持股比例达到66.7%，共耗资90亿美元的高价，欲与日本两大移动通信企业日本电报电话公司（NTT DoCoMo）和日本国际电报电话公司（KDDI）一争高下，并把日本市场看作其全球战略计划中的一个重要中心。

沃达丰在日本成立新公司后，于2002年年底在日本推出的3G业务却进展不顺，到2003年8月用户增长指数跌至每月5万户，用户的ARPU值下降7%，无法与KDDI和NTTDoCoMo形成竞争态势。与此相对应的是，当时的NTT DoCoMo和KDDI每月用户增长都在20万户左右。截至2005年年底，沃达丰日本公司拥有约1 500万名客户，而NTT移动通讯NTTDoCoMo用户达到5 000万户左右，KDDI则有2 000万户。在移动业务不景气的同时，沃达丰的固话业务也呈下滑趋势。由于越来越多的日本用户抛弃固话转而使用手机，致使日本固话市场的利润不断下降，使得沃达丰手中的日本电信固话业务成了一块“鸡肋”。沃达丰巨额的投入并不能换取预期的回报，忧患重重之中，沃达丰只好无奈断臂自救。2006 年 3 月 17 日，日本软银公司以 118.7 亿美元收购沃达丰日本子公司，标志着沃达丰在日本 5 年的辛苦付诸东流。

作为善于以并购扩张市场的全球最大的移动运营商之一，沃达丰怎么会在日本市场马失前蹄？首先，向日本用户提供的 3G 手机存在问题。沃达丰没有考虑到日本手机用户的爱好、日本市场的文化特征和使用习惯，而是利用其全球采购能力的优势，贸然停止销售当地市场提供的日本手机，从国际厂商直接进货。而竞争对手向用户提供的主要是来自于日本厂商的更符合日本消费者购买和使用习惯的 3G 手机。其次，日本移动通信市场起步早，在其他国家正在兴起 3G 业务时，日本已发展 3G 多年了，其竞争对手在技术研发和产品开发上都具有相当强的实力，沃达丰没有提供特色的 3G 业务，在业务竞争上没有优势①。

四、沃达丰的成功之处

沃达丰之所以能够在全球一体化的形势下脱颖而出，成为世界移动通信巨头，与全球化发展趋势的大好时机密不可分。但公司自身的战略定位、并购企业选择、并购方式、后续整合以及业务创新、营销策略等因素也有很大的关系。

（一）通过资本运作拓展国际市场

在世界移动通信市场迅速增长的前提下，通过资本运作，购买和兼并国际移动通信服务企业，迅速扩张，占据国际移动服务市场，追求国际化和规模最大化。沃达丰的资本运作能力令人惊叹，表现为方式灵活和形式多样。比较典型的方式有：收购和兼并，迅速实现全球扩张；股票运作，降低资本运作成

① 李珊珊：《移动巨头沃达丰兵败日本　我行我素自酿苦果》，《IT 时代周刊》，2006 年第 9 期。

本；剥离非核心资产，优化核心业务。

首先，沃达丰在收购和兼并时有一些基本原则。挑选海外并购者非常慎重，以各国排名第1～2位的运营商为目标，并购对象地位和良好表现能保证沃达丰立于不败之地；瞄准处于经济低潮中的电信公司，在欧洲电信业最困难的2001年，沃达丰陆续收购了一些通信公司，也获得了英国、瑞典、德国、荷兰、葡萄牙等国的3G牌照；合作伙伴也是其收购的目标，收购德国曼内斯曼公司就是一个最好的例子；在投资地域选择上，选择循序渐进、由易到难、逐步推进的方式，即选择与本国地理距离、文化距离、政策差异等较小的区域，以降低国际化风险。

其次，独特的股票运作策略。在法国电信和德国电信都采用现金收购方式的时候，沃达丰使用换股方式进行收购，有效降低了债务负担，特别在高价收购美国空中通讯公司和曼内斯曼公司时，沃达丰都采用了这种方法。例如在收购曼内斯曼公司时，沃达丰采用了1股曼内斯曼股票换取58.9646股沃达丰股票的方式，总共换取曼内斯曼公司98.62%的股份。在收购当天，即2000年5月27日，沃达丰股价为4.1735美元，因此总金额相当于1 230亿美元。而当时曼内斯曼公司市净率为5.5，沃达丰市净率为0.998，乘以58.9646为58.85，可见这为高溢价收购①。

最后，剥离非核心资产。沃达丰在进行大规模并购时，还不断剥离非核心资产，以优化自己的核心业务，便于统一管理，适应市场发展环境，并且通过出售非核心资产换取现金，达到以股票换取现金的目的。比如在收购曼内斯曼公司后，沃达丰就设法把曼内斯曼公司的工程和汽车业务剥离出去。资本运作在为沃达丰带来巨大商机的同时，也使它面临许多问题，比如：本地化、业务创新、组织结构及企业文化融合；大面积战略扩张并未带来规模效应；宣传品牌所需投入很大，使成本增加并影响到经营效率。因此，为了摆脱发展的困境，沃达丰采取了一些措施，包括：主动撤离市场占有率不理想、业务影响力

① 何叶、金永生：《沃达丰全球化战略对海外扩张的启示》，《通信世界》，2008年第26期。

不足、收益过低的部分国家与地区市场，比如出售日本子公司；剥离回报率低的资产，选择易于控制的资产，以优化资产，比如出售其在比利时子公司业务；向有利可图的领域投资，更加追求增加股东收益和投资回报率，比如不断加大对新兴市场的投资力度。

（二）重视品牌和文化建设

形成全球统一品牌是沃达丰最重要的策略之一。品牌统一可以大大提高集团在全球的知名度，增加品牌的无形资产，从而使沃达丰在海外投资的利益得到最大化，有利于沃达丰推广全球性的业务，提高用户忠诚度。

首先，沃达丰将分布在世界各地的控股子公司统一更名为“沃达丰＋国家名称”。尽管在规模上，沃达丰已堪称世界顶级移动公司，但在英国之外的许多地方，沃达丰仍是个陌生名字。因此，从2001年开始，沃达丰陆续给其控股公司更名，如将意大利的Omnitel更名为“沃达丰意大利”，德国的D2更名为“沃达丰德国”，日本的J－Phone更名为“沃达丰日本”等等。

其次，集团在以上更换了品牌名称的市场中统一开展了名为“How are you”的广告战役，宣传集团的全球化产品，如“沃达丰生活”、“沃达丰移动办公”、“移动连接数据卡”等，重点强调全球漫游、统一资费和无缝接入等优势，使沃达丰的全球化形象深入人心。

此外，沃达丰在企业管理中对内实现“一个沃达丰”，通过培育“一个沃达丰”来激励员工对企业的归属感和荣誉感，融合各种文化。尽管沃达丰在世界各地开展业务，但沃达丰通过简化管理流程，实现扁平化管理，让企业真正“形散而神不散”。

（三）加强合作，积极寻求新的利润增长点

作为全球最大的移动运营商之一，沃达丰首先确信建立完善的产业供应链是保证丰富服务和快速响应市场的法宝。与爱立信、摩托罗拉等国际著名公司建立长期合作的战略联盟，确保了沃达丰在设备和技术上的领先性。

此外，随着互联网和无线网络融合趋势日渐增强，电邮、移动社交网络、移动广告和移动视频以及其他高级无线应用深入民心。为此，沃达丰积极与各领域巨头加强合作，实现共赢，寻求新的利润增长点。2003 年，与微软合作渗透电邮与即时通信；2006 年 2 月，沃达丰和搜索巨头 Google 公司签订了战略协议，Google 搜索引擎将被纳入“沃达丰生活”移动互联网服务，即双方将联合向“沃达丰生活”用户提供移动搜索服务；2006 年，沃达丰与雅虎成立战略联盟，首先于 2007 年上半年在英国开展移动广告业务，以期为两家公司创造新的收入来源；2007 年 2 月与 eBay 在欧洲市场达成一项广泛合作协议，宣布推出手机 eBay 在线拍卖业务，意味着沃达丰开始进军电子商务领域，在移动互联网服务领域逐步走向深入；2007 年 2 月，沃达丰和 MySpace 达成合作协议，为欧洲用户提供移动登陆 MySpace 的服务，沃达丰的用户可以用他们的手机使用 MySpace 网络社区的服务；2007 年 2 月 9 日，沃达丰与 YouTube 合作，面向移动客户，推出支持用户使用手机在 YouTube 浏览和上传视频片断的服务。沃达丰用户不仅可以通过手机来观看 YouTube 提供的视频分享，也可以上传他们自己的视频。

（四）社会责任感

除了这些引人注目的成绩以外，沃达丰还有一个虽然不常被提及但非常值得称道的地方，那就是高度的社会责任感。沃达丰为自己定义的“企业社会责任”非常广泛，不仅停留在一般的灾难捐助等慈善事业上，还涉及环境保护、绿色产品、公共安全以及为弱势群体提供特殊服务等多个方面，并每年发布社会责任报告。在有沃达丰运营的地方，沃达丰都设立了自己的“沃达丰基金会”，专门用于社会公益和慈善事业。这些基金会参与的事业很多，包括救灾捐赠、公益设施建设，以及为残疾人、无家可归者组织社会活动等。据 2010 年沃达丰发布的社会责任报告，2010 年沃达丰重新利用和回收手机 133 万部，网络设备废旧回收利用率 98%，基金会共用于社会公益事业 4 170 万英镑[①]。

社会责任感和企业形象形影相随，如同评价一个人不会忘记道德品质一样，评价企业，社会责任也将是新的标杆。沃达丰在财富社会责任排名中一直

① 沃达丰 2010 年社会责任报告。

位居前列，这也在无形中提升了沃达丰的竞争力和社会认可度。

五、沃达丰发展历程给中国电信业的启示

沃达丰的发展历程完全可以视为全球电信业市场发展的一个缩影。很多全球电信业公司高举全球化大旗，不惜代价大肆向海外市场扩张，使电信业市场风险急剧累积。而许多电信运营商在实现了全球化之后，非但没有获得全球市场的协同发展优势，反而使业务运营成本逐渐加大，负债不断增加，导致业务经营每况愈下。沃达丰集团在欧洲市场举足轻重的地位，却没有给其日本业务部门带来任何有益的影响，最终彻底退出日本市场[①]。

（一）结合自身特点制定发展战略

沃达丰在成立之初就制定了致力于移动通信的战略目标，先立足本土成为英国移动通信的老大。由于英国市场受限，沃达丰开始关注国际市场，将营运取得的大量现金流应用于海外投资。在投资地域选择上，选择循序渐进、由易到难、逐步推进的方式，即选择与本国地理距离、文化距离、政策差异等较小的区域，由英联邦国家、欧洲、美洲和亚洲直至全球，以降低国际化风险。在投资策略上先是在目标市场拥有一个据点，然后逐渐做强做大，由参股变成控股，并在五大洲进行了疯狂的兼并并购合作，后因 IT 泡沫破灭，公司先后进行资产剥离，并不断开拓新兴市场。沃达丰之所以能够成为移动巨头，与其做好当前及未来一段时间的战略规划密不可分。

随着我国经济水平和电信产业的快速增长，我国主要电信企业的国际竞争力也在稳步提升。目前中国移动已成为排名第一的移动巨头，但我国电信业业务基本全在国内。面对全球化的浪潮，我国电信企业也应根据自身管制环境、竞争态势、内部资源能力的基础上，提出企业未来的战略定位、发展目标和发展策略，在立足国内市场的情况下积极拓展海外市场，真正走出中国。

---

① 张忠衡：《沃达丰全球化战略对海外扩张的启示》，《当代通信》，2005 年第 73 期。

（二）加强业务创新

业务创新能力一直是运营商的核心能力之一。全球电信市场的竞争形势要求移动运营企业必须不断提高业务创新的能力，在开拓业务增加收入方面，沃达丰采用了不少手段：

1. 在成熟的欧洲市场推出了一系列新服务和套餐，其中包括“沃达丰护照”漫游计划、“家庭计划”等，鼓励现有用户增加话音和数据使用量，吸引众多预付费用户转变成签约用户。

2. 对DSL服务进行促销，促进用户在家或办公地点更多地使用DSL业务。

3. 在应用层集成移动、PC和互联网功能，提供无缝的互操作服务。

4. 开发基于广告的服务及业务模式，让消费者愿意接受沃达丰的业务，重点是“移动＋”和增值业务。

5. 联合其他运营商推出固话宽带业务。

目前我国已形成中国移动通信集团公司、中国电信集团公司和中国联合网络通信集团有限公司为主的三大电信运营商，均具备移动和固话业务，如何在今后的竞争中脱颖而出，加大业务创新成为关键。从国际全业务运营商的运营经验也可以看到，融合性业务创新是主要的创新方向。运营商应从以网络为中心的业务提供模式转变为以用户为中心的业务提供模式，研究融合业务的特点及实现方式，使用户能够通过多种终端接入多种业务，统一账单、统一地址簿、统一鉴权。

（三）大力推广统一的品牌

沃达丰注重业务整合，尤其是文化和品牌的统一。从2001年起，沃达丰陆续为其控股公司更名为“沃达丰＋国家”。2002年10月，沃达丰整合全球服务品牌，统一划归到针对个人用户的“沃达丰生活”和针对企业用户的“沃达丰移动办公室”两个新品牌下。2004年年底，沃达丰开始实施一项名为“一个沃达丰”的计划，目的是通过集团统一行动，实现规模效应，位于不同国家的附属公司已经在某些领域联合起来一起行动，例如手机采购。在海外并购时，沃达丰通常分阶段地把原来的老品牌换成沃达丰的品牌：第一阶段是使用当地运营商的原有品牌；第二阶段，实施联合品牌方式；最后完全去掉老品牌，只保留“沃达丰”的名字。这个过程必须获得来自合作伙伴、分销商和用户等多方面的支持。另外还要投入巨资，发动全球广告攻势，并通过赞助扩大其品牌知名度，以最大限度地发挥品牌的规模效益。

在企业品牌方面，我国的移动运营企业可能存在先天不足，不过在业务、服务等品牌的统一方面空间还是非常广阔的。

（四）尊重本地员工，打造开放性的企业文化和价值观

致力于全球化的企业一般都会拥有开放的企业文化和价值观，以利于各种文化的融合，沃达丰也不例外。沃达丰由于横跨五大洲，各子公司具有不同的文化背景和管理习惯，沃达丰奉行关注客户、关心员工、注重实效、世界情怀的四大价值理念，采取尊重本地员工的做法，通过规章制度和内部培训的方法，使所有员工按照统一的理念和处理事务的原则进行工作。从中我们不难体会到沃达丰企业价值观的开放性与包容性①。

我国电信运营企业目前主要业务集中在国内，公司内部文化和管理风格较为相似，但其在支撑海外扩张方面略显不足，需要逐步打造更加开放的企业文化来支撑公司的海外扩张战略。

（葛伟　邓璐）

参考文献

［1］何叶、金永生：《沃达丰全球化战略对海外扩张的启示》，《通信世界》，2008 年第 26 期。

［2］李珊珊：《移动巨头沃达丰兵败日本　我行我素自酿苦果》，《IT 时代周刊》，2006 年第 9 期。

［3］孟军：《中国移动与沃达丰竞争战略的比较研究》，天津大学硕士论文，2007 年。

① 孟军：《中国移动与沃达丰竞争战略的比较研究》，天津大学硕士论文，2007 年。

[4] 特雷弗·梅里登著，袁丽琴译：《疯狂过山车　沃达丰与克里斯·金特的激流岁月》，上海远东出版社2009年版。

[5] 沃达丰2010年社会责任报告。

[6] 张忠衡：《沃达丰全球化战略对海外扩张的启示》，《当代通信》，2005年第73期。

3

全球“铁老大”发展之路：德国铁路公司

一、德国铁路公司的基本情况

现今的德国铁路股份公司（简称“德国铁路公司”）是由西德的联邦铁路公司和东德的国营铁路公司于 1994 年合并而成的，但其前身德国铁路公司则已经有 150 多年的历史。德国铁路公司是德国最大的铁路运输公司，也是欧洲乃至世界最大的铁路企业，是世界上第二大运输企业，仅次于德国邮政股份有限公司，总部设在柏林，现任董事会主席是哈特穆特·煤栋恩先生。

德国铁路公司现有员工 22.5 万人，其中近 6 000 人是公务员，拥有轨道 3.6 万公里，每天乘客约 16.94 亿人次，每天货运约 28.36 亿吨。2009 年，德国铁路公司的营业收入为 489.6 亿美元，位居全球 500 强企业排名榜的第 151 位，在铁路运输行业位居世界第一，成为全球无可争议的“铁老大”。

德国铁路公司网络覆盖全国、车次密集，加上德国铁路公司不断推出新的服务项目，提供各种优惠等，铁路已成为德国最舒适、最受欢迎的交通运输工具。德国铁路公司一直致力于成为德国乃至世界一流的企业，每年为员工提供各种培训机会，使员工掌握先进技术的同时增强集体荣誉感和归属感。

德国铁路公司不仅规模巨大、业务多元化、分支机构遍布世界各地，而且掌握着当今世界最先进的铁路技术。德国轮轨高速铁路，无论是机车制造，还是铁路本身，其独特的技术和精湛的工艺都是世界一流的，与日本、法国并称“世界高铁三强”；同时，德国也是世界上掌握“常导电式磁悬浮技术”的主要代表国家。

对德国铁路公司而言，如果说巨额的经营利润是其血脉，先进的行业技术是其骨骼的话，那么杰出的管理战略则是其灵魂。德国铁路公司正是依靠一代接一代的杰出管理者及其先进管理理念和永不停滞的开拓精神不断战胜挑战并取得了一个又一个的胜利。德国铁路公司的管理战略更多体现在宏观方面，主要表现为市场化改革、私有化理念、多元化经营和国际化拓展等方面。

二、德国铁路公司的发展历程

（一）发展阶段（从成立到20世纪40年代末）

德国铁路公司始建于1835年。1836年12月7日，德国第一条铁路——纽伦堡至菲尔特铁路正式通车。

1845～1913年是德国铁路发展史上的黄金时代。1845～1865年，德国共修建铁路12 400公里，到1913年已建成铁路近62 000公里。

1879年，德国各州（邦）开始以“债券交换股权”的方式接管私人铁路。德国铁路公司有力地促进了德国各邦经济的发展和统一大市场的形成，并为国家财富的积累以及统一国家的形成做出了重要贡献。

1920年，德国铁路公司开始国有化。1924年，正式成立德国联邦铁路公司（Deutsch Bahn），它是今天德国铁路公司的前身。

（二）改革阶段（20世纪50年代初到21世纪初叶）

和世界各国一样，由于汽车产业以及水上运输、空中运输的快速发展，德国铁路公司在运输市场的主导地位迅速衰退。1950～1990年，铁路货物运输所占的市场份额从60%下滑到29%，客运市场份额由36%下降到6%，导致德国铁路公司的债务从1970年的139亿马克增加到1990年的470亿马克。

从21世纪50年代开始，德国铁路公司陆陆续续地进行了16次改革，但均未取得明显成效。

1990 年西德和东德统一，原西德联邦铁路公司和原东德帝国铁路的管理机构开始合并为联邦铁路资产局。

统一后的德国开始了铁路发展史上的第 17 次改革，并确立了公司化和商业化的改革方向，确立铁路改革的最终目的是建立适应市场竞争的管理体制。

1993 年 12 月 27 日，有关德国铁路改革的《基本法》修正案和《铁路新秩序法》等一系列法案获得国会通过。

经联邦政府批准，德国铁路公司按照“循序渐进、分阶段实施；职能分离、开放市场”的原则，计划从 1994 年开始用 10 年左右的时间、分三个阶段逐步推进改革。

• 第一阶段（1994～1996 年）：根据德国铁路改革《基本法》修正案和《铁路新秩序法》等法律规定成立德国铁路股份公司及相应的联邦铁路管理局，联邦铁路资产局仍然被保留。通过机构重组分离政府职能，实现了政企分开，进一步提高了公司的运营效率。

德国铁路公司的管理体系可分为两个层次。第一个层次是联邦交通部，主要通过铁道司来负责铁路立法、铁路发展规划、国家投资项目审批等；第二个层次是联邦铁路局和联邦铁路资产局。

联邦铁路局隶属于交通部，但是一个独立的行政管理机构，主要负责制定路网规划，审查铁路公司的路网筹资计划，审核并配发联邦铁路的运营许可证，对铁路运营设备和机车车辆的技术进行监督，同时对联邦各铁路公司运营设备的建设过程和质量实施监督，对新技术、新标准予以批准和修订，对铁路事故进行调查处理。近几年来，联邦铁路局增加了一个新的职能：保持铁路市场的竞争性。

联邦铁路资产局主要负责非铁路不动产的管理和使用，保持并扩大铁路企业的社会性设施以及德国铁路的历史债务处置、柏林等地的特殊资产管理和改革前德国铁路公司员工中属于公务员编制的养老金发放等工作。

第一阶段的改革任务主要是铁路合并，成立联邦政府独资的德国铁路股份有限公司，下设四个财务独立的事业部，分别是线路、货运、长途客运和地区客运事业部。

德国货运在改革初期遵循一个基本原则：主要服务于20%的顾客，而获得了80%的利润，对效益不好的货场或线路予以关闭。为了提高竞争力，德国铁路公司给部分高端企业提供计算机，并免费维护应用程序。

• 第二阶段（1997～1999年）。根据德国铁路公司基本章程的规定，将德国铁路公司分成路网公司、长途客运公司、短途客运公司、货运公司以及车站和服务公司5家完全独立的子公司，实现了基础设施和运输服务的分离以及和客、货运营的分离。

德国铁路公司作为母公司主要负责投资和发展战略，并从整体利益出发，按照市场交易的基本原则协调处理5家子公司间的经济关系。这种结构的好处在于实现网运分开的同时促进跨所有制、跨行业的创新并保证了灵活性和透明度。

集团公司也改革了内部治理结构和决策机制。集团公司董事会共有9位董事，其中5名分别是5家子公司的董事长，1名负责技术的董事来自于原国家铁路，另两名董事来自于企业界，董事长由联邦政府任命。监事会有20名成员，来自于资方和雇员的监事各占一半，都是财政和经济方面的专家，其中国家委派的监事有2位国务秘书以及财政部和交通部的副部长。监事会主席由董事会主席兼任。这种治理结构在满足分散经营同时又便于统一管理。

路网公司拥有线路、信号和供电系统等全部设备，代表国家管理铁路线路设施，并对外出售、出租线路、运行图和运行线的使用权，同时收取相应的线路使用费。

短途客运是指路程在50公里以内或者运行时间在1小时以内的旅客运输，如城市快速铁路列车、地区快车和地区普通旅客列车运输方式。尽管短途运输的营业额非常巨大，占全部营业额的2/3，但由于德国铁路公司承担了大量的公益性短途运输，营业收入仍低于成本费用，短途客运整体上处于亏损状态。改革后，票价仅占短途客运营业收入的1/3，国家和地方客运部门根据政策予以的补贴约占2/3，补贴以后基本上能够保本微利。

长途客运主要指旅程时间在1小时以上或路程50公里以上的运输，包括高速列车、欧洲城际特快列车、城际快速旅客列车和地区间直达旅客列车等运输方式。近年来，为保住市场份额，德国铁路公司一直在提高旅客列车的速度。随着高速列车运行范围的不断扩大，长途客运量和旅客周转量有了一定的增长。

货物运输方式主要有直达式货物运输、集结式整体货物运输和铁路公路联合运输等。货运公司向路网公司租用列车编组设备和运行线路使用权，并支付相应的费用。

车站和服务公司拥有车站和房舍的所有权，主要为客运公司提供服务，同时从事其他住宿、餐饮、零售等业务。车站和服务公司站是按照使用的车站设备、建筑设施等固定资产来收费的，费用的额度与旅客周转量有关。

由上可知，德国铁路系统分成路网、运输和车站三大业务板块，其中运输又分成货运和客运两条业务线，而客运又分为长途客运和短途客运。市场细分成多个业务板块，各业务板块分别由独立的子公司在运作，母子公司之间以及各子公司之间在市场化原则下交流合作，共同组成了高效有序的铁路系统。

德国铁路公司经过一段时间的改革后，经营效益仍未提高，市场份额仍在下降。经过深入调查研究发现，根本原因是铁路运输的服务质量没有改善。铁路在短途运输方面有汽车的竞争，在长途运输方面则有航空的挑战。铁路运输如果服务质量不能提高，则将腹背受敌，无立足之地。认识到这一点以后，德国铁路公司开始提高运输服务的质量，其市场份额止跌回升。

• 第三阶段（2000年以后）：按照原计划，德国铁路公司在1999年以后将被依法解散，解除国有控股，5个子公司也独立运作、自主经营，分别上市，从而最终实现私有化。截止当前，德国铁路运输仍没有摆脱国家控股、垄断经营的局面，德国铁路公司现在仍处于“私有化经营，国家100%控股”的管理方式。

目前，德国国内围绕铁路的私有化出现了两种观点：一种观点认为，铁路基础设施坚持国有而铁路运营应当私有化；另一种观点则认为，铁路基础设施和铁路运输均应私有化。由于并没有形成一致观点，德国铁路公司及其子公司仍在继续运营，其在私有化改革方面仍有待继续深化。由此可见，铁路改革是一个巨大的、系统性、长期性工程。

总体而言，改革给德国铁路公司注入了勃勃生机。1993～1998年，德国铁路公司的运输量增长了10.7%，运输人数增加了18%，客运量增长了12.0%，货运量增加了14.9%，营业额增长了10.6%，扣除价格影响，劳动生产率提高了113%。德国铁路公司通过改革降低了成本，扭转了亏损，提高了效益，基本达到了改革前改善经营环境的预期目标。

（三）全球化阶段（20世纪60年代中期以来）

由于经济发展并不乐观，客运市场萎缩，物流市场的竞争越来越激烈，燃油成本也居高不下，德国铁路公司的经营业绩不断下滑，这也直接影响了其私有化改革的推进。从20世纪60年代中期以来，差不多在国内改革的同时，德国铁路公司把眼光投向了全球市场，开始了全球化拓展。亚太地区由于经济、贸易、物流等发展迅速，成为德国铁路全球拓展的重点。

德国铁路公司的全球化战略主要体现在物流领域，并且是通过旗下最重要的子公司——辛克公司来实现的。

在中国香港，辛克公司于1966年成立了其亚洲分部，作为其进军亚洲的桥头堡。

在中国内地，辛克公司自20世纪70年代开始进入，至今已在中国内地沿海的大部分城市设立了分部，业务范围由当初的单一的货代公司向全方位的物流提供商发展。辛克公司除了通过合资公司在北京首都机场、上海外高桥保税区附近分别投资兴建了物流中心外，还在中国内地沿海大部分地区都设立了分部。

在东南亚，辛克公司在新加坡和泰国均建立了物流基地。新加坡的物流中心于2000年启动，可以提供从采购、仓储到运输的一站式服务。辛克公司还在泰国的兰恰邦（Laem Chabang）、曼谷和科列（Korat）均建立了物流基地。

在印度，辛克公司从1996开始进入印度市场后，成功打造了优质的品牌，成为印度国际货代的首选。

三、德国铁路公司的收购案例

由于德国客运市场萎靡不振，德国铁路公司在长途客运方面的市场份额也不断减少。自 2001 年起的短短 3 年内，连续亏损超过 8 亿欧元（2001 年亏损 2.04 亿欧元、2002 年 4.54 亿欧元、2003 年 1.72 亿欧元）。

鉴于客运市场的萎缩和客运业务的下滑，德国铁路公司把目光投向了物流市场，开展了一系列的收购活动。

（一）收购辛克公司

辛克公司起源于奥地利维也纳，1928 年把总部迁到柏林，1931 年被德国铁路公司第一次收购。在随后的 60 年里，辛克公司依靠德国铁路公司的支持，从一个立足欧洲的运输公司发展成为全球领先的物流企业和国际货代公司，位居全球物流收益榜的第 2 位，其业务涵盖货代、物流整合服务、供应链管理甚至奥运会展等特殊物流服务。1991 年，由于业务调整的需要，德国铁路公司把辛克公司卖给了斯廷内斯公司（Stinnes）。

2003 年 10 月，德国铁路公司收购了德国物流巨头施廷内斯，辛克公司也被买回来了，还把原来旗下的货运部（DB Cargo）整合到施廷内斯公司中。成功收购施廷内斯公司后，德国铁路公司的货运量迅速增加，在 2003 年的营业收入高达 2.88 亿欧元。目前，施廷内斯公司的铁路运输和陆上运输排名欧洲第 1，国际海运排名第 3，国际空运排名第 5，国际展会物流方面也是高居榜首。施廷内斯公司旗下包括辛克公司、货运物流部（Freight Logistics）、联合运输部（Intermodal）和铁路运输部（Railion）四大块，其中，辛克公司的业务量占施廷内斯公司总营业额的份额超过了 50%。

德国铁路公司的货运物流部主要经营大体积货品物流，如矿藏、化学肥料等；联合运输部则以合并交通运输为主要业务；铁路运输部的前身是德国铁路的货运部，在荷兰和丹麦都有分部，是欧洲最大的铁路运输公司，在海空联运上的也有相当大的影响。

辛克公司内部又划分为四大部门：喷气货运（SCHENKER Jetcargo）部门，主营普通货物定时运送和特殊货物流通；航空系统（SCHENKER Aeroparts Systems）部门，负责与航空产业对接的物流设计和服务；海运（SCHENKER Marine）部门，为船主、船公司和造船商提供专门的服务；喷气快递（SCHEN-

KER Jetxpress）业务部门，进行门到门的快递配送。在 2004 年雅典奥运会期间，辛克公司处理的空运货物超过 2 000 吨、海运集装箱超过 1 000 个、往来欧洲各地的满载货车达 1 000 辆。

（二）收购伯灵顿环球公司

2005 年 10 月，德国铁路公司收购了另一物流巨头——伯灵顿环球（Bax Global）公司，德国铁路公司的年营业额从 2004 年的 150 亿美元跃升至 2005 年的 270 亿美元。收购伯灵顿环球公司后，德国铁路公司的铁路和陆路运输实力欧洲第 1，空运实力全球第 2，海运实力全球第 3。

2006 年，德国铁路公司将旗下的运输与物流业务以及伯灵顿环球公司和施廷内斯公司等所有物流业务整合成物流部（DB Logistics），由其统一经营运作。在短期内，伯灵顿环球公司和辛克公司将仍然沿用各自的品牌；但从长远来看，DB Logistics 将逐步取代这些品牌，走统一品牌的全球扩张战略。

最近，德国铁路公司又宣布要把公司总部从柏林迁往汉堡，并收购汉堡港口和物流公司。长期以来，由于总部所在的柏林处于内陆，德国铁路公司的物流立足点只能是陆上，这大大限制了它的发展。汉堡是德国有名的天然港口，再加上整合辛克公司、伯灵顿环球公司的物流体系，德国铁路公司将一举突破发展瓶颈，其私有化改革进程也将大大加速。

通过在物流领域的收购和整合，德国铁路公司不仅弥补了亏损，及时扭转了业绩下滑的趋势，而且为进一步发展奠定了基础。

四、德国铁路公司发展历程的启示

德国铁路行业的改革可以总结为三个阶段，首先是市场化改革，其次是多元化经营，最后是国际化并购。对中国铁路行业而言，当前最迫切的任务是进行市场化改革。

（一）立法保障

与其他行业改革相比，铁路改革具有复杂性、艰巨性和长期性等特点，其难度和广度可想而知。没有权威的法律性文件来推动改革的步伐并保障改革的成果，铁路改革很难取得实质性进展。

经过总结多次失败的教训，德国于1993年12月27日通过了关于铁路改革的《基本法》修正案和《铁路新秩序法》等一系列法案。德国铁路随后进行的各方面的成功改革都是遵循这两个法律设定的方向来推进的。

虽然所处行业不同，但开发银行的改革也同样具有复杂性、艰巨性和长期性等特点，我们可以借鉴德国铁路改革的成功做法，由国家有关部门对政策性银行以及开展政策性业务的银行进行立法，对其资金来源、监管标准、财务结算、资本回报等一系列重大问题进行规定，以便政策性银行及开展政策性业务的银行在日常经营中能够有所遵循。

当然，在立法的过程中，开发银行等具有政策性业务的金融机构应当积极参与，通过听证会、论证会以及给有关部门发送意见函等手段充分反映实践中存在的问题以及可资借鉴的成功经验。立法的过程就是相关方利益博弈的过程，主持立法的部门应当公开征询各方意见，利益相关方也有责任协助立法部门制定出一部能有效规范现实问题、便于实际操作的法律。

（二）混业经营

2003年，德国铁路公司收购了德国物流巨头施廷内斯公司及其旗下的辛克公司；2005年，德国铁路公司又收购了物流巨头伯灵顿环球公司。自进入物流领域以后，德国铁路公司一举扭转业绩下滑的颓势，加快了发展壮大的进程。

无论是处于不同行业德国铁路公司的改革经验，还是国内外金融同业的发展事实，抑或抵御金融风险的客观需要，都充分说明金融机构要实现做强做大和良性发展，必须实现业务多元化亦即混业经营。混业经营不等于银行等金融机构将银行、保险、证券等业务混为一起，而是建立金融控股集团公司，母公司及其旗下的子公司分别经营银行、保险、证券甚至实业等业务。只有开展多种业务，才能满足客户各层次的需要，才能在激烈的竞争中立于不败之地。

开发银行目前具有国开金融、国银租赁、国开证券、中非基金等多家子公司，实现了投、贷、债、租等业务的多元化。开发银行应充分发挥这种多元化的业务优势，进一步加强内部资源整合和金融产品组合，进一步加强母子公司间的合作和总分支机构间的联动，进一步精简业务流程并优化风险控制措施，迅速做强做大，为政策性银行的改革探索出一条成功之路。

（三）渐进实施

铁路行业属于国民经济的基础部门，对国家的发展战略具有极其重要的意义，铁路改革被称为世界性的难题，牵一发而动全身。德国铁路改革从20世纪50年代开始，到21世纪初才基本告成，期间历经近50年时间，改革的总次数达到17次之多，即便至今尚有一些难点问题有待解决，这也从一个侧面反映了铁路改革的复杂性和艰巨性。所以铁路改革必须从总体上设计规划，而且要分步、分阶段地渐进实施，不可急于求成。

中国铁路目前尚处于发展阶段，不少地区铁路网线还尚未修成，已通车的线路中很多运力相当吃紧，高速铁路网的修建方兴未艾，一些老式列车至今仍在运行……可以料想，中国铁路的改革难度、广度将远胜于其他国家。因此，中国铁路的改革要坚持在国家的统一领导下，走一条"先规划布局、后分段实施，先局部试点、再全国放开，先改革运力紧张线路、再推广至整个路网"的渐进式改革之路。

德国铁路公司改革历程还给我们留下政企分开、网运分开、商业运作、全球拓展等方面的启示，这些启示需要我们在今后的工作中结合具体实际加以灵活运用。

（黄　安）

参考文献

[1] 林淼：《德国铁路改革的启迪》，维普资讯 http：//www. cqvip. com/。

[2] 柳进、陶然、金祖德：《德国铁路改革与发展模式的分析和思考》，维普资讯 http：//www. cqvip. com。

[3] 王少聪、吕君：《德国铁路民营化改革的经验和启示》，http：//www. cnki. net。

4

亚洲航空巨人的陨落：日本航空

2010年1月19日，以收入排全球第3、亚洲最大航空公司——日本航空公司（Japan Airlines International Co. Ltd.，简称“日航”或JAL）及其旗下两个子公司向东京地方法院申请破产保护。日航陷入危机让世界震惊，这一有着近50年历史的航空公司截至申请破产之时，公司的总市值只有1.5亿美元，还比不上一架全新的波音787客机。

一、亚洲航空业巨人——日本航空

日航总部位于日本东京都品川区，主营业务为国际客运及货运业务，是“寰宇一家”航空联盟成员之一。日航创建于1951年8月，曾是日本乃至整个亚洲规模最大的航空公司之一，飞往全球35个国家的220个机场，包括日本的59个机场，拥有国际客运航线超过250条、国际货运航线28条、国内航线143条。日航连同其7家附属的航空公司提供的国际、国内航班每天超过1 200班次，每年运输的旅客超过5 500万人次。在2009年《全球500强排行榜》上，日航成为亚洲唯一一家入选的航空公司，位列第474位。

受国际金融危机、甲型H1N1流感等因素影响，全球航空运输量持续下降，日航也未能幸免。据日本共同网报道，日航于2010年2月26日公布了2009年4月～12月财务报告，净亏损额高达1 779亿日元（约合人民币90亿元），创下2002年与日本佳速航空合并后的新低；国内航线的乘客数较2009年同期减少11.0%为2 841万人，国际航线减少了8.2%为815万人，营业额较2009年同期减少26.6%跌至11 448亿日元；总资产为16 827亿日元（约合185亿美元），总负债为15 235亿日元，负债率高达91.8%。近乎资不抵债的处境显示了日航已陷入严重的经营危机。

2010年1月，日航向东京地方法院申请破产保护，成为日本历史上最大破产案之一。其股价经过多日暴跌，1月19日收盘时已跌至历史最低位，收于5日元，较2009年3月高点时每股211日元缩水了98%，相比2003年最高时的366日元，跌幅高达98.6%。而在日本，5日元“连一根特价黄瓜都买不到”。2月20日，日航（股票代码：Tokyo9205）正式从东京、名古屋、大阪三个交易所摘牌退市。日本航空，这家战后成为日本经济骄傲的公司，其破产的消息犹如一颗炸弹爆炸，全世界为之震惊。

二、日航发展史

随着日本经济起飞，日航曾经一度辉煌，其优质的服务曾获得全世界的赞誉。日航的腾飞伴随着的是日本经济爆发性增长，日航的成功也是这个国家复兴的象征。日航曾与日本其他企业一同发展，进入了他们想统治的市场，一旦日航运营了一条飞往别国的航线，当地的马路上就会塞满了丰田汽车，当地居民的家里摆满了索尼电器。然而，时过境迁，在日航私有化的3年后，日本经济泡沫爆破，整个国家进入了长达20年的衰退，日航正是日本企业处于危机中的商业典型。因此，日航的破产是日本遭受的对国家荣誉的最大打击之一。

（一）创建之初

第二次世界大战战败后，日本完全丧失了航空力量，其领空完全被战胜国和中立国的航空公司占领。1950年，朝鲜战争爆发，美国处于自身利益的考虑，一方面限制日本军用航空事业的发展，另一方面对民用航空领域放松了管制，日本政府也借此机会成立航空公司，助推日本经济重新增长。

1951年8月，日本航空株式会社成立，是一家私营航空公司。同年10月

25 日，日航使用 3 架西北航空的 Martin 2—0—2 飞机开始服务东京至数个国内城市的航线。成立之初，日航虽然有经营权，但在营运上受到种种限制，不允许拥有飞机和使用自己的驾驶员，飞机和飞行员都是从美国的几大航空公司借用。

（二）国有化时期

1953 年 8 月 1 日，日本国会通过《日本航空株式会社法》，日本政府收购日航的一半股份，成立了新的国营上市航空公司，日航进入国有化时期。日本在 20 世纪 50 年代至 60 年代末约 20 年的战后复兴期进入高速成长期中，保持了年均 10%以上的经济发展速度，日航也在此期间逐步发展壮大，并成为世界航空业一支重要力量。

1954 年 2 月 2 日，日航开办第一条来往东京及旧金山的国际航线。在 1965 年之前，日航超过一半的收入都是来自美国的航线，因此日航向美国加强游说给予往东岸的跨大西洋航线的航权。1960 年，日航接收了首架喷射机——道格拉斯 DC—8。此后，日航陆续开办了多条国际航线。

1972 年，日本政府颁布《航空法》，日航获准以“国家航空公司”的名义开办国际航线，并被委派开办国内支线。在此之后，日航航线不断增加。

（三）私有化时期

日本 20 世纪 80 年代末以来泡沫经济形成和破灭，导致长期经济低迷。1982 年日航发生了因驾驶员饮酒而导致坠机的“东京湾事故”，1985 年又发生造成 520 人死亡的“御巢鹰山坠机事件”，之后日航的经营状况陷入长期的不安定状态，内部人事改革和波音客机的技术换代问题也迫在眉睫。日本政府曾从日航外部邀请日本著名企业家伊藤淳二出任日航会长。伊藤在处理劳资关系中素以铁腕著称，在企业管理上也有成功经验。但由于伊藤的改革触动了当时既得利益者，他任期不到一半便黯然卸任。

随着 1986 年新《航空法》颁布，日本另外两家航空公司——全日空及日本佳速航空公司（Japan Air System，其前身是东亚国内航空公司）获准自由开办任何航线与日航竞争，日航在日本的国际线垄断地位崩溃。1987 年 11 月

18 日，日本政府将其拥有的日航 34%的股份全部出售，至此日航再次成为全私有化的航空公司。

（四）兼并扩张时期

20 世纪 90 年代初，日航提出了一个“Group 综合力”的口号，希望摆脱其“运输业”的形象而主动自我定位为“综合生活文化产业”，在国内建构起一套服务更广、更完备的体系。2002 年 10 月，日航重组并购日本第三大航空公司——日本佳速航空公司，成立了新的控股公司——日本航空系统（Japan Airlines System），组成了日航集团新的核心。以乘客量来计，日航当时为全球第六大航空公司；以收入来计，日航全球排名第 3。

2004 年日航集团成立。日航集团业务与产品包括：定期航班、不定期航班、飞机维修服务以及酒店、配餐、金融、文化出版、机场相关服务、豪华车队、信息、油料和休闲旅游等。2005 年，日航集团拥有日本空中通勤（Japan Air Commuter，JAC）、日本航空快运（JAL Express，JEX）等 7 家附属航空公司，其他下属公司和关联公司等共计 380 多家。2008 年 4 月 1 日，日航集团又吸收日本亚细亚航空（Japan Asia Airways，JAA），成为名副其实的超级航空业巨人。

（五）产业衰退时期

2005 年，航空燃油价格飞涨令全球各大航空公司受损，供不应求的紧张形势令航空燃油的价格提速甚至超过了原油。国际航空运输协会（IATA）发布消息称，由于燃油价格上涨导致全球航空业 2005 年可能蒙受 74 亿美元损失，而日航集团 2005 年全年亏损就高达 472 亿日元。

就在此时，日航集团在运营上也出现了一些问题，其中一个重要原因是出现了一系列与安全相关的事故，虽然这些事故并没有造成人员伤亡，但却影响了日航集团的声誉。2006 年，前任社长西松遥临危受命，采取了一系列改革措施。2007 年日航集团扭亏为盈，由 2006 年亏损 162 亿日元变为盈利 169 亿日元。西松遥在日航工作了 40 年，在其担任日航集团 CEO 的 4 年中，每日搭乘公交上下班、排队吃食堂、亲自上街派送传单；2008 年金融危机来了，他主动降低年薪；2009 年 12 月，西松遥还联合 70 名公司高管，集体放弃当月工资，以便进一步压缩营运成本，但这些举措仍然未能挽救日航集团。

（六）破产重组时期

2010 年 1 月 19 日，日航集团及其旗下两个子公司向东京地方法院申请破产保护。日航集团破产带来一系列负面影响，有可能给日本第二大银行瑞穗金融集团造成巨大损失，其旗下的企业银行部门有可能无法收回投放给日航集团及其附属公司的总额为 11 亿美元的贷款。根据日本《企业再生法》，日航集团原有的股东将被全部“消灭”，有政府背景的“企业再生支援机构”（ETIC）被任命为日航集团的受托人，负责其重组，并对此进行短期注资。另外有着“经营之神”美称的日本京瓷公司领袖稻盛和夫成为日航集团新任董事长兼 CEO。

上任以来，稻盛和夫对日航集团进行了一系列改革。2010 年 8 月，日航集团先后将旗下酒店业务 79.6％的股份和中关西国际机场的 3 家地面服务子公司出售，日航集团还计划出售诸如食品餐饮和分销等领域的其他非核心子公司。此举的主要目的在于将经营的重点以及主要精力放在航空业务上。

此外，在日航集团在 2010 年 4 月公布了 2010 年航线变更计划，从 9 月底至 2011 年 3 月，日航集团将依次撤销 45 条航线，以降低营运成本。同时在一些航线淘汰大飞机，改用更具效率的小飞机。

对日航集团影响最为深远的改革可能是大规模的裁员。日航集团复兴计划的最终方案提出，到 2014 年年末，集团总人数将比 2008 年年末减少 19 133 人，2010 年日航集团将裁员约 1.6 万人。出于削减人力成本的考虑，留下来的员工工资和奖金也将大幅下降。

据媒体报道，稻盛和夫上任做的第一件事情，就是给他亲手创办的以培养年青一代经营人士为宗旨的“盛和塾”的每一位成员发了 100 张卡片，并恳请他们多多乘坐日航的飞机。当乘坐飞机时，这些成员可将卡片递给日航的任何一个工作人员，卡片背后有盛和塾成员写下的祝福。卡片的背面有这样一行文字：“请坚持下去，我们相信你。”奇迹在半年之后出现。日航 2010 年 4 月、

5 月、6 月三个月财务报表核算居然出现了盈利。日航并未公开宣布这一业绩，但日航执行董事、中国区总代表横田惠三郎已经向《经济观察报》证实了这一消息。如果考虑到稻盛和夫接手前 3 个月日航的月亏损额仍达到 20 亿～30 亿日元，这一成就确实令人惊叹。

三、日航案例研究

1985 年 8 月 12 日，日航波音 747 发生坠毁，520 人遇难，不仅开创了环球航空史上单一飞机死伤最惨重的一起空难，而且空难后产生的大量经济赔偿、对日航品牌的冲击、公众对航空业信任度大幅下降等问题，严重影响了日航的发展。加之营运成本过高及日本经济神话的破灭，本质为官商的日航加速进入产业周期性衰败的进程。综合分析，日航濒临破产的原因是多方面的，既有其自身经营管理问题，也有经济衰退等外部影响。

（一）外部原因

1. 泡沫经济。日航的发展与衰退从一个侧面反映出了日本经济发展脉络，日航的腾飞伴随的是日本战后经济的快速复兴。然而，日本 20 世纪 80 年代末泡沫经济出现，90 年代初泡沫破灭，日本经济出现大倒退，此后进入了经济大萧条时期。泡沫经济破灭之后 20 年的“日本漂流”状态，让日航失去高速发展的动力。特别是 1997 年、1998 年的亚洲金融危机，2001 年的美国“9·11”事件，2003 年的全球 SARS 肆虐，2008 年的全球金融危机、甲型 H1N1 流感，加上原油价格飙升、日本经济衰退等等因素，日航的萎靡不振其实就是日本经济的缩影。

2. 高速铁路冲击。20 世纪 70 年代，以新干线为代表的高速铁路在日本迅速发展，也成为日航由全盛转衰的最初起点。由于高速铁路突破了传统铁路的速度瓶颈，且从成本上讲，无论是人力还是维护，高速铁路都占有绝对优势，加之安全性和便捷性，导致飞机在市场竞争中完全丧失优势。90 年代之后，日本国内线中最繁忙的线路是人口最集中的东京地区与京都大阪之间，而日本新干线的速度已将这段距离缩小到 2 个小时 20 分钟，新干线使相同路线的机票价格大幅下降，这对于日航的国内航线发展是一个沉重打击。受高速铁路冲击，日航的国内市场迅速萎缩，公司被迫转而拓展国际航线。2008 年金融危机爆发后，国际旅客大量减少。

3. 同业竞争。1986 年之前，日本航空业是日航一统天下，主要是在 1972 年颁布的“45/47 体制”，又被戏称为《航空宪法》的法规下运作。这个体制基本上是通过国家颁布法规来维护日航在国际线方面的垄断地位和国内线方面的绝对优势而制定的。在 1986 年新的《航空法》颁布之后，政府允许民间航空公司运营国际线，日航在日本的国际线垄断地位崩溃，全日空等航空公司迎来了发展的好时机。当年，全日空航空公司开展了定期国际航线服务，亦与美国航空达成协议，开办美国往成田的航线，从此进入了一个新纪元。80 年代全日空航空公司开辟了大量的国际航线，90 年代全日空航空公司持续把业务扩张至亚洲、北美、欧洲等地。1991 年全日空航空公司股票在伦敦股票交易所挂牌上市，1999 年全日空航空公司正式加入星空联盟，2004 年全日空航空公司盈利首次超越日航。全日空航空公司以经营国内航线为主，在日本主要城市之间拥有全面航线网络，在日本国内占有较大的市场份额，每天有 800 多个航班，接近日本国内市场的 50%，开办的国际航线通达 40 多个目的地。全日空航空公司以其专业的服务而闻名，致力于为商务旅行者提供最好的飞行服务。全日空航空公司在 1996 年成为最早为头等舱乘客提供 180 度完全平放座位的航空公司之一。全日空航空公司虽然也面对国际、国内相同恶劣的经营环境，但其主动性和灵活性不仅没有让公司出现经营亏损问题，而且业务蒸蒸日上。

4. 政府过度干预。日航最初是以半官半民的身份创建，多年来从未真正摆脱政府的控制。在日本前执政党——自民党长期执政时期，日航成为其拉动就业的政策工具。一些官僚喜欢搞“面子工程”，为了拉拢地方选票，大兴土木，肆意建造地方机场。日本的国土面积仅相当于中国的云南省，但却有超过 200 家机场。由于没有充足的航空市场，机场建成后新航线客座率较低，很少有航空公司愿意经营这样的亏本航线，政府则半强制性地要求日航开设航线，强制飞行不盈利的航班最终给日航造成了巨大的经济损失。此外，日航长时间的垄断性政府定价是其在国际航空业溃败的主要原因。由于政府的垄断，日本的航空自由化协议迟迟得不到落实。

也正由于地位特殊，日航先后多次得到政府援助。这虽然避免“短痛”，却错失结构调整、实现改革的良机。实际上，过去几年里，日航曾三次接受日本政府注资，却依然无力改变亏损局面。

（二）内部原因

1. 过度扩张。日航采取的是典型的日本所推崇的所谓“放漫型经营”，表现在过度投资在与本业不相关的领域。日航下属公司及关联公司众多，最多时达到380多家，其中既有与航空业务有关的常规性的定期、不定期的航班业务及飞机维修服务，也有酒店、金融、豪华车队、信息、油料、旅游及文化出版等业务。这一壮观而周到的经营体系并没有给日航带来客观的收入，反倒因为过度经营航空业以外的副业使公司臃肿不堪、运作不畅。这些关联公司间经营内容同质化的情况严重，效率低下。据统计，日航下属的关联公司之间的交易额占集团所有交易额的67%，而这些交易均需支付税费，增加了成本。在金融危机中，这些公司不仅没有保证日航的投资安全，反而给日航增加了沉重的负担。

2. 成本过高。日航的人工费用过高。日航的收入高、福利好在日本是很有名的。日航内部员工月工资比其他企业同等学历同等年龄的人高出2倍，同时每年还要领取6个月工资额的奖金。例如，日航飞行员的平均年薪为1 834万日元，地面职员为676万日元，客室乘务员为589万日元。日本另一家航空公司“蓝天之星”飞行员的平均年薪为638万日元，地面职员为372万日元，客室乘务员为273万日元。由此算出，日航地面职员的收入几乎是“蓝天之星”的1.8倍，飞行员收入为“蓝天之星”的2.8倍，客室乘务员收入为“蓝天之星”的2.2倍。养老金也使日航成本居高不下，有8 000多名退休者享受着高额年金。截至2009年，日航的养老金缺口高达3 300亿日元。高待遇的背后是沉重的成本负担。日航工会是日本势力最强大的工会之一，每年春季要求增加工资的“春斗”闻名全国。

四、前车之鉴：日航危机对中国的启示

金融危机爆发给全球航空运输业造成了巨大冲击，自从世界各国政府出台一系列金融和经济拯救措施之后，全球金融危机蔓延的势头得到有效遏制，各国实体经济下滑的态势得到控制，世界经济回暖迹象有所显现。种种迹象表明，全球经济已经或者逐渐摆脱衰退，正在进入“后金融危机时期”。跨行业经营、高速铁路冲击、高昂成本、对政府注资的一味依赖等等使日航第一个倒下的，但日航不一定是最后一个。后金融危机时期中国民航运输业该何去何从，曾经被称为“日本的骄傲”的日航的破产重组带给中国企业的警示在哪里，应该总结一下。

（一）加强成本控制

航空公司是风险高度密集的企业，尤其石油风险和市场波动，都会对它产生巨大冲击。不计成本的经营方式也最终导致日航入不敷出，日渐亏空。在航空运输产业链中，航空公司处于市场的最前端，其收益弹性很大，但成本大多是刚性的。根据国际航空协会公布的数据，2001～2009 年，全球航空公司 7 年亏损、1 年盈利、1 年持平，累计亏损 547 亿美元；我国航空公司 6 年盈利、3 年亏损，累计亏损 30 亿元人民币。

国有大型航空公司应在服务创新、成本控制上多下功夫，可吸取春秋航空公司等廉价航空公司的经营之道，专注于航空运输业的核心业务，坚持低成本运营。以春秋航空公司为例，让飞机“少背东西少喝油”是其日常运营理念。公司目前设有航油、采购与日常管理等 6 个降成本委员会；飞行路线是经过精密计算的，1 公里都不会多飞，同时减少飞机上不必要的读物，光这一项，每年就能为公司节省上百万元。通过选择合适的国际性航空联盟，航空公司能够在飞机及部件购买、备用配件库存、旅客处理服务等方面相互协助，在提供优质服务的同时降低成本，增强自身竞争力。

航空业具有高投入、高风险的特点，同时它主要承担远程运输和参与国际

竞争，对其规模网络化经营具有很高要求，因此航空运输业是企业重组兼并最为频繁的行业之一。航空公司并购重组，既能实现规模效益，又能完善航线网络布局，强者将会更强。但是要注意规模扩张与经济发展的协调性，处理好主业与副业的主从关系。

（二）对抗高速铁路冲击

2009年年底，世界上里程最长、时速达350公里的武广高速铁路开通运营，宣告中国高速铁路时代的来临。按照中国铁道部2008年年底调整的《中长期铁路网规划》，我国将铺设一个以“四纵四横”为骨架、时速在200公里以上的客运专线网络，里程增至1.6万公里，其中1.3万公里将于2012年便可投入运营。这意味着，届时我国将基本建成巨大的全国快速客运网，形成以北京为中心，到全国绝大部分省会城市的1小时至8小时交通圈，给人们出行带来极大便利。

民航专家预测分析，“四纵四横”的高速铁路网络形成后，几乎覆盖了我国经济最发达、人口最密集的地区，将涵盖中国民航58%的市场。高速铁路网络的建成，中国民航如何寻求并存共赢已成为迫在眉睫的问题。

通过总结和借鉴国外航空业应对高速铁路挑战的成功案例发现，对抗高速铁路冲击最有效的手段之一是“避短线开长线”，尤以国际航线为重。20世纪90年代，“欧洲之星”启用、法国高速铁路的升级换代，包括法国航空公司、德国汉莎航空公司在内的众多欧洲航空公司迅速作出反应，纷纷停运航程少于3小时的短程航线，增加国际航线，将高速铁路冲击造成的损失降到最低。

此外，民航总局于2010年年初组建“高速铁路对民航发展的影响及政策建议”调研组，最终给出的建议是发挥政府的积极作用，促成空铁联运，以合作共同做大市场。据悉，国外早已形成了完备的高速铁路运输系统。2002年法兰克福机场、汉莎航空与德国铁路公司三方共同推出无缝隙化的空铁联运服务，火车票可以通过汉莎航空公司订票网络预订，铁路公司也将发车时间配合转机时刻，旅客在火车站办理登机手续并托运行李，到机场便可直接登机。全球大概共有120座机场建立了无缝隙化的空铁联运大型综合交通枢纽，与高速铁路形成共存互补的市场关系。

（三）深化国有企业改革

日航事件对中国国有企业的影响应当是深刻的。日航作为老国有企业，受到政府多年的"关照"，不惜颁布法规来维护日航的垄断地位和绝对优势，以此规避国有企业与民营企业之间的内部竞争。

我国的国有企业特点和日本国有企业类似：一是"软预算"；二是人事安排受到政府控制。在自民党政府当政时期，日本有些重要部门的官员退休或者提前退休时会到一些国有性质的企业当负责人。他们都拿很高的工资，并且占有政府的财政预算。这些人有政府背景、人脉关系，拿到预算比较容易，企业有了失误也容易掩盖。这是政企不分的"尾巴"，使得企业和政府之间有着扯不清的联系，政府便于直接干预、指导企业的经营。受到各种导向性政策的影响，国有企业的自主经营性必然不强，由于有国家资金撑腰，不用过多参与市场竞争，逐渐丧失企业竞争力。

鸠山民主党政府允许日航破产，关键是想向外界昭示日本政府对国有企业政策转变的态度和决心，让外界和国内知道，政府不会保护低效率的亏损企业，而是由市场决定企业的存亡，让它们和更多的民营企业竞争。这一做法，能够避免再出现类似日航这种体制臃肿、靠财政吃饭、没有竞争力的特大型企业，逼迫他们转变为未来的由市场竞争起主导作用的企业。

中国国有企业包括中央和地方的有两万多家，其中航空业有中国国际航空公司、中国南方航空公司、中国东方航空公司等。国家只有将国有航空企业完全推向市场，实现政企分开，才能真正成为市场的主体，从而改变国有企业机构重叠、人浮于事的状况，改善现有航空企业股权结构，加快产业布局结构调整；同时，为民营航空公司发展创造更加宽松的政策环境，进一步规范航空运输市场，促使民航业逐步走上良性循环的发展之路，为实现我国从民航大国向民航强国转变奠定良好基础，提升我国民航的国际竞争力。

总之，航空运输业属于高敏感度行业，能源、资金、市场、消费者偏好，乃至国际政治、军事、外交，以及国内社会治安、民风民情等方面发生变化，都会使其受到一定影响。面对这样的行业特点，航空公司不应逃避、漠视，而应灵活应对，从自身找原因、从市场找对策，做好成本控制，寻找与高速铁路并行发展、彼此促进的经营之路；同时，还应根据本公司、本国的实际情况，优化国内航线，积极寻求同业合作，寻找合适的战略合作伙伴，努力融入全球航空网络。

（徐杨　钱丹丹）

参考文献

[1]《日本航空公司2009年4—12月净亏损1 779亿日元》，日本共同网，2010年2月26日。

[2] 张舒：《日本航空运输业发展的现状、成因及对策》，《现代日本经济》，1999年第3期。

[3] 文琳：《日航：滑向深渊的垄断者》，《南方周末》，2010年1月20日。

[4] 亚夫：《亚洲最大航企日航摘牌　三方面教训值得记取》，《上海证券报》，2010年1月21日。

[5] 柴莹辉：《经营之圣稻盛和夫：拯救日航沉重大象》，《中国经营报》，2010年6月18日。

[6] 张邦松：《改造日航：稻盛和夫的"精神胜利法"》，《经济观察报》，2010年8月21日。

[7] 赵海建：《日航破产启示：面子工程、大锅饭不能救企业》，《中国产经新闻报》，2010年1月28日。

[8] 王安：《稻盛和夫救驾日航》，《中国青年报》，2010年2月10日。

[9] 王智宇：《高铁发展猛于油价上涨　谁会是下一个日航?》，《新闻晚报》，2010年1月31日。

[10] 冯青：《每股一日元惨淡收盘，是谁拖垮了日本航空?》，《第一财经日报》，2010年3月2日。

[11] 江华、范笛：《专家称"四纵四横"高铁将冲击六成民航市场》，《南

方都市报》，2010 年 3 月 17 日。

[12] 张梦：《铁道部人士称“空铁联运”有望在两年后实现》，《观察与思考》，2009 年 12 月 18 日。

[13] 谢功梅：《海航停飞长沙至广州航班　或因受武广高铁冲击》，《潇湘晨报》，2010 年 1 月 26 日。

[14] 孟岩峰：《车快跑成“高铁” 民航谋动“空地大战”》，《数字商业时代》，2010 年 2 月 1 日。

[15] 周健：《高铁再逼民航　东航提议空铁联运取消短航线》，《上海商报》，2009 年 11 月 26 日。

[16] 肖玮：《机场协会向民航局提出空铁联运方案》，《北京商报》，2010 年 3 月 17 日。

[17] 朱庆宇：《“后金融危机时期”航空运输业何去何从?》，《中国民航报》，2009 年 12 月 23 日。

[18] 李军：《当前我国航空公司发展的几个问题》，《中国民航报》，2010 年 2 月 5 日。

[19] 邹建军：《日航破产保护对于中国民航来说挑战大于机会》，民航资源网，2010 年 1 月 23 日。

[20] 钱春弦：《刘绍勇代表：建议在国家层面确立民航战略地位》，新华网，2010 年 3 月 9 日。

5

建筑业翘楚的成功之道：万喜集团

一般而言，具有最大建筑市场的国家往往会促成最大的建筑商，美国、日本、法国、中国、西班牙、英国和德国被认为是世界上七个最大的建筑市场，这些国家的建筑企业也分得了全球市场最大块的蛋糕。进入 2008 年以来，受美国房屋建设市场的崩溃、日本市场的停滞不前，以及中国市场的持续繁荣等多方因素影响，世界最大建筑公司排名开始发生变化。

一、集团概况

万喜集团（Vinci Group）的前身可以追溯到 19 世纪，但真正合并更名“万喜”是在 2000 年，至今不过十几年的时间，却已迅速崭露头角，在同业中成为领跑者。万喜集团是巴黎股票交易所上市公司，下属分支机构 2 500 家，遍布全球 100 多个国家和地区，其中有很多是在法国甚至欧洲都很有名的大建筑企业。说是大建筑企业间的兼并联合造就了万喜集团，使其成为世界上最大的建筑工程企业之一，丝毫不夸张。

万喜集团业务分布广泛、市场表现优秀。在中国市场上，万喜集团参与过大亚湾核电站、二滩大坝、小浪底地下发电厂、上海金茂大厦、成都 BOT 水厂等涉及能源、环保多个领域的工程项目建设。此外，为中国国家体育场担任过项目管理顾问。

（一）在同业及世界 500 强中的地位

万喜集团与同为法国企业的布依格集团（Bouygues Group）多年来在同业中一直处于领先地位，直到 2010 年，状元和榜眼方被两家中国最大的铁路建筑承包商——中国铁道建筑总公司和中国中铁股份有限公司占据。

表 1　　2006～2010 年万喜集团在世界 500 强中的位置及同业排名情况

公司名称	国家	世界 500 强排名（工程建筑业排名）				
		2006	2007	2008	2009	2010
万喜（Vinci）	法国	223（2）	197（2）	169（1）	150（1）	162（3）
布依格（Bouygues）	法国	191（1）	193（1）	172（2）	156（2）	168（4）
豪赫蒂夫（HOCHTIEF）	德国	389（3）	362（4）	377（6）	319（7）	322（8）
ACS	西班牙	447（6）	413（7）	270（3）	241（3）	346（9）
中国中铁股份有限公司	中国	441（5）	342（3）	341（4）	242（4）	137（2）
中国铁道建筑总公司	中国	485（7）	384（5）	356（5）	252（5）	133（1）
中国建筑工程总公司	中国	486（8）	396（6）	385（7）	292（6）	187（5）

资料来源：北方网，http:/economy.enorth.com.cn/system/2005/07/05/001060964.shtml。

（二）业务板块介绍

万喜集团拥有万喜特许业务公司（Vinci Concessions）、万喜能源公司（Vince Energies）、万喜路桥公司（Eurovia）和万喜建筑工程公司（Vinci Construction）四大子公司。

1. 万喜特许业务公司。主要提供建筑设计、成套工程、工程融资、项目管理等服务，在道路基础设施高速公路建设、智能停车场建设、空港管理及服务上有很强业务能力。总体看，业务主要集中在高速公路，其营业额大部分来自于法国。

2. 万喜能源公司。业务领域包括能源基础设施（包括能源运输、电力输送与变电、城市照明）、工业能源（电力输送、电力销售与计量、气体处理、火灾防护等）、服务（能源网络、空调工程、火灾防护、大厦技术服务、保安服务）和电讯（电信基础设施及企业视—数—声—体化传输网络）。

3. 万喜路桥公司。主要参与道路和桥梁建设，包括普通道路和高速公司的设计、施工、改扩建和道路维护等。此外，它还开展市政、工业和商业设施的规划，以及工程物料生产和回收利用等业务。

4. 万喜建筑工程公司。这是法国建筑行业骨干企业，除本国外，在欧洲、非洲及全球开展民用工程、水利工程、多种技术维护、工程服务等多种业务。

（三）收入构成

1. 收入的业务类型分布。从表 2 数据可以看出，对营业额贡献最大的是建筑业务，其收入几乎占总营业额的一半。其次是路桥业务，这两项业务的营业收入占集团营业额的 70%以上。而在四大业务板块中，盈利能力最强的则是特许业务，其利润率远远高于其他业务。2005 年，万喜集团提出“做全世界最赚钱的建筑工程承包商”的战略目标。集团规模的逐步壮大离不开建筑和路桥业务的发展，而大力推动万喜集团实现“最赚钱的工程公司”战略目标的则是特许经营业务。

表 2　　万喜集团 2007～2009 年相关财务数据

<table>
<tr><th colspan="2">年　度</th><th>2007</th><th>2008</th><th>2009</th></tr>
<tr><td rowspan="4">营业额
（百万欧元）</td><td>特许业务</td><td>4 574</td><td>4 781</td><td>4 899</td></tr>
<tr><td>能源</td><td>4 301</td><td>4 614</td><td>4 339</td></tr>
<tr><td>路桥</td><td>7 706</td><td>8 183</td><td>8 003</td></tr>
<tr><td>建筑</td><td>13 653</td><td>15 722</td><td>14 549</td></tr>
<tr><td rowspan="4">利润率（%）</td><td>特许业务</td><td>38.3</td><td>38.6</td><td>39.1</td></tr>
<tr><td>能源</td><td rowspan="3">5.0</td><td rowspan="3">4.8</td><td rowspan="3">4.5</td></tr>
<tr><td>路桥</td></tr>
<tr><td>建筑</td></tr>
<tr><td colspan="2">资产总额（百万欧元）</td><td>34 298</td><td>35 850</td><td>37 795</td></tr>
</table>

资料来源：万喜主页 http：//www.vinci.com/。

2. 收入的地区分布情况。公司年报中披露的信息显示，万喜集团的营业收入仍以欧洲市场为主，占到总营业额的 90%，而来自法国本土的收入就已占到半数以上。

二、发展历程

（一）19 世纪末，创立阶段

万喜集团的前身是 GTM 公司和 SGE 公司。

1891 年，GTM 公司由马赛商人创立，创立伊始是为城市建造污水处理系统，后来这一工程被 Charles Rebuffel 发扬光大，使得 GTM 公司成为法国民用工程的领导者。

1899 年，SGE 公司创立。创始人是法国工程师 Alexandre Giros 和 Louis Loucheur。得益于电力和铁路建筑市场的蓬勃发展，SGE 公司迅速获得成功，在 1910 年成为该领域排名第二的公司。

（二）20 世纪，扩张及业务板块形成阶段

企业兼并动态上演，规模不断扩大，业务板块逐渐形成。

1. 1928 年，Bourdin et Chaussé 公司创立。创始人是 Sylvain Bourdin 和 Louis Chaussé，该公司起初主要致力于法国西部的市场。1977 年成为 SGE 公司的子公司，1985 年与路面制作商 Cochery 公司合并成立 Cochery Bourdin Chaussé。

2. 1972 年，GTIE 公司成立，后成为万喜集团能源与信息分部。

3. 1997 年 Cochery Bourdin Chaussé 与 Viafrance 合并成为万喜公路公司。

（三）21 世纪，万喜集团进入稳定的飞速发展期

2000 年，SGE 公司与 GTM 公司合并成立了现在的万喜集团，也使万喜集团一跃成为最大的全球承包商。

2005 年，万喜集团收购了 ASF 公司（Autoroutes du Sud de la France），成为了世界最大的特许高速公路私人建造商。

2007 年，万喜集团又再次成功收购了 Soletanche Bachy 公司，迅速增强了其在岩土工程和隧道工程方面的实力。

万喜集团在进行复杂的公司合并中不断优化集团业务构成与组织结构，从而能快速成长、占领市场，成为建筑承包商中的翘楚。

三、经营战略分析

建筑业是国民经济的重要物质生产部门，能够带动整个国家经济的发展和人民生活的改善，对经济增长贡献很大。作为世界顶级的建筑工程服务公司，万喜集团在建筑和特许经营等方面具有丰富的经验，其经营之道对正处于持续快速发展阶段的我国建筑企业有着重要启示。

（一）板块业务协同发展

万喜集团按照企业发展战略和性质，将旗下业务分为建筑、特许经营、道路和能源四家子公司。对于这样的业务组合，万喜集团有其自身的考虑，以追求集团各业务之间的协同效应为集团战略发展的出发点，在此基础上重点开发经营业务成为推动集团发展的主要动力。

考虑到建筑的经济周期可以按年计，而特许经营的经济周期以数十年计，且建筑相对而言所需的资金投入较少，特许经营则需要大量的资金投入，可以产生长期稳定重复的现金流，由此万喜集团坚持建筑和特许经营两个基本业务板块整合发展，是其持续健康发展的重要因素。

万喜集团作为法国建筑行业的骨干企业，建筑工程业务收入主要来自法国本土。虽然建筑承包业务量巨大，但是从整个行业的获利趋势看，建筑承包改变不了其利润稀薄的现状。为保障企业高效稳定的运作，万喜集团抓住长期盈利性增长的支柱——特许经营业务，使其迅速发展，尤其在道路基础设施、高速公路建设、智能停车场建设、空港管理及服务领域发展迅猛。万喜集团的建筑与特许经营协同在建设项目的开始阶段就逐步体现。为追求建设产品生产过程的高附加值，将价值创新拓展到整个项目的获取、完成及运作过程中，建筑子公司和特许经营子公司形成打包服务方案，两者间实现无缝对接。业务的结合产生了巨大协同效应推动集团向前发展，同时也提升了万喜集团在各种基础设施和公共建筑方面设计、融资、建设和运营能力。

建筑和特许经营两个业务板块的整合发展，带动了能源和路桥两业务板块的增长，能源和路桥实力的增长同样又进一步增强了建筑和特许经营的市场竞争力。这就使得万喜集团四个业务板块能够共同发展。

（二）重视盈利能力和融资能力

万喜本是一家传统的建筑公司，由许多著名承包商构成，其承包的工程通常大而复杂。尽管建筑承包业务量巨大，但利润微薄，而如何提升盈利是企业持续发展的关键。万喜集团在发展过程中始终强调以增强盈利能力为核心，注重业务流程的增值环节，着重选择风险小、利润高的项目或项目环节，特别是把主要精力集中在项目前期策划、项目运作、后续经营等利润丰厚的环节。在实际操作中，万喜集团越来越多地把低附加值工作转移给分包商，加大管理和技术升级方面的投入，同时将注意力集中在项目管理上。建筑与特许经营业务的协同发展等举措保证了其在建筑业高附加值领域内进行价值创新循环的较强可能性，塑造了高附加值领域的专业化形象，也给企业带来了高收益。

经过多年的发展，万喜集团已形成了稳定的融资渠道，融资方式也不断创新。得益于欧洲发达的金融市场，特别是发达的私人金融资本市场，以及万喜集团在欧洲的强大资本基础，万喜集团每年通过发行企业可转换债券和向私人募集的资金占到总资产的60%以上。项目融资①和公私合营②推动了万喜集团和代表资本能力的财团这两大力量基于共同利益的结合。作为上市公司，良好的经营业绩也使得它可以顺利从股市获取资金。这些融资方式在增加公司资金实力的同时不影响公司今后的进一步融资。

（三）可持续发展

万喜集团追求的不仅是经济上的成功，它的企业宗旨是"真正的成功是大家共享的成功"，包括企业内部的员工，企业外部的客户、股东、社区等利益相关者。

---

① 项目融资（BOT），指政府通过契约授予私营企业一定期限的特许专营权，许可其融资建设和经营特定的功用基础设施，并准许其通过向用户收取费用或出售产品以清偿贷款、回收投资并赚取利润。特许权期限届满时，该基础设施将无偿移交给政府。

② 公私合营（PPP），本质与BOT类似，但政府与项目投资运营者共同参与建设，主要也是用于公共基础设施建设项目融资。

为了达到“大家共享的成功”，万喜集团有着清晰的公司治理结构。如目标是确保透明度，建设系统化的管理流程；具体的措施有向股东、投资者、分析师提供准确的信息，改进内部控制体系，颁布新的公司管理人员责任规定等。在人力资源管理方面，万喜集团创造平等的就业环境，实行人力资源结构多元化，为员工创造长期的就业计划。万喜集团非常重视维护好客户和供应商关系，把供应商和分包商纳入到管理中，为他们提供可持续发展方面的培训，对他们进行社会和环境可持续发展的审计，同时保证万喜集团服务和工程的质量和安全，确保其不仅在经济方面满足最终用户的要求，而且在社会和环境保护方面也能达到高的标准。在环境保护方面，万喜集团通过控制自然资源的使用、较少废弃物、进行回收利用、保护生物多样性等减少企业经营活动对环境的影响；同时，万喜集团在企业中建立了环境管理系统。针对全球变暖的危机，万喜集团积极采取措施降低二氧化碳的排放，并大力进行新的建筑环保技术的研究与开发。

目前，万喜集团正在大力推进“可持续建筑”，从建筑物的全生命周期角度，包括设计、建设、使用、维护、翻新、拆除等每个阶段来考虑对环境的影响，特别是在特许经营业务中，万喜集团强调对每个项目都用这种理念来经营“可持续建筑”。

（四）员工培养

万喜集团拥有员工14万人，员工培养对于企业发展显得尤为重要。为此，集团建立了多个体系对年轻员工进行全方位的综合培养。围绕各业务板块的业务发展、工作需要和文化特点，对员工展开有目的、有计划、多方面的培训。如万喜集团层面有万喜学院，设置有“欢迎来到万喜”、“管理论坛”、“万喜高层专访”等项目，以此培养企业未来的领导人队伍；万喜建筑设有自己的内部培训中心，主要加强培养建筑技术人才满足业务需要；万喜能源学院培训内容较为细化，主要涵盖市场营销、管理、法律、社会事务以及各部门的个性化需求等各方面；万喜路桥也同样注重员工素质培养，在法国波尔多市专门成立了一家进行管理培训的培训中心。

四、启发与借鉴

近些年我国经济的高速发展为世界各大建筑承包企业提供了很大的发展机遇，同时也对我国建筑工程承包企业提出了更高的要求。作为领先行业多年的万喜集团，其成功经验有很多值得我国承包商借鉴之处。

（一）企业的规模扩张

企业的成长总是伴随着规模的壮大，万喜集团发展史就是一部建筑工程企业的收购兼并史。到目前为止，万喜集团旗下的子公司已经有将近 2 500 家，其中有很多是在法国甚至欧洲都很有名的大建筑企业。大建筑企业间的兼并联合造就了万喜集团，并通过强强联合、优势互补，发挥规模效应和协同效应。这是值得我国建筑企业借鉴的，即可以通过对同类建筑工程公司的横向兼并在短时间内扩大规模，获取规模效应；也可以参考万喜集团的特许服务子公司采用纵向延伸获取协同效应，进入工程咨询、设计咨询、项目论证和项目管理等技术要求高、项目管理能力强、利润率高的行业，为客户提供一体化的服务。

典型的成功案例是中国中铁股份有限公司。2003 年 9 月 27 日，国务院国有资产监督管理委员会、铁道部联合下发通知，要求将原铁道部直属的两家勘察设计企业和 7 个铁路局直属的 8 家勘察设计企业、12 家施工企业并入中国铁路工程总公司。其策略就是既要追求工程承包业务的规模效应，又要获取工程承包业务和其他业务的协同效应，从而提升竞争力。2007 年 9 月，又整体重组创立中国中铁股份有限公司，并于同年 12 月分别在上海、香港两地上市。

（二）市场拓展与融资

建筑企业应通过拓宽市场占有面来避免地区依赖，提高企业抵御风险的能力。万喜集团在全球 100 多个国家开展业务，市场占有面广，多样化的工程地域分散了风险，同时建立了丰富的客户群体，有效避免因个别客户而影响整个公司运作的风险。而我国建筑工程承包商的业务大部分集中在亚洲和非洲市场，这样的格局不利于风险的分散，应积极扩张以形成更广泛的市场分布。在市场开拓过程中，应当对拟承接的项目应充分测评。

最近发生的失败案例是中国铁建股份有限公司所承包的位于沙特阿拉伯王国的麦加轻轨项目巨额亏损事件。作为中国铁路业进军中东市场的首个项目，麦加轻轨项目一直深受重视，在合同签订之前预计将会盈利。但由于不熟悉当地的工程标准和规范，以及存在一些无法控制的因素，出现成本估计不准确，从项目施工开始就面临困难并发生亏损。

市场开拓的同时，也要关注建筑企业的融资能力，防止资金链断裂。目前可供选择的融资工具十分丰富，包括融资租赁、银行贷款、债券融资、股权融资、资产证券化、BOT/PPP/PFI[①]等，承包商应在综合考虑融资成本、融资环境与融资风险的基础上进行融资工具的选择。

（三）提高核心竞争力

创新能力是企业发展的推动力，会使企业在竞争中处于优势。可创新一旦出现就会迅速被他人复制，使得优势消失，因此只有保持持续不断的创新才能在激烈的竞争中立于不败之地，取得长远发展。万喜集团为客户提供高品质的服务，拥有自己的技术研发中心，借以不断研发适应社会需要的新技术。强大的创新能力使公司在项目市场具有强大的竞争优势，提高了企业核心竞争力，吸引了更多的客户，实现了迅猛发展。

我国建筑工程承包商拥有较大的劳动力成本优势和较为丰富的经验，但大多数企业仍停留在价格竞争的层次上。由于工程项目周期长，受各种因素影响的可能性很大，一旦外部新技术涌现，金融市场、原材料价格、能源价格出现波动，企业发展就会被动，不得不在市场分配体系中处于收益较低的阶段上。因此，建筑企业发展过程中应注重技术研发投入，推动企业技术创新，增强核心竞争力，扭转当前单纯依靠低劳动力成本要素在市场进行竞争的不利局面。同时，项目管理中加大推广应用成熟的计算机信息管理技术，推进工程项目管理的智能化，提高项目管理水平和效率，有效降低风险和管理成本。

---

① Private-Finance-Initiative，是对BOT模式的优化。

（四）长期可持续发展

随着哥本哈根全球气候会议的召开，人类对环境保护重要性的认识更加清楚，世界各国正着力推行低碳经济。万喜集团长期坚持“真正的成功是大家共享的成功”企业宗旨，认为环境友好与客户信赖是支持企业长期可持续发展的重要因素。随着对环境可持续发展要求的提出，万喜集团通过提供高环境附加值的开发解决方案加速更换产品和生产方法，满足新的环境标准要求。

在提高环境保护意识方面，我国建筑工程企业还有较长的道路要走，可以探索通过加强规划设计提高建筑的使用寿命周期，利用自然条件生态环境建设环境友好型项目，采用技术研发尽量开发清洁能源与可再生能源，提高材料的循环和再利用，改变粗放型的生产经营方式，保障企业实现长期可持续发展。

（五）人员培训

建筑工程承包企业属于劳动密集型行业，一般来说都拥有庞大的员工队伍。万喜集团重视员工队伍建设，不仅在集团层面建立万喜学院，培养未来高素质的领导储备，在各业务板块层面也都建立了各自一套完备的培训体系对员工进行全方位的培训与提升。

我国建筑工程承包商在发展扩展的同时，也逐渐意识到优质高效的人力资源是企业保持活力和持久力的重要因素。因此，应学习万喜集团开展卓有成效的员工培训，让员工了解企业文化，熟练掌握工作技能，提高自身素质，这一切能为企业带来隐形的强大推动力，进一步巩固在国际市场上的竞争力。对于普通员工的培养，需强调的是基本技能、操作规范、安全须知及企业的规章制度等，可通过上岗前培训、现场操作培训对普通员工进行充分指导；对于专业技术人员，培训内容则应为行业动态和新工艺、新设备、新材料的最新研究成果；管理人员及储备决策者的培养则应将重点放在行业及企业的发展历史，沟通谈判能力、市场洞察力和决断能力方面，以期能够拥有对市场变化的敏锐洞察力和迅速反应能力及更为长远的眼光。总之，企业的培训需要考虑不同员工类型有针对性、有目标地进行。

（陶然　王力）

参考文献

[1] 郭擎:《我国建筑总承包企业国际竞争力探讨》,《当代经济》,2008年第3期。

[2] 裴昌林、李启明:《国际建筑市场与中国承包商发展研究》,《重庆建筑大学学报》,2001年10月。

[3] 王玉娜、王要武:《四大业务并驾齐驱,分享成功创造价值——解析全球最大承包商法国万喜》,《建筑管理现代化》,2008年第6期。

[4] 张晓静、金维兴:《中国建筑业价值创新的基点》,《建筑经济》,2008年第4期。

[5] 金彪、李福和:《做最赚钱的建筑公司——记国际工程建设行业巨擘法国万喜》,《施工企业管理》,2007年3月总第223期。

[6] 倪炜:《建筑业发展低碳模式初探》,《建筑》,2010年第12期。

[7] 潘勤华、张锡锋:《我国建筑企业海外扩张中的融资创新》,《企业经济》,2010年第1期总第353期。

6

零售业霸主：沃尔玛

“沃尔玛”这个名字对中国消费者而言并不陌生，它已在中国94个城市开设了180家商场，在全球开设了8 445家商场，全球无数的顾客从其“天天平价”中受益。沃尔玛主要涉足零售业，是美国最大的私人雇主和世界上最大的连锁零售企业。美国《财富》杂志公布的2010年全球500强排行榜中，沃尔玛以4 082.14亿美元的年收入超越荷兰皇家壳牌石油和埃克森美孚，再度跃居榜首。创建于20世纪60年代的沃尔玛能够在短短几十年中有如此迅猛的发展，不得不说是零售业的一个奇迹。

一、沃尔玛简介

沃尔玛是由美国零售业的传奇人物山姆·沃尔顿先生于1962年在阿肯色州的罗杰斯城建立。有着极强的竞争意识和冒险精神的山姆，带领着沃尔玛一步步从小镇突围，并最终走向全国、走向世界。1990年，沃尔玛成为美国第一大零售商；1997年，成为美国第一大私人雇主；2002年，《财富》杂志评选美国及全球企业500强，沃尔玛一举登上美国和世界企业的第一把交椅。2002年以来，沃尔玛已经7次位居全球500强排行榜的榜首（见表1）。

表 1　　2002～2010 年沃尔玛在《财富》公布的全球 500 强中的排名　　单位：亿美元

年　份	2002	2003	2004	2005	2006	2007	2008	2009	2010
排名	1	1	1	1	2	1	1	3	1
营业收入	2 198	2 465	2 630	2 879	3 156	3 511	3 787	4 056	4 082
利润	66	80	90	102	112	112	127	134	143

资料来源：《财富》网站，www. fortune. com。

截至 2010 年 4 月，沃尔玛在全球开设了 8 445 家商场，员工总数超过 210 万人，分布在美国、墨西哥、加拿大、巴西、阿根廷、中国、英国、日本、哥斯达黎加、萨尔瓦多、危地马拉、洪都拉斯、尼加拉瓜、智利、印度等 15 个国家。每周光顾沃尔玛的顾客达 2 亿人次。①

2010 财年（2009 年 2 月 1 日～2010 年 1 月 31 日），沃尔玛实现营业收入 4 082. 14 亿美元，利润 143. 35 亿美元，开设商店 8 416 家，分别为 1970 财年营业收入的 13 227 倍，利润的 12 046 倍，商店数的 263 倍。沃尔玛的历史增长可参见表 2 及图 1。

表 2　　沃尔玛 1970～2010（财年 *）增长情况

年份（财年）	营业收入（万美元）	利润（万美元）	商店数（家）
1970	3 086	119	32
1980	125 826	4 115	276
1990	2 598 530	107 590	1 525
2000	16 680 900	537 700	3 989
2010	40 821 400	1 433 500	8 416

* 沃尔玛财年为上一年的 2 月 1 日至当年的 1 月 31 日，2010 财年即为 2009 年 2 月 1 日至 2010 年 1 月 31 日。

① 沃尔玛中国网站，www. wal-martchina. com。

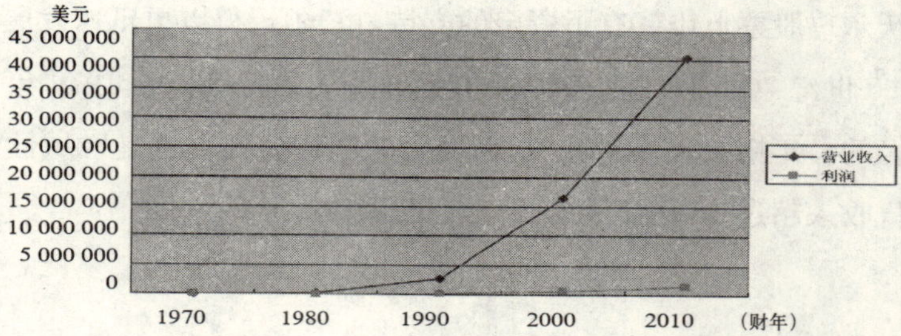

图 1　沃尔玛 1970～2010 年间营业收入、利润变化趋势图

二、沃尔玛发展历程概览

虽然真正的沃尔玛诞生于 1962 年 7 月 2 日——第一家沃尔玛折扣百货店在罗杰斯城开业，沃尔玛的历史却可以追溯到 20 世纪 40 年代——创始人山姆·沃尔顿开始他的零售业生涯。山姆在闯荡杂货业的十几年中所积累的丰富经验以及他对折扣业的超前认识，都为沃尔玛的辉煌成就奠定了良好的基础（见表 3）。

表 3

年　份	事　　件
1940	山姆进入彭尼百货公司工作
1945	山姆的第一家商店“5 分—1 角商店”在阿肯色州小镇新港开业
1951	山姆在本顿威尔开立“沃尔顿 5 分—1 角商店”

（一）从小镇走向区域，成就区域霸主（1962～1980 年）

沃尔玛成立之初也是美国折扣业迅速发展的时期，如何生存下来是沃尔玛必须面对的问题。为了能够在激烈的竞争中占有一席之地，山姆采取了扩张的策略。他认为，只有不断扩大规模才能与大公司抗衡，才有出路。通过不断扩张，到 1970 年年初，其店铺总数已增至 32 家，销售收入增至 3 086 万美元，利润增值 119 万美元。

这时，又一个问题摆在了山姆的面前，资金跟不上扩张的速度。为解决负债危机，沃尔玛股票上市。有了资金的支持，沃尔玛得以更迅速发展，也使其能够抓住20世纪70年代中期美国折扣业不景气的时机，于1979年一跃成为全美最年轻的、年销售收入超过10亿美元的零售公司，也是区域性零售公司中唯一销售收入超过10亿美元的公司（见表4）。

表4

年份	事件
1969	沃尔玛百货有限公司成立
1970	在阿肯色州本顿维尔镇成立公司总部和第一家配送中心
1972	沃尔玛公司股票获准在纽约证券交易所上市
1977	沃尔玛在《福布斯》杂志对全国主要折扣百货店、百货公司和小百货连锁店的调查中，在股票回报率、投资回报率、销售收入和利润增长率四个方面位居第一
1979	沃尔玛总销售额首次突破10亿美元

（二）从区域走向全国，成就美国第一（1981～1990年）

20世纪80年代初期，沃尔玛已成长为全国最大的区域性折扣百货连锁公司。但山姆并不满足，开始向全国扩展，向凯玛特、西尔斯这些全国性的零售巨头发起了挑战，并最终于1990年超过了百年老店西尔斯，成为全美零售第一大公司。

“扩张”是20世纪80年代沃尔玛发展的关键词。为了成为全国性公司，沃尔玛在这一时期实施了很多扩张战略，如“逐步填满”和“并购”：先在一个州发展，在已进入地区的周围发展，或在现有配送中心的500余公里的半径内发展，待这个州填满后再向其他州扩张；同时，通过收购进入其他州，以此迅速突破。10年中，沃尔玛的经营业态逐步实现多元化，继折扣店后，相继推出山姆会员店、购物广场，以满足不同层次消费者的需求（见表5）。

表 5

年　份	事　　件
1983	沃尔玛并购了一家位于南部的折扣百货连锁公司（共 120 家分店）。创立第一家山姆会员店
1985	美国著名财经杂志《福布斯》把沃尔顿列为全美首富
1988	首家沃尔玛购物广场在密苏里州的华盛顿开业
1990	沃尔玛成为美国第一大零售商

（三）从美国走向世界，成就全球零售业第一（1991 年至今）

1991 年，沃尔玛进入墨西哥，首次尝试进军海外。截至目前，沃尔玛的全球化道路已经走了近 20 年，而且还在继续走下去。这一路走来，沃尔玛也非一帆风顺，其中遭遇到很多困难和挫折，甚至失败和退出①。总体而言，沃尔玛的全球化已经取得了巨大的成绩。1992 年，沃尔玛的海外商店数量只有 10 家，还不到全部商店数（2 148 家）的 0.5%。2010 年年初，沃尔玛海外商店数已达 4 081 家，约占总店数的 48%，海外销售额占全部销售额的 25%。

在全球布局的同时，沃尔玛也一直加强美国国内市场的布局，大力发展购物广场，并于 1999 年推出社区店，进一步市场细分，全面抢占高、中、低档市场。本土市场和海外市场的同时发展使沃尔玛逐步成为美国乃至世界零售巨头（见表 6）。

表 6

年　份	事　　件
1991	沃尔玛商店在墨西哥城开业，沃尔玛开始进入海外市场
1996	通过成立合资公司进入中国
1997	年销售额首次突破千亿美元，成为美国第一大私人雇主

① 2006 年，沃尔玛相继从韩国、德国撤离，在英国、日本的经营也困难重重。

续表

年 份	事 件
1998	通过收购进入德国；通过成立合资公司，进入韩国
1999	收购了 ASDA 集团公司（有 229 家店），进入英国
2002	收购日本西友百货部分股份，进入日本
2005	进入哥斯达黎加、萨尔瓦多、危地马拉、洪都拉斯、尼加拉瓜
2007	通过成立合资公司，进入印度
2009	进入智利

三、沃尔玛的成功实践

（一）市场篇

1. 农村走向城市。在最初的开店策略上，山姆选择从小镇做起。在成立后的前 20 年里，沃尔玛坚持在万人左右的小城镇开店。到 20 世纪 80 年代结束时，沃尔玛已有 1 402 家分店，分布在 29 个州。在小镇取得成功后，沃尔玛开始逐步扩展到大城市。从 1983 年起，沃尔玛开始进军全国，把店开在城乡结合部。随着城市的不断外扩发展，这些城乡结合部逐渐成为城市的主要区域。沃尔玛以较低的成本实现了“农村走向城市”。

2. 多样化的业态。采取多种零售形式以针对不同档次的目标消费者。折扣店是沃尔玛最早发展的业态之一，只做能卖出商品的商店，不是提供花色品种齐全货物的商店。山姆会员店面向小企业主和其他需要大量购买的个体消费者，顾客通过缴纳会费成为会员，根据消费金额享受不同的折扣。沃尔玛购物广场是针对低收入家庭阶层消费者开设的，以“天天平价”为基础，追求“一站式”购物理念。社区店建立在居民聚集的社区内，以社区内常住人口为消费对象。

3. 快速扩张。沃尔玛的发展一直是快速发展，在不同时期也有突破式发展。20 世纪 60 年代，美国折扣百货业发展迅速，竞争激烈，小规模企业难以与大公司竞争，沃尔玛选择不断扩张。1970年，其店铺总数增至38家。20世纪70年代中期，折扣百货业遭遇严重问题。沃尔玛逆市扩张，一跃成为全美最年轻的年销售收入超10亿美元的零售公司。20世纪80年代，美国一些零售业公司出现亏损。沃尔玛趁机收购，一跃成为全美第二大折扣百货连锁公司。20世纪90年代，沃尔玛通过快速扩张进入其他国家市场，并扩大市场份额。

（二）经营篇

1. 营销策略：天天平价、薄利多销。沃尔玛能够风行世界，其首推无疑是“天天平价”的承诺。这承诺决非一句口号或一番空谈，而是通过低进价、低成本、低加价的“三低”经营方式始终如一地做到了。

在价格竞争策略上，沃尔玛主要采取低价渗透策略和折价渗透策略两种方式。低价渗透策略主要用于新开商场，给消费者提供物美价廉的经营特色，引起市场的轰动效应，快速获得较大的市场占有率。而折价渗透策略主要根据竞争对手的产品定价和消费者对产品价格的敏感性而使用。

沃尔玛严守办公费用只占营业额2%的低成本运行规范，“一分钱掰成两半花”，从而“比竞争对手更节约开支”。沃尔玛“为顾客节省每一分钱”的低价经营观念使得众多对价格极度敏感的平民消费者忠诚于沃尔玛。

2. 采购：以争取顾客利益为原则。沃尔玛始终贯彻“从供应商那里为顾客争取利益”的采购原则。首先，对供应商进行资质认证。通过对供应商进行全面考察，初步确定目标供应商选择范围。其次是采购业务洽谈。在采购业务洽谈过程中，采取规范化、标准化的谈判业务程序。其三是对供应商管理实行战略合作伙伴式的运行模式，即把供应商的生产成本、技术研发、管理费用纳入沃尔玛公司的管理体系中来，与供应商共享沃尔玛所有商店的库存、销售、产品价格、客户反馈、内部经营计划等信息，从而降低了外部市场的交易成本，保证了产品质量和创新速度。

3. 过站式物流管理：应用信息技术。物流配送是实行连锁经营不可缺少的重要组成部分。不发展物流配送，就谈不上真正的连锁经营。物流配送的水平在一定程度上体现和决定着整个连锁企业的经营水平。

沃尔玛采取过站式物流管理方式，即由公司总部“统一定货、统一分配、统一运送”的物流供应模式。沃尔玛公司共有六种形式的配送中心：

一是上述的配送中心，也称作“干货”配送中心。

二是食品配送中心，包括不易变质的饮料等食品，以及易变质的生鲜食品等，需要有专门的冷藏仓储和运输设施，直接送货到店。

三是山姆会员店配送中心，它批零结合，有1/3的会员是小零售商。

四是服装配送中心，不直接送货到店，而是分送到其他配送中心。

五是进口商店配送中心，为整个公司服务，主要作用是大量进口以降低进价，再根据要货情况送往其他配送中心。

六是退货配送中心，接收店铺因各种原因退回的商品，其中一部分退给供应商，一部分送往折扣商店，一部分就地处理，其收益主要来自出售包装箱的收入和供应商支付的手续费。

为了合理调度公司大规模的商品采购、库存、物流和销售管理，高科技的信息手段必不可少。沃尔玛公司为此建立了世界一流的电脑管理系统、卫星定位系统和电视调度系统先进技术。公司总部的计算机控制中心是一座外貌似体育馆的庞然大物，全球4 000多家店铺的销售、订货、库存情况，可以随时调出查阅。公司同休斯公司合作，发射了专用卫星，用于全球店铺的信息传送与运输车辆的定位及联络。公司5 500辆运输卡车，全部装备了卫星定位系统，每辆车在什么位置，装载什么货物，目的地是什么地方，总部一目了然，从而可以合理安排运量和路程，最大限度地发挥运输潜力，避免浪费，降低成本，提高效率。

（三）人力篇

沃尔玛的人力资源战略：保留、发展、招募。

1. 新颖的入职和离职制度。沃尔玛的“新人”，90天知未来。随着公司在国际上的大举扩张，员工人数倍增，目前在全世界的雇员总数大约为210万人。确保员工取得的成绩得到承认，并为他们提供脱颖而出的机会，就成为留住人才的关键。为此，公司将注意力集中放在新员工进入公司后的 90 天里。为帮助他们适应公司环境，分配老员工给他们当师傅，分别在 30 天、60 天和 90 天对他们加以评估等。这些努力降低了 25%的人员流失，也为公司的进一步发展赋予了新的动力。

离职面试制度则可以确保每一位离职员工离职前有机会与公司管理层交流和沟通，从而能够了解到每一位员工离职的真实原因，有利于公司制定相应的人力资源战略。挽留政策的实行不仅使员工流失率降低到最低程度，而且即使员工离职，仍会成为沃尔玛的一位顾客。

2. 内训出人才原则。沃尔玛一向坚信内训出人才。公司专门成立了培训部，开展对员工的全面培训，通过培训提升内部员工而赢得雇员的忠诚和热情。绝大多数经理人员产生于公司的管理培训计划，是从公司内部逐级提拔起来的。在沃尔玛，很多员工都没有接受过大学教育，拥有一张 MBA 文凭并不会为员工带来一切，杰出的工作业绩是最好的实力证明。在沃尔玛，经过 6 个月的训练，如果表现良好，具有管理好员工、管理好商品销售的潜力，公司就会给他们一试身手的机会，先做助理经理，或去协助开设新店，如果干得不错，就会有机会单独管理一个分店。

3. “公仆”领导。“公仆”领导是沃尔玛公司的一个特点，领导和员工是“倒金字塔”的组织关系，领导处于最低层，员工是中间的基石，顾客永远是第一位的。员工为顾客服务，领导则是为员工服务，是员工的“公仆”。对于所有走上领导岗位的员工，沃尔玛首先提出这样的要求：“如果您想事业成功，那么您必须要您的同事感觉到您是在为他们工作，而不是他们在为您工作。”“公仆”不是坐在办公桌后发号施令，而是实行“走动式”管理，管理层人员要走出来直接与员工交流、沟通，并及时处理有关问题。在沃尔玛，任何一个普通员工佩戴的工牌注明“OUR PEOPLE MAKE DIFFERENCE”（我们的同事创造非凡）。

4. 完善的薪酬福利计划。沃尔玛在薪酬福利方面已经形成了一整套独特的政策和制度。1971 年，沃尔玛实施了一项由全体员工参与的利润分享计划：

每个在沃尔玛工作两年以上的并且每年工作1 000小时的员工都有资格分享公司当年利润。此项计划使员工的工作热情空前高涨。沃尔玛公司还推行了许多奖金计划，最为成功的就是损耗奖励计划。如果某家商店能够将损耗维持在公司的既定目标之内，该店每个员工均可获得奖金，最多可达200美元。这一计划很好地体现了合伙原则，也大大降低了公司的损耗率，节约了经营开支。

四、启示与借鉴意义

作为零售业的领航者，沃尔玛无疑为我国零售业提供了众多值得学习和借鉴的地方。

（一）规模化经营

零售业要保持低售价必须有低成本作为支持，而这必须有理想的经营规模才能实现低廉的进货成本、竞争力极强的市场售价和垄断性的市场占有率。因此，开展规模化经营、构筑大型零售集团成为国内零售企业可以借鉴的经营之道。可以通过强强联合、并购等方式，组建零售集团以实现大中型百货零售企业的联合，变原来几家、十几家商场相互争夺客源、降价打折竞争为统一经营、共同满足顾客需求。这样，合并后的零售集团无论在营业面积、商品进货数量，还是在资金实力上，都具有了相当的规模，从而为低价格进货、低成本经营创造了条件，进而以规模效益取得竞争优势，以价格优势控制商品的整个流通环节。

（二）应用信息技术

中国大部分零售业由于缺乏现代化的物流体系，在采购、运输、资金筹措和结算方面的成本比美国同业要高40%，大量抵消了由低劳动力成本带来的优势。高额物流费用的产生，一部分是由于国内的分销网络阻碍了商品的快速销售。中国零售业要改革管理，积极创新，学会运用现代化手段控制市场、生产、配送等环节，注重网络营销体系、物流信息平台的建设。信息技术作为零售业发展的重要手段已经成为世界零售业的发展趋势，应当运用现代化物流手段使零售商和生产商信息共享，形成快速反应的供应链。通过对物流、资金流的整合、优化和及时处理，实现有效的物流成本控制。通过提高零售业的信息化水平，中国零售业可以大大增强竞争能力，以最低的成本为客户提供最高价值的产品，从而实现利润提升。

（三）与供应商的双赢关系

中国零售业与供应商的关系一直比较紧张。沃尔玛争夺客户或许不是最值得警惕的事情，对供应商的争夺才是中国零售行业的致命威胁。有关专家曾说："供应商们喜爱沃尔玛这头大鳄，因为它一贯的态度是强硬而公平。"

中国零售企业习惯采取各种方式向供应商要利润，收取譬如货位费、商品展示费、新店开张费、周年庆典费、正常货损率、处置费等，这就迫使部分供应商不得不以降低质量为代价来削减成本，不愿提供劣质产品的供应商们则另寻他法，转向价格公平、双方互利的国外超市。此外，一些国内零售企业为大规模扩张，占用供应商的资金作为资本来源。这是一条随时可能断裂的资金链，随时威胁着企业的生存。反观沃尔玛，沃尔玛不收回扣，不需要进场费；沃尔玛把所有的费用加在一起谈判，想方设法压低成本，使实惠落到顾客手里；为了降低成本，沃尔玛也会帮助供应商改进工艺、提高质量、降低劳动力成本等。因此，中国零售企业应当十分重视供应商资源，利用熟悉国情的优势，挖掘本土供应商资源，走出一条中国特色的零售业之路。

（四）重视人才培养

零售业要体现规模和效率优势，离不开诸如计算机技术、新的营销观念、营销策略等因素的支持，更离不开人才管理模式的构建和创新。无论企业采用何种发展战略、业务模式和经营策略，其中最核心的环节是人才，尤其是具有国际视野和精通现代企业管理的人才。

沃尔玛全球总裁兼首席执行官 Lee Scott 曾说过，沃尔玛在中国发展中最大的困难就是缺乏懂得商业管理，并了解中国消费文化的本地化管理人才。由于受传统的"重生产、轻流通"思想的影响，我国一直缺乏对商业零售企业的专项研究，人才的缺失成为困扰我国零售业发展的重要问题。在当今全球贸易一体化的背景下，只有那些既能把握国际零售业发展规律和趋势，又了解我国市场和企业现状的企业管理者，方能建立具有世界水平的零售企业。

（五）"以人为本"的企业文化

企业文化是企业生存与发展的精神支柱，优秀的企业文化向社会大众展示着企业成功的管理风格、良好的经营状况和高尚的精神风貌，从而为企业塑造良好的整体形象，扩大影响，是企业巨大的无形资产。沃尔玛的核心价值观是：尊重每一位员工，服务顾客，每天追求卓越。在沃尔玛，员工被称为"合伙者"或"同事"，而不是"雇员"。沃尔玛鼓励员工参与经营管理，将股份分发给员工，使之可以分享利润，极大地调动了员工的劳动积极性。

中国零售业应从沃尔玛的文化中吸取有效的激励方式，建立吸引人才、留住人才和发展人才的长效激励机制，改变原有的官本位体制，建立合理可行的人才考核、选拔制度，提高员工留存率，优化人员结构。同时，要注重在物质和精神两方面给予员工激励，使员工充分意识到主人翁的待遇与责任。

五、结语

作为世界第一的零售商，沃尔玛一直积极推进在中国的扩张性战略。它在实行外部复制战略的同时，也敏锐地进行了本土化的探索。跨国公司的大举进入，给国内零售行业带来竞争的同时，也带来了启示和机遇。国内零售商面对强手的挑战，应尽快转变经营理念，调整营销方式，在竞争中找到合适自身的战略地位，谋求更好、更快的发展。

（丁方方　肖伟洲）

参考文献

[1] 彭剑锋、孟泽元著：《从乡村小店到世界零售巨头——全方位剖析沃尔玛成功历程》，机械工业出版社 2009 年版。

[2] [美] 萨姆·沃尔顿著：《富甲美国：世界 500 强第一名沃尔玛创始人萨姆·沃尔顿自传》，中国社会科学出版社 2009 年版。

7

零售巨鳄：家乐福

零售业作为社会的基础性行业，在社会发展中占据重要地位。零售业的起源可以追溯到19世纪中期百货业的诞生，迄今已有150多年的历史。家乐福集团是大卖场业态的首创者，是欧洲第一大零售商、世界第二大国际化零售连锁集团。2009年全球500强企业排名，家乐福列第25位；在零售业中仅次于沃尔玛，居第二位，其激进的扩张风格、合理的店铺选择、立体的营销方式等独特的运营模式及其海外扩张战略经验值得国内零售业乃至其他企业学习、借鉴。

一、家乐福简介

（一）家乐福概况

家乐福成立于1959年，由傅立叶（Fournier）和德弗雷（Defforey）家族创建。次年，在法国开设了第一家超市。1963年，创始人在巴黎郊区建成了一家购物面积为2 500平方米的大型超市，创立了世界第一家大卖场。10年后，家乐福走出法国国门，在西班牙的巴塞罗那建立了法国之外的第一家大型超市。时至今日，家乐福已发展成为世界第二大零售商巨头。

家乐福的管理以分区管理为主，现有四大分区，分别是法国区、欧洲区（不包括法国）、拉丁美洲区和亚洲区。自1973年进军西班牙并成功运作了欧洲区的连锁管理模式后，家乐福又分别在1975年和1989年打入拉丁美洲（巴西）和亚洲市场（中国台湾地区）。经过精心布局、合理规划、规范运营，目前家乐福各类连锁销售点已达15 163个，门店数量已经发展到5 620家，雇员逾50万人，遍及三个大洲的19个国家和地区。①

1. 综合净销售额。2005～2008年，家乐福综合净销售额逐年增长，2008年达到最高值869.67亿欧元；受金融危机影响，2009年略有下降。2005～2009年综合净销售额见图1。虽然其与世界第一大零售商沃尔玛差距较大（2009年销售总收入3 217.68亿欧元），但第二大零售商的位置仍未被其他企业撼动。从地理区域上看，2009年法国区综合净销售额占比最高，达43%；亚洲最少，仅占7.6%，但其中70.2%的贡献来自中国（2009年中国销售额为392亿元人民币）。2009年按地理区域划分的综合净销售额占比见图2。

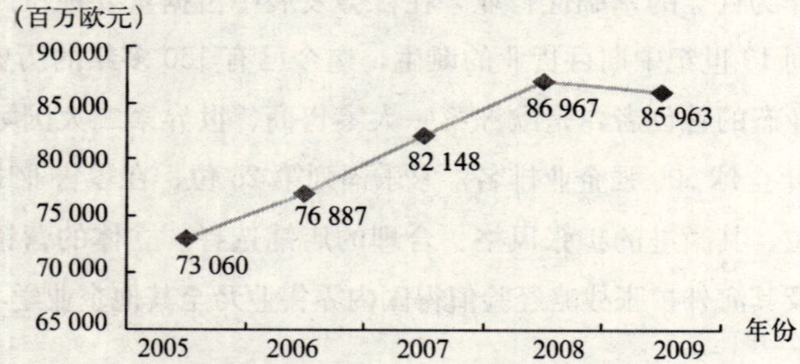

图1 2005～2009年家乐福综合净销售额

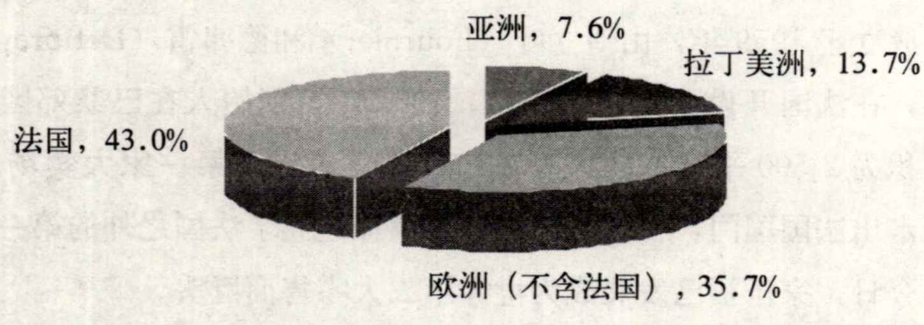

图2 2009年家乐福按地理区域划分的综合净销售额占比

① 数据来源：家乐福网站。

2. 营运利润。2005 年，家乐福营运利润 31.52 亿欧元，此后几年平稳增长，2008 年达到最高的 33.07 亿欧元（见图 3）。受金融危机影响，2009 年家乐福营运利润大幅降低，为 27.77 亿欧元，其中，四大区域中法国区贡献 39.6%，欧洲区（不含法国）34.6%，亚洲最少为 8.3%（见图 4）。虽然营运利润较往年大幅下降，但 2009 年全球 500 强零售业排名中家乐福综合利润总和仍占据第二的位置。①

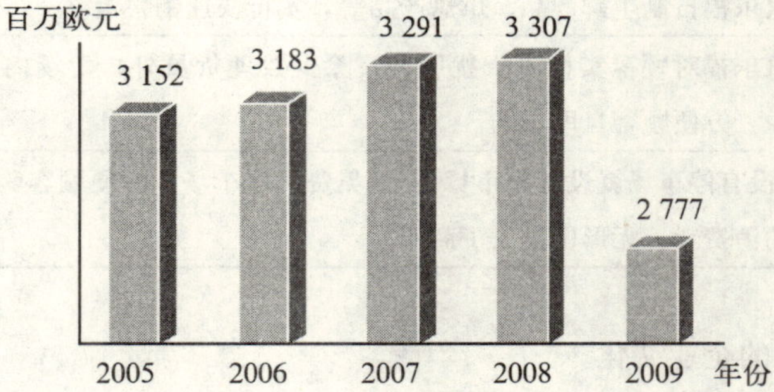

图 3　2005～2009 年家乐福营运利润

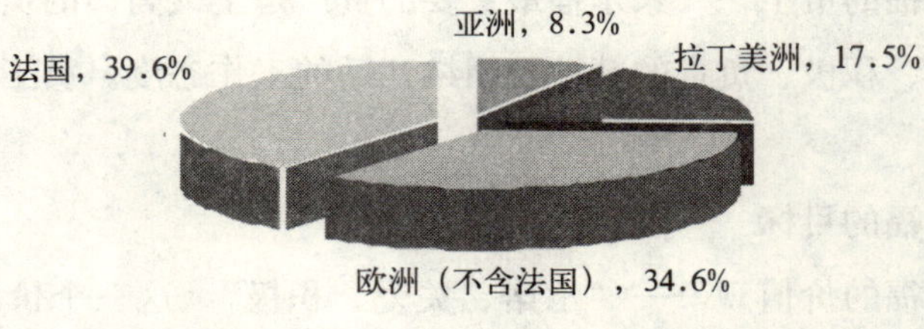

图 4　2009 年家乐福按地理区域划分的营运利润占比

（二）家乐福的经营理念及企业文化

1. 家乐福的经营理念是“以低廉的价格、卓越的顾客服务和舒适的购物环境为消费者提供各类消费品”。具体体现在以下五个方面：

① 数据来源：家乐福网站。

表1　　家乐福经营理念

一次购足	家乐福商品品种齐全，消费者只需来一次就能够满足其一周或更长时间的生活基本需求
超低售价	家乐福并不是所有商品售价都是超低售价，但它的敏感性商品售价都低于一般零售店中同样商品的价格，具有绝对杀伤力，而其他商品则高于或等同于其他店铺
货品新鲜	家乐福自制生鲜产品、烘烤产品等，实行快速销售策略
自助选购	家乐福对顾客实行零干扰服务，除少数理货员外，卖场内的工作人员较少，方便顾客自助选购
免费停车	"没有停车场就没有超市!"提供免费的停车场，方便顾客购买，吸引远处的消费者，无形中扩大了商圈

2. 家乐福的企业文化。

（1）家乐福的使命——家乐福所有的努力都是为了让顾客满意。家乐福通过对商品品质的选择提供最佳的价格，来满足顾客的各种需求。

（2）家乐福的员工——家乐福最主要的资产是士气高昂的员工。每一位员工都具有主动、积极、负责的精神及团结互助的工作态度。员工不是成本，而是资产。

（3）家乐福的目标——国际化。

（4）家乐福的价值观——"承诺、关爱、积极"。这三个价值观拉近了家乐福和顾客及消费者的距离，体现了公司文化，力求为顾客和消费者提供最好的服务。

二、家乐福发展历程简介

（一）应运而生——Fournier和Deforrey家族酝酿"家乐福"

第二次世界大战之后的法国，经济逐渐复苏，失业率大大降低，人们的购买力得到了很大的提高，零售行业逐渐被人看好。当时法国国内对食品、烹调的兴趣普遍高涨，这使得食品零售业的生意出奇火爆。Marcel Fournier 和 Louis Deforrey 伺机进入了零售行业。

20 世纪 50 年代末，考虑到法国食品零售业的前景，以及法国一些大百货商店售价高昂等因素，Marcel Fournier 和 Louis Deforrey 突发奇想：结合“自助式销售”，开设一家规模比超市还要大的超市。

1960 年，家乐福公司在法国首都——巴黎市的近郊，一个叫 Parmelan Haute Savoie 的地方开设了第一家商场，名叫“Carrefour”（家乐福）。在这家商场里，商品种类多、分类细、服务好、价格低，商场一开业就获得了巨大的成功，短短 4 天时间内，商场的所有商品销售一空。

（二）水到渠成——“Hypemarket”的诞生

第一家商场的成功给了 Fournier 和 Deforrey 家族自信和继续开拓的勇气。他们不但坚信他们所走的路是正确的，而且也开始计划拓展他们的零售服务范围。1963 年，他们开设了第二家商场。期间，他们萌发了一个想法——经营“Hypemarket”，这在当时是一个全新的概念。

新开的“Hypemarket”商场与第一家家乐福商场相比，商品种类更多，既有食品，也有非食品类的商品；同时，商品分类更细、选择范围更广、商场的面积更大，商场显得更加宽敞。这种零售形式的诞生把零售业带进了一个“Hypemarket”世纪。在此后的几年里，“Hypemarket”不断兴起，在二十世纪六七十年代席卷了整个法国。进入 80 年代，“大卖场”这种零售形式逐渐趋向成熟，成为法国最具优势的零售形式。

（三）欧美征程——重压下的他乡之路

法国大卖场和超级市场的迅速发展给小型零售商店造成了极大冲击，这些小零售业主代表着法国一支不容忽视的政治力量。政府不得不对在国内开设的大型超级市场加以限制，1972 年通过立法对零售商征收专税，作为对无法继续经营的小型业主的养老补贴。

这对于那些在 1962 年以后发展起来的零售商是一笔不小的负担。家乐福每年缴纳的该项税款差不多占年销售额的 0.15%。1968 年的五月风暴更使法国社会深陷动荡。1973年，家乐福离开故土，在西班牙开设第一家分店，正式踏上了征战欧洲的旅程。

20世纪70年代中期开始，家乐福出征拉丁美洲。巴西是家乐福在南美洲、也是整个美洲的第一站。直到1988年，家乐福才决定进军美国，店址选在费城郊外。但在美国的发展极不顺利，1993年，家乐福不得不关闭了它在美国仅有的两家大卖场，完全退出美国零售业市场的竞争。继而，家乐福将战略核心转向迅速崛起的亚洲市场。

（四）转战亚洲——家乐福的成功之举

从1989年年底家乐福开始进入亚洲。从在我国台湾地区设立第一家大型超市到2003年3月为止的短短14年间，累计在亚洲地区开设的超大型卖场远远超过排名世界第一的沃尔玛。

1995年，家乐福成功开设了当时中国规模最大的超级购物广场——北京创益家店，其新型的经营理念很快被中国消费者所接受，声誉卓越的专业管理技术和迅速盈利的业绩得到了中方合作伙伴的肯定，"开心购物家乐福"和"一站式购物"等理念得到了广大消费者的青睐和厚爱。这一年，家乐福在国外拥有的分店已超过了它在法国本土的分店数量。经过十几年的苦心经营，截止到2009年年底，家乐福在中国的综合销售收入、经营利润、门店数量均超过世界第一大零售商沃尔玛，成为中国零售业的霸主。为什么家乐福能够在中国市场超越沃尔玛取得竞争优势？这一点值得我们深思。家乐福在中国的发展史见表2。

表2　家乐福在中国的发展史

年　份	事　　件
1995	家乐福在中国开设了第一家大卖场
1996	成功进入上海和深圳
1997	进入天津市场
1998	成功进入重庆、珠海、武汉、东莞

续表

年　份	事　　件
2000	配合迅速发展的需求，家乐福开设了 5 家大卖场，总数达 27 家
2001	家乐福积极声援北京申奥
2002	家乐福在 20 个城市开设了 35 家大卖场，销售额达 107 亿元
2003	家乐福开设了第 41 家分店，迪亚折扣店进入上海和北京，总销售额达 134 亿元
2004	冠军超市在中国开设第一家分店，大卖场总数达 60 家，销售总额达 162.41 亿元，销售增幅超过 21%
2005	家乐福在中国开设 68 家分店
2007	家乐福在中国新增门店 19 家，总店数达到 109 家，继续蝉联中国第一卖场品牌，销售额增长达 24.5%
2008	家乐福扩店 134 家，销售额 338.19 亿元，同比增长 14.1%
2009	家乐福门店数新增 22 家，总数达 156 家，销售额 392 亿元，同比增长 16%

三、家乐福集团经典案例

(一) 并购重组，扩大规模，反击沃尔玛

1999 年是家乐福历史上的重大转机——以 166 亿美元收购另一家长期竞争对手法国零售集团普罗蒙德（Promodès）。Promodès 的创立比家乐福晚 2 年。1962 年 Promodès 在 Mantes-la-Ville 开创第一家超市，曾先后采用“冠军”（Champion）和“大陆”（Continent）的商标。1979 年，其麾下的“迪亚”(Dia) 折扣店在西班牙问世。

20 世纪 90 年代以来，世界零售市场的竞争日趋激烈。世界第一大零售商、美国沃尔玛已开始把它的势力延伸至法国零售业的领地——欧洲大陆。面对沃尔玛集团的巨大威胁，欧洲零售业清晰地暴露出各自为营、力量分散的缺点。

1999 年 6 月，沃尔玛以 100 亿美元的价格收购了英国的 ASDA，让欧洲

的零售业同行感到巨大的生存压力。而当时，沃尔玛已经把包括家乐福和 Promodès 在内的公司纳入它下一步可能并购的对象。在这种情况下，家乐福代表法国零售业迅速采取行动，避免坐以待毙。

家乐福和 Promodès 几乎同时发现，只有联合才能抵御美国对欧洲零售业的入侵。不仅如此，这还会使家乐福将其业务渗透到拉美和亚洲的零售市场。正如很多分析家认为的那样，家乐福和 Promodès 的这次合作标志着法国零售行业对美国企业进军欧洲市场所采取的应对性防御措施。

这次合并的最大好处在于，家乐福和 Promodès 正好形成了优势互补。例如，Promodès 一直是以其固定存货和销售系统为人所称道，而恰恰在这些领域家乐福长期落后于沃尔玛。而家乐福从来都给人以新锐印象，在这方面 Promodès 则显逊色。

合并之后，原 Promodès 的"大陆"高级百货商场都更名为"家乐福"，而它们在法国的超市也都改叫"冠军"标准超市。现在的家乐福旗下有三大台柱：大卖场（Carrefour）、冠军标准超市（Champion）、迪亚折扣店（Dia），另外还拥有便利店、仓储式大卖场、电子商务等不同模式。新组成的家乐福已跃居欧陆第一大零售业集团（超过了此前第一的德国公司麦德龙）。2009 年家乐福集团的全球销售额达到 859.63 亿欧元；但在世界零售业排名中，仍次于美国的沃尔玛屈居第二。

（二）翻转腾挪，绕开限制，敲开中国大门

被誉为跨国商业巨头中最"国际化、本土化"的家乐福，对当地政策的敏感度也远超过了其他的外资零售企业。为了能够在竞争激烈的各地市场站稳脚跟，家乐福高层非常注重与当地政府保持良好的沟通，顺应政府的需要开展业务。

我国虽然早在 1992 年就开始进行零售业对外开放试点，但当时开放地域只限于北京、上海、天津等 6 个城市和深圳、珠海等 5 个经济特区，而且在北京、上海只允许开办两家合资合作连锁试点企业，并且中资要占到 51%以上的控股地位。对于靠规模经济推行低价战略，靠快速扩张维持规模经济的大型

连锁零售商来说，显然按常规方式进入中国市场是很困难的。在这段时间，家乐福为进入我国市场进行了市场调查和开业准备。

经过调查，家乐福采取了规避的方法走进了我国市场。1995 年，中创商业管理公司与家乐福合资注册了家创商业管理公司，同时注册创益佳商场。作为商业管理公司的大股东，家乐福自然地介入到创益佳商场的超市连锁业务中。同时，大胆地通过注册商标转让方式打出了“家乐福”的广告招牌。

1995～1999 年，家乐福的红蓝十字标悄悄插满上海、武汉等商业重镇，家乐福在中国的业务拓展全面推进。如此，家乐福通过“迂回战略”得以绕开政策限制，抢占了宝贵的市场先机，顺理成章地介入到中国企业经营中，从而进入中国零售行业。

（三）迅速反应，多管齐下，全面化解“抵制事件”

2008 年 4 月 9 日，北京奥运火炬在巴黎传递遭到藏独分子攻击、阻挠，并传言家乐福大股东涉嫌予以“藏独”资金支持，加上家乐福法国企业背景，法国站火炬传递结束当天，中国的媒体、论坛、手机、个人都出现了提出了抵制家乐福的宣传，北京、合肥、武汉、西安、成都等地都有不同规模的到家乐福店抗议的活动，大多数家乐福店的每日客流量几乎减至一半甚至更少。然而，家乐福通过积极主动的态度，采取及时有效的行动，成功化解了危机。

4 月 16 日，家乐福集团授权家乐福中国公司发表声明，对传闻进行了否认，并表示积极支持北京奥运会，还保留追究法律责任的权利；同一天，一条有关家乐福将用促销来应对抵制的消息疯狂流传，掀起了抵制高潮；4 月 18 日，家乐福高层开始积极与商务部磋商，希望可以有效控制“抵制”事件；4 月 20 日，法国家乐福集团总裁迪朗在法国《星期日报》发表的专访中首度表态，表明立场；4 月 21 日，法国参议院议长克里斯蒂安斯一行从巴黎飞到上海，并直奔上海残疾人体育训练中心，看望金晶，并转交了法国总统萨科齐的慰问信；4 月 22 日，法国家乐福集团总裁迪朗接受中国媒体采访表示，家乐福不愿在政治中扮演任何角色，只想做好自己分内的事情；4 月 25 日，家乐福全国范围内取消相关“五一节”促销活动；4 月 27 日，家乐福开始在部分媒体刊登“祝福北京，支持奥运”的宣传广告，称“永远做中国的企业会民”；4 月 28 日，家乐福部分门店员工换上红色“国旗装”，宣称支持奥运；5 月 12 日，家乐福当天第一时间采取紧急救援措施，决定向四川地震灾区捐赠人民币 200 万元以及第一批救灾捐助。

抛去政治和感情因素，家乐福此次的公关可谓反应迅速、抢点准确、出手及时，对于弥补其迟迟无法修复的受损形象起到了积极作用。

四、家乐福在中国的成功之处——与沃尔玛的比较分析

随着我国零售市场的完全对外开放，中国已成为家乐福、沃尔玛等外资零售企业的重点争夺市场。虽然沃尔玛在全球范围的销售数量和销售额稳居第一，但就在中国影响而论，家乐福却始终保持领先地位，在赢得消费市场上更胜一筹。与沃尔玛相比，家乐福在中国的成功主要取决于以下几个方面：

（一）合理的店铺选址

从家乐福和沃尔玛店铺在我国的分布情况来看，家乐福店铺都处于城市中心的繁华商圈，由于目前人们购物消费多数集中在步行范围内或公共交通便利的地方，因此更适应当前中国城市居民的购物活动规律，满足了短期扩张的目标。沃尔玛的很多店铺都在相对偏远的城郊结合部以及社区之中，城郊结合部往往不靠近大的居民区，公共交通不够方便，限制了客流。例如沃尔玛在中国的第一家店铺位于深圳洪湖二路，直到现在也处于比较偏僻的地段，北京石景山的山姆会员店相比就更显偏僻了。尽管随着城市的发展，区域商圈有远离城市中心的趋势，但是目前来看，沃尔玛的很多店铺要经过多年的培育等到周围的商圈形成，才能充分吸引客流。

（二）合适的业态选择

家乐福的店铺主要是大卖场，大都处于繁华的商业圈内，深受消费者的喜欢。沃尔玛最早发展的是传统的美式折扣店，到后来发展会员店，以及购物广场、社区市场。目前在中国开设的近 100 多家店铺中包括购物广场、山姆会员商店和沃尔玛社区店。然而，山姆会员店曾经风靡欧美，却无法让中国人掏

钱。例如 2002 年，沃尔玛第一家山姆会员店在昆明开业，由于会员制零售在中国尚未成熟，而消费者也不习惯大包装的仓储式购物环境，2003 年上半年沃尔玛不得不将其改为购物广场。而单个山姆店的投资额在 1 000 万美元左右，业态的改变使得沃尔玛损失惨重。

中国消费者更多是冲动性购物，逛商场是一种休闲生活方式，而并不完全是为了购物，更谈不上大宗采购。家乐福充分理解中国消费文化，迎合大众消费心理，这也是它能够走得更远的一大成功之处。而沃尔玛的会员制不能适应中国消费者，消费者对其认可度不高。

（三）快速的扩张风格

家乐福采取迅速进入策略，即先尽可能快得占领主流消费市场，然后边运营边调整。在将总部选择在上海后，以此为中心，迅速向全国辐射。家乐福在一定程度上采取了“自营＋合资”运营方式，使得分店可以迅速建立。沃尔玛则步步为营，稳扎稳打。进入中国市场后，沃尔玛选择深圳作为落脚点，在相当长一段时间里，将扩张版图谨慎地集中在深圳、厦门、东莞等华南城市；沃尔玛坚持完全自营，其业务扩张步伐也一直未踏向全国。目前，家乐福已在中国沿海和经济中心城市基本完成了战略布局，比沃尔玛快了 2～3 年。在中国消费市场急剧变化的形势下，家乐福激进的扩张风格为自己争取到了先机。

（四）客观的目标定位

从目标客户定位来看，家乐福多瞄准工薪收入的大众消费群体，其经营理念非常准确地抓住了中国消费者的消费习惯。例如，为满足中国消费者喜欢不断比较选择的需要，家乐福增加了同类商品的供应量；考虑到方便携带，家乐福出售的很多商品为小包装。而沃尔玛把目光更多投向了中高收入群体，虽然中高收入群体更具购买力，但沃尔玛的选址还是影响到这些群体的消费，毕竟中国的消费者还是喜欢“在家门口买东西”。

（五）立体的促销方式

价格是消费者选择购物场所最敏感的因素，也是零售业的竞争焦点。家乐福除了在开业典礼和周年庆典等特定时间举行大规模的促销活动外，平时也经常进行各种形式的现场促销，同时还注重将多种促销方式（电视广告、报纸广告、商场宣传海报、现场促销）进行有机结合。此外，家乐福还印发大量的直邮广告和促销广告，让居民随时知道最新的商品促销信息。而沃尔玛的“天天平价”几乎成为囊括一切的代名词，这种过于简单的广告诉求使得沃尔玛在消费者心目中的影响力远远不如家乐福；沃尔玛在卖场里的商品促销方式相对来说也过于保守，除了标一个“特价”的牌子，也没有有更多的手法。

（六）高额的盈利模式

一般来说，连锁超市的盈利包括三个方面：一是进销差价；二是降低成本；三是向供货商收取各种费用和销售返利。家乐福主要依靠第三方面：家乐福坚信“终端为王”，企业产品如果想进入家乐福，需要缴纳名目繁多的费用。据核算，家乐福向供应商收取的各项费用，占其营业额的36%左右。其做法引来了众多供应商的不满，但因为迁就于大销量，大家还是接受了。由于巨额进店费让供应商不堪重负，中国三大城市（北京、上海、广州）和商务部已经出台或即将出台禁止商业企业收取进店费的规定，家乐福面临着越来越大的压力。沃尔玛的盈利来源则是前两个方面。2002年，沃尔玛宣布不收取供应商任何“进场费”，立即赢得了供应商的喝彩。然而，尽管看起来沃尔玛与家乐福是3∶1的盈利点，但是总的利润额却没有家乐福高。

近年来，家乐福开始了新的发展模式，如与国内的房地产商合作以借势扩张等。这种新业态倡导一站式购物的消费观念，实行错位经营，互为补充，是“中心主力店+室内步行街”这一国际潮流商业模式的典型代表。家乐福准备在北京、上海、广州和深圳四大城市新开大卖场，并开设折扣店，引入冠军超级市场。家乐福和沃尔玛在中国的对决，激烈程度将再次升级。

五、家乐福对中国零售企业的启示

（一）通过连锁经营、并购重组，发挥规模经济效应

产业集中度可以反映一个国家某一行业的市场结构和规模化程度，目前经济发达国家零售业的产业集中度几乎都在20%以上。在家乐福早期的发展中，

主要采取企业内部成长模式和同其他企业合作模式谋求发展，后来鉴于经营超大型卖场需要庞大的资金与土地，投资成本过高，为了降低风险和获取专业知识、技术或财务利益，而改为采用合资（包括特许加盟）的方式，与其他同业进行合作，快速拓展市场。自 20 世纪 90 年代起，家乐福开始了兼并和收购之路，先以现金方式收购了 Montlaur 和 Euromarche，其后两次相当关键的兼并采取交换股票的方式，即 1996 年并购 Cora 和 2000 年兼并 Promodès。

虽然我国本土零售企业经过多年的发展规模经济取得了一定的成效，但与外资零售企业相比还有很大差距。我国还没有出现可以与外资抗衡的大型零售集团，缺少主导国内零售业的领头羊。在这方面，韩国比我国更有优势。2006 年，家乐福、沃尔玛相继从韩国市场退出。除了沃尔玛和家乐福的经营策略与韩国居民的消费习惯、购物特征不相符之外，还有一个原因就是韩国有本国的大型零售集团——易买得。易买得是韩国超市的第一品牌，沃尔玛 2006 年在韩国开设的 16 家购物广场全部转让给了韩国零售业市场的领头企业“家世界”下的易买得大卖场，进一步扩大了易买得在本国市场的份额。而我国零售 100 强企业的市场占有率仅为 10%，市场呈严重分散状态，需要提高整合力度。我国大型零售企业之间应通过重组、兼并，加强大企业之间合作，强强联手，真正实现跨区域的集中经营，走集团化、规模化的道路，培育一批跨地区、跨行业的大型商业企业集团，提升我国零售业的市场竞争力。

1. 连锁经营。作为现代流通手段之一的连锁经营已成为商业企业采用的主要经营组织方式，连锁商业从少到多、从小到大，逐步发展壮大。连锁经营有以下三个优点：经营同类商品，连锁店越多、采购的规模就越大，越容易获得规模化的好处；使用统一商号，可以节省广告等宣传支出，企业可以集中财力、人力和物力宣传一个品牌，广告的效果会更好；统一采购配送，配送中心可以得到更充分的利用，节省物流成本。

2. 并购重组。并购重组是零售商在陌生市场打开知名度的最快途径之一，许多外资零售商目前更倾向于通过并购重组的方式实现进入中国市场的目的，以规避全新投资方式引起的竞争与风险。随着店面密度的上升、店面租金的日益上涨，为店面找到理想地点较为不易，加之审批手续的复杂与繁琐，使得并购重组成为解决与店面布局相关问题的一项颇具吸引力的选择方案。

随着行业整合的加速，各家公司面临价格竞争的压力有望缓解，零售商之间的竞争将更趋于理性和规范。对于我国零售企业来说，并购重组具有重要的经济意义，是我国零售企业在竞争中继续发展的不二法门。

（二）创立知名品牌，提升核心竞争力

品牌是能够产生增值的一种无形资产，知名品牌对企业来说具有储存、维权、增值、形象塑造、降低成本等功能，对提升企业核心竞争力具有重要意义。

1. 国际品牌策略。我国现有知名连锁企业多具有强烈的地域特色，如"上海华联超市"、"北京联华超市"等。这种特色在初创期可作为质量的保证，以防鱼目混珠，但对于企业融于当地社区网络，以及提高民众接受度等方面都有一定的负面影响，割裂了企业同当地的亲缘性。纵观沃尔玛、家乐福、麦德龙等国际品牌，我们可以发现，它们在全球统一使用 Walmart、Carrefour、METRO 作为主要标识，以减弱品牌中的区域意识，成为全球所熟悉的国际品牌。

2. 分层次、多品牌策略。从我国的情况看，收入层次的多样化远比欧美国家更为复杂，但在连锁店的业态分类上以及相同业态店铺的不同经营特色方面，却相对单一，给人以千店一面的感觉。因此，要针对不同的目标市场，推出不同的品牌和不同的产品形式。这种策略已被我国一些企业采用，以联华集团为例，作为我国最大的零售商业集团之一，现有超大型卖场、超级市场和便利商店三种业态，并分别推出"联华世纪"、"联华超市"和"快客"三种品牌以利于企业针对不同客户开展营销。但是，品牌的关联度太高，容易出现"一荣俱荣，一损俱损"的情况。对此，企业要深入市场分析，把握目标客户群，以营造差异性的多个品牌来满足不同的市场需求。

3. 自有商品品牌策略。自有商品品牌的经营使商家不再仅仅充当生产和消费的媒介，而使零售业引导生产、创造生产的职能得以发挥。这种做法既有利于降低商品价格，又有利于形成企业经营特色，提升企业形象，使零售企业获得竞争优势。很多国外零售集团都有自有品牌，有的甚至达到商品总数的20%～25%。目前，我国零售企业的自有品牌处于起步阶段，品牌数量少，产品线窄，缺乏有效的管理经验，但未来发展空间较大，因此，要通过不断推广以获得低成本和形象优势，提高竞争力。零售企业可以根据市场需求确定商品品种、规格、花色等，向生产商购进产品后以自有品牌上市，逐步形成独家经营的优质产品，从而达到品牌效应。

（三）积极实施“走出去”战略

加入 WTO 之后，国家之间进行经济贸易的进入壁垒逐渐削减，国际贸易自由一体化程度加强，为我国零售业跨出国门创造了一定的条件，积极鼓励我国大型零售企业实施国际化战略已成为加速其发展的必由之路，家乐福集团的全球布局战略为我国零售企业实施走出去战略提供了很好的经验。

1. 海外经营战略：外围试点，积累经验，逐步扩展。对于心仪已久的市场，家乐福并不冒进，采取的是稳扎稳打、外围试点、寻找战机、积累经验、逐步扩展的独特地域扩展战略。以家乐福进入中国大陆和日本市场为例，两者都是垂涎已久的“肥肉”。但是，直到 1995 年，家乐福才在北京国展中心开设了第一家大型综合超市。而在日本，家乐福一直观望等待了十多年，2000 年 12 月才在东京附近的千叶县开设了第一家大型超市。在此之前，家乐福首先在 1989 年登陆中国台湾地区，架设同往中国大陆的跳板，在中国台湾地区积累了一定经验后，才开始向中国大陆和新加坡、马来西亚和泰国等东南亚国家扩展。而对于日本市场，家乐福则以韩国作为登陆日本的桥头堡和演练阵地。

2. 风险战略：小规模试探，风险评估，果断抉择，迅速行动。由于大型商业公司投资巨大，管理组织工作复杂，稍有差错或经营不善很容易成为掉进陷阱的巨兽，所以大型零售商业是一个风险很大的市场。家乐福一贯采取的规律性做法是，先在一个新的国家或地区开设数家试验性的大型超市，在其后将近一年的时间内按兵不动，不再继续扩展和投资；同时，不对试验性商场提供特别的支持，静观其经营业绩。如果得出结论是“可行”，家乐福便会以每年新开3～5家的速度，迅速扩大当地投资，并据此做好长期经营的准备。但如果评估效果不理想，或者认为当地的经营环境不适合长期发展，家乐福就会果断撤退。1979年从英国、1993年从美国、2000年从中国香港地区的彻底退出都是非常好的例子。家乐福这种先经过小规模试探，再进行评估分析，最后决定取舍的风险战略和扩张战略都是其得以在世界各地顺利扩展，而未经受过投资失败的致命打击的有效策略，也是得以称霸世界零售商业市场的过人之处。

3. 地域扩张战略：临近优选，逐步辐射，遵循扩张规律。由于我国零售业正处于国际化初期，国际化道路正处于摸索阶段，因此在国际化市场的选择上要非常慎重。企业国际化可以看作是企业市场范围的地理扩大，一般要经历本地市场——国外邻近市场——全球市场这样的发展过程，这是零售企业发展的规律。为了降低跨国经营的风险，应首先在与我国经济发展水平相当、文化差异小、地理区域邻近的亚洲国家或地区实施国际化扩张，特别是东南亚地区的印度尼西亚、马来西亚、新加坡、泰国、越南以及中国香港、中国澳门和中国台湾地区。这些国家或地区经济发展状况良好，零售业有一定的市场潜力和发展空间，条件成熟后再向全球市场发展。

（陈传军　王君怡）

附件：

家乐福发展大事记

年　份	事　　件
1959	成立家乐福SA法国
1963	在巴黎附近开设第一家超市，家乐福标志产生
1966	在里昂附近开设第一家11 000平方米超市
1970	家乐福进入股票市场
1973	在西班牙开设第一家分店

续表

年 份	事 件
1975	在巴西开设第一家分店
1979	家乐福政策产生
1982	在阿根廷开设第一家分店
1985	产生印有“家乐福”品牌的产品
1987	Marcel Fournier 学院创立
1989	在中国台湾地区开设第一家分店
1991	购买了 45 家欧洲店
1994	在墨西哥和马来西亚开设第一家分店
1995	在中国大陆开设第一家分店
1996	在泰国和韩国开设第一家分店
1997	在新加坡开设第一家分店
1998	在印度尼西亚开设第一家分店
1999	与 Promodès 集团合并
2004	在波兰收购 13 家大卖场，成为当地第二大零售商
2005	宣布改变公司管理结构
2007	Arnault 联合美国私募基金柯罗尼资本收购家乐福 9.1%的股份
2008	哈雷家族终止与家乐福集团间的股份，不再整体持股

参考文献

［1］杜霞：《国外大型零售集团在我国的空间扩展态势和我国的对策研究》，上海师范大学硕士论文，2008 年。

［2］刘玮：《跨国零售企业在华竞争优势研究》，江南大学硕士论文，2009 年。

［3］杨金龙：《“家乐福式”危机公关》，《中国商贸》，2008 年第 6 期，第 41 页。

［4］霍瑞红：《从家乐福困局看公关危机管理》，《企业家天地》，2008 年

第7期，第27页。

[5] 倪成丰：《家乐福在中国市场的战略分析》，《现代商业》，2008年第9期，第35页。

[6] 钱峻峰：《家乐福的中国攻略》，《中国物流与采购》，2004年第6期，第44页。

[7] 奉灵芝：《家乐福八招胜出沃尔玛》，《中国对外贸易》，2008年第3期，第56页。

[8] 徐玮：《家乐福全球化战略对我国连锁业的启示》，《商业经济与管理》，2003年第12期，第8页。

[9] 新华网：《“少年”家乐福从大卖场到零售巨头》，载于 http：//www.sina.com.cn，2003年8月18日。

8

国际物流行业的旗帜：马士基集团

现代物流作为一种先进的组织方式和管理技术，被广泛认为是企业在降低物资消耗、提高劳动生产率以外的重要的利润源泉，在国民经济和社会发展中发挥着重要作用。

在国民经济体系中，社会物流总费用与国民生产总值（GDP）的比率，是衡量一国经济运行效率和现代化程度的重要指标。近年来，我国社会物流总费用与GDP的比率一直高位运行。2008年，我国全年社会物流总费用为5.45万亿元，占GDP的18.10%，而发达国家普遍在10%以下。较高的物流成本在我国经济转型过程中，越来越成为制约社会经济效益提升的因素，短板效应凸显。

2009年2月25日，国务院常务会议审议并原则通过《物流业调整和振兴规划》。该规划详细分析了我国物流行业发展现状与面临形势，提出了物流业发展的指导思想、原则和目标，全面部署物流产业发展的主要任务、重点工程、政策措施等，为我国物流行业又好又快发展指明了方向。预计未来我国物流行业将迎来一个快速发展时期。

本文针对国际著名物流企业马士基集团进行分析，并结合我国物流行业发展现状，总结相关经验教训，供中国物流企业“走出去”参考借鉴。

一、国际物流的旗帜——马士基集团基本情况

A. P. 穆勒—马士基集团（A. P. Moller-Maersk Group）简称“马士基集团”，成立于1904年，总部位于丹麦首都哥本哈根，在全球100多个国家设有数百个办事机构，雇员逾6万多名，服务遍及世界各地。除航运业外，集团多元化的业务范围涉及物流、石油及天然气之勘探和生产、造船业、航空业、工业生产、零售业和IT等范围。

马士基集团旗下马士基航运公司（Maersk Line），作为集团的集装箱海运分支，是全球最大的集装箱承运人，拥有一支超过470艘的庞大集装箱船队，运营船舶容量超过1 800 000 TEU（20英尺标准箱），总吨位超过1 200万吨，位居世界第一，是美国海军的1.5倍。公司的服务网络遍及六大洲四大洋。马士基集团所属船队见表1。

表1　马士基集团所属船队一览表

船只类别	船队规模	备　注
集装箱船	600艘以上	包括世界上最大的超巴拿马级集装箱轮艾玛·马士基号
30万吨双壳超大型油轮	6艘	另在中国大连新订购9艘31万吨油轮
其他大型油轮	27艘	包括15000DWT、29000DWT、35000DWT、110000DWT等船型
天然气船	9艘	新订购6艘超大型天然气船（VLGC）
液化石油气船	2艘	另在韩国三星集团订购6艘165 500立方米液化石油气船
海上浮式生产储油轮	3艘	为FPSO型油轮
汽车运输船	10艘	另新订购能容纳5 000辆汽车的运输船3艘
海缆船及特殊用途船只	40艘	—
钻船	29艘	为马士基石油勘探公司（Maersk Contractors）所有

马士基集团经营业绩长期优秀，无论营业收入、净利润还是市值均多年位居全球500强企业前列（2008年营业收入第131位，2009年营业收入第106位）。2009年，受国际金融危机影响，马士基集团出现小额亏损。但是，伴随着马士基集团诸多有效措施的落实，2010年第1季度集团已经初步走出金融危机的阴影，重新实现了盈利。2005～2010年马士基集团财务表现见表2。

表2　　马士基集团近年财务表现①②　　单位：百万丹麦克朗

科目＼年份	2005	2006	2007	2008	2009	2010
总收入	208 702	260134	278 872	311 821	260 026	284 076
EBITDA	48 188	50 458	64 895	83 945	49 262	71 312
主营业务收入	1 676	4 227	6 062	4 656	862	2 052
利润总额	20 206	16 186	18 631	17 638	−5 489	13 760

备注：1. 财务数据以丹麦克朗计量，2010年6月底，1丹麦克朗约合0.1664美元。

2. 表中主营业务收入包括海运和石油两项业务收入。

3. 2010年数据以马士基已发布的一季度数据折算，所有数据均暂未审计。

二、三代人的共同缔造——马士基集团发展历程简介

马士基集团的发展大体经历了A.P.穆勒时代（集团创立时期）、麦克—凯尼·穆勒时代（集团做大做强时期）和尼尔斯·安德森时代（后经济危机时期）三个时代，其中麦克—凯尼·穆勒时代历时最长，在马士基集团的发展历程中最为重要，本文将针对这一时代的重大经营策略重点分析。

（一）A.P.穆勒时代的孕育

1904年，彼得·马士基·穆勒船长和他的儿子——28岁的A.P.穆勒

① 《A.P.穆勒—马士基集团2009年年报》，载于马士基集团官方网站2010年3月4日，第1页。

② 《A.P.穆勒—马士基集团2010年中期报表》，载于马士基集团官方网站2010年5月12日，第1页。

(1876 年 10 月 2 日～1965 年 6 月) 在丹麦斯文堡共同创建了斯文堡船运公司 (Dampskibsselskabet Svendborg)，一个日后遍布世界六大洲四大洋的海运巨无霸由此孕育，而一艘载重 2 200 吨的二手蒸汽货船成为这支世界上最大船队的首舰。8 年后，A. P. 穆勒又创立了“1912 轮船公司”。这两家公司日后整合为 A. P. 穆勒—马士基集团。

1918 年，马士基集团所属欧登塞造船厂建成。3 年后，马士基集团第一条内燃机轮船 LEISE Maesrk 号服役。1928 年，马士基集团开通了第一条班轮航线，6 艘汽船组成的船队开始往来于远东和美国西海岸之间，从此马士基集团业务稳步发展。第二次世界大战期间，A. P. 穆勒带领所属丹麦船队离开沦陷区来到美国，为美国军方提供卓有成效的服务。尽管马士基集团所属船队在战争中损失惨重，但与美国政府由此建立的良好关系，为公司战后迅速重建发展夯实了基础。

(二) 前麦克—凯尼时代的成长

1939 年，A. P. 穆勒的次子麦克—凯尼成为公司合伙人。1965 年 A. P. 穆勒去世后，麦克—凯尼继承父业担任了集团领导。麦克—凯尼深谋远虑，不断创新，逐步奠定了马士基集团在今天物流行业的统治地位。

20 世纪 70 年代，世界海运企业迎来“集装箱革命”，专业化的船只、码头亟须高额投入。马士基集团首席执行官麦克—凯尼在对建立独立的集装箱贸易的想法进行充分论证之后，注入 20 亿丹麦克朗用于建造各类专门的集装箱船只、码头，抢在竞争对手前占据这一物流行业新的制高点，为 20 世纪 80 年代集团的领先地位奠定了基础。

20 世纪 60 年代，欧洲北海地区发现石油资源，作为北海沿岸国家丹麦积极参与开发，马士基集团作为丹麦最大的企业承担了北海油田开发任务。从此积极涉足多元化经营，先后投资石油、天然气、造船业、流通行业等行业，有效增加收益，缓解了海运企业经营波动。

(三) 后麦克—凯尼时代的巩固

进入 20 世纪 90 年代，马士基集团无论在市场份额、船队运力还是经营业绩都位居世界领先地位。然而这一时期，新兴国家海运企业迅速崛起，严重侵蚀马士基集团的原有市场份额。因此，麦克—凯尼有针对性地实施了一系列重大并购，整合了美国海陆集团、英荷铁行渣华公司（P&O Nedlloyd Container Line）等优质资源，有效巩固集团的领先地位，但由于并购行为耗费了大量资金，对集团整体业绩拉动作用有限。

以 2005 年马士基集团收购铁行渣华公司为例。马士基集团收购前拥有 250 多艘船只组成的船队，总运力 154.7 万 TEU（含持有订单），为世界第一大航运企业；而铁行渣华公司拥有 156 艘船只，总运力 67.9 万 TEU（含持有订单），为世界第三大航运企业[①]。对于马士基集团，当时存在竞争对手迅速扩张、造船能力紧张、班轮运费市场高涨等诸多经营问题，而铁行渣华公司则经营良好、业绩优秀。出于长期保持集装箱海运业的领导地位、迅速扩充亚洲市场和确立低成本竞争优势的目的，马士基集团作出了高价现金收购铁行渣华的战略决策。

在收购铁行渣华公司后，马士基集团在集装箱运输市场领先地位得到了进一步巩固，但由于片面追求市场占有率，经营成本居高不下，加之全球航运业陷入衰退，集装箱运价急剧下滑，导致公司亏损。在基本完成此次收购后的 2006 年前 3 个季度，马士基集团班轮及港口业务亏损 6.98 亿美元（虽然集团整体并未亏损），本次收购对马士基集团的经营带来一定的冲击，为日后集团经营短期困境埋下了伏笔。

（四）尼尔斯·安德森时代的挫折与振兴

2007 年，马士基集团管理层发生重大变化，94 岁高龄的麦克—凯尼正式退休，著名酿酒企业嘉士伯集团原首席执行官尼尔斯·安德森（Nils Smedegaard Andersen）转任马士基集团新领导。尼尔斯·安德森上任伊始便遭遇了 2008 年金融危机，海运行业受到严重波及，加之集团未能有效整合新并入铁行渣华公司资源，集团业绩呈现迅速下滑态势，甚至在 2009 年出现集团创立

---

① 潘鸿、张军：《从国际海运企业购并效益谈对我国的启示》，《中国航海》，2006 年第 1 期。

105年以来的首次亏损。

面对严峻的形势，尼尔斯·安德森及时调整经营策略，采取剥离多元化业务、封存剩余运力等多种措施，实现从一味追求市场份额到注重经营业绩的转变，通过收缩业务提升企业整体业绩。目前，马士基集团的整体经营状况已有所改善，根据2010年5月发布的中期报表，集团第1季度利润总额为34.40亿丹麦克朗[①]，折合5.72亿美元，重新实现了盈利。马士基集团大事记见表3。

表3　　马士基集团大事记

时间	时期	主要事件
20世纪初	公司创立	1904年，A.P. 穆勒父子购买了一艘载重2 200吨的二手蒸汽货船，并创建了"斯文堡船运公司"。1912年A.P. 穆勒又创立了"1912轮船公司"。两家公司成为日后马士基集团的前身
20世纪20～30年代	起步迅速	1918年所属欧登塞造船厂建成。3年后，马士基集团第一条内燃机轮船LEISE Maesrk号服役。1928年，马士基集团开通了第一条班轮航线，6艘汽船组成的船队开始往来于远东和美国西海岸之间
20世纪40～60年代	A.P. 穆勒的时代	1956年，马士基前身之一海陆集团所属船只承运了世界上第一次集装箱运输，随后集装箱革命席卷了整个行业。经过深思熟虑，马士基集团在这一领域大力投资，随后成为集装箱革命的引领者
20世纪60～90年代	前麦克—凯尼时代	马士基集团的多元化战略得到发扬。1962年，丹麦政府向马士基颁发了采油许可证。1964年，马士基集团成立了丹麦超市公司。马士基集团的多元化经营有效提升了经营业绩，缓解了海运行业的高波动性

① 《A.P. 穆勒——马士基集团2010年中期报表》，马士基集团官方网站2010年5月12日，第1页。

续表

时 间	时 期	主 要 事 件
20 世纪 90 年代～2007 年	后麦克—凯尼时代	马士基集团通过重组兼并，进一步巩固行业优势地位，拓展区域业务。1999 年，马士基收购了比利时南航集装箱班轮公司和美国海陆集团。2006 年，收购铁行渣华公司
2007 年至今	尼尔斯·安德森时代	尼尔斯·安德森临危受命，在 2008 年金融危机爆发的关键时刻担任马士基集团首席执行官。通过剥离部分亏损多元化业务等多种有效措施，及时扭转马士基集团的颓势，初步走出了困境

三、战略扩张与风险防范并重——马士基集团经营策略剖析

自创立以来，马士基集团从欧洲小国丹麦脱颖而出，逐步成长为世界领先的物流企业，并长期保持其优势地位。集团诸多行之有效的发展策略是其做大做强的内在支持，无论是强调物流技术革命、实施多元化战略还是不断并购重组都具备行业因素和时代背景，正确总结马士基集团的发展经验、汲取相关教训，有助于中国物流企业少走弯路、快速成长。

（一）以技术革新为核心竞争力

马士基集团一直强调通过技术革新提高管理效率、节约运营成本，从而提升企业整体竞争力。1928 年马士基航运公司首次航行就采用班轮服务而非不定期贸易的方式，极大提升了物流效率。从此以后，马士基集团一直引领物流行业的潮流。

1956 年 4 月 26 日，随着搭载海陆公司（马士基集团班轮公司前身之一）的集装箱从新泽西州纽瓦克港前往德克萨斯州的休斯敦港，对现代物流业产生深远影响的集装箱革命开始孕育。集装箱运输是一种极其便捷的运输模式。一是港口装卸效率大幅度提高，装卸速度约为普通运输方式的 11 倍；二是装卸受气候影响小，船舶在港停留时间缩短，运力周转速度加快。然而，集装箱运

输又是一种资本密集型运输方式。因为：一是公司必须对船舶进行巨额投资，造价为普通货船3.7倍；二是需要建设大量专用的集装箱港口及相关配套设施；三是开展集装箱多式联运还需相应的内际设施及内陆货运站等。

1975年，马士基集团首席执行官麦克—凯尼在对建立独立的集装箱贸易的想法进行充分论证之后，注入20亿丹麦克朗用于建造各类专门的集装箱船只、码头，抢在竞争对手前占据这一物流行业新的制高点，为20世纪80年代集团的领先地位奠定了基础（见图1）。

图1　马士基集团第一艘集装箱船只ADRIAN Maersk号停泊在美国东部纽华克（Newark）集装箱港口

与此同时，伴随班轮服务的集装箱化，货物装载的专业化需求越来越大，对集装箱空间利用率的要求也越来越高。这刺激了信息和单据流动速度的加快，马士基集团随后成立了专门的物流服务分支——马士基物流公司。20世纪80年代，集团又引入了其他一些服务形式，对货物原产地至店铺的整个供应链进行管理。现在，马士基物流公司的服务包括准备运输单据、航空运输以及仓储、分销等，在管理供应链及客户通知方面则应用了先进的信息技术，实现了"门到门"运输。

除去物流管理方面的革新，马士基集团在所属船只等硬件技术方面也有所建树。马士基集团所属欧登塞船厂曾经享誉世界。2006年8月28日，欧登塞钢铁船坞向马士基航运公司交付了由其制造的艾玛·马士基号（EMMA

MAERSK）超巴拿马级集装箱船，该船长 397 米、宽 56 米，具有 1 000 个 40 英尺（FFE）标准冷藏集装箱的运载能力，是世界上最大的集装箱船舶（见图 2）。艾玛·马士基号自动化水平极高，只需 13 名船员就可以操作，它为全球航运设立了新的标准。

图 2　世界上最大的集装箱船艾玛·马士基号在拖船的引导下驶入港口

（二）多元化经营的成功与挫折

除主营海运业务以外，马士基集团还积极实施多元化经营。目前马士基集团多元化业务主要集中在石油天然气勘探、开采和运输，港口基础设施建设，造船，零售等行业，其中以石油天然气相关业务为主。

马士基集团广泛经营多元化业务有一定的行业原因。一是世界航运业与全球贸易密切相关，而全球贸易对世界经济周期的波动极为敏感；二是上游船舶制造的周期较长，一般需要 2～3 年时间，因此，船舶供给的变化总是落后于需求的变化，从而形成周期性的供不应求或供大于求；三是油价变动会对航运业的利润率产生较大影响，而投资石油行业可以有效对冲市场风险。

市场环境的强波动性决定了航运企业的业绩表现波动剧烈（见图 3）。从马士基集团海运业务 1993～2006 年的净资产收益率（ROE）变化可以看出，2001 年受“9·11”影响，集团航运业务出现亏损，但在次年 ROE 就恢复到 6%水平，2004 年更进一步上升到 15.8%（见图 4）。从－1.5%到 15.8%，净资产回报率曲线的“陡峭”显示了这个行业的高波动性，而无论马士基如何进行规模扩张，都难以消除这种行业整体的波动。为了有效管理市场风险，马士基实施了多元化战略：一是重点经营石油、天然气行业；二是投资高资本回报率行业。当多元化业务与这两个原则相背离时，马士基集团就会大刀阔斧地实施多元化业务剥离，有效提升整体资本回报率。

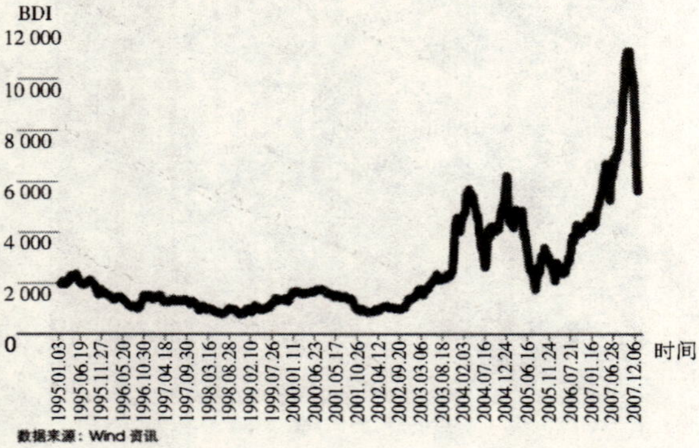

图 3　BDI 1995.01.03～2007.12.06 波动图

注："波罗的海干散货指数"（Baltic Dry Index，BDI）是由波罗的海航运交易所发布的综合运费指数，是反映国际航运市场走势的晴雨表，它体现了世界航运业的价格波动相当剧烈。

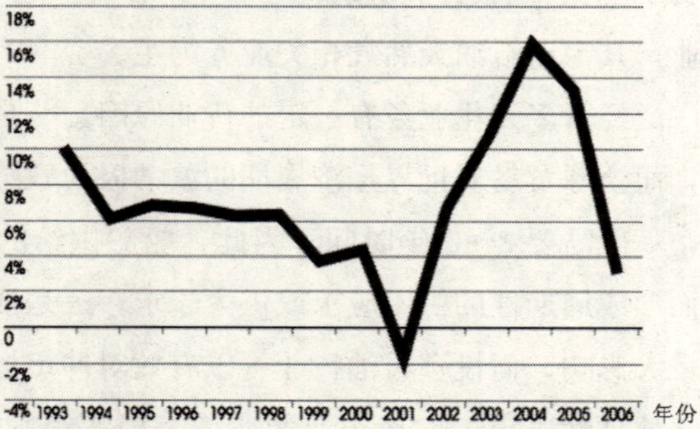

图 4　马士基集团 1993～2006 年海运业务的净资产回报率变动图

1. 积极开拓石油业务，有效对冲市场风险。航运业的高波动性来自于它对诸多影响因素的高度敏感性，而这些影响因素中最难预测的就是原油价格。它直接决定着船用燃油费用（约占总成本的 1/3），进而影响航运企业的运营成本。

为了对冲油价影响，马士基集团在经营航运业务的同时引入了石油、天然气开采业务。1962 年，丹麦政府给马士基颁发了石油开发许可证，允许马士基集团在属于丹麦的北海海域内开发石油和天然气，从此以后马士基集团积极开拓石油天然气业务（见图 5）。根据 2006 年年底集团运营情况分析，2007 年布伦特原油价格每上涨 1 美元，其集装箱运输部门将由于成本上升而损失 4 400 万美元。但是，石油和天然气开采部门可以多赚 3 700 万美元，从而将风险暴露缩小到 700 万美元。马士基海运与石油业务的对冲见图 6。

图 5　马士基集团所属海上钻井平台

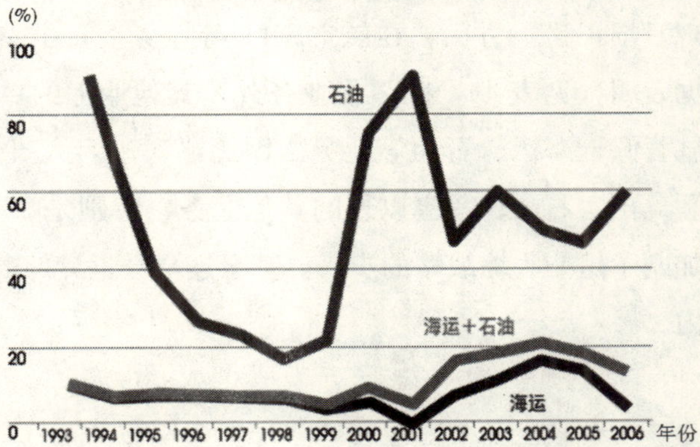

图 6　马士基集团海运与石油业务的对冲结果

统计数据显示，通过对冲，马士基集团海运和石油这两个部门合并后的净资产回报率高于海运部门，但波动性却小于石油部门。合并前海运部门的净资产回报率均值为7.0%，净资产回报率的波动率为4.3%，单位风险的回报率为1.62；合并前石油部门净资产回报率的均值为52.1%，波动率为26.7%，单位风险回报率为1.95；而合并后海运和石油部门的净资产回报率均值上升到11.3%，波动率减少到为5.4%，单位风险回报率为2.07，高于两个部门的单独业绩表现①。因此，海运与石油的业绩联合确实能够有效对冲市场风险，提高风险回报率。

2. 剥离广泛多元化业务，提高整体风险回报率。2002年以前，除了石油、天然气开采外，马士基集团还进入了其他多个业务领域，包括造船、橡胶、塑料、医疗设备、航空运输、IT、零售、机械设备等行业，以期进一步分散风险。从各业务部门的历史业绩贡献及其比例可以发现，1996年海运和石油以外的业务贡献了利润总额的40%左右，为提升集团整体业绩做出了较大贡献。

但随着时间的推移，除零售外的其他业务部门都在萎缩，2001年、2002年甚至出现了连续亏损（见图7）。随着新兴市场制造业的崛起，欧美等国在造船、橡胶、塑料、机械设备等传统制造业上的优势地位正被逐步替代，利润率降低甚至出现亏损；另一方面，在航空、IT等业务上，虽然回报率高，但波动更大。数据表明（见表4），除零售业务外，其他业务的单位风险回报率仅为0.69②，显著低于海运、石油等业务。因此，2002年马士基集团开始调整战略，开始剥离出售石油、零售以外的其他业务，特别是2008年世界金融危机以来，更加剧了这一收缩战略的步伐，甚至连享誉世界的欧登塞造船厂也在剥离范围之内。

---

①② 杜丽虹：《马士基优化业务原则》，《新财富》，2008年5月。

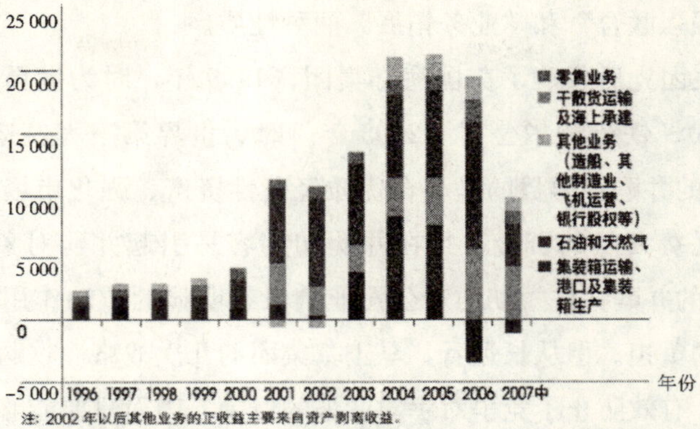

注：2002 年以后其他业务的正收益主要来自资产剥离收益。

图 7　1996～2007 年年中马士基集团各业务领域发展情况

注：除石油以外多元化业务曾经为马士基集团贡献了相当部分的利润，然而伴随亚洲制造业的兴起，马士基集团此类业务逐渐萎缩，甚至亏损。

表 4　马士基集团各业务部门的风险和收益

部门＼比率	均值	波动率	单位风险回报率（风险资本回报率）
海运	7.0%	4.3%	1.62
石油	52.1%	26.7%	1.95
海运 + 石油	11.3%	5.4%	2.07
零售	13.7%	1.9%	7.36
其他业务	10.4%	15.1%	0.69
集团整体	16.1%	6.3%	2.55

注：此处将 ROE 的单位风险回报率定义为风险资本回报率，即风险资本回报率 = 净资产回报率的均值 / 净资产回报率的波动率，它体现了一单位资本投入，在承受相同风险下的回报率。

注：海运、零售行业收益、风险均较小，石油行业收益、风险均较大，通过整合三项业务、剥离其他业务，马士基集团有效提升了风险收益率。

2009 年下半年以来，伴随宏观经济的逐步好转和马士基集团多元化剥离战略的初步落实，集团整体业绩开始稳步回升。根据 2010 年集团中期报表，2010 年第 1 季度马士基集团已经开始重新盈利，整体业绩逐步好转。

（三）重组与并购中不断扩张

马士基集团的经营成长历程伴随着不断的并购重组。近年来，集团根据全球经营策略，加快了战略并购步伐。按照并购目的分类，马士基集团的并购大体可分为“强强联合”和“业务拓展”两种性质。

马士基集团先后收购了美国海陆集团（1999年，时为世界第二大航运企业）（见图8）、铁行渣华公司（2005年，时为世界第三大航运企业），此类“强强联合”的并购主要目的是整合优质经营性资产、强化市场份额的领先优势，缺点是耗费大量的资金，且在并购初期容易引起并购对象的人才流失。“强强联合”的并购往往短期内对公司业绩没有明显的拉动作用，相反有时甚至成为公司的负担。但从长远看，马士基集团的几次战略性收购都极大地巩固了市场份额，有效防止了竞争对手对业务的侵蚀，因而只要能够合理规划公司经营战略、恰当选择重组并购时机，则利大于弊。

图8　美国海陆公司所属的FAIRLAND号集装箱轮船

以2005年马士基集团收购铁行渣华公司为例。马士基集团收购前拥有250多艘船只组成的船队，总运力154.7万TEU（含持有订单），为世界第一大航运企业；而铁行渣华公司拥有156艘船只，总运力67.9万TEU（含持有订单），为世界第三大航运企业。[①] 对于马士基集团，当时存在竞争对手迅速扩张、造船能力紧张、班轮运费市场高涨等诸多经营问题，而铁行渣华公司则经营良好、业绩优秀。出于长期保持集装箱海运业的领导地位、迅速扩充亚洲

① 潘鸿、张军：《从国际海运企业购并效益谈对我国的启示》，《中国航海》，2006年第1期。

市场和确立低成本竞争优势的目的，马士基集团作出了高价现金收购铁行渣华公司的战略决策。

2005 年 5 月 11 日，马士基集团宣布将通过支付 23 亿欧元（时价约 30 亿美元）收购铁行渣华公司；2006 年年底马士基与铁行渣华公司的并购最终完成。在收购铁行渣华公司后，马士基集团在集装箱运输市场领先地位得到了进一步巩固，但由于片面追求市场占有率，经营成本居高不下，加之全球航运业陷入衰退，集装箱运价急剧下滑，导致公司亏损。在基本完成此次收购后的 2006 年前 3 个季度，马士基集团班轮及港口业务亏损 6.98 亿美元（虽然集团整体并未亏损），本次收购对马士基集团的经营带来一定的冲击。但通过及时调整经营策略、压缩部分航线、控制运营成本、改善盈利状况等多种措施，2007 年前 3 个季度，马士基集团重新实现 2 500 万美元盈利。马士基集团从看重市场份额到注重市场利润的市场战略调整初见成效。

除“强强联合”的战略并购，马士基集团还出于拓展区域业务的考虑，收购了部分中型航运公司，以整合优质资源，提升在某一区域性业务的竞争能力。如 1993 年收购侧重东亚航线的宝隆轮船公司（EAC），1999 年收购侧重非洲航线的比利时南航集装箱班轮公司（Safmarine）（见图 9）。

图 9　比利时南航集装箱班轮公司所属的 SA Waterberg 号集装箱船在南非开普敦承接运输业务

另外，马士基集团还有一些提升多元化业务能力的并购，如2006年收购澳大利亚Adsteam海事公司使集团所属拖船数量由190艘增至340艘，满足集团在俄罗斯、葡萄牙以及巴哈马等地区的码头项目建设的需求；2008年收购瑞典Brostrom油轮公司使所属成品油轮经营船队达241艘，满足当时国际油运市场需求的持续增长。

（四）强调与战略伙伴的协同

马士基集团全球扩张时强调与战略伙伴的协同性。马士基集团与多家世界500强企业建立了良好的合作关系，如宜家、耐克、米其林、阿迪达斯这样的各行业巨头。

以宜家为例，马士基集团的物流服务在许多新兴市场的扩张紧紧伴随宜家的步伐，只要宜家在新的地区找到供应商，马士基集团就立刻扩张到那里。随着新兴市场的繁荣发展，与这些伙伴们“点对点”式的物流合作给马士基集团带来了丰厚的收入。

1995年，宜家在中国设立办事机构，当时物流业务的有效实施曾困扰着宜家。宜家要求物流服务商必须在透明度、成本、物流能力、效率、质量控制等方面满足其条件。而当时中国没有任何一家物流企业能够满足宜家的严格要求。

此时，马士基集团快速部署了宜家中国市场的原料出口物流计划。马士基通过“有利集运”，经中国香港地区、新加坡等地为宜家提供物流代理服务，由此拉开了马士基集团在中国业务的序幕。从此，马士基集团在中国的物流业务如火如荼地开展，截至2009年年底，马士基集团在中国业务量已占全球业务的25%，中国成为仅次于美国的第二大经营区域。

四、马士基集团给中国企业的启示

目前，我国物流行业正在蓬勃发展，中国远洋运输（集团）总公司、中国海运（集团）总公司、招商局集团等国内物流业的龙头企业纷纷面临做大做强、“走出去”的历史性课题。通过总结马士基集团的相关经验教训，有利于中国企业快速成长、少走弯路。

（一）不断实施并购重组，实现优质资产的整合

物流行业，尤其是航运企业，有着鲜明的企业特征。一方面，航运企业造船周期长，仅仅通过订购船只难以抢占市场份额、满足业务快速发展的需求；另一方面，开拓新区域业务时，如果仅仅依靠企业自身力量，难以迅速融入当地市场环境、有效组织内陆配套资源。因此，马士基集团、地中海航运集团等国际航运企业往往选择以并购的方式整合优质资源、快速发展业务。

而我国中远集团、中海集团等开拓新市场、新业务时，往往更多地依靠自身订购运力，造船周期的"慢音符"难以有效适应海运业的"快节奏"，容易错失扩张机遇，从而发展相对滞后。建议国内企业借鉴马士基集团并购提升运力、抢占份额的做法，把握适当的并购时机，选择适合的并购对象，从而整合国内外企业优质资源，快速推进业务发展。

（二）开展多元化经营，有效对冲市场风险

马士基集团的多元化经营针对性很强，并不追求涉及领域广泛，而是紧紧把握有效对冲风险、提高风险收益两个目的，突出石油天然气相关业务在多元化经营中的重要作用，动态管理多元化经营业务，选择合适的进入和剥离时机。目前，我国三大航运企业也不约而同地实施了多元化发展战略，积极进入了物流、港口、造船、集装箱制造、贸易等领域（见表5）。

表5　我国企业三大航运企业的多元扩张领域

中远	海运	物流	港口	造船	集装箱	贸易	房地产	银行	证券	保险			
招商局	海运	物流	港口	造船	集装箱	贸易	房地产	银行	证券	保险	高速路	石化	
中海集团	海运	物流	港口	造船	集装箱	贸易							航空货运

然而，与马士基集团对比，除招商局投资石化企业以外，中远、中海集团都未能有效对冲航运企业周期性风险。建议三大航运企业投资石油、天然气相关产业或持有一定中国石油企业的股份，从而缓解油价提升对企业运营成本的压力，有效对冲行业风险。

（三）突出战略伙伴作用，实行同步发展策略

目前，除物流企业外，我国其他行业诸多企业也面临“走出去”的问题，而新兴市场物流成本过高往往成为制约我国企业发展的“短板”。类似马士基集团与宜家公司的合作，建议中远、中海集团能够积极寻求与中石油、华为等中国企业的战略合作，调整全球扩张步伐，实施同步发展策略，从而既降低中国企业运营成本，又保证航运企业的市场份额。

（四）加大基础设施投资，实施现代物流管理

物流行业，尤其是集装箱运输业，属于资本密集型行业。有效实施物流管理，需要投入大量资金，建设一批集装箱专业港口、仓储等配套设备。因此，我国物流企业需要加大与各沿海、内陆地方政府的合作力度，投资物流行业基础设施建设，由单一的海运企业转变为能够提供类似马士基集团“门到门”服务的现代物流企业。

（张晓维　庚璟皓）

参考文献

[1]［丹］《A. P. 穆勒—马士基集团2010年中期报表》，2010年5月。

[2]［丹］《A. P. 穆勒—马士基集团2009年年报》，2010年3月。

[3]［丹］《A. P. 穆勒—马士基集团2008年年报》，2009年3月。

[4] 杜丽虹：《马士基优化业务原则》，《新财富》，2008年5月。

[5] 葛承群、韩刚、沈兴龙：《物流运作典型案例诊断》，中国物资出版社2006年版。

[6] 郭维平：《现代企业收购与兼并》，深圳海天出版社1997年版。

[7] 罗声：《危机重重的马士基：全球航运业龙头迷航》，《英才杂志》，2010年4月。

[8] 潘鸿、张军：《从国际海运企业购并效益谈对我国的启示》，《中国航海》，2006年第1期。

[9] 吴登丰：《供应链管理》，电子工业出版社2007年版。

［10］ 吴永：《集装箱班轮公司并购的微观经济分析》，《综合运输》，2005年第10期。

［11］［英］英国德鲁里航运咨询公司：《班轮运输业掀起新一轮并购浪潮》，《中国远洋航务公告》，2006年第1期。

［12］ 张理：《现代物流案例分析》，水利水电出版社2008年版。

9

并购催生传媒巨子：时代华纳

时代华纳（Time Warner Inc.），是当今互联网时代全球最大的媒体与娱乐公司，拥有一系列极具价值的著名品牌，包括有线电视新闻频道（CNN）、网景公司（Netscape）、有线电视电影频道（HBO）、《时代》杂志、《财富》杂志、时代华纳电缆公司和华纳兄弟公司等。回溯时代华纳的成长历程，除了依靠自身积累外，它还通过不断富有创意的合并和股权、资产收购，广泛涉足相关领域，实现了自身规模和市场份额的跳跃式扩张，逐步成长为国际上最具影响力的媒介集团之一。并购在企业的发展壮大过程中扮演着重要角色。

伴随新科技革命的汹涌浪潮，新兴产业凭借科技进步的后发优势进行有效结构调整，通过高效合并收购在经济全球化的背景中重组生产要素，应对有度，进退自如，使得传统产业在市场竞争中不断焕发新活力，抢占新市场，保持主导权，这是时代华纳留给我们的发展精髓。

一、时代华纳公司简介

1923年，亨利·罗宾逊·卢斯与哈登在纽约共同创办了《时代》周刊，这是美国第一份用叙述体报道时事的大众性期刊，打破报纸、广播对新闻的垄断；同年，华纳兄弟在洛杉矶创建了华纳兄弟影视公司。一家杂志出版公司、一家影视公司，时代华纳的帷幕由此揭开，并在80多年后的今天，成为全球最著名的跨国传媒集团，旗下拥有多项价值品牌和丰富的发行渠道。

据美国《财富》（时代华纳旗下成员之一）2009 年公布的数据显示，时代华纳 2008 年的营业收入达到 469.84 亿美元，位列世界 500 强第 159 位，列文化娱乐产业中的第 1 位。1996～2008 年时代华纳营业收入变化趋势见图 1。

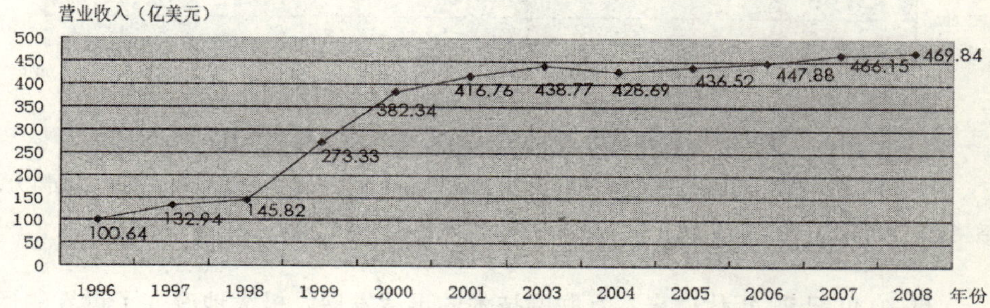

图 1　1996～2008 年时代华纳营业收入变化趋势图

通过对《财富》各年度公布数据的比较，我们对时代华纳 1997～2009 年在 500 强中的排名做了一个统计，结果见图 2 所示。时代华纳利润变化趋势见图 3。

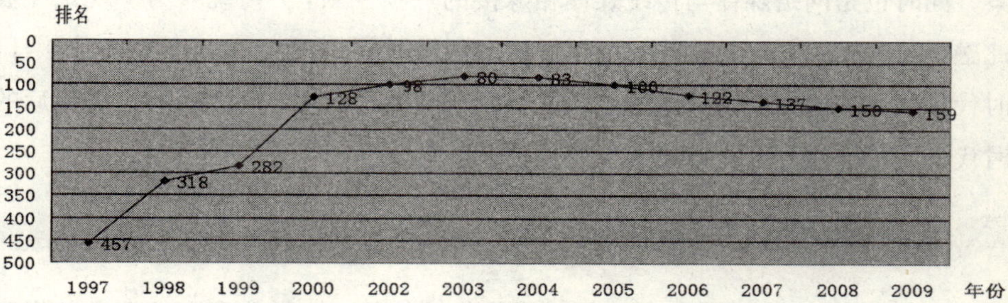

图 2　时代华纳在世界 500 强中排名表

注：1.《财富》以各企业的营业收入作为排名依据。

2. 时代华纳因当年的世纪并购，没有明确统计主体，因此没有入围 2001 年公布的 500 强名单。

3. 1996 年由于时代公司收购特纳广播公司，实现了扭亏为盈，自此登上了《财富》500 强的名单。

从一份周刊和一家影视公司开始起步，伴随着经济的发展、文明的进步以及科技的不断创新，时代华纳历经 80 多年的时间，成长为当今世界的传媒巨头。在这近百年的时间中，它不断地通过并购扩充自己的实力，拓宽发展的渠道。

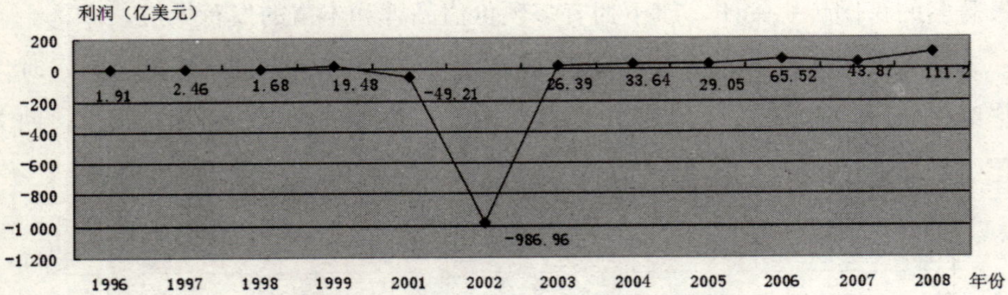

图3　时代华纳公司1996～2008年利润变化趋势图

注：2002年，美国在线和时代华纳合并之初，因采取提高服务收费的举措引致一系列市场阻力，致使利润下滑较大。

自20世纪90年代以来，互联网技术的迅猛发展，极大地改变了世界的运转规则，也催生了传统媒体与网络技术的融合。2000年1月10日，作为网络新媒体代表的美国在线（AOL）宣布以1 620亿美元的巨资，高调收购传统媒体代言人的时代华纳。此举成为西方国家历史上极具划时代意义的一笔并购案，同时也是网络媒体与传统媒体相嫁接的一项创新，“传统”与“现代”彼此融合，“内容”与“渠道”相互贯通。可惜时隔10年，2009年12月9日，时代华纳和美国在线因资源始终未能得到有效整合而宣布正式分立。分手后的时代华纳仍然是当今全球第一大媒体公司。

二、时代华纳的成长历程

从20世纪20年代到2000年，时代华纳的每一次转变和企业形象的提升都与合并收购行为紧密相连，这一点仅从公司名称的变化沿革中就可以明显看出。在时代华纳与美国在线邂逅前，它早已因20世纪末的两次成功兼并而塑造了传媒巨子的形象，并广泛涉足于文化传媒业的各个领域（见图4）。

下面，让我们沿着时间的轴线，回望20世纪里时代华纳成长历程中的若干事件（见表1）。

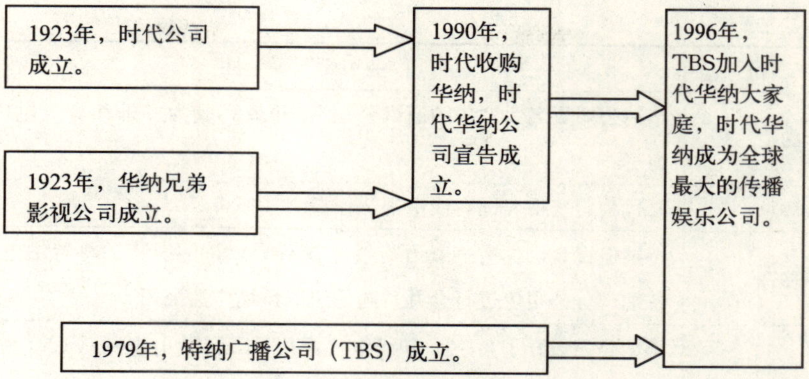

图 4　时代华纳的兼并历程

表 1

年　份	主　要　事　件
1918	华纳四兄弟在美国洛杉矶创建了华纳制片厂
1923	华纳兄弟创建了华纳兄弟影视公司，并在几年之内发展成为电影业最大的家族电影公司
1923	亨利·罗宾逊·卢斯与哈登在美国纽约共同创办《时代》周刊
1927	华纳公司因制作第一部长篇有声电影《爵士歌手》而名声大噪
1956	华纳公司开始在全美各大城市收购影院，建立自己的连锁电影院网，成为当时好莱坞唯一一家集生产、冲洗、放映为一体的电影公司
1964	华纳公司拍摄的影片《窈窕淑女》获得奥斯卡最佳影片奖。60 年代末，华纳公司成为好莱坞电影业的唯一巨头
1966	时代公司开始了多元化发展，资产达数十亿美元，在全美前 500 家大型企业中排名 158 位，居出版业之首
1968	时代公司并购了科特尔—布朗公司，从而将经营范围扩展到书籍出版领域。此后，时代公司还涉足于电视经营，建成了美国第二大有线电视系统
1969	特德·特纳（Ted Turner）在美国亚特兰大买下一家小型电视台，逐渐将其发展成为一家全国电视台

续表

年份	主要事件
1972	华纳公司更名为“华纳通讯公司”，并最终成为音乐和有线电视业主力军
1978	时代公司获得美国有线电视运作权
1979	特纳电视台已拥有300万有线电视订户。特德·特纳将特纳电视台、特纳广告公司等进行合并，随后组成特纳广播公司
1986	特纳公司成立了另一个有线电视网络——特纳电视网（TNT），并逐渐成为最成功的有线电视网络
1990	华纳公司被时代公司以140亿美元收购，最终形成时代华纳公司
1996	特德·特纳（Ted Turner）同意以76亿美元的价格售出TBS，TBS正式加入时代华纳公司，从而使时代华纳成为世界上最大的传播娱乐公司

（一）传媒帝王缔造时代帝国

1923年，出生于中国山东省的亨利·罗宾逊·卢斯与哈登在纽约共同创办了《时代》周刊，卢斯任发行人，哈登任总编辑，当年两人都只有25岁，正可谓初生牛犊。1929年哈登去世后，卢斯兼任总编辑，开始出版《时代》周刊国外版。其后，以《时代》为核心，陆续推出了《幸福》、《生活》等著名期刊。1930年，《财富》杂志问世，主要刊登经济类研究文章，并自1954年起推出全球500强排行榜，影响巨大。到1937年，《财富》的发行量已超过46万份，成为华尔街的必读刊物，成为世界经济期刊中当之无愧的市场领导者。经过不断发展和创新，时代公司组成了全美最大的出版企业——时代出版公司。20世纪60年代，时代公司的出版范围扩大到图书及其他出版物，并在几十个国家开设有子公司。

在20世纪50年代的美国，人们认为，卢斯的影响力至少与美国国务卿相当，被称为“时代之父”和“传媒帝王”，《美国新闻百科全书》称赞他为“真正的知识分子”，甚至有人称“他的杂志的影响力远远超过整个美国教育制度的总和”。1964 年，66 岁的卢斯引退，改任时代出版公司编委会主席。1967 年 2 月，卢斯在亚利桑那州菲尼克斯去世。这位著名的美国出版商，给世人不仅留下了蓬勃发展的时代公司，更为文化传播媒介的发展做出了巨大的贡献。英国前首相丘吉尔非常赞赏卢斯，称其为美国最有影响力的七人之一。

（二）华纳四兄弟打造影视巨头

华纳兄弟影业公司（Warner Bros. Entertainment. Inc）是 1923 年 4 月由哈里·华纳、阿尔伯特·华纳、山姆·华纳和杰克·华纳四兄弟创建的。华纳公司早期并没有多少叫得响的影片，帮助他们在好莱坞站住脚的是一只叫“零丁丁”的狗。这位狗明星是一个参加过第一次世界大战的美国士兵从法国带回来的，第一部“零丁丁”电影是公映于 1924 年的《从地狱河来的人》，当华纳兄弟发现“零丁丁”大受欢迎时，又拍摄了 25 部“零丁丁”电影，直到它干不动为止。

由于手中的电影院太少，华纳公司在派拉蒙这样的竞争对手面前还是显得有些弱小。此时，开发有声电影就成了他们的秘密武器。1925 年 5 月，山姆·华纳第一次在纽约的贝尔实验室里见识了有声电影技术，他立刻意识到这是一个独一无二的机会。1927 年 10 月，华纳公司发行了世界上第一部有声电影——《爵士歌王》，成功结束了原本由派拉蒙和米高梅电影公司统治的朝代，站到了电影行业的最前沿。在首推有声电影、利用连锁影院扩大效应后，华纳公司在 1928 年制作发行了第一部完全有声电影《纽约之光》。1929 年，好莱坞的大制片厂已经完全停止制作默片了，一个时代结束了。这一年，华纳公司还推出第一部彩色有声电影——歌舞片《On With the Show》。

1967 年，杰克·华纳把公司卖给了七艺，公司更名为“华纳七艺”。1969 年 11 月，史蒂夫·罗斯在买下了华纳七艺之后，公司新名称变为“华纳兄弟传播公司”，并且开始涉足电视节目制作。直到 1990 年，传媒业巨头时代公司并购了华纳兄弟。此次成功的购并，使新时代华纳公司的利润超过了 100 亿美元，公司成为一个集全球优势出版、娱乐资源于一体的传播娱乐业霸主。自此直至 1996 年兼并特纳公司的 6 年间，时代华纳不仅重视传统媒体资源市场开拓，也伴随着科技进步和时代发展，积极尝试创新传媒发展途径，实施了诸如路由器计划等多项科技研究，研究有成有败。但业界普遍认为，时代华纳敢于创新的精神和举动在一定程度上带动了传媒行业的发展。

（三）特德·特纳建立娱乐集团——特纳广播公司

1970 年，特纳进军电视业，他用户外广告的利润买了亚特兰大一家濒临倒闭的电视台。1975 年，特纳第一次和时代公司接触，那时李文刚把 HBO 送到卫星上。李文用卫星传送电视节目信号，这一举动使美国的三家大公司看起来落后了，而特纳意识到这是他的一次机会，于是他特地飞到纽约去听李文所做的关于传播的报告。当时的特纳一直梦想拥有全国的大网络公司之一。但他买不起哥伦比亚广播公司、美国国家广播公司（NBC）或者美国广播公司，所以他就努力寻找一条使他的小 17 频道可以和大公司竞争的路子，而李文的卫星传送电视信号无疑给了他一个启示。在他听取李文的报告和市场调研后，1976 年，亚特兰大的 17 频道成为美国第二个由卫星向全国传递节目信号的有线频道。

特纳一直努力实现自己拥有全美网络公司的梦想。1985 年，他铤而走险，用垃圾债券做财务，借了 14 亿美元，买下米高梅电影工作室。从金融角度来看，这次的购买对特纳是个灾难。不久由于债务原因，他就被迫将米高梅的大部分资产以比他买的时侯低得多的价格卖给了克考里安。虽然特纳留下了米高梅的电影图书馆，并利用它创办了特纳经典电影，但这次交易却让他陷入困境。他需要一把降落伞。这时很多公司可以挽救他，其中最有分量的当属时代华纳了。最终，华纳传播公司的新伙伴以 56 亿美元买下了特纳传播公司 37% 的股份、15 个董事席当中的 7 个席位以及对任何一笔 200 万美元以上支出的否决权。

这以上两次的合作也为日后时代华纳和特纳广播的合并奠定了基础，至少，在公司关键管理层方面，双方还是相互了解，可以坐在一起谈判。由于特纳公司和时代华纳均想通过并购实现成为全球最大传媒公司的理想，1996 年，特纳广播的创始人特德·特纳与当时时代华纳的 CEO 杰拉尔德·李文坐在了谈判桌上，造就了时代华纳的亮丽转身。这次经典的合并使得时代华纳跃居全球最大的传媒公司。

三、时代华纳经典案例回顾

（一）与特纳合并——时代华纳跃居全球最大的传媒公司

1. 并购背景。在杰拉尔德·李文正式上任为时代华纳董事长的 1993 年，时代华纳是全美第一的媒体公司，它拥有“时代”和“华纳通信”两大顶尖品牌。当李文不断增加其对时代华纳影响力的时候，广告商特德·特纳正在稳步建立其娱乐和体育集团。

2. 因素互补造就并购。20 世纪 90 年代早期，时代华纳曾有一个失败的决策：在奥兰多原创了一个交互式的电视网络，该计划花费超过 1 亿美元。但几年后，网络却被轻率地关闭了。与此同时，时代华纳雄心勃勃的网络集线器、路由器计划也纷纷失败了。由于时代华纳早期的投资在短期内没有产生现金流，1996 年时代华纳公司出现巨额亏损，这也是连续第 4 年发生亏损。

事实上，由于当时时代华纳已经落后于它的竞争对手，再也不是世界上最大的媒体娱乐公司。这份荣耀已经属于沃尔特·迪士尼公司。迪士尼公司于 1995 年 8 月出资 190 亿美元买下美国广播公司。此刻这已经是以一个不能回避的问题，李文必须清理时代华纳的资产负债。李文决定不卖公司在特纳 21.9％的股份，而是要买下特纳传播公司。

9 月 22 日，在迪士尼和美国广播公司并购宣布后的 1 个月，杰拉尔德·李文也宣布了一件重大的决定。他想用时代华纳所集得的 75 亿美元股票买下特纳传播公司目前还不属于时代华纳公司的 78.1％的股份，和特纳传播公司的并购很明显是要利用公司规模的扩大来巩固时代华纳作为世界上最强大的媒体娱乐公司的地位。时代公司曾经花 149 亿美元买下几乎和自己的业务毫不相干的华纳传播公司，从而挽救了自己。如今，杰拉尔德·李文还要通过买下特纳传播公司来拯救自己。

特德·特纳和时代华纳的交易只代表了方便和顺从的联姻，因为特纳一直梦想拥有全国最大的三个电视网络之一，但是在李文提出并购之前，特纳就已经清楚地明白拥有这三个网络是不可能的。首先，迪士尼已经买下了美国广播公司；其次，西屋公司宣布将买下哥伦比亚广播公司（CBS）。这些大媒体的并购使特纳意识到由于自己的公司规模太小，根本不能和这些公司竞争。更重要的是，他也像李文一样陷在累积成山的债务和原地不动的股票价格的泥泞中。“我厌倦了老是过着小人物的生活”，特纳在宣布与时代华纳并购的新闻发布会上这样说，“我过去的事业已经走到了尽头，所以现在我想看一下我的公司成为大公司会是什么模样。”

3. 并购后的业界评价。时代华纳与特纳的并购案被人们盛赞为一个辉煌的战略性收获。1997 年年底，特纳并购案结束后 6 个月，由于特纳亲口承诺在公司运营机构中建立合作，削减支出，重组机构，时代华纳似乎得到了重生。李文成为时代华纳的 CEO 后，公司的现金流第一次得到了实质性改善。时代公司和华纳传播公司并购以来的 5 年间，时代华纳的股票以平均每年 7.8%的速度增长，而标准普尔 500 指数则以每年 12.2%的速度增长。自此，时代华纳又一次巩固了其作为全美最大的传媒娱乐公司的地位，企业的资产规模和经营收入不断增长。从 1996 年开始，时代华纳登上是《财富》杂志世界 500 强的名单之中。

（二）时代华纳与美国在线的合并——分分合合 10 年路，世纪联姻黯然结束

2000 年，在互联网泡沫的高峰期，时代华纳和美国在线这两家全球重量级资讯巨头走到了一起。2009 年年底，在不断的争吵和磕绊后，两家公司结束了 10 年的婚姻，最终分手。作为当时美国并购金额最大的案例之一，两家的结合在当时轰动一时，而分手也同样震惊世界，时代华纳又一次站在了舆论的风口浪尖。它们为何会走到今天这样的局面？分手后又会面临怎样的命运？

1. 美国在线的基本情况。成立于 1985 年的美国在线有一位强有力的创始人，人称“经营天才和工作狂”的帝国缔造者——史蒂夫·凯斯。凯斯是美国在线公司董事长兼首席执行官，就读于威廉姆斯大学政治专业。毕业后曾先后供职于宝洁公司和百事公司。1983 年加入量子电脑服务公司，12 年后执掌帅印并更名为“美国在线公司”。

1992 年，美国在线在纳斯达克上市时，员工仅 250 人，用户不足 20 万，年收入仅有 3 000 万美元，股票市值约 6 600 万美元。1995 年以后，随着网络狂潮的到来，美国在线抓住机会，及时调整发展战略和业务重心，并在其后完成对网景公司（Netscape）的并购。1998 年，美国在线成为旗下拥有互联网服务集团、胡资产集团、网景企业集团和美国在线国际集团在内的巨型企业，员工总数达 1.2 万人，净收入 762 亿美元，股票市值达 1 640 亿美元。

美国在线在美国国内和世界各地的业务显著发展，成为《财富》500 强中的第一家互联网公司。之所以能成为业界的领导品牌，主要是它积极进取的态度以及独特的经营方法。《商业周刊》1996 年的一篇报道指出：“凯斯并未提出任何关于 AOL 的伟大远见。其成功完全归因于比对科技鬼迷心窍的敌人付出更多的心思在消费身上。”

2. 并购的动因与契机。19 世纪 80 年代中期以前的并购案例多是以事业组合管理模式来平衡部门间的绩效与风险，替换能力不佳的管理层以重整企业资产。之后的并购活动则更加注重横向和纵向的联系，以适应全球经济转型的潮流。

追溯历史，时代华纳的合并经验早已有之。而美国在线能够在短短十几年成为《财富》500 强企业，也是大鱼吃小鱼、通过联盟和合并所造就的。合并前的美国在线尽管有大量的广告收入，但仍要依靠用户的基本月费来维持盈利，为缓解竞争压力并保住现有用户，需向用户提供更快的上网服务。伴随网络技术的改进，公司可以通过使用宽频有线网实现技术更新。而时代华纳是全美第二大有线电视供货商，具备完善的有线网络，这对美国在线未来发展提供了更有利的条件。在网络科技迅速发展的年代，两强都看准了未来的网络媒体发展趋势，合并的目的相当明确，就是要通过合并，扩大规模，降低成本费用；将互联网、电讯、广电等进行融合，提高市场份额和战略地位；加强品牌经营和知名度；垄断利润；通过兼并获得资金、技术、人才、设备等外在推动力等。

从理论上而言，美国在线与时代华纳的合并，在长远发展方面确实有整合的利处，两家企业通过互补来提高市场的竞争力。实际上合并之所以能够谈妥也是受当时网络公司的合并收购浪潮影响。

3. 两家公司的磨合与运作。美国在线和时代华纳作为大型网络媒体和传统媒体的率先合作者，对内面对着经营业务的调整、部门重新整合、管理层重新调配等挑战，对外面对着市场垄断的指责、公众利益的牵涉、政府对合并的审批等问题。

企业并购后所进行的整合，可以为企业带来联合企业的经济作用，然而，整合也可能因为两家公司运作的隔阂而丧失灵活性。美国在线是网络媒体的代表，时代华纳则是传统媒体的典范，两套管理班子理念不同，经营方式有异，这种磨合可能会影响其运作的灵活性。当高层管理对前景判断有误，或者在经营运作上有不同看法和意见时，便会影响运作的决策。

美国在线合并后较大的一个举措，是提高服务收费。但这一举措使得美国在线不仅没有吸引新客户，还失去了部分老用户。为了扭转网络部门的危机，美国在线—时代华纳通过裁员、缩小投资等减少支出。显然，这一加价决策和宽带技术的失误为公司的发展带来了更大的阻力。

决策问题与公司决策层有很大的关系，美国在线—时代华纳高层人事变动频繁，也是原因所在。合并时过两年，连这场合并的撮合者、前时代华纳首席执行官杰拉尔德·李文，美国在线—时代华纳主席史蒂夫·凯斯和美国在线前二号人物罗伯特·皮特曼，都在合并后的角逐中先后辞职。

就在美国在线—时代华纳面临经营困难和人事变动之际，又爆出了涉嫌夸大账面盈余的事件。受该事件影响，公司股价曾经一度下跌21%。[①] 在网股泡沫破灭后，加上美国在线—时代华纳本身业绩欠理想，投资者逐渐失去投资

① 《香港太阳报》，2002年7月26日。

信心。

4. 美国在线—时代华纳十年婚姻终分手。2009 年 12 月 9 日，争吵了半年多的传媒巨头时代华纳和美国在线公司终于正式分手。从时代华纳分拆出来的美国在线及其 7 000 名员工将成为一家独立的公司，其股票正式开始单独交易。这意味着美国在线和时代华纳为期 10 年的“世纪大合并”走到了尽头，并以惨败告终。

美国在线首席执行官阿姆斯特朗表示，作为一家独立公司，美国在线将重新关注科技、网络媒体内容等业务。对美国在线来说，其数量巨大的在线观众和广泛的知名度是最大的无形资产。数据显示，2009 年 10 月美国在线用户人数比 Face Book 和亚马逊等网站都要多。根据 2009 年第 4 季度的财务报告显示，美国在线的净利润达到 140 万美元，较 2008 年同期已经扭亏为盈。

时代华纳在分手之后，将更加注重原媒体资源的开发和完善，2009 年年底净利润 6.24 亿美元，较上年同期已经扭亏为盈；2010 年第 1 季度净收益已有 2.16 亿美元。这说明分拆后，公众对这两家公司的投资信心不断增加。

四、时代华纳的成功之道

(一) 立足专业，开拓蓝海，打造品牌效应

《时代》是美国第一份用叙述体报道时事，打破报纸、广播对新闻垄断的大众性期刊，它将每周新闻加以组织和分类，对美国国内事务、国际新闻、科学、宗教、商业、教育以及其他领域的报道深入浅出，适合非专业人士阅读。其后，以《时代》为核心，时代公司又陆续出版了《幸福》、《生活》等著名期刊，一系列的著名品牌使其成为当时出版业的霸主。

而同样是 20 年代起步的华纳公司，凭借第一部有声电影终结了好莱坞的默片时代，华纳兄弟继而推出第一部彩色有声电影，包括在开拓海外市场，利用影院的连锁效应，这些蓝海业务的开拓无疑奠定了其强大的品牌号召力。

(二) 勇于创新，利用新科技手段拓展业务领域

1972 年，杰拉尔德·李文被委任为时代公司下属当时正处于发展阶段的

有线电视公司HBO子公司的副总裁，负责公司的节目制作。李文于1975年提出用卫星传送节目，并说服时代公司投资7 500万美元开拓卫星电视，使时代公司也成为电视传播业务的开拓者。

1975年9月30日，HBO成为第一个用卫星传播电视信号的电视传播公司。由于HBO获得的巨大成功，时代公司的股票开始上涨。神奇的卫星传播电视信号上了《华尔街日报》的头版。通过人造卫星播送HBO电视台的节目，一举促成现代有线电视业的诞生，由此“有线服务”成为李文以及时代华纳的标志性旗帜。

（三）合并收购催生业界泰斗

20世纪90年代时代华纳的合并，拉开了新一轮有关信息与传播新秩序之争的序幕。当时信息传播领域中的变化往往被称为“信息媒体革命”、“全球媒体新秩序”、“信息媒体产业新格局”。它们相对于20世纪70年代“世界信息和传播新秩序”的提法，并非只是字面上的差异，实际上反映了全球化浪潮所造就的一种新的环境和新的背景。

在全球一体化和科技创新的浪潮中，资本、人力、市场份额等经营要素的配置规则发生变化，新兴产业利用科技进步的后发优势，可以抢占市场竞争中的最有利地位，并通过并购在全社会乃至全球范围内重组生产要素，从而获取竞争优势和超额利润。面对新技术和新思维的挑战，传统文化产业通过企业合并和资产、股权收购方式，快速占据更多新媒体资源，降低开拓新市场的成本和风险，是一条做大做强的有效捷径。

在时代华纳的成长历程中，具有划时代意义的正是几次关键并购行为，如1989年时代公司与华纳公司的合并、1996年时代华纳公司与特纳广播公司的合并和21世纪之初时代华纳与美国在线的合并。此外，时代华纳还通过不断的小型并购，最终造就了它在文化传媒行业龙头老大的地位。这为我们提供了一个凭借并购迅速扩张、加快成长、抢占有利竞争地位的典型案例。正是在这一次次的分合变换中，动作频繁的时代华纳成为世人关注的中心。

五、时代华纳并购之道对国内文化产业的启示

我国文化产业的发展虽已具备一定的基础，有强劲的发展势头，但仍然存在一些困难与问题，时代华纳的发展历程给我们留下了诸多启示，特别是其合并收购重组创新之路，更给我国文化传媒产业如何做强大做大提供了前车之鉴。

（一）加强文化产业的集群发展和规模效应

文化传媒行业的发展具有明显的时代性和区域性。可以说，文明的脚步延伸至何处，文化传媒行业的触角就可以延伸至此。因此，在全球一体化和科技创新的浪潮下，文化产业不仅具有广阔的市场、更会具备创新的工具和新的传播途径。新媒体资源会伴随社会经济的发展不断涌现，大鱼吃小鱼的方式会给潜在的投资节约开拓新市场的成本，降低开拓新市场的风险。

产业集群化发展是当今文化产业发展的趋势之一。作为物质生活之外的第三产业——文化产业，较强的融合性决定了其发展过程中需要整合各种资源，集群化发展趋势非常明显。如时代华纳通过不断的并购行为，广泛涉足相关领域业务，实现了产业链的纵深发展以及自身规模的不断壮大。我国的文化产业起步较晚，各类文化产业基地和聚集区建设初具规模，但特色不明显。未来发展需要打造较为完整的文化产业链条，加快实现文化创意产业集群发展和产业规模效应。

（二）增强协同效应，注重“移植”过程中的本土化培育

从经济学的角度看，两家企业的合并或收购最直接的目的就是要有效融合，实现协同，形成财富与价值的合并乃至倍增。换句话说，就是要使并购后企业生产经营的整体效益大于并购前两家独立企业的效益之和。时代华纳的前两次重大并购非常成功，而 2000 年与美国在线的合并因为并购后的整合存在差异，才最终分手。

可见，当不同的企业文化拧在一起时，“协调一致”具有更深层次的含义。在我国，文化产业由于受政治、经济、科技等因素的制约，竞争力相对较弱。

加之我国文化产业发展中，来自国外的资本特别是跨国公司的投资占有重要地位，对我国本土文化产业构成了威胁。因此，在加快集群发展、追求规模效应的同时，一方面，在扩展和合并过程中，要善于将不同的企业文化和产品理念进行有效整合，努力实现合并后的协同效应最大化，树立共同的利益目标；另一方面，在发展国内文化产业的过程中，要着力打造具有自主知识产权的产品品牌，注重文化产业的本土化发展，避免被跨国公司主导。

（三）注重人才培养，发挥高层协同的推手地位

从“组织智商”的层面考虑，在一个智能型组织中，架构、系统、流程、规则及激励计划通力合作，推动员工实现公司使命，组织领导者必须排除大多数结构性矛盾，提出核心价值主张，推动员工“劲往一处使”，为实现共同的目标而奋斗。参与合并的公司领导人在建立制度约束的同时，只有意识到整合过程中的人员和文化因素，努力实现更为深层次的理解、沟通、协作以及共同感的建立时，才有可能真正达到有效的融合，而并不只是简单的机械累加。

这其中关键人物所起的作用以及公司对人才的培养是不容小觑的。人才是文化产业发展的核心资源，目前我国文化产业人才还相对缺乏，人才总量、结构、素质还不能够适应文化产业快速发展的要求。今后应调整人才教育结构，加强对高端人才、复合型人才、营销人才的培养。

当前，我国的文化传媒行业正进行着大规模的集团化整合，通过行政撮合的主推力，组建广电集团、报业集团、出版集团（甚至包含了广电、报业、出版、新媒体在内的综合媒体集团）；同时，从2010年起，电信网、广播电视网和互联网也将试水“三网融合”，并计划在2015年前完成。政府通过公共服务体系的完善和政策法规的制定，为文化产业营造了一个适宜发展的外部环境，这对文化产业的发展具有积极的推动作用。

面临着跨媒体、跨行业的企业合并，如何实现内部资源要素（经营资源、企业文化、人事融合等）的有效整合，是企业完成合并后能否产生理想效果的关键环节。

基于此，我们可以得出下面的结论：新媒体最根本的特点不是消解，而是

重建，是“破坏性的创造”。新媒体发展的过程，就是媒体整合的过程，“旧”和“新”都不是最重要的，重要的是“新”和“旧”的整合。新的媒体集团的核心竞争力取决于新的整合方式，而不是单纯取决于新的技术或者原创内容。

（赵健　杨珊　周慧）

参考文献

[1] 唐润华主编：《解密国际传媒集团》，南方日报出版社 2003 年版。

[2] 向勇主编：《北大讲坛——金融危机与文化产业机遇》，今城出版社 2010 年版。

[3] 喻国明、张小争著：《传媒竞争力：产业价值链案例与模式》，华夏出版社 2005 年版。

[4] 宋培文著：《文化产业经营管理成功案例解读》，中国广播电视出版社 2008 年版。

[5] [美] 拉塞尔著，陈宇峰译：《成长力》，企业管理出版社 2004 年版。

[6] [美] 蒙克著，王德伦译：《抢滩传媒的傻子们》，中信出版社 2005 年版。

[7] 雷宇：《“上帝之手”，APL CEO 李文》，南方网，2002 年 5 月。

[8] 新华社 2010 年 1 月 13 日电：《温家宝主持召开国务院常务会议，决定加快推进电信网、广播电视网和互联网三网融合》。

10

沉着而进击的金融帝国：花旗集团

花旗集团（Citigroup Inc.）成立于1812年，总部位于纽约市公园大道399号。经过近两个世纪的发展，花旗集团如今已成为美国乃至世界最大的金融集团之一。几乎没有哪家金融机构能像花旗集团一样，业务和资源可以在如此广阔的范围内，应付如此之多的需要。花旗集团已成为金融服务的世界品牌，它的名称本身即意味着出色的服务，不仅是满足客户的需要，而是要比客户的预期做得更好。

作为世界上最好、最成功、国际化程度最高的金融集团之一，金融创新一直是花旗集团发展壮大的核心竞争力。对于国际化程度不高、抵御风险能力较弱的中国银行业来说，花旗集团的成长历程无疑具有很强的借鉴意义。

一、金融巨擘——花旗集团简介

花旗集团历史悠久，它的前身是花旗银行，1812年创办于纽约，当时的名称为“纽约城市银行”。1976年，花旗公司成立。1998年，花旗公司与旅行者集团合并后，成立花旗集团。经过近200年的发展壮大，如今的花旗集团拥有2亿多客户，在全球近100个国家设有实体机构，在140多个国家和地区开展业务活动，员工近27万人。2009年，花旗集团实现营业收入1 088亿美元，位居《财富》杂志2010年全球500强排行第33位（见表1）。

表 1　　2005～2009 年花旗集团主要财务数据　　单位：亿美元

项目 \ 年份	2009	2008	2007	2006	2005
总收入	1 088	1 124	1 592	1 468	1 310
净利润	－16	－277	36	215	246
总资产	18 566	19 385	21 875	18 842	14 939
总负债	8 359	7 742	8 262	7 120	5 918
总市值	942	366	1 467	2 737	2 344
股价（美元）	3.3	6.71	29.4	55.7	44.9
每股收益（美元）	－0.76	－6.39	0.53	4.07	3.69
员工数（万人）	26.5	32.3	37.5	32.7	29.6
《财富》排名	33	39	17	14	14

注：《财富》杂志全球 500 强排名依据的是企业上一年度营业收入。

花旗集团由花旗公司和花旗控股两部分组成。花旗公司名下整合了花旗集团的核心业务，主要包括全球交易服务、资金管理和贸易解决方案部、证券和基金服务部、证券和金融业务、全球金融部、全球资本市场部、花旗私人银行、花旗理财咨询、区域性消费金融业务等。这些业务风险普遍较小，为花旗公司创造了大部分利润。花旗控股则整合了花旗集团的非核心业务和资产，主要包括经纪和资产管理业务、本地消费贷款、特殊资产池等，其中大部分是当前市场上缺乏流动性或者风险较高的资产。

花旗集团根据其业务发展，将全球业务分成四大区域：北美区、EMEA 区（欧洲、中东及非洲）、拉丁美洲区和亚洲区。作为全球领先的国际化大银行，早在 1902 年，花旗银行就在中国上海开设了分行。由于花旗是首家在中国升起红、白、蓝三色星条旗的美国银行，“花旗银行”也因此而得名。1949 年新中国成立，花旗银行撤出。1983 年，花旗银行重新进入中国市场，设立深圳代表处。目前，已在北京、上海、广州、深圳、天津、成都、杭州、大连和重庆拥有 9 家分行，28 家零售银行网点，业务领域不断拓宽。中国已经成为花旗集团全球最重要的市场之一。

二、花旗集团发展历程

在多年的发展历程中，花旗集团采取了四步发展战略：从一家地方银行到一家全国银行；从一家专业性银行到一家全能银行；从全国最有实力的银行到全世界最有实力的银行；从任何领域都要做最好的银行到只在所选择领域做得最好的银行。

（一）创建之初（1812 年～20 世纪初）

1812 年 6 月 16 日，在英美战争爆发前两天，华盛顿政府的第一任财政总监塞缪尔·奥斯古德上校与纽约的一些商人合伙创办了纽约城市银行。这是花旗银行的前身。作为华尔街最古老的银行之一，纽约城市银行在设立之初主要经营与拉丁美洲贸易有关的金融业务。那时银行的董事会成员都是一些大商人，银行主要是他们为自己生意进行融资的工具。以 1814 年 2 月为例，纽约城市银行的 12 位董事从银行获得的贷款就占到银行全部贷款的 1/4。因此，纽约城市银行也被认为是“由一群商人拥有，为一群商人服务”。1865 年，按照美国《国民银行法》，纽约城市银行取得了国民银行的营业执照，并更名为“纽约国民城市银行”。

在花旗银行创立后的 100 年时间里，美国先后有过多次银行危机，而每次危机中，花旗银行都因为安全可靠而声誉大增。1891 年，41 岁的詹姆斯·斯蒂尔曼担任花旗银行总裁。在其担任总裁的 18 年里，花旗银行在其起步很晚的投资银行领域里奋起直追，领导和参与了大量的证券承销和企业重组活动，在业务拓展方面取得了巨大的成就。1893 年，花旗银行以其 3 440 万美元的储蓄额和 3 890 万美元的资产成为纽约市最大的银行，并在次年一跃成为全美最大的银行。1897 年，在美国的主要银行中，花旗银行率先设立外国业务部，并开始外币交易业务。1902 年，花旗银行将业务拓展到了亚洲和欧洲，在中国的上海和菲律宾的马尼拉等地都设立了分支机构。

（二）艰难发展（20世纪初～20世纪50年代）

20世纪初，花旗银行被洛克菲勒家族收购，变成了家族所拥有的美孚石油系统的资金调度中心。然而随着1929年大规模的经济危机爆发，花旗银行遭受了沉重的打击，营业收入锐减，加之洛克菲勒财团因购买大通国民银行而退股，使得花旗银行更加一蹶不振。1929年10月24日，美国股市经历了著名的“黑色星期四”，此后花旗银行失去了美国第一银行的宝座，并且濒临停业的边缘，甚至一度只能依靠远在中国的分行赚取少量利润来维持经营。正因如此，花旗银行没有解散海外业务部，这也为日后成为最大的全球性银行打下了基础。经济危机后，美国国内经济缓慢复苏，银行间的竞争依然激烈，花旗银行为了维持下去，不得不以银行股票为抵押，向摩根公司借债，并一度在金融活动方面依附于摩根。直到第二次世界大战后，花旗银行才重整旗鼓，积极开始扩充业务。

（三）迅速壮大（20世纪50年代～20世纪80年代）

1955年，花旗银行兼并了纽约第一国民银行，合并后的花旗银行资产急剧扩大，实力倍增，成为仅次于美国银行和大通曼哈顿银行的美国第三大银行。1967年，沃尔特·瑞斯顿担任花旗银行总裁后，为了适应竞争和业务发展需要，制定了新的战略，包括建立银行持股公司、加强全球性金融业务、服务重点转向客户等。从此，花旗银行走向了一个新的起点。尤其是进入80年代后，随着美国金融界的证券化、信息化热潮的兴起，花旗银行积极发展投资银行业务和信息服务业务，成为一家全能性银行。1967年瑞斯顿上任时，排名第一的是美国银行，花旗银行还在与大通银行竞争第二名的位置；而到1984年瑞斯顿卸任时，花旗银行已远远地把美国银行和大通银行甩在了身后。

（四）业务重组（20世纪80年代～1998年）

20世纪80年代中期，由于花旗银行扩张太快，风险急速增加，出现了大量的不良资产。80年代后期，在美国银行业经营危机的冲击下，花旗银行的全能发展战略遇到重大挫折。新成立的投资部门被人们称为“不断产生赤字的部门”，而具有先见性的金融信息部门也由于经营者不适应这个行业的经营特点，被人们称为“玩具式的部门”。1990年，花旗银行的不良资产率高达7%，信用等级几乎被降到不适合投资的等级，使得花旗银行受到股东和客户的巨大压力。此时，以董事长约翰·里德为首的经营层开始了业务重组。里德认为，花旗银行优势在于国际化经营，所以决定大量裁员和缩减经费，集中力量于营业收益高的核心业务部分。1993年，随着花旗银行暂停“全能银行”的发展步伐，这种业务集中战略开始显现出良好的成效。

（五）金融帝国（1998～2007年）

1998年4月6日，花旗银行宣布同专长于保险业务和投资银行业务的旅行者集团合并。旅行者集团原是一家保险公司，通过收购几家投资银行后一跃成为美国第二大投资银行。花旗银行与旅行者集团的合并涉及资本总额高达820亿美元，是美国有史以来最大的一起企业兼并案。二者合并而成的花旗集团，总资产达到7 000亿美元，成为全球规模最大、服务领域最广的全能金融集团。此时的花旗集团几乎涵盖了所有的金融业务领域，标志着美国全能金融服务的开始。这是一个意义重大的创举，它不仅从根本上改变了金融体系的面貌，更代表了21世纪金融服务发展的趋势和方向。

（六）陷入危机（2007年至今）

在1812年之后的200多年里，花旗银行多次成为世界最大的商业银行，一直被认为是美国现代银行业的象征，是安然度过历次金融危机的著名“不倒翁”。因此，当2007年10月，花旗集团公布其第3季度盈利同比下降60%并撤下CEO普林斯时，人们才注意到此时的花旗集团也已陷入危机之中。花旗银行在并入旅行者集团后，明显感到传统商业银行业务在利润方面无法达到新增的保险和证券投资部门的水平。为了占有更多的市场，获得更多的回报，花旗集团不断扩大其投资银行业务并涉足高风险的次贷业务，尤其是以次级贷款为基础资产的ABS（资产支持证券）、CDO（担保债务凭证）等大量金融衍生品业务，为后来的危机埋下了巨大的隐患。

2008年11月，美国政府向花旗集团前后注资450亿美元。12月，美国政府为花旗集团提供大约3 060亿美元的债务担保。2009年2月，美国政府同意将250亿美元的优先股转换成普通股，从而以36%的持股比例，一举超越持股4.5%的道富银行，成为花旗银行的最大股东。一周后的3月5日，花旗集团的股价掉到了1美元左右，公司的市值只剩下56亿美元。而在2006年年底，也就是次贷危机爆发前夕，花旗集团的股价曾经达到每股55.7美元，公司的市值高达2 700多亿美元。短短两年多时间其股价缩水幅度高达98%。根据彭博社的统计数据，花旗银行此时在全球银行业的市值排名已降至第184名。

花旗集团过度追求高收益、大量涉足高风险领域的做法，改变了美国主流商业银行在大萧条后相对稳健的传统经营方式。而次贷市场激烈的竞争又使得花旗集团加大了在这个市场的投入和对这个市场的依赖。在这场自我膨胀的财富盛宴中，花旗集团不是始作俑者，最后却依然未能幸免，成为重灾区。

三、经典案例——花旗集团史上两次重大跨越

花旗集团的发展历史就是一部金融创新史。在过去的两个世纪里，花旗集团一次次改写了华尔街的历史。花旗集团所取得的辉煌成就，与其始终坚持创新是分不开的。在花旗集团的发展历程中，不得不提到两个重要的名字：沃尔特·瑞斯顿（见图1）和桑迪·韦尔，正是他们带领着花旗实现了两次巨大的跨越。

（一）沃尔特·瑞斯顿与花旗公司

1967年，传奇人物沃尔特·瑞斯顿升任花旗银行总裁。在其年轻时，沃尔特·瑞斯顿即显现出超乎寻常的创新头脑。20世纪50年代初，各家银行发放贷款时，基本只考虑借款人的信用、还款能力和抵押物，而很少考虑贷款所能产生的未来现金流，从而限制了油轮等大型设备的贷款。此时还是一名普通信贷员的瑞斯顿大胆设计了一种新的信贷方式，即采用租船合同收费权作为质押进行贷款。这种崭新的融资方式一经推出，立即被其他银行效仿，推动了飞机、轮船等大型设备融资业务的迅速发展。

图1　沃尔特·瑞斯顿

瑞斯顿执掌花旗银行之后，花旗银行开始成为名副其实的创新银行。在那个时代，监管当局对金融业有诸多限制，银行开展业务举步维艰，动辄得咎。1933年，美国颁布《格拉斯—斯蒂格尔法案》，禁止银行同时从事商业银行和投资银行业务，造成美国金融业银行、证券分业经营的局面，花旗银行也因此被迫注销了投资银行业务。1956年，美国国会通过《银行控股公司法》，禁止银行通过控股公司的形式从事证券业和保险业等业务。但该法留下一个漏洞，未将只拥有一家银行的所谓单一银行控股公司列入监管范围。1968年，花旗银行走出了公司战略决策的重要一步——在美国特拉华州成立一家单一银行控股公司，以其作为花旗银行的母公司，即后来的花旗公司。花旗银行把自己的股票换成花旗公司的股票，而把花旗银行置于该控股公司控制之下。通过花旗公司这块招牌，花旗银行实现了向证券、保险等业务的渗透，绕过了分业经营的隔墙。

（二）桑迪·韦尔与花旗集团

经过瑞斯顿时代的苦心经营，又经过继任者里德的守业，1998年的花旗银行已经成为国际化的大商业银行，业务遍布世界各地。而此时的旅行者集团也不弱，在其代表性的那把小红伞标志下聚集着所罗门美邦证券公司、旅行者保险公司和商业信贷公司等。时任旅行者集团总裁的桑迪·韦尔（见图2），正在酝酿着一个世纪全美乃至全球金融界最大胆的一个设想——与花旗银行合并。在桑迪·韦尔的职业生涯里，一直信奉一条信念“改变就是机会”。他认为，花旗银行与旅行者集团旗鼓相当，这两个金融巨人如能联手，组成金融集团，那必将是世界上最大的一个金融帝国。

图2　桑迪·韦尔

1998年4月，桑迪·韦尔利用他的智慧和魄力，终于促成花旗银行与旅行者集团的合并，合并后的新公司称为“花旗集团”，其商标为旅行者集团的红雨伞和花旗集团的蓝色字标。这次并购，不仅震动了美国的金融界，也让美国的金融监管部门非常尴尬。因为根据《格拉斯—斯蒂格尔法案》的规定，投资银行业务和商业银行业务是严格分开的。而此番花旗银行与旅行者集团的合并，则意味着商业银行、投资和保险业务将被集中于一家银行的屋檐下。这不但是对美国分业经营的商业银行传统的挑战，更是对白宫和美国联邦储备委员会的直接挑战。桑迪·韦尔带领着花旗银行开始了艰苦的游说，并于1999年11月最终促使克林顿总统签署通过了允许混业经营的《金融服务现代化法》。新的法案使得美国国内掀起了混业的狂潮。同时，混业的优势也显而易见，商业银行的客户可以和证券业的客户形成良好的互补，产生成本优势和协同效应。

花旗集团再次领时代风气之先，又一次成了华尔街历史的创造者。合并后花旗集团的利润迅速提升，总资产达7 000亿美元，全公司的雇员超过20万名，其业务遍及全球100多个国家和地区，拥有超过1亿的客户，一跃成为当时世界上规模最大的全能金融集团。

四、花旗集团的成功之处

花旗集团作为当今全球最优秀的金融集团之一，无疑有着独特的发展战略。就像花旗集团研究人员戴维斯在《优秀银行把握变革》一书中所说的那样："虽然优秀银行的战略不一定相同，但缺乏发展战略的'旅鼠式'行为一定不可能造就一家优秀的银行。"

（一）打造全能银行

全能银行一直是花旗银行的梦想。早在20世纪初，花旗银行就通过收购农业贷款信托公司进入了信托领域，收购储贷协会后进入了抵押贷款领域。但受制于有关法律的约束，商业银行业务一直占据其90%以上的比重，其他业务几乎停滞不前。20世纪50年代，花旗银行向政府提出建立控股公司的申请，遭到政府的否决。此后，虽然一度有第一花旗公司作为控股公司的便利，花旗银行也通过不同的途径获得了一定的其他业务，但离全能银行的目标仍有距离。1999年美国政府颁布实施《金融服务现代化法》，几乎解除了所有对金融业设置的藩篱，给花旗银行全能化战略的实施扫除了障碍。短短的几年时间，就造就了一个崭新的花旗银行。现在的花旗银行，不仅零售银行和批发银行业务规模独占鳌头，在IPO、证券交易、兼并顾问等投资银行业务上也举足轻重，共同基金、信托、保险等其他金融业务均居全球一流。花旗集团旗下集中了花旗银行、旅行者保险、索罗门美邦投资银行等一批世界上最好的公司。在激烈的市场竞争中，花旗集团的全能战略为其带来了巨大的资金优势、网络优势、成本优势和信息优势。

（二）推行全球化战略

全球化是花旗集团始终不渝的目标，不管组织架构怎样变化，花旗集团的全球化战略从来没有改变过。从 20 世纪初在全球许多大城市建立经营网点开始，花旗银行就一直作为全球化程度最高的大银行立足世界。在美国国内金融管制严格的年代，花旗银行更是把拓展全球业务作为规避管制的重要措施，因此海外业务得到较快发展。到 1998 年与旅行者集团合并前，花旗集团已在全球 100 多个国家或地区拥有分支机构，在伦敦、苏黎世、法兰克福、巴黎、东京、新加坡、香港等国际金融中心，花旗银行都是重要成员，有着举足轻重的地位。

在不断推进其全球化战略的过程中，花旗集团并不是一味地在国外增设网点，而是注重调整不同时期的发展重心，并根据各个国家发展阶段的不同选择差异化的产品战略。花旗集团采用坐标方格把各国按其发展阶段分为 5 类，即早期、增长、迅速发展、正在成熟和成熟阶段，然后根据不同的阶段选择合适的产品与服务。1995 年，花旗银行根据这一坐标方格，以及对世界经济增长与金融放松管制步伐的预测，选择了 9 个能给银行带来最大利润的“龙头”国家作为发展重点，并制定了在这些国家开展批发银行业务的计划，取得了丰厚的回报。1998 年花旗银行和旅行者集团合并后，充分利用原花旗银行遍布全球的客户资源和网点资源，交叉销售旅行者集团原先只在美国国内发行的保险和投资产品，从而打开了全球的保险和投资银行市场。如今花旗集团大约有 50％以上的营业收入来自于北美以外的市场。正是通过成功的全球化策略，才使得花旗集团成为真正意义上的金融帝国。

（三）创新的企业文化

企业最高层次的竞争是文化的竞争，企业文化已经成为企业核心竞争力的有力保障。花旗集团之所以不断发展壮大，成为全球最具有竞争力和创造力的大银行，很大程度上得益于其勇于创新的企业文化。在花旗集团，不仅把客户至上作为企业文化的核心，更把寻求创新作为企业文化的灵魂。花旗集团内部大至发展战略、小到服务形式都在不断进行创新。

花旗集团历史上那些领军人物，沃尔特·瑞斯顿、约翰·里德、桑迪·韦尔，他们无不凭借自己的智慧和勇气，在限制中寻求创新机会。不仅留下了与同行的争论之辞、股东们的非议不解，更留下了与法律的搏战之迹。正如沃尔特·瑞斯顿说的那样："如果你是银行家，你喜欢戴着镣铐跳舞吗?"因为创新，他们必须去突破法律的桎梏。无论是大萧条年代的"分业管理"，还是当今时代"混业经营"，他们相信转变与大胆的决策是企业突破性发展的关键，企业必须永无止境、永不间断地进行创新。桑迪·韦尔曾说过："在金融服务领域，我们永不停止学习。每年都带来新的挑战，而这些挑战又要求我们必须不断创新。"事实上，花旗集团的每一次跨越，背后的推动力都是创新。

（钟　声）

参考文献

[1] 郑先炳:《解读花旗银行》，中国金融出版社 2005 年版。

[2] 梁义:《花旗银行（1812—1970)》，中国金融出版社 2005 年版。

[3] 李源:《贪婪的花旗?》，《中国新时代》，2005 年第 4 期。

[4] 崔新生、袁方:《花旗的帝国徽章》，《经贸世界》，2002 年第 1 期。

[5] 欧阳向群:《花旗银行的公司治理结构》，《银行家》，2005 年第 9 期。

[6] 李石凯、靳晓海:《花旗集团的发展战略》，《银行家》，2004 年第 9 期。

[7] 黎政:《花旗银行企业文化的特点及其启示》，《商业研究》，2005 年第 17 期。

[8] 时旸、吕文宁:《花旗银行——组织架构的历史变迁》，《中外企业文化》，2007 年第 11 期。

11

平稳而快速扩张的典范：巴克莱银行

当前，随着我国经济近年来快速发展，国内经济结构正经历着战略性调整。我国加入世贸组织（WTO）后，金融市场也在逐步对外开放，海外金融机构已开始全面进入我国金融市场，巴克莱银行（Barclays PLC）等商业银行灵活的经营机制对国内商业银行的冲击效应已得到一定体现。面对近在咫尺的挑战，分析巴克莱银行的发展历程对于我国商业银行的发展有着重要的现实意义。通过对巴克莱银行的分析发现，适时兼并重组，并进行精准的市场定位，抓住市场发展机遇是其发展壮大的“利剑”，而准确的市场定位、严格的风险管理体系是巴克莱银行成就经久不衰“百年老店”的保障。

一、巴克莱银行基本情况

巴克莱银行成立于 1896 年，总行设在伦敦，系英国四大私营银行之一。目前，巴克莱银行在全球雇有 14.4 万名员工，按市值计算，它是英国第二大银行。2010 年，《财富》杂志公布的全球 500 强中，巴克莱银行排名第 96 位[①]，营业收入 665.33 亿美元，净利润达到 146.48 亿美元，市值达 815.50 亿美元。

巴克莱银行主要业务涵盖个人金融、公司金融、投资银行和财产管理四个

① 按照 2009 年营业收入排名。

方面，经营广泛的金融业务，包括票据交换、投资、保险、租赁、出口信贷等。在国际上设有多家分支机构，并投资于西班牙、百慕大、比利时等地的大银行，形成庞大的国际银行财团。在英国国内，与造船、航运、机器制造等产业及报业托拉斯关系密切。作为全能型金融企业（见表 1），巴克莱银行的全球零售银行和商业银行服务主要包括在英国及国外的零售银行和商业银行服务、巴克莱信用卡、南非联合银行等；投资银行和投资管理服务主要包括巴克莱资本、巴克莱财富等。从主要经营业务构成来看，巴克莱集团业务主要由巴克莱资本、巴克莱财富、巴克莱商业银行①三大板块构成，分别服务不同层次和领域的客户群。巴克莱资本主要面向列入 FTSE 金融时报指数的全球重要客户和在细分市场领域有较高商业价值客户的投资银行。巴克莱财富是服务于金融资产超过 50 万英镑财富阶层的私人银行。巴克莱商业银行则主要为中小企业和个人提供全面的金融产品和服务。

表 1　　按业务分支划分的资产总额　　单位：亿英镑

	2009 年	2008 年	2007 年
英国零售银行业务	1 052.28	1 013.84	884.77
巴克莱商业银行	755.47	840.29	745.66
巴克莱信用卡	302.20	309.25	221.21
GRCB（西欧）	641.85	655.19	437.02
GRCB（新兴市场）	118.74	138.66	91.88
GRCB（南非联合银行）*	458.24	403.91	363.68
巴克莱资本	10 191.20	16 291.17	8 398.50
巴克莱全球投资者	54.06	713.40	892.18
巴克莱财富	150.95	132.63	181.88
总部及其他	64.30	31.46	56.83
总资产	13 789.29	20 529.80	12 273.61

* GRCB 代表环球零售和商业银行服务。

资料来源：巴克莱历年财务报告。

---

① 目前，巴克莱商业银行更名为“巴克莱公司”。巴克莱集团于 2009 年将巴克莱全球投资者（Barclays Global Investors）的业务以 135 亿美元（股票和现金）的价格出售给黑石（Blackrock）集团。

从总资产构成来看，巴克莱资本所占比重虽然起伏较大，但一直遥遥领先其他业务。在此次全球性金融危机中，巴克莱银行积极应对，快速收缩业务规模，总资产在2009年收缩到13 789.29亿美元，远低于2008年、略高于2007年的资产规模水平（见表2）。2009年，巴克莱银行的净利润为102.88亿英镑，同比上涨96%（见表3）。利润大涨主要是因为巴克莱银行需要现金充实其资本金，决定出售全球投资者公司（BGI），从而获得了63.3亿英镑的收入。巴克莱银行旗下的投资银行巴克莱资本创造了高达25亿英镑的利润，主要是因为它收购了雷曼兄弟公司的美国业务，并扩大了在欧洲和亚洲的业务。至2009年年底，巴克莱银行的核心一级资本充足率由2008年的5.6%升至10%；流动资金从上一年的430亿英镑增至1 270亿英镑（见表2）。

表2　　巴克莱银行主要经营指标一览表

年　份	2009	2008	2007
资产（亿英镑）	13 789.29	20 529.80	12 273.61
所有者权益（亿英镑）	584.78	474.11	324.76
平均ROE（%）	23.80	16.50	20.30
税后利润（亿英镑）	102.88	52.87	50.95
税前利润（亿英镑）	116.42	60.77	70.76

表3　　巴克莱银行主要收入来源一览表　　单位：亿英镑

	2009年	2008年	2007年
净利息收入	116.69	114.15	95.89
净费用及佣金收入	84.18	64.91	57.75
净资金交易收入	69.94	12.70	37.54
净投资收入	2.83	6.80	12.16
大宗交易收入	72.77	19.50	49.70
其他收入	13.89	4.44	2.22
净收入	210.23	157.34	182.80
净利润	102.88	52.49	51.26

受到全球性金融危机影响，多数国际知名银行利润均出现较大幅度的下降。巴克莱银行近年的盈利能力也不可避免受到一定影响。应当看到，巴克莱银行在 2009 年的利润水平出现较大增长，这主要是由于其全球投资者业务的出售。如剔出此项收入，巴克莱银行的利润实际上为负增长。但由于业务规模收缩及时，巴克莱银行在此次金融危机中利润水平并没有出现大幅下降，仅基本持平或略有下降。值得关注的是，从近年来的业务收入数据也可以看出，与国内银行主要依靠利息收入不同，巴克莱银行中间业务收入与传统利息收入几乎平分秋色，特别是净资金交易收入与大宗交易收入在 2009 年出现较大幅度增长，分别由 2008 年的 12.70 亿英镑、19.50 亿英镑增加到 2009 年的 69.94 亿英镑、72.77 亿英镑。

二、巴克莱银行发展历程

（一）巴克莱银行发展历程简析

1. 为促进英国商业发展，巴克莱银行应运而生。追溯巴克莱银行的起源，可以从 1690 年在伦敦伦巴德街成立的贝温—特里顿合伙银行算起。当时，这条街上的金匠和商人开始为其富足的客户提供服务，帮助他们保管金银等贵重物品，并为这些财物的交易发行可以转让的银行券。1862 年，英国《公司法》的出台引入了股东有限责任的概念，在银行界引发了用强大的合股银行取代弱小的私人合作组织的趋势，这直接造就了巴克莱银行的诞生。

1896 年，有 20 家银行合并成为新的股份制银行，因为家庭、业务、宗教关系而联系起来，新银行的负责人是 Barclay。新的银行共有 182 家支行，主要分布在东部地区和东南部地区，存款共有 600 万英镑。在那时，该笔金额已经较大。通过兼并其他银行（包括 1905 年兼并的 Bolithos 银行，1916 年兼并的 United Counties 银行），新的银行营业网得到了迅速的扩展。1918 年，巴克莱银行与伦敦地区银行和西南银行合并，从而成为英国最大的 5 家银行之一。1926 年，以“巴克莱”命名的银行已经达到了 1 837 家，其中曼彻斯特联合银行在 1940 年开始独立经营。

2. 兼并重组成就了战后巴克莱银行的快速扩张。分析巴克莱银行发展史不难发现，巴克莱银行快速扩张主要归功于第二次世界大战后采取一系列海外兼并重组行动。1969 年，巴克莱银行收购 Martins 银行①是其在英国国内进行的最后一次收购活动。1977 年，巴克莱银行在英国第一个引入个人银行服务。1981 年，巴克莱银行成为华盛顿担保和交易数目最大的外国银行，提高了在纽约的市场份额。实际上，巴克莱银行在世界范围内业务的扩展早在 1925 年就已经开始，当时 3 家拥有巴克莱银行股份的银行进行了合并。这 3 家银行是：殖民银行、英国—埃及银行、南非国家银行。新合并银行的业务活动主要在非洲、中东地区和西印度地区开展。

1986 年 8 月，巴克莱银行成为在东京股市上市的第一家英国银行；同年 9 月，巴克莱银行的股票在纽约股票交易所上市。因为 BZW 投资管理公司（Barclaysde Zoete Wedd Investment Management）的设立，巴克莱银行国际业务得到了迅速发展。随后巴克莱又设立了投资银行部门——巴克莱资本公司。1997 年，巴克莱银行进行了重组，BZW 投资管理公司的大部分业务并入了今天的巴克莱资本公司。巴克莱银行一直在坚持发展业务，从而满足现代经济所提出的挑战。1999 年，巴克莱银行开始提供网上银行服务，被评为英国最有价值的品牌，品牌资产达到 53 亿英镑。

3. 巴克莱银行在 21 世纪的快速发展势头不减。自 2003 年以来，巴克莱银行启动了一项全球加速度计划，目的是在全球范围内推动业务增长。2005 年，巴克莱银行收购南非和非洲最大的商业银行 Absa，引起金融界的广泛关注；2005 年 5 月以 55 亿美元购买南非最大零售银行南非联合银行 60％的股份，成为南非有史以来所吸引到的最大一笔外国直接投资。

2006 年，巴克莱银行异军突起，成为年度全球资产规模最大的银行；同时，该银行海外利润首次占到了总利润的 50％以上。2007 年，巴克莱银行取得了成立 300 年以来的最好成绩：净利润提高 35％，每股利润和股息

① Martins 银行成立于 1831 年，1918 年由伦敦的一家银行和利物浦的一家银行合并壮大。

分别上涨了 32%和 17%；大约 50%的利润来自英国境外，而 2004 年这个数字仅为 25%。

2008 年 9 月，巴克莱银行收购雷曼兄弟北美经济业务，交易金额约为 13.5 亿美元。据估计，此项收购为巴克莱银行带来至少 110 亿美元的收益。2009 年 6 月，巴克莱银行就出售巴克莱全球投资者事宜与黑石集团达成一致，以现金和股票各一半的形式，完成总价值 135 亿美元的交易。此次出售使得巴克莱 7%的一级资本比率[①]提高 1 个百分点以上，接近英国金融服务管理局（FSA）的监管要求。

（二）巴克莱银行进军亚洲及中国市场历程

从 17 世纪晚期开始，巴克莱银行对亚洲业务显示出兴趣。那时，巴克莱银行主要为各国君主和商人的全球贸易融资。如今，巴克莱银行在亚太地区的 14 个国家和地区通过其旗下机构开展业务。20 世纪 70 年代，巴克莱银行进入中国，先后在北京、上海设立了代表处。巴克莱资本作为巴克莱集团的投资银行业务部门，在亚洲雇员人数超过 1 500 名，为巴克莱银行各机构在亚太地区之最。

2005 年，巴克莱银行在上海浦东开设上海分行，为该年巴克莱银行在亚太地区设立的第三家分行[②]，主要为其客户提供金融服务及风险管理服务。这些产品和服务包括：G7 货币市场、G7 外汇交易、信用等级顾问、风险管理建议和债务融资。

2007 年 7 月，国家开发银行成为巴克莱银行的股东，持有其股份约为 3.1%。两大银行确立了全球战略合作伙伴关系：巴克莱银行将向国家开发银行转让管理经验和技术，提供人员培训；国家开发银行支持巴克莱银行的全球发展战略，支持其打造成多样化、全方位的全球领先银行。同年 10 月，巴克莱银行与国家开发银行结成商品业务战略联盟，首先专注于能源、金属及节能

---

① 该指标用来衡量银行资产负债表健康状况。

② 之前两家分行分别设立在中国台湾和印度尼西亚。

减排领域。根据商品业务战略联盟，巴克莱银行承诺与国家开发银行紧密合作，建立国家开发银行的商品类产品的销售和交易能力，提高其商品业务操作及风险管理的技术架构；同时，国家开发银行将优先选择巴克莱银行为其商品业务的交易对冲市场风险。双方表示，此次商品业务战略联盟是上述全球战略合作计划中的一项重要安排。

2008年3月，巴克莱集团总裁及投资银行和投资管理的Diamond率领的8人高层团队在北京拜会了时任中国国家开发银行行长陈元[①]，就双方进一步加强今后的合作等问题进行了深入的交流和谈判。双方约定此后的合作领域主要集中在五个方面：一是在商品方面的合作；二是在非洲的合作；三是在资产管理方面的合作；四是业务培训合作，包括风险管理控制、具体产品开发设计等；五是协助转型的国家开发银行更好地适应巴塞尔新资本协议。

2008年8月，巴克莱银行宣布入股重庆新华信托，持有其约19.5%的股份，使得新华信托成为我国率先引进境外战略投资者的3家信托公司之一，同时也成为首家国际著名银行作为战略投资者进入我国西部的信托公司。

三、巴克莱银行经典经营案例

巴克莱银行目前的支柱业务为投资银行业务，投资银行部门在2009年为巴克莱银行贡献了超过50%的利润。在2009年巴克莱资本180亿英镑的营业收入中，有72%来自“固定收益、外汇和大宗商品”业务[②]，这几乎是其股票及大宗经纪业务收入的5倍，是其“传统”投资银行咨询业务收入的6倍以上。巴克莱银行坚持认为，此类业务仍将是他们的战略核心，即使市场重心又开始重新转向并购交易和首次公开发行（IPO）市场。

作为商品和外汇交易的全球最大做市商之一，巴克莱银行的影响力毋庸置疑。巴克莱银行每天发布的铜、铁、石油等原材料研究报告以及外汇市场

① 陈元现为国家开发银行董事长，该行现任行长为蒋超良。

② 此类业务代表客户交易流动债券、互换产品、外汇和大宗商品。

的分析，是全球期货交易商关注的焦点，而这些分析基本上是由巴克莱资本作出的。可以毫不夸张地说，巴克莱银行的成功主要得益于巴克莱资本的优异表现。

（一）差异化发展战略及精准的市场定位成就了巴克莱资本的快速扩张

作为一家已经存在了近320年之久的老牌银行，巴克莱银行号称拥有私人银行、投资银行以及所有全能型的金融部门，但给人的形象是风格传统保守的零售型银行。巴克莱旗下的投资银行部门虽然早已建立，但在新股发行等业务领域无法与摩根士丹利、高盛等美国投资银行大鳄抗衡，风险管理和融资业务也缺乏特色和业内口碑。自1980年进入证券领域后的长达十几年的时间里，巴克莱银行并没有取得太大作为。

直到20世纪90年代中期，巴克莱银行决定破釜沉舟，转变发展思路，不再局限于竞争激烈的新股发行领域，重新市场定位，发现新的市场机会——债券承销，并从引入新的CEO着手。1996年，巴克莱银行引入瑞士信贷第一波士顿太平洋区主席戴蒙德（Diamond）就任CEO，希望在债券承销领域有所作为。戴蒙德此前曾经为摩根士丹利创建欧洲债券部门立下汗马功劳。随后不久，巴克莱银行开始对巴克莱投资银行部门进行大刀阔斧的改革：远离证券和并购市场，转而利用巴克莱投资银行部门良好的资产负债表去赢得债券交易。

1997年，巴克莱银行作出了一个大胆的决定。巴克莱银行坚持认为，新股发行（IPO）和兼并重组（M&A）尽管能给投资银行带来高额利润，但这一业务从来就是一个寡头垄断市场，银行往往需要不计成本地争夺市场份额。同时，这部分业务与股票市场的起伏周期紧密相关，风险较高。因此，巴克莱银行开始专注于债券业务，而将所有的股票相关业务①出售给当时的瑞士信贷第一波士顿银行。当时，正是互联网刚刚兴起之时，大部分投资银行都忙于争夺新股发行这一利润最丰厚的业务，几乎没有人将注意力放在债券交易上，很快，巴克莱银行便在欧洲市场成为固定收益领域中的佼佼者。

---

① 包括并购咨询、股票承销和研发等等业务。

20世纪90年代末的欧洲，正处于由政府经济到私营经济过渡的早期阶段，占到国民生产总值一定比例的养老金资产正面临从非基金型养老金到基金型养老金的转变，整个欧洲充斥着建立债券相关市场的如饥似渴的需求，这恰恰与巴克莱银行制定的发展战略、市场定位及商业模式不谋而合，为后者的发展提供了难得的机遇。同时，全球证券市场也正突飞猛进，主要的欧美银行都被吸引到盈利丰厚的投资银行业务：如打造股票平台、雇用投资银行家、把风险资本嵌入投资组合等，几乎没有人在乎债券承销业务，然而巴克莱银行却在此时抓住了机会。第一个突破是1999年为英国电信承销其总价值高达100亿美元的全球债券，这也是当时募集金额最大的一次美元债券销售活动。紧接着，巴克莱银行联手德意志银行和巴黎银行共同为通用金融公司筹集了37亿美元的资金。2002年，巴克莱银行作为一家优秀债券商在为ABB公司进行财务融资的过程中其作用得到了完美表现。2001年ABB公司亏损15亿美元，但却在巴克莱银行的帮助下成功发行了9.68亿美元的可转换债券。在这个案例中，巴克莱银行真正创造了一种模式，将银团贷款、债券再融资和风险管理实现整合，让ABB公司度过了流动性危机。在欧洲、中东和非洲，巴克莱银行2002年的债券承销额超过了任何其他银行，并且在欧洲银团贷款上位居前列。通过发放大额短期风险的企业贷款，然后迅速将它们重新包装成债券和衍生品，巴克莱银行得以建立一个与共同基金和其他大型投资者紧密联系的网络。从巴克莱银行前期表现的差强人意到后来的突飞猛进可以看出，巴克莱银行的成功离不开巴克莱资本的贡献，而后者成功得益于差异化发展战略以及精准的市场定位。

（二）果断抄底、适时并购，在金融危机中避开危险、实现盈利

在危机中抄底是一件知易行难之事。当所有人都陷入恐慌，同时有资金和勇气展开作为的人总是少数。自此次金融危机爆发后，投资者开始对按揭证券的价值失去信心，引发流动性危机。即使多国中央银行多次向金融市场注入巨额资金，也无法阻止这场金融危机的爆发。目前仍没有人准确知道这场严重的金融危机是否已经结束。而对于银行来讲，并购也是把“双刃剑”。一方面，

并购可以扩大规模、占领市场和降低成本，实现地区性互补、业务互补等协同效益。另一方面，并购也给银行带来了风险。由于并购后的银行规模越大，对金融监管当局政策取向的影响越大，越容易产生“大则不倒”（Too Big to Fail）的现象，会去追求更高风险的资产，最终产生巨大的风险。研究表明，大银行发放的贷款风险程度比小银行贷款的风险程度要高，而且贷款损失程度也比小银行的损失程度要高。

巴克莱银行原计划在2007年收购荷兰银行。作为一家拥有183年历史的国际老牌大银行，荷兰银行此前数年一直业绩不佳。2007年3月，拥有1%荷兰银行股份的英国TCI对冲基金率先发难，要求荷兰银行管理层出售或者分拆整个集团，从而保证股东利益不受损，这一提议获得了多数荷兰银行股东支持。消息一传出，荷兰银行立刻成为全球银行业并购的焦点。巴克莱银行率先提出了总价值670亿欧元的并购方案，以换股和现金相结合的方式收购荷兰银行，每股荷兰银行普通股将可换得2.13股巴克莱银行普通股，外加13.15欧元的现金，相当于3.225股巴克莱股份换购1股荷兰银行股份。而在随后不久，苏格兰皇家银行（RBS）收购团队开出了更为诱人的方案，收购价达711亿欧元，其中现金比例高达93%。最终，在2007年10月，RBS赢得了这场收购。其实，单从双方的出价来看，这一结果并不出人意料。首先，RBS收购价要比巴克莱高出40余亿欧元。其次，RBS的现金比例更是高出很多，在崇尚“现金为王”的时代，RBS收购方式显然更为有利。

然而，由于金融危机的降临，原荷兰银行的部分业务表现糟糕，将RBS拖入债务泥潭。2007年的荷兰银行收购行动也因此被看作是一次“不合时宜的收购”，并很有可能成为“历史上最差、最不合时宜的收购之一”。RBS也不避讳此次收购的失败，自称在金融市场鼎盛时期收购荷兰银行是一个“糟糕的错误”。巴克莱银行由于没能完成收购反而有幸躲过一劫。这固然与RBS的“横刀夺爱”并成为巴克莱银行的“替罪羊”有关，更得益于巴克莱银行稳扎稳打、适时并购、果断终止交易并顺应市场变化的战略定位。

与历史上任何一次重新洗牌一样，在金融行业的旧有格局被打破后，顶级俱乐部里迅速出现了新的上位者。作为经济危机中英国少数不依靠政府资助生存下来的大型金融机构之一，巴克莱银行近年运作频频。很明显，无论一家零售银行规模如何，与投资银行的规模和品牌仍是难以比拟的，这正是欧洲银行普遍的一个障碍。长期以来，欧洲银行基本没有办法自己培养出可以匹敌高盛的投资银行业务，而收购的机会又集中于小型公司，难成气候。雷曼兄弟的破产则提供了一个千载难逢的机会。雷曼兄弟在并购和股票销售、交易及研究领域都曾有出色表现，这正是巴克莱银行亟待补充的，而经济危机风云突变为巴克莱银行收购雷曼兄弟部分资产提供契机。实际上，早在雷曼兄弟开始寻找买家时，巴克莱资本便表示了极大的兴趣。2008 年 9 月，这家华尔街第四大投资银行破产后，巴克莱资本迅速以 17.5 亿美元的低价买入了雷曼兄弟在美国的业务，其中包括：位于新泽西的数据中心、部分交易资产以及两个位于纽约曼哈顿的总部大楼。这笔买卖使巴克莱银行迅速成为华尔街上新的大玩家。在收购完成后，巴克莱银行在美国的并购业务排名便挤进了前5位。

四、巴克莱银行风险管理为我国银行业发展带来的启示

从以上对于巴克莱银行的分析可以看出，在全球化的今天，银行要实现快速扩张，全球化的视野与发展战略不可或缺。我国银行业要实现快速发展，积极的海外并购与精准的市场定位也十分关键。欧美银行快速成功扩张的案例，为我国银行的海外发展提供了很好的学习机会。此次金融危机中倒下去的欧美大型银行以及国内部分国有银行的较大损失，也为银行的海外发展敲响了警钟。在成功与失败之间，有一点非常关键，但往往在企业快速发展过程中被忽视了，那就是风险管理。在国内银行“走出去”过程中，要特别注重风险管理。

虽然巴克莱银行是一家拥有 300 多年历史的老牌银行，但它十分注重不断拓展其业务的广度和深度，资产和业务规模不断扩大。目前，巴克莱银行在投资银行和资产管理两个领域走在了欧洲银行业的前列。在巴克莱银行各项业务快速拓展的过程中，巴克莱银行成功的风险管理为其提供了强有力的支撑。

（一）巴克莱银行的风险管理体系

1. 风险管理分工明确、职责清晰。巴克莱银行风险管理的特点之一是分工明确，职责清晰。基本的职责分工贯穿于整个集团组织内部。具体分工如下：

（1）董事会主要监督银行内部控制系统，并检查它的有效性。

（2）业务负责人负责识别和管理其业务的风险。在集团首席执行官和集团财务总监的授权下，风险总监负责有效进行风险管理和控制。

（3）分类风险主管和他们的团队负责建立风险控制框架，并进行风险监控。

（4）在业务风险主管的管理下，业务风险团队负责协助业务负责人识别和管理他们总体的业务风险，并实施正确的控制。

（5）内部审计负责独立地对风险管理和内部控制环境进行检查。

（6）在巴克莱银行内部还有许多专业委员会负责相应的风险管理职责。

2. 建立风险偏好体系、强化经济资本应用。风险偏好是巴克莱银行选择的平衡收益与风险的方法，自 20 世纪 90 年代中期以来一直在巴克莱银行内部使用。确立集团和各业务的风险偏好，建立风险偏好体系，首先能够保证集团的业绩表现；其次，能够识别无用的风险容量，提高盈利能力；其三，能够提升管理信心，统筹考虑集团的整体风险轮廓；最后，能帮助高级管理层提高不同业务风险程度的控制和协调。

风险偏好体系为每项业务配置风险容量提供了基准。巴克莱银行的风险偏好体系考虑了信用风险、市场风险和操作风险，并通过以下两个方面的表现实施相关措施：一个是收益波动，即在战略规划的偏好设定下①，考虑每年的预测财务表现的潜在波动；二是授权和规模，这主要是设定业务层面的授权和限额规模来保证单个风险构成处于一种适当的平衡状态。

3. 严格按照风险管理程序、科学有效地对各类风险进行管理。虽然巴克

① 包括分红保证以及保证巴克莱银行在极端环境下的评级水平。

莱银行对其内部风险的分类已经超过了巴塞尔新资本协议中的要求，并为各类风险配置经济资本，但对于巴克莱银行来讲，对风险的管理仍是其主要任务。在规范统一的风险管理程序指导下，巴克莱银行对风险的管理卓有成效。

信用风险仍是巴克莱银行最大的风险，大约有2/3的经济资本被配置到各项业务的信用风险上。利用自己的内部风险评级系统对借贷者、交易对手以及零售客户进行评级。对于内部评级，巴克莱银行主要利用自己的历史数据和其他外部信息，通过自己内部开发的模型来进行。当然，巴克莱银行也采用了一些外部开发的模型和评级工具，不过这些工具在引入前都要经过相关的验证。

对于市场风险来讲，在巴克莱银行内部，风险管理委员会批准所有类型市场风险的风险偏好；市场风险总监负责市场风险的整体控制，并在风险总监和风险监控委员会的授权下，在市场风险偏好范围内设定限额管理体系。市场风险总监的工作由专门的市场风险管理团队和业务风险管理部门支持协助。同时，还要考虑与业务相关的流动性风险。

（二）对国内商业银行的启示

1. 强化分工，在风险管理部门建立分类风险管理团队。巴克莱银行内部风险管理分工比较明确，风险管理部门中设有专门的风险管理团队负责分类风险的管理，职能团队与业务部门职责界定清晰，有利于风险管理的高效运作。目前，部分国内商业银行的风险管理主要是针对信用风险的管理，风险管理部门的内部设置没有按照风险的分类进行。市场风险和操作风险的管理在风险管理部门内部并没有设置功能性的专业团队来进行指导和监控，这不利于各类风险在集团层面的监控和协调。

2. 建立风险偏好体系，加强风险限额管理，强化经济资本运用。巴克莱银行风险管理成功的最主要原因就是最近十几年来通过建立风险偏好体系，加强限额管理，强化了经济资本在集团内部的运用。这也是国际知名银行风险管理成功的普遍经验。目前，国内商业银行虽然启动了此方面的相关工作，但与国际知名银行的成熟做法还有些差距，还应继续深化此方面的工作，科学设定集团和各业务线条的风险偏好，确立相应的限额管理体系，根据要求为分支机构、产品线和业务线条配置经济资本，并结合风险调整后资本收益率（RAROC）等指标进行绩效考核。

3. 借鉴成熟的市场风险管理经验，加强市场风险管理。巴克莱银行近年的快速成长离不开巴克莱资本业务的快速稳健拓展。同样，对于国内商业银行来说，除了零售银行业务，投资银行业务和资产管理业务也都是银行利润新的增长点。这两项业务的开展需要具备较强的市场风险管理能力。就目前国内金融环境来讲，利率市场化和汇率形成机制改革的不断深化、利率衍生产品的推出以及金融衍生产品交易所的建立都为国内银行业的快速发展提供了一个良好的环境平台。国内商业银行应及早加强市场风险管理方面的工作，组建专业的市场风险管理团队，学习先进的市场风险管理技术，开发或引进先进的市场风险管理系统，为资本市场业务的拓展奠定坚实的基础。

4. 重视国家风险，加强国家风险管理研究。国家风险对商业银行安全的重要性已经在亚洲金融危机中充分显现。随着国内商业银行规模的不断扩大和业务的快速拓展，越来越多的业务不仅要考虑贷款对象的信用风险而且还要考虑其国家风险，而国家风险对国内商业银行的风险管理提出了更新和更高的要求。在巴克莱银行内部有专门的国家风险研究团队，对于重要的国家有专门的国家风险经理具体负责，并经过验证构建自己的国家风险评级模型，开发专门的内部国家风险评级系统。该系统与信用风险管理系统整合在一起，任何跨境的交易都会提交给该系统，产生相应的评级和相应的经济资本配置要求。评级越低，要求配置的经济资本越高。虽然目前国内商业银行所涉及的境外业务相对于国际银行还比较少，但从长远的发展战略来看，应该及早着手此方面的研究准备工作，逐步将国家风险纳入自己的全面风险管理体系，探索建立内部国家风险评级模型和系统，合理设定国家风险限额和国别限制，为相关业务的拓展提供支持。

（王道俊　汪洁）

参考文献

［1］王红娜：《巴克莱银行的资本轨迹》，《中国投资》，2006 年第 10 期。

［2］黄大海：《巴克莱银行的风险管理及其启示》，《新金融》，2006 年第 12 期。

［3］吴亮东：《谈谈巴克莱集团经营管理经验》，《融资研究》，2009 年第 5 期。

［4］冯桔：《钻石改变了整个巴克莱》，《每日经济新闻》，2009 年 12 月 15 日。

［5］李硕：《注意巴克莱》，《环球企业家》，2009 年 7 月 20 日。

12

传统业务的“坚守者”：美国银行

现在的美国银行（Bank of America，BAC）是1904年由意大利移民后裔安马迪·彼得·贾尼尼（A. P. Giannini）创办的意大利银行发展而来的，借助于1906年的旧金山大地震成为美国第一家为普通老百姓提供金融服务的银行，并进而成为20世纪20年代美国西部最大的银行。它坚持把“为小兄弟服务”作为自己的经营方针，并在短时间内众人皆知。历经了百年的沉浮，美国银行也经历了自己的辉煌与低潮，这其中也有很多值得国内商业银行借鉴的经验。在2010年美国《财富》杂志公布的全球500强企业名单中，美国银行名列第15名，在银行业中排名第1，其营业收入达到1 504.5亿美元，总资产22 233亿美元，股东权益2 314.44亿美元，实现利润62.76亿美元，资产收益率（ROA）为1.42%，营业收入和利润分别比2008年增长33%和56.6%。

一、美国银行概况

美国银行是世界上最大的银行控股公司之一，为美国及全世界的个人、小企业和商业、公司和机构客户提供全方位的金融服务。

美国银行业务收入85%来自于美国本土，服务遍及美国50个州、哥伦比亚特区以及全球44个国家和地区。美国银行拥有美国最大的全国性零售网络，有超过5 700个零售银行办事处、超过17 000部ATM机，是拥有2 100万用户的网上银行，它庞大的分支机构网络几乎覆盖了所有人口众多的城市。美国银行还是美国头号小型企业信贷银行和头号向少数族裔开办的小型企业提供贷款的银行，并与几乎所有的美国500强企业和80%的世界500强企业建立了业务关系。

美国银行将核心业务划分为四个基本的业务单元：个人与小企业业务、大公司与机构的金融服务、资本市场与投资银行、财富与投资管理业务。其中，个人与小企业业务即零售业务单元是美国银行盈利的主要来源。美国银行从事的业务基本上都可以被标准化。与其主要竞争对手花旗银行截然不同的是，美国银行不主张个性化的业务，因为它认为，虽然个性化的业务可以带来巨大的回报，但风险也同样巨大。

二、美国银行发展历程

（一）加利福尼亚州诞生（1904～1926年）

美国银行前身是1904年由意大利移民贾尼尼在加利福尼亚州创立的意大利银行。开始他只是为了帮助像他这样的移民能够进行支票兑换，主要经营太平洋沿岸各州意大利移民的存放款业务，以后逐渐吸收中下阶层的存款，并对中小企业提供抵押贷款和发放消费信贷，业务迅速发展。到20世纪20年代时已成为美国西部最大的银行。

（二）横跨全国（1927～1945年）

美国银行的分行系统是贾尼尼留在银行历史上的一件特殊礼物。在美国，银行的分支机构在一个世纪的平稳起步后开始萎缩，贾尼尼在加利福尼亚州使银行业得以复兴。他的银行可以在特定的时候为任何城镇或农民提供其所需要的资金，这在很大程度上支撑了加利福尼亚州的经济奇迹。自从1909年1月1日美国银行的第一家乡村分行在圣何塞开业以来，越来越多的分支机构逐渐在加利福尼亚州以及周边地区发展起来。

1928年，贾尼尼向更高的目标——一个横贯大陆的银行进军。为了实现这个目标，他得到了华尔街和东部银行系统摩根大通财团的支持。1930年9

月3日，贾尼尼将旗下的意大利银行整合为一个国家银行——美国银行国民信托储蓄会（NT&SA）。这次整合使贾尼尼的银行成为美国第三大银行，仅次于花旗银行和大通曼哈顿银行。一直到第二次世界大战期间，美国银行都在不遗余力地扩张自己的版图，丰富自己的业务，一个横贯美国东西海岸的银行就此诞生了。

（三）本土并购（1946年至今）

第二次世界大战期间，加利福尼亚州是美国重要的军火生产中心，战争给美国银行带来了巨额利润。战后，加利福尼亚州成为飞机、导弹、火箭和宇宙空间军火工业的主要生产基地，为美国银行的金融活动提供了极其有利的条件，加速了美国银行的扩张。为加强竞争，美国银行积极从服务地区和市场多样化方面开拓业务，吸收国内外存款，并大力向国外扩张，资产进一步扩大。美国银行所拥有的资产和存款，长期以来在美国商业银行中均占第一位，直到1980年才被花旗银行超过。

银行并购是实现资产规模快速扩张和利润增长的重要手段，成功的银行并购有利于提高银行业整体管理水平和效率，美国银行也是通过几次大规模的兼并实现了快速扩张（见图1）。

1998年，美国银行出资620亿美元买下美国国民银行，制造了当时轰动全美的最大企业合并新闻。尽管华尔街不少人对这桩并购案发出了不同的声音，但后来的结果证明了美国银行选择的正确性。如今，这两家企业的合并成为许多市场分析专家经常提及和解读的成功标本。

图1　美国零售银行巨头美国银行店面

2003年，美国银行再度出手，斥资470亿美元收购了波士顿舰队金融公司，成为全美最大的消费者银行和第二大银行，其零售业务从美国的西海岸扩张到东海岸，占据了银行零售业务在美国的第一把交椅。

2005年6月，美国银行以350亿美元收购了世界最大的独立信用卡发行商——美信银行（MBNA）。接手美信银行后，美国银行客户群增加了2 000万人，资产管理余额达到1 430亿美元，活跃账户突破4 000万个并与5 000多家信用卡伙伴组织和金融机构建立了全新的联系。

2008年9月14日，已有94年历史的美林公司（Merrill Lynch & Co.）同意以大约440亿美元的价格出售给美国银行。二者的合并造就了一家业务范围广泛的银行巨头，触角几乎涉及金融领域的方方面面，遍布信用卡、汽车贷款、债券和股票承销、并购咨询和资产管理等各个方面。

（四）全球扩张（20世纪80年代至今）

同华尔街其他银行在国际化道路上的高歌猛进不同，美国银行一直专注于本土化的发展，因此，与花旗、J. P. 摩根等主要在海外开展业务的金融机构相反，美国银行在海外的业务占其收入的比例较小，因为持续的并购扩张已经使美国银行拥有了全美10%的储蓄存款份额，已经触及到美联储设定的警戒线。因此，向海外拓展业务成了美国银行必然的选择。

目前，美国银行在全球77个国家和地区建立了分支机构，雇员总数在14万人左右。在中国，美国银行设有北京、上海和广州分行，其中上海分行于1998年年底获准经营人民币业务（见图2）。美国银行绝大部分客户为与该行海外分行有业务往来的在华三资企业，另有少量为经中国政府批准的中资大型企业。

图2　美国银行上海分行

各分行在中国人民银行批准的业务范围内，向客户提供以传统商业银行产品为主的金融服务。同时，美国银行还积极开展与中资同业的合作，为中国企业出口收汇提供保理服务，为中资银行提供外币清算、代理海外贸易结算及融资，并提供财经信息及员工培训等。此外，美国银行还帮助中资机构在海外发债，参与中资银行海外上市的安排，并代理外国政府出口信贷的贷款及转贷业务。

三、发展历史上的经典案例剖析及其成功之处

（一）贾尼尼——危难中见真情

图 3　安马迪·彼得·贾尼尼
（A. P. Giannini）

作为美国银行的创始者，贾尼尼是个非常具有传奇色彩的人物（见图 3）。关于他最著名的故事就是应对 1906 年旧金山的大火灾和大地震，这也被载入了旧金山和加利福尼亚州的历史。那时他的银行仅仅成立了两年，规模还非常小。当银行所在的城市遭遇到大火灾时，贾尼尼趁火势还没蔓延开来，从银行的办公大楼抢救了价值 80 000 美元的现金和绝大部分的黄金，藏入家中的壁炉里。第二天，他赶到华盛顿大街码头搭起了一个临时银行，用一块毛糙的厚木板当做柜台，在前面竖起了一块自制标牌，上面写着“意大利银行”，并开始为那些因被大火夺去所有财产而住在北滩的意大利家庭提供贷款。当其他银行开会讨论如何应对大火带来的损失时，贾尼尼正在分发他的金钱，将信心注入那些支离破碎的移民家庭，告诉他们“回去重建家园”。在这件事上，贾尼尼总结出了他的一句经典名言：“在阳光明媚时表示热情的欢迎固然很好，但在艰苦的时候伸出帮助的手，人们才会永远地记住你。”

（二）刘易斯——抄底次贷危机

图 4　刘易斯（Kenneth D. Lewis）

次贷危机令金融界人士心生震撼，在人人自危之际，也有人认为其中暗藏机遇。美国银行 CEO 刘易斯（Kenneth D. Lewis）就是其中之一（见图 4）。尽管美国银行也在次贷危机中遭受损失，但是刘易斯仍然大胆收购深受危机困扰的全国金融公司（Countrywide Financial

Corp.）。而收购美林证券，更彰显了刘易斯借机壮大美国银行的雄心。

美国银行的公告显示，两家公司合并后，美国银行的投资管理达到世界规模，包括美林公司对黑石集团 50%的所有权，后者拥有 1.4 万亿美元管理资产。美国银行拥有 5 890 亿美元管理资产。48 小时神速谈妥美林收购案，表明了刘易斯在次贷中抄底的决心和信心。此次收购使美国银行成为全球头号高收益债券承销商、第三大全球股票承销商和第九大兼并和收购顾问。

不过，促使刘易斯作出收购决定的原因可能更是商业性的。美国银行以每股 29 美元的价格斥资 500 亿美元收购美林公司，尽管这个价格相对于美林公司目前的股价而言有着相当不错的溢价，但是这一收购价只是美林公司 2008 年价值的 2/3 左右，仅为 2007 年年初市值顶点的一半。

美国银行网站上有一篇关于刘易斯的文章，对其评价甚高："在他任职期间，美国银行在主要业务领域的顾客满意度都有明显提高，年收入从 330 亿美元提高到 660 亿美元，年利润从 75 亿美元提高到 150 亿美元，资产从 6 420 亿美元提高到 1.7 万亿美元，市值从 740 亿美元增长到 1 830 亿美元，股东回报率年均 13.3%。"

当然，次贷危机以后美国银行的业绩有所下滑。2009 年，美国银行的业绩一直处在下滑通道中。2009 年第 3 季度，美国银行业绩同比下降 32%，而第 4 季度更是狂跌 95%。次贷危机后，美国银行的 ROA 不断下降，2007 年、2008 年、2009 年分别为 4.26%、2.43%、1.42%。

不过，刘易斯对美国经济的未来充满信心。他认为："美国经济在 2010 年能够走出衰退期。……我继续保持谨慎乐观的态度。"在他看来，尽管在 2010 年上半年美国经济会显得很疲软，但是全年来看增长还是积极的。也许这就是刘易斯在次贷危机中仍然以大手笔收购陷入泥潭的金融机构的原因之一。

在这场由衍生金融工具引发的金融危机中，拥有雄厚传统金融业务的商业银行显示出了比较好的风险承受能力。尽管美国银行也受到了次贷影响，其投资银行业务出现巨额亏损，并在危机发生后进行了重整和裁员，但是拥有更为稳定的消费者存款令美国银行的商业银行部门仍然保持了较好的盈利，分担了投资银行部门的损失。

（三）与中国建设银行的战略合作

2005 年 6 月 17 日，中国建设银行董事长郭树清和美国银行董事长兼首席执行官刘易斯签署了《关于战略投资与合作的最终协议》（见图 5）。根据协议，美国银行分阶段对建设银行进行投资。首期投资为 25 亿美元，中央汇金投资公司转让股份给美国银行；第二阶段在建设银行海外首次公开发行时认购 5 亿美元的股份。这 30 亿美元总共购买建行 9%的股份。而且，美国银行还保留一项特殊的期权：未来数年内可增持建设银行股份至 19.9%。

图 5　美国银行与建设银行战略合作

这项交易是迄今为止外国公司对中国公司的最大单笔投资，也使建设银行率先成为国有独资商业银行中第一家与国外战略投资者达成协议的银行，标志着国有商业银行在推进股份制改革方面迈出了重要的一步。

2008 年 11 月 17 日，建设银行接到美国银行通知，美国银行将根据与汇金公司于 2005 年 6 月 17 日签订的《股份及期权认购协议》行使认购期权，从汇金公司购买建行 19 580 153 370 股 H 股，并于 2008 年 11 月 30 日之前完成相关股份的交割。交割后美国银行持有建设银行已发行股份总数的比例约为 19.13%，接近了合同约定的持股比例上限。

美国银行在与建设银行签署合作协议 4 年来，双方已在公司治理、风险管理、个人银行业务、全球资金服务、信息技术等 26 个领域开展合作，以后合作领域还将扩大到债券资本市场、资金业务、信用卡以及成立合资租赁公司等。美国银行还促使建设银行快速搭建了建设银行港澳发展平台。2009年年底，双方协议收购美国银行在香港的全资子公司美国银行（亚洲）有限公司及其附属公司的全部股权。新的“中国建设银行（亚洲）股份有限公司”的成立，使建设银行在香港的业务规模迅速扩大为原来的2倍，客户贷款由原来的第16位升至第9位。

在海外信贷业务合作方面，双方制定了“6＋1”方案，将美国银行作为建设银行6个海外分行之外的“＋1”，在建设银行提供担保的情况下，由美国银行为建设银行客户提供贸易融资和信贷服务。2006年11月，美国银行已与建设银行一家客户签署贷款协议。在全球资金业务方面，双方合作募集了两期QDII。双方在彼此的合作中真正实现了“双赢”。

四、启示与借鉴意义

（一）先进的组织架构、高效的管理模式

美国银行拥有一套运行良好的组织架构与管理模式。

首先，从整体架构看，除了四大核心业务外，美国银行还设有技术、风险、战略规划、人事、市场营销、产品开发与质量、财务7个支持部门。部门与职责的划分以业务为单元，各个业务单元实行垂直管理。

其次，美国银行在总行之下的每个层面上，并不存在一个全面集中管理的机构，而是由业务单位或团队根据情况进行各自设置，彼此并不是相互隶属而是合作关系。比如，被称为“商店（store）”的美国银行一线网点向上隶属于个人与小企业单元，即零售业务单元。

其三，美国银行的各级管理团队精干高效。各层管理团队的负责人不设副手，或者说其副手直接就是下属各团队的负责人。“六西格玛管理模式”最初只是一种产品质量控制程序，如今已经演变为一套系统的业务改进方法体系，旨在持续改进企业业务流程，实现客户满意。美国银行用此办法来改善成本、服务、销售乃至合并整合的各个方面和所有环节。从2001年开始的3年间，

通过节约开支和增加营业收入，美国银行的利润增长了数十亿美元，而且客户满意度迅猛提升。“六西格玛管理模式”在美国银行的应用产生了巨大的效益。

（二）重视宣传，品牌第一

美国银行不仅认为自己是银行，更认为自己是“社会的建设者”和“客户的邻居、朋友”，用这些概念来强调他们从事的不仅仅是与金钱打交道的工作，更是在帮助他人与社会实现更高的目标。凭借这样的定位，美国银行树立起了良好的公益形象。“更高标准”（Higher Standards）是美国银行的口号。这个简单鲜明的口号与美国银行的行名通常一起出现，在员工的名片、工牌上，在网点场所的醒目之处，在各种宣传材料中，甚至大型会议的背景墙上，都是红色的标识，使得“更高标准”（Higher Standards）这个观念深入人心。美国银行对外宣传的目标是让其品牌像苹果电脑和耐克运动鞋一样家喻户晓。因此，与通常认为银行品牌无需做广告的传统做法不同，美国银行从 2000 年 9 月开始在电视、报纸、杂志和电台进行了总价值 1 亿美元、持续长达 1 年的广告宣传。美国银行还通过各种平面媒体、户外广告进行宣传，尤其在一些重要地段场所宣传，获得了理想效果。

（三）群体多元，特色服务

美国银行能在银行林立的美国市场上站稳脚跟并不断发展壮大，与它独特的服务密切相关。首先，在其他银行只注意以大企业为服务对象时，美国银行却把普通大众及中小企业看作最重要的客户，推出最少为 25 美元的小额贷款，这是史无前例的。这样，昔日被各银行拒之门外的人纷至沓来，以此带动了各项业务蒸蒸日上。美国银行这种“聚财莫嫌金银碎”的服务模式直接拉近了与客户的距离，提高了亲和力，也树立了美国银行以客户为中心的公众形象，从而促进了其银行业务的发展。

同时，面对美国这个移民众多的国家，美国银行特别注重将外国移民作为它的客户群体，例如拉丁美洲人、亚洲人、美洲裔非洲人的移民等。美国银行有长期为移民提供服务的历史，1928 年就在洛杉矶唐人街开设了网点，甚至配备了会说汉语、朝鲜语、越南语的员工，以吸引亚裔客户。在过去的十几年中，美国银行80％的利润增长来自于上述三个群体。

美国银行特别重视其客户满意度，并经常进行调查。美国银行用“客户快乐”调查来衡量顾客的满意度，它是反映客户是否愿意忠于银行、是否愿意向朋友推荐银行、是否愿意使用银行更多产品的关键指标。美国银行把这个调查以及客户忠诚度、关系客户净收入增长率与销售额进行对比，以预测企业的未来。

美国银行能够在零售银行业务方面取得巨大的成功，与它在规模拓展上的有效定位有很大的关系。在美国，广泛的零售网络使客户即使穿越整个国家也无需改变他们的开户银行，这无疑为美国银行赢得了抢占市场的先机；同时，美国银行先进的网上银行为互联网时代的人们提供的方便、快捷的金融服务，这也是美国银行成功占据零售银行市场的重要原因。归根到底，美国银行的迅速发展和持续盈利源于它能够不断满足客户的需求，从而成为享誉世界的零售银行领航者。

（四）“坚守”传统业务，抵御金融危机

美国银行是一家提供全面金融服务的银行，开展商业银行、保险、私人银行、投资、经纪等多项业务。但在经营上，美国银行有自己的侧重点。美国次贷危机始于住房抵押贷款市场，美国银行作为美国最大的零售抵押贷款发放者，却较大程度地抵御了次贷危机带来的冲击。与花旗银行“洞察力＋创新＝成功”的经营不同，美国银行更加倾向在传统业务领域扩展市场竞争能力。

美国银行成功躲避次贷危机冲击并非偶然和幸运，长期以来养成的良好风险文化在关键时刻发挥了重要作用，帮助其避免了花旗银行那样的重大损失。从美国银行多年经营实践情况来看，风险文化的核心体现在坚持责任、坚持操守。与众多竞争对手业务拓展以产品和收入为中心相比，美国银行在业务开展时更多是从顾客角度出发。当顾客联系美国银行后，银行会派出专门客户经理同顾客一起，根据顾客的实际情况，帮助这些顾客寻找解决措施或可替代的方案以避免住房抵押贷款丧失赎回权。美国银行在面对利润的诱惑时能够坚持自己的责任和原则，合规稳健经营和管理风险，不断向顾客提供高品质的服务，才得以在危机中独善其身。

创新要坚持自己的特色，要有自己核心业务和产品。金融创新日益丰富，没有任何一家金融机构能够回避或逃避金融创新，但是金融创新也并非人云亦云，而应该是在坚持既有传统和特色基础上的创新。

（杨雷　鲁炎）

参考文献

[1]［美］约翰斯顿著，曾伏娥、刘颖斐译：《美国银行》，华夏出版社 2008 年版。

[2] 艾丽、刘明彦：《花旗集团与美国银行季报比较：新旧金融霸主对决》，《银行家》，2009 年第 5 期。

[3] 张锐：《肯·刘易斯：智慧耕耘美洲银行》，《对外经贸实务》，2008 年第 11 期。

[4] 简妮：《美洲银行的致胜之道》，《金融博览》，2006 年第 1 期。

[5] 鄂志寰：《近期美国银行业并购特征、前景及其借鉴——评美洲银行与波士顿银行、J.P. 摩根大通银行与美国第一银行并购案》，《国际金融研究》，2010 年第 3 期。

[6] 李石凯：《美国银行的零售银行战略》，《经济导刊》，2006 年第 Z1 期。

[7] 李石凯：《欧洲银行购并美国银行：原因分析与结果预期》，《国际金融研究》，2005 年第 4 期。

[8] 沈建苗：《美国银行：钟情六西格玛》，《计算机世界》，2006 年 11 月 27 日。

13

环球金融，地方智慧，在全球并购中实现国际化发展：汇丰集团

汇丰集团（HSBC）有着悠久的历史，是国际上最大的全能化金融机构之一，其主要创始成员香港汇丰银行有限公司成立于1865年3月，距今已有140多年历史。在世界范围内的一系列兼并收购后，汇丰集团已从当年一家地方性银行成长为名震全球的国际金融巨擘。根据英国《银行家》杂志2008年对全球前1 000家大银行的排名，汇丰银行名列“2008金融品牌500强”榜首，成为全球最具价值的银行品牌。“汇丰”也是唯一一个获得最高评级“AAA”的银行品牌。2009年，汇丰集团实现营业收入1 420.49亿美元，位列《财富》世界500强第21位，在银行业中排名第3。

回顾汇丰集团成长史，全球并购无疑是其迅速发展壮大的法宝。在汇丰集团系列并购案中，又以其并购恒生银行和米特兰银行最具代表性和战略性。通过并购恒生银行，汇丰集团奠定了其在中国香港的统治地位，香港也成为汇丰集团盈利最丰厚、最稳定地区，并为汇丰集团今后的扩张奠定了基础；通过并购米特兰银行，汇丰集团极大地扩张了其在欧洲的市场份额，为其全球化扩张提供了发展动力。同时，汇丰集团“三脚凳”战略基本实现、精心部署的国际化战略大致完成。汇丰集团之所以能够通过成功并购实现快速增长，是因为其始终注重资源均衡配置，充分分散风险，关注并购对象未来盈利潜质，能够抓

住有利时机优化并购方案，同时注重并购后的资源整合、充分发挥集团各成员协同效应。这些成功之道都为我国银行业走出国门、加速发展提供了良好的借鉴作用。

一、汇丰集团简介

汇丰集团总部设于伦敦，是全球规模最大的银行及金融机构之一（见表 1）。汇丰集团在欧洲、亚太地区、美洲、中东及非洲 88 个国家和地区拥有约 8 000 个附属机构，雇员 232 000 名。汇丰集团在伦敦、香港、纽约、巴黎及百慕大等证券交易所上市，全球股东约有 220 000 个，分布于 121 个国家和地区。

表 1　　2000～2009 年汇丰集团主要经济指标　　单位：百万美元

年份 \ 经济指标	总营业收入	税前利润	净利润	总资产	股东权益总额	EPS（美元）
2000	24 573	9 775	6 457	673 503	45 631	0.74
2001	25 888	8 000	4 992	695 545	45 688	0.54
2002	26 595	9 650	6 239	758 605	51 765	0.67
2003	41 072	12 816	8 774	1 034 216	74 473	0.84
2004	55 988	18 943	12 918	1 279 974	85 522	1.18
2005	61 704	20 966	15 081	1 501 970	92 432	1.36
2006	70 070	22 086	15 789	1 860 758	108 352	1.40
2007	87 601	24 212	19 133	2 354 266	128 160	1.65
2008	88 571	9 307	5 728	2 527 465	93 591	0.47
2009	78 631	13 286	5 834	2 364 452	135 661	0.51

通过先进的国际网络以及快速发展的电子商务能力，汇丰集团提供广泛的银行及金融服务。如个人金融服务，工商业务，企业银行、投资银行及资本市场，私人银行，以及其他业务。

汇丰集团是以商业银行业为主业的金融集团，同时也是一个综合性的跨国金融集团。它不仅控股一些金融机构，也控股一些服务性经营机构。它控股的金融机构主要有：美国家庭国际银行、米特兰银行、恒生银行、有利银行、法国商业信贷银行、汇丰财务有限公司、获多利投资服务有限公司、汇丰投资有限公司、汇丰保险公司、银联保险公司等；控股的房地产业公司主要有：华豪有限公司、怡东酒店、世界贸易中心等；控股的服务业公司主要有：环球百慕大海运有限公司、环球船务投资有限公司、亚洲航业有限公司、电视广播有限公司等。

二、汇丰集团全球并购的发展历程

（一）汇丰初创，立身沪港

汇丰集团的渊源最早可追溯至 19 世纪 60 年代。第二次鸦片战争后，清王朝战败、割地赔款，开放更多的通商口岸，西方列强的对华贸易进入了一个新的快速扩张期。19 世纪 60 年代初，商人所需要的融资金额不断扩大，融资结构日趋复杂。作为英国对华贸易基地的中国香港，为应对急剧膨胀的贸易需求，迫切需要一家香港注册和管理的银行，提供及时、充足的信贷以及其他专业的银行服务，汇丰银行由此应运而生。1865 年在中国香港和上海开办业务后，汇丰银行随即在世界各地建立代理行与分行网络，通过开设分行在世界各地扩展业务，发展的重点是中国和东南亚，并涉足印度次大陆和日本，甚至远至欧洲和北美洲。

香港上海汇丰银行在 19 世纪末、20 世纪初向亚洲各国提供大量融资服务，因成绩卓越而享誉国际。19 世纪 80 年代，汇丰银行成为香港殖民政府的往来银行，同时也是英国政府在中国、日本和新加坡等地所开账户的唯一或其中一家往来银行。此外，发行钞票也对汇丰银行的整体业务产生了巨大的促进作用。

汇丰银行为政府提供融资服务，最典型的例子是为清政府提供贷款，而这正是当时汇丰银行在中国最为重要的业务之一。中国第一宗公债（即 1874 年的年息8厘的福州贷款）就是由香港上海汇丰银行经办。此后清政府的公债大部分都由汇丰银行发行，包括兴建铁路以及其他基建项目的款项。1910年，汇丰银行也是中国财团的倡导人之一，该财团由英国、德国、法国、美国4个国家的公司组成，专向中国提供贷款，以供清政府修筑粤汉铁路和川汉铁路。

第一次世界大战后，国际贸易遭受重大打击，汇丰银行的业务也受到巨大冲击。在整个20世纪30年代，汇丰银行一直致力于稳定中国货币，以维持汇丰与中国政府的长期融资合作关系。第二次世界大战期间，日本大举入侵亚洲各国，不仅中国内地的业务因日本侵华战争的扩大而几乎全部停顿，中国香港和东南亚等主要经营地也全面沦陷于日军之手。

（二）战后重整，起航亚太

第二次世界大战结束后，香港掀起了第一次工业化浪潮，由一个转口贸易港转型成为一个制造业蓬勃发展的工业城市，汇丰银行积极投身其中并大获其利。1940～1954年，汇丰银行的总资产上升3倍，达到36亿港元。业务的过于集中也使汇丰发展空间大受限制，为进一步拓展市场，汇丰银行进行了一连串的收购与结盟活动，逐渐把业务往多元化方向发展。1959年，汇丰银行先后收购了两家历史悠久的跨国银行——有利银行和中东英格兰银行，使汇丰银行开始以集团化形式运作。

通过收购有利银行，汇丰银行消除了一个竞争对手，进一步壮大了自己在中国香港、印度和东南亚一带的业务；通过收购中东英格兰银行，汇丰银行开始涉足中东金融市场。这两笔交易使汇丰集团名声大振、实力大增，从下面两组数字中，我们可以看到汇丰集团的发展是多么迅猛：1958年12月，汇丰银行的总资产为2.27亿英镑，1960年12月收购完成后总资产达4.45亿英镑；1958年支付股息120万英镑，1961年为237万英镑。

进入20世纪60年代，汇丰银行成功抓住香港房地产泡沫破裂、恒生银行发生挤兑风潮的有利时机，以非常低廉的价格购入恒生控制性股权，一举消除了最有威胁的竞争对手，奠定了汇丰银行在香港银行零售业中的垄断地位。此外，并购恒生银行也提升了汇丰集团的社会形象，扩展了客户基础，尤其是华人客户群体，为汇丰集团今后业务的拓展奠定了良好的基础。

并购完成之后，恒生银行大幅增强了资本实力并迅速渡过了危机。恒生银行优良的内在潜质和盈利能力也在未来的经营过程中充分体现出来，其盈利能力长期位居香港本地银行第2位。恒生银行的加入为汇丰集团提供了巨额的盈利和充足的现金流，香港自此成为汇丰集团盈利最丰厚同时也是最稳定的地区，汇丰集团借此积累了大量的现金和盈余，为今后的扩张奠定了基础。

（三）三线作战，齐头并进

1977～1986年，汇丰集团制定了亚洲、美洲和欧洲业务齐头并进的“三角凳”战略。在中国香港及亚太地区站稳脚步的同时，积极进军欧美，使汇丰银行由一家地区性银行逐步成长为国际性金融集团。

在亚洲，汇丰银行一方面积极加强与华资财团的密切联系，巩固其在香港金融界的绝对影响力；另一方面承担起多种中央银行的职能，扮演着中国香港“准中央银行”的特殊角色。长期以来，汇丰银行一直是中国香港的主要发钞银行，也是香港政府的主要往来银行。香港银行公会票据交换所（即银行结算中心）的管理权也为汇丰银行所有。汇丰银行还担任“最后贷款者”的角色。此外，汇丰银行主席一直享有香港行政局席位的传统。这样，汇丰银行不但可以提前知道政府的重大决策，而且还可以参与制定决策本身。通过享有上述种种特权，汇丰银行作为香港的“准中央银行”，高居香港金融金字塔的顶端，把握着香港金融业的发展命脉。

在美洲，汇丰集团于1980年收购纽约州的海丰银行51%的股权，在北美建立了进一步扩张的桥头堡。该项收购作价3.14亿美元，使汇丰集团的资产总值由1 280亿港元增至2 430亿港元，差不多增加了1倍。这项收购也标志着汇丰集团对开拓北美洲银行金融服务的重大承诺，促使汇丰集团于1987年12月购入海丰银行的其余全数股权，将其变为汇丰集团在美国的主要附属公司。在进军美国的同时，汇丰集团也积极向加拿大扩展。1981年，汇丰银行全资附属的加拿大汇丰银行在温哥华成立，以配合汇丰集团在太平洋沿岸国家发展业务的方针。在此后的几年间，其业务发展神速，使汇丰银行在加拿大也取得了一个稳固的零售基础。

20 世纪 80 年代，英国政府放宽了对伦敦证券交易所的管制，为银行界提供了开拓金融市场的机会。1984 年，汇丰集团及时把握时机，收购了以伦敦为基地的詹金宝公司 39.9%的股权，涉足资本市场和证券业务。此项业务后来纳入汇丰集团的投资银行业务。1986 年，汇丰集团全面收购了创办于 18 世纪 70 年代的詹金宝公司，终于在英国建立起可靠的据点。

(四) 结构重组，帝国还乡

20 世纪 80 年代末开始，考虑 1997 年香港即将回归中国，为了变身为外国公司以享受一定的税收优惠待遇，以香港最大的地产公司怡和公司为首的上市公司形成了迁册高潮。但是由于香港良好的经济环境和发展潜力，这些公司的主要业务仍然集中在香港经营，汇丰集团也是如此。1990 年 12 月 17 日，汇丰集团宣布进行结构重组，低调地以这种方式完成了海外迁册。1991 年，汇丰集团重组完成，汇丰集团母公司——汇丰控股有限公司成立，注册地改在伦敦，但仍以香港为集团总管理处（总管理处于 1993 年迁往伦敦）。这样的安排可以使其资金所有收放及资本增值不受英国税法和税率的影响，有利于汇丰集团继续获取丰厚的利润。

在迁册海外的同时，汇丰集团斥资 3.83 亿英镑（约合 56 亿港元）收购了英国四大结算行之一——米特兰银行 14.9%的股权，并于 1992 年收购了米特兰银行的其余全部股权。此次合并，成功地实现了两家银行在地域和业务上的互补，汇丰银行大大提升了在欧洲的市场地位；同时，可以充分利用米特兰银行广泛的服务网络、业务品牌及客户基础，提升其零售业务、贸易融资业务等传统业务的市场份额，也可以弥补其在资本市场业务上的不足。自此，汇丰银行资产分布更加合理，盈利能力大幅提高，业务范围更加全面，资产跻身世界十大银行之一。

(五) 并购整合，成就霸业

1998～2008 年的 10 年间，汇丰集团通过“价值管理”和“增长管理”两个 5 年计划，并通过一系列兼并收购，较短时间内极大地增强了企业财务的“硬实力”和企业形象的“软实力”，把汇丰集团送上了全球第二大金融帝国的宝座。

“价值管理”核心是实现股东总回报翻番。根据此目标，汇丰集团采取了大力拓展财富管理业务、深度挖掘客户价值、加快渗透新兴市场、全力推动统一品牌（环球金融，地方智慧）和业务渠道建设等战略措施。在这个阶段，汇丰集团于2000年以110多亿美元完成了对法国第三大金融机构——法国商业信贷的收购。这一收购不但使汇丰集团在法国金融市场拥有巨大的市场份额，也使汇丰集团在欧洲本土金融市场有了坚实的立足点。1999年，汇丰集团以103亿美元收购美国利宝银行，并重组为美国汇丰银行。2003年，汇丰集团又以150多亿美元收购美国最大的消费信贷公司家庭国际银行（Household International Inc.），逐步稳固了在美国金融市场的份额。汇丰集团通过控股美国汇丰银行和家庭国际银行成为美国前十大银行之一。

“增长管理”战略核心目标就是实现资产规模增长，稳固提高在全球金融市场中的地位和影响力。为此，汇丰集团坚持和延续了其全球拓展的战略路线，对中国、印度、墨西哥、巴西和北美等新兴市场和发达市场双管齐下，全面出击。

2004年，汇丰集团收购了国际领先的集基金管理、信托、托管、资产管理及私人银行于一身的百慕大银行有限公司，从而在全球最大的离岸金融中心有了高起点的发展平台。

通过不断的并购和战略调整，汇丰集团建立了全球最广泛的业务网络，成就了全球第二的金融帝国。

三、汇丰集团经典成功并购案例分析

从汇丰集团全球化发展历程可以看到，整个汇丰集团的历史其实就是一部并购史。在汇丰集团一系列并购案例中，以其并购恒生银行和米特兰银行最具代表性和战略重要性。通过并购恒生银行，汇丰集团一举奠定了其在中国香港大本营的绝对统治地位，恒生银行贡献的丰厚盈利更是为汇丰集团的全球扩张夯实了基础；通过并购米特兰银行，汇丰集团极大地扩张了其在欧洲的市场份额，为其全球化扩张提供了发展动力。同时，“三脚凳”战略基本实现，汇丰集团十几年来精心部署的国际化战略大致完成。

（一）立足香港的恒生银行并购案

1. 恒生银行简介。恒生银行于 1933 年 3 月由林炳炎等集资创办，最初命名为“恒生银号”，创业之初主要经营黄金贸易、货币兑换及汇兑业务。1952 年，恒生银号由合伙组织变为私人有限公司，注册资本 1 000 万港元，银行业务自此迅速发展。1960 年 2 月 17 日，恒生银号改制为有限责任公司。1960 年元旦，恒生银号正式更名为“恒生银行”，并在九龙设立分行。至 1965 年，恒生银行已拥有 9 家分行，是当时实力雄厚、经营状况良好的华资银行。1965 年 4 月，恒生银行被汇丰银行收购了 51%股权，之后又增持至 62.14%。1972 年恒生银行在香港证券交易所上市。

2. 并购目的。20 世纪 50 年代资本主义国家开始对华实行禁运，以转口贸易型为特色的中国香港也开始向加工贸易型转变。同一时期，地产热、航运热、基础设施建设热也开始在香港兴起。汇丰集团抓住机遇，打破了近百年以来的以买办为中介的惯例，开始直接向华人实业家提供贷款并获取了巨额利润。汇丰集团当时的主要竞争对手是英国渣打银行。汇丰集团一直计划并购一家当地华资银行，这样可以扩大其在华人社会中的客户群体，并一举奠定其在香港银行业的垄断地位。但香港的华资银行要么经营不善、要么规模偏小，因此汇丰集团一直未能发现合适的并购目标。此时的恒生银行因信誉卓著、经营稳健且发展迅速，开始进入汇丰集团的并购视线。

3. 并购背景及过程。20 世纪 60 年代是香港经济起飞的年代，地产市场随之日益兴旺，房地产地价飞涨。许多企业甚至银行纷纷投入巨额资金进入房地产领域，参与房地产投机，房地产领域积聚了大量风险。后期，房地产泡沫破裂，香港房地产价格出现了大幅下滑，储户纷纷到银行提款并导致了严重的银行挤兑风潮。1965 年 2 月，明德银号、广东信托银行首先因挤兑而倒闭，其余的华资银行也面临着严重的危机，恒生银行也在其列。仅 1965 年 4 月 5 日一天，储户就从恒生银行提款 8 000 万港元，恒生银行出现了严重的流动性危机，濒临倒闭。此时的华资银行均陷入困境，难施援手，政府对于华资银行的危机也未能及时给予支持。而香港的外资银行却因其雄厚的实力仍处于平稳经营状态。在这一背景下，1965年4月8日，汇丰集团与恒生银行达成协议，汇丰集团以5 100万港元收购恒生银行51%股权。

4. 并购成果。

(1) 低成本扩张，奠定中国香港垄断地位。由于银行挤兑风潮，汇丰集团仅仅花费5 100万港元就收购了恒生51%的控股权（市值约1亿港元）。通过此次并购，汇丰银行与恒生银行联手控制了香港存款市场的30%、住宅抵押贷款市场的40%及其他业务的60%，一举奠定了其在香港金融界的统治地位。

(2) 为汇丰集团进一步扩张提供有力支持。恒生银行在香港信誉卓越，拥有广泛的客户基础，其个人金融业务更是处于领先地位。汇丰集团通过并购恒生银行提升了社会形象，扩张了客户基础，为今后业务的拓展奠定了良好基础。此外，恒生银行盈利能力长期居香港本地银行第二位，强大的盈利能力和充足的现金流为汇丰集团全球扩张提供了有力保障。

（二）进军欧洲的米特兰银行并购案

1. 米特兰银行简介。米特兰银行于1836年成立于英国伯明翰，经过19世纪和20世纪的多次并购，其规模逐渐扩大。米特兰银行是英国四大清算银行之一，主要经营商业银行业务。它同时也是伦敦票据交换银行及伦敦外汇市场主要经纪人。1982年，米特兰银行资产总额为776.63亿美元，存款为715.65亿美元。1989年，资产总额为1 003.1亿美元，股东权益为45.8亿美元，在世界500家大银行按股东权益排名第38位。经过一百多年的经营，米特兰银行奠定了在欧洲的坚实基础，90年代初其在英国有1 700家分行，在西欧、中欧亦建有强大的网络。

2. 并购目的。

(1) 地域互补。经过一百多年的发展，此时的汇丰银行已在远东积聚了很强的实力，20世纪80年代初期通过并购美国海丰银行使其北美业务得到了长足发展，但是汇丰集团的欧洲业务，无论是整个欧洲市场份额占比还是对整个集团的资产及盈利贡献方面均不尽如人意。而米特兰银行在欧洲已经营长达百年之久，在英国、德国、法国及意大利 4 个欧洲主要国家均设有子公司，在欧洲其他 14 个国家也设有分支机构。通过并购米特兰银行，汇丰集团将极大地提升其在欧洲的市场地位，实现地域互补。

(2) 业务互补。汇丰银行的贸易融资业务优势突出，但资本市场业务实力不足。而米特兰银行是英国四大清算银行之一，地位突出，它除了在英国零售银行业务领域实力雄厚外，在欧洲大陆的贸易与批发贷款业务领域同样声誉卓著。米特兰银行另外一个突出的优势还在于其在欧洲资本市场上的专长。它在英国有英国商人银行、英国政府债券承销商，在德国拥有著名投资银行 (Trinkaus & Burkhardt)，在意大利拥有著名投资银行 (Euromobiliare)。因此，汇丰银行通过并购米特兰银行，不仅能够充分利用米特兰银行广泛的服务网络、服务品牌及客户基础提升其零售业务、贸易融资业务等传统业务的市场份额，也将弥补其在资本市场业务上的不足，从而一举在欧洲资本市场这块盈利丰富的业务领域站稳脚跟，为客户提供更全面、更丰富的业务，并最终达到提高盈利、扩大市场份额的目标。

3. 并购背景及过程。多年来，汇丰银行依靠其以亚洲为主要营业基地的优异表现积累了大量现金及盈余，一贯的稳健经营作风也使汇丰银行经受住了始自 20 世纪 80 年代商业银行盲目投资风潮的考验，这一切都为汇丰银行积累了足够的实力以实现其全球化扩张战略。但令汇丰银行担心的是，其欧洲业务远远落后于亚洲业务，成为全球均衡发展的一大弱点。因此，汇丰银行长期以来一直在寻求合适的并购目标，以实现进军欧洲的战略。此时，深陷经营危机的米特兰银行进入了汇丰的视线。20 世纪 60 年代末，米特兰银行开始走下坡路，降为英国四大结算银行末席；七八十年代米特兰银行向中南美的发展中国家大量贷款，造成 24 亿美元的亏损；80 年代中期又出现投资失误，亏损更是高达 36 亿美元。汇丰银行意识到，并购此时的米特兰银行将是实现其进军欧洲的良好机遇。

1987 年 12 月，汇丰银行与米特兰银行达成协议，汇丰银行以 3.83 亿英镑的价格收购米特兰14.9%的股权；1992年3月17日，汇丰银行宣布全面收购米特兰银行，即每股汇丰银行股票外加1英镑汇丰银行10年期债券换取一股米特兰银行股票，每股收购价为387便士，此收购价较米特兰银行股票市价大幅溢价50%；1992年6月25日，汇丰银行收购到54.8%的米特兰银行股票，加上原持有的19.1%股权，汇丰银行总计持有73.9%的米特兰银行股权；1992年7月10日，逾九成的米特兰银行股份接受收购，根据法律规定汇丰银行可行使强制性收购，米特兰银行私有化，成为汇丰控股的全资子公司。

4. 并购成果。

（1）资产规模急剧资增长，步入世界十大银行之列。并购当天，米特兰银行资产总值595亿英镑，汇丰银行为858亿英镑，合并后总资产1 453亿英镑，资产总值位列全球银行第9位。雄厚的资本实力为汇丰银行日后的全球扩张奠定了坚实的基础。

（2）全球布局更加清晰，地区风险得以充分分散。收购米特兰银行以前，汇丰集团全球资产分布比例为：亚太地区资产占48%，北美占30%，欧洲占20%，其余分布在中东，欧洲的业务明显落后；收购后汇丰集团资产43%分布在欧洲，30%分布在亚太，25%分布在北美，2%分布在中东。在欧洲的资产份额一跃升至汇丰集团首位，经济发达且成熟稳定的欧洲市场从此为其提供了源源不断的财源。

（3）在欧洲占稳脚跟，盈利能力大幅提高。正如汇丰集团并购前的分析预测，1992年米特兰银行实现了盈利并在今后的几年里盈利高速增长。以1998年为例，来自欧洲市场的税前盈利达到28.84亿美元，占整个汇丰集团税前盈利的44%，仅米特兰银行就占到了38.4%。

（4）经过机构整合，业务更趋全面。米特兰银行1 700余家分支机构的加入迅速扩张了汇丰银行在欧洲的业务份额及客户基础，使汇丰银行从此在欧洲确立了个人零售业务的领先地位，极大地增强了欧洲资本市场业务。1993年米特兰银行将其投资银行业务转到了汇丰投资银行部，1994年汇丰集团又将下属的詹金宝期货与米特兰期货合并为汇丰期货，1995年米特兰银行正式易名为汇丰米特兰银行，开始通过其遍布全球的机构网络管理伦敦、东京及纽约的资金活动。

四、汇丰集团成功之道

通过对汇丰集团成长历程及并购案例的分析，成功的并购在汇丰集团全球化过程中至关重要。汇丰集团能够从一家地方银行发展为全球银行，关键在于能够很好地利用并购这一手段，迅速拓展业务范围，之后再通过资源整合做到优势互补、发挥协同效应。汇丰集团并购的成功之道主要有以下几点：

（一）制定长期发展战略，审慎确定战略重点

汇丰集团具有明确的长期发展战略，即“环球金融，地方智慧”（The World's Local Bank）。在这一长期发展战略框架下，汇丰集团通过制定5年发展战略目标确定每一时期的发展重点。1999～2003年，汇丰集团编制了“价值管理”（Managing for Value）的5年发展战略，确定战略的主要目标是“价值增长”。5年中，汇丰集团的总资产增长了1倍，股东权益增长了1.7倍，每年资产平均增长速度为20%，股东权益增长速度为34%左右。2004～2008年，汇丰集团编制了“增长管理”（Managing for Growth）的5年发展战略，确定战略的主要目标是“资产规模增长”，并确定了未来5年中将要重点发展的地区是：中国、印度、北美、墨西哥和巴西。在明确的长期发展框架下根据实际情况不断调整战略重点的管理模式，既保证了总体发展方向的明确性，又可审时度势，顺应发展需要，及时灵活地应对实际变化。

（二）均衡配置资源，充分分散风险

汇丰集团的经验始终体现了全球均衡发展的战略思想，将资产、利润及增长潜力均衡分布于亚洲、欧洲及北美。汇丰集团在20世纪60年代通过并购恒生银行奠定了在中国香港的领先地位；80年代并购了美国海丰银行，扩大了在北美的市场份额；90年代并购了米特兰银行，使集团在欧洲、亚洲占据了领先地位；21世纪，汇丰集团加大了对北美市场的并购，于2003年收购美国家庭国际银行，真正形成了欧美亚均衡发展的战略布局。通过以上均衡布局，

汇丰集团充分分享到美、欧经济稳定增长的成果，最大限度地分散了金融危机造成的不利影响。事实证明，汇丰集团通过均衡配置资源、充分分散风险，最大限度地分散了金融风险，保持了雄厚的资本实力和充足的流动性，取得了理想的经营效果。

（三）注重并购对象未来盈利潜质

汇丰集团选择并购对象的一个重要标准就是要求被收购方拥有良好的未来盈利前景，而不是只关注其当前盈利状况。汇丰集团通过并购恒生银行，使其在中国香港及整个亚太地区站稳了脚跟，而恒生银行的发展也为整个汇丰集团源源不断地输入了现金及盈利，有力地支持了汇丰集团的全球扩张。汇丰集团通过收购英国米特兰银行实现了进军欧洲的战略构想，而米特兰银行同样为汇丰集团创造了巨额的盈利，这一点在亚洲金融风暴时期表现得尤其明显。同样，汇丰集团通过2003年并购美国家庭国际银行和Mexican Grupo Financiero Bital也收到了增加盈利的功效。而上述几家银行均具备相同的特点，即：在并购之前盈利较差，但长远来看均具备良好的客户基础与盈利能力。

（四）混合并购与全球上市并举

汇丰集团的并购活动大多采取了换股、发债或者是现金加股票的混合并购方式，尽量避免大量现金支出，这一特点在20世纪90年代以后表现得尤为明显。通过采用混合并购方式，汇丰集团节约了大量现金。不仅如此，汇丰集团同时在香港、伦敦、纽约、巴黎、百慕大5个主要金融市场上市，在全球拥有广泛的投资者。借助这个平台，汇丰集团的股票能够在全球范围内随时反映银行价值。因此，汇丰集团的股票一方面为全世界的投资者接受，同时也避免了并购活动中耗资巨大的价值评估费用和时间成本。

（五）危中寻机，低成本并购

对处于经济萧条期或陷入财务危机的银行进行低成本并购是汇丰集团一个重要的并购战略。就亚洲市场而言，韩国金融市场是汇丰集团长期所看重的市场之一，但受韩国金融条例限制，汇丰集团难以大规模地在韩国开展业务。但亚洲金融危机为汇丰集团提供了一个良机，此时的韩国政府决心对金融机构进行彻底改革，于是汇丰集团于1999年年初率先宣布了收购韩国汉城银行的计划，并最终以低成本的7亿美元向韩国政府收购了当地最大商业银行之一的汉城银行的七成股权。同样，汇丰集团收购陷入财务危机的南美银行也充分体现了其低成本的扩张战略。

（六）加强整合，发挥协同效应

汇丰集团在大规模并购以后，往往是先致力于并购后的整合，而不是持续进行大规模并购。如汇丰集团并购米特兰银行，尽管两家业务重叠较少，但汇丰集团仍然对米特兰银行进行了大规模的调整。首先是合并某些重叠的业务和服务，其次是加强各机构之间的合作，再次是加强人员调整，最后是致力于企业文化融合工作。通过并购后的整合工作，一来加强了协同效应，减少了冲突；二来为进一步并购做好准备。在2004年年初举行的汇丰集团高层会议上，汇丰总裁明确表示，尽管并购仍是集团不可或缺的一部分，但在收购美国家庭国际银行以后，汇丰集团近期将不再实行变革式的大规模收购，而是转向渐进式收购，同时将致力于机构整合以实现扩展现有客户业务的目的。

（米延超）

参考文献

［1］刘狄：《跨国银行与金融深化——花旗汇丰银行案例分析》，上海远东出版社1998年版。

［2］金晓斌：《银行并购论》，上海财经大学出版社1999年版。

［3］汇丰集团简史（2009），http：//www. hsbc. com/。

［4］巫云仙：《汇丰银行与中国金融研究》，中国政法大学出版社2007年版。

［5］刘逖：《汇丰银行与的兼并战略》，《广东金融》，1997年第9期。

［6］郭楚：《汇丰集团国际化收购兼并经验及其启示》，《经济理论与经济管理》，1999年第4期。

［7］彭剑峰、朱宁宁：《汇丰，全球金融常青树》，机械工业出版社2010年版。

14

欧洲银行业的火车头：德意志银行

德意志银行（Deutsche Bank AG）是德国最大的私人持股银行和世界最主要的金融集团之一，总部设在欧洲最大的金融中心——法兰克福。一个多世纪以来，它在欧洲商业银行和投资银行领域一直保持着领先地位。因为业绩卓著，声名远播，德意志银行一直被人们称为"欧洲银行业的火车头"。从建立开始，德意志银行便从事全球大型项目的融资，对德国及欧洲的工业化进程起到了非常重要的推动作用。在现代金融混业经营和经济全球化的背景下，德意志银行果断确立了发展高端投资银行和高端零售银行为核心业务的目标，并积极采取在全球范围内扩张的策略。面对新的业务领域，德意志银行通过战略合作、兼并重组快速切入，同时其内部也在不断进行相应改革，以适应迅速变化的市场环境，其最终目标就是快速成长为全球化的全能银行。

一、德意志银行概况

德意志银行是德国最大的银行和世界上最主要的金融机构之一，其股份在德国所有交易所进行买卖，并同时在巴黎、维也纳、日内瓦、巴斯莱、阿姆斯特丹、伦敦、卢森堡、安特卫普和布鲁塞尔等地挂牌上市。该行于1870年在柏林成立，建立之初仅仅是一家服务于外贸融资的股份合作制银行。为了弥补国内业务的空白，德意志银行成立之后开始吸收存款并同大公司（尤其是电力能源公司和钢铁企业）密切协作。几经拆分与合并之后，德意志银行终于成长为世界顶级股份制商业银行。近年来，德意志银行加快了全球化的进程，在并购外国金融机构的同时出售旗下竞争力较弱的资产项目，以加强集团的核心竞争力。德意志银行的年报显示，截至 2009 年 12 月 31 日，德意志银行的资产总额达 21 533 亿美元，其中股东权益 526 亿美元，实现营业收入 590 亿美元，全职员工总数为 77 053 人，并拥有遍布全球各地的 1 964 个营业网点。长期以来，德意志银行一直被穆迪评级公司、标准普尔评级公司和 IBCA 评为世界少数几家 AAA 级银行之一。在 2010 年《财富》世界 500 强企业中，德意志银行排名 113 位。

二、德意志银行的发展历程

作为一家迄今为止已有 140 年发展历史的世界著名银行，德意志银行在长期发展中大致经历了七个阶段。

（一）第一阶段：成为德国本土最大的信贷银行（1870～1880 年）

1870 年，德意志银行在柏林成立，成立之初的目标是“办理各类银行业手续，特别是提升和方便德国与欧洲及海外市场的交易”。

1871 年，德意志银行在不来梅和汉堡设立分行，之后一年，更多的境内分行在法兰克福、慕尼黑、莱比锡、德累斯顿等城市纷纷设立。

1872 年，在上海和横滨设立办事处。

1873 年，第一家欧洲分行伦敦分行成立。

1876 年．德意志银行收购了德意志联合银行和柏林银行协会，成为当时德国最大的银行。

（二）第二阶段：投资铁路、工业、能源领域（1881～1932 年）

1880 年，德意志银行为工业提供贷款和资本市场产品，开始在北美、南美、东亚和土耳其投资。

1883 年，德意志银行开始以股权投资或债转股的方式投资国际性大型项目，主要为铁路、工业和能源项目。工业领域的投资以及对工业企业发放的贷款直至 20 世纪 90 年代依然是德意志银行收入的主要来源。与生产型企业不同，德意志银行总是扮演为他人的想法开拓道路的角色。

1914 年，德意志银行的分行基本覆盖全德，从而成为德国领先的银行。

1929 年，德国最大的两家银行德意志银行与 Disconto—Gesellschaft 银行合并。此次合并是当时德国银行史上规模最大的一次合并，新的德意志银行成为具有显著市场竞争优势的大型银行。

（三）第三阶段：成为纳粹共犯，短暂分拆（1931～1948 年）

1933～1945 年，德意志银行沦为纳粹德国的融资工具，涉入“雅利安化”过程，参与“出售”犹太企业交易，强迫犹太裔雇员辞职，唯政治马首是瞻。

1945～1948 年，德意志银行进入了重组整顿期，柏林总行和前苏联、东欧境内的分行都被关闭，西方占领区内的德意志银行被分裂成若干独立的区域性银行。

（四）第四阶段：战后的恢复与强劲增长（1948～1975 年）

1952 年，德国《大银行法》允许德意志银行拆分后的 10 家继承银行合并为 3 家，即北德意志银行股份公司、莱茵—威斯特法伦银行股份公司以及南德意志银行股份公司。

1954～1974 年，大举收购、投资。从电影工业到航运公司，从家族企业到能源供应商（如 VEW），从安联保险到霍尔腾百货公司，皆被德意志银行收入囊中。

1957 年，3 家继承银行重新合并为德意志银行股份公司，其总部设在法兰克福。

1958～1965 年，德意志银行从德国股市的繁荣中收获颇丰。其主导了 1961 年大众汽车公司私有化过程中的股权分配，参与了 1965 年费巴（VEBA）油气公司部分私有化的业务。

1959 年，德意志银行进入零售银行业务领域，开始提供小额个人贷款。

1970 年，德意志银行战后第一家附属公司在卢森堡开业，标志着其未来 10 年国际业务高速推动的开始。

（五）第五阶段：在世界各地开设分行，在并购中实施国际化战略（1975～1988 年）

1976 年，德意志银行在伦敦成立分行，成为第二次世界大战后首家国外新分行。在之后的 10 年，德意志银行相继在莫斯科、东京、巴黎、纽约等地设立分行，借助国际化推进其自身业务。

1986 年，德意志银行并购意美银行，这是它首次成功并购来自欧洲其他国家的大型银行。

（六）第六阶段：进入投资银行领域，成长为全球化的全功能银行（1988～2001 年）

在经济全球化的 20 世纪 90 年代，跨国间的资本在加速流动。德意志银行在稳定欧洲市场的基础上进一步加强全球化战略。1997～2002 年，罗尔夫·布鲁尔担任德意志银行董事会发言人，也就是实际的掌门人。在任期间，他积极推动德意志银行完成了两个根本性的转型：将业务重心从商业银行向投资银行转移，将经营区域从欧洲向美洲以及全球范围扩展。为此，他将整个集团的业务重组为两大部门：公司与投资银行部（CIB）和私人客户与资产管理部（PCAM），而后一个部门由他本人亲自负责管理。CIB 和 PCAM 分别针对机构和个人客户的二元业务结构，基本上理顺了整个集团的业务关系，也为德意志银行的发展勾画出了一个简洁、明晰且具说服力的战略蓝图。CIB 的投资银行业务是未来发展的大方向，而 PCAM 在资产收集和销售网络方面的支持则在很大程度上决定着 CIB 的成败。

这两个转型的成功，主要是通过一系列的资本并购实现的。依托资本并购拓展新业务，实行全面混业经营，大力发展投资银行等核心业务，缩减一般业务，在兼并和业务调整中进行机构调整。具体实施的并购主要有：

1989 年，收购英国商人银行摩根格林菲尔（Morgan Grenfell），开始了德意志银行的全球投资银行业务。

1993 年，收购西班牙马德里银行（Banco Madrid），在欧洲站稳脚跟。

1999 年，并购法国里昂信贷—比利时（Crédit Lyonnais Beigium），进一

步加强了在欧洲的投资银行和资产管理业务。

1999年，并购美国信孚银行，成功涉足美国投资银行领域。

2001年，从法国安盛集团（AXA SA）手中购得沃尔姆银行（Banque Worms SA），加强欧洲零售银行、企业银行和资产管理业务。

（七）第七阶段：在全球化网络基础上，由规模扩张向提高效益的精细化方向转型（2002年至今）

2002年5月，约瑟夫·阿克曼接替罗尔夫·布鲁尔出任德意志银行董事会发言人及集团执行委员会主席。他为自己定下了一个看来不可能实现的目标：3年使公司的利润率提高到25%。德意志银行开始在已经奠定的全球化网络基础上，由规模扩张向提高效益的精细化方向转型。

大规模的裁员行动旋即在阿克曼的号令中展开。为了便于决策，德意志银行管理委员会成员从8人减为4人。至2007年，德意志银行将员工总数从97 000名裁减到了64 000名左右，裁员率达到了26%。仅仅一年之后，德意志银行的人均费用支出减少了21%，成本收益比从80%降低到74%，同期净收益突破了6.4亿美元，比往年增长了2倍多，而且基本上扭转了盈利下降的局面。

2002年，德意志银行客户多达1万家，差不多给每家客户都贷了款，其中信贷资产占到公司总资产比例的近60%以上，而且这些信贷客户主要集中在欧美地区，风险程度可见一斑。为此，阿克曼从美国请来了贝齐·贾尔出任贷款风险管理集团的新主管。这位在摩根大通公司做了24年企业信用评估工作的美国人带领自己的团队为德意志银行制定了一套十分规范的贷款方法和考核指标，其最基本的要求是如果德意志银行认为该贷款不能给它带来其他的业务，如股权或债务承销，就不应该发放贷款。尽管这种建议在德意志银行执行委员会会议中激烈争论了长达1个多月，但最终由于阿克曼鲜明的支持态度而得以贯彻执行。实施效果要比阿克曼预料得要好。12个月之后，德意志银行的信贷资产客户缩减了2 500家，贷款总额减少14%，不良贷款也骤减了43%。

在调整信贷资产比的同时，阿克曼在酝酿一个更为长远的发展计划——壮大投资银行与资产管理业务。与美国银行单独从事商业银行业务或投资银行业务不同，包括德意志银行在内的欧洲银行一直被允许混业经营。问题的关键在于，这种“全能银行”的业务模式当时并没有给德意志银行带来多元化的收益，相反其一直坚守的零售业务也未见起色。为了配合新战略的实施，阿克曼将德意志银行原来的5个业务中心首先改组为相对独立的4个部门：私人银行业务和零售银行业务部、商业与机构银行业务部、投资银行业务部、集团服务部；两年之后再度重组为两大部门：企业与投资银行、私人客户与资产管理。然而，在零售业务收入不能支撑投资银行与资产管理业务板块的前提下，寻找新的配给资金就成为阿克曼的棘手难题。不过，这似乎并没有最终难倒精通资产重组业务的阿克曼。在最近的4年中，德意志银行开始了历史上少有的出让和变卖自有资产的活动。如以215美元每股的价格卖掉了慕尼黑再保险公司，以53亿美元的价格卖掉了长期持有的工业控股，以10.4亿欧元的价格将自己在欧洲大陆的51处房地产项目转让给私人股权投资公司黑石集团。《财富》杂志在将阿克曼评为“全球最值得关注的人物”时评价道：“他以出众的领导才能和远见卓识，领导德意志银行在增强客户和资产管理能力的同时，使投资银行业务迈进全球领先地位。”也就是在最近的4年中，德意志银行成为全球投资银行市场中与高盛等比肩的重量级玩家。在投资银行业务收入贡献了集团总收入62%的背景之下，阿克曼为自己确定的25%的利润增长目标提前实现。

与此同时，阿克曼继续深入推进德意志银行的“全球化运动”。上任不久，阿克曼就让德意志银行在纽约证券交易所上市并采用了美国财务会计标准，同时将官方语言改成英语。不仅如此，阿克曼还将德意志银行的业务中心从法兰克福转移到了伦敦和纽约的交易室。随后，他为德意志银行从全球挖来了众多开拓市场业务的精兵强将，组成了德意志银行的国际化领导团队。2006年印度人安苏·贾殷担任全球市场业务负责人以后创造了银行债券销售和交易持续多年繁荣不衰的历史，并且使该业务当年收入占到了德意志银行总收入的30%。另外，他还把部门进一步带入了衍生工具业务，特别是信贷衍生工具业务，4 年间德意志银行在该业务上增长了 8 倍。与贾股一样，在扩大董事会中负责纽约股票交易业务的美国人凯文·帕克在两年内将德意志银行的股权部发展成了世界最大的股权部，并创造了半年获得 20 亿美元的业务纪录。近年来，德意志银行开始进军亚洲等新兴市场。目前，德意志银行在亚太地区着力发展债券发行、股票交易等投资银行业务，市场占有率显著提高，并已成为亚洲地区最具影响力的国际债券承销商。

理所当然的是国际化资本并购一直延续下来。2002 年，并购苏黎世金融服务集团下属的基金公司 Zurich Scudder Investments，加强零售银行及资产管理业务；2005 年，购得俄罗斯 Russian Investment Bank United Financial Group——俄罗斯最大的投资银行之一；2006 年，购得德国 Norisbank 银行，并开始收购柏林人银行（Berliner Bank）；2006 年，从摩根大通伦敦［J. P. Morgan（London）］手中购得其存款及清算中心。全球化运动导致的结果是：1999 年，德意志银行海外营业收入比例只有 38%，至 2007 年上升到 70%；1997 年，德意志银行投资银行业务收入的 70%来自德国，但至 2007 年 80%以上的收入来自海外；2002 年，德意志银行的海外客户不到 1 000 万，至 2007 年已向全球 75 个国家的 1 700 多万客户提供金融服务。海外业务的扩张有力地提升了公司的整体利润水平，4 年内德意志银行的净利润增长了 8 倍。

三、德意志银行成功路上的经典案例

德意志银行自 1998 年以来，依托积极的资本并购，全力发展投资银行、私人银行、资产管理等核心业务，稳步实现资产、收益、业务结构的调整转变，推进经营转型，提升了综合业绩表现和股东价值。其发展历程成功演绎了以下经典案例：

（一）案例一：开拓和扩大私人银行业务——收购法国安盛集团下的沃尔姆银行

欧洲作为德意志银行的主战场，拥有熟悉的政治环境、金融环境和广泛的客户网络。因此，为了扩充自身的业务，实现打造全能银行的目标，德意志银行采用了收购兼并的扩张策略，积极拓展新业务，并调整自身业务结构，苦练内功，为走出欧洲打下基础。

德意志银行时任掌门人布吕尔强调，该银行运作的地理中心仍是欧洲地区，主要服务对象是企业，即包括大型企业，也面向中小型企业及私人企业。德意志银行的经营活动重心是通过兼并欧洲其他国家的银行，或通过参股收购的方式增强实力，开拓国际金融市场。通过这种国际性的兼并活动在欧洲建立巨大的网络，实现德意志银行进一步达到欧洲乃至世界第一大银行的目标。强大的销售网络对拓展投资银行业务的重要性不言而喻，它既可以有效地聚集资产，也可以把投资银行部门推出的产品迅速销售出去。

1999 年，德意志银行在巴黎成立了德意志银行巴黎分行，以便扩大私人客户，增加资金渠道。而之前，德意志银行在法国已经建立起了良好的投资银行平台，可以进行几乎所有的投资银行业务。德意志银行计划以此开始在巴黎组建 11 个金融中心，构建覆盖欧洲的“德银 24 小时”零售网络。2000 年 10 月 24 日，德意志银行向法国安盛集团发出要约，收购旗下的主要核心业务子公司沃尔姆银行集团。通过这次收购，德意志银行拥有了包括沃尔姆银行集团在巴黎的 17 个支行和 15 000 个私人客户、2 000 个企业客户以及所管理的 75 亿欧元资产，为其进一步发展零售私人银行业务提供了良好的平台，也加强了它在欧洲市场尤其是法国市场的地位。

（二）案例二：并购美国信孚银行——成功涉足美国投资银行领域

20 世纪 70 年代德意志银行就开始在北美通过分行形式发展，并在 1991 年组建德意志银行北美控股公司，但在快速发展的美国市场上无法形成影响力。虽然此时德意志银行在欧洲市场上已经占据首席，但在美国，尤其是盈利能力很强的投资银行领域较为薄弱。在这一背景下，1999 年，在罗尔夫·布鲁尔的坚定推动下，德意志银行斥资 102 亿美元成功并购了北美信孚银行。

北美信孚银行是美国第八大银行、第六大资产管理公司，总部设在纽约，总资产约1 760亿美元，是全球最大的证券托管银行之一，在衍生交易和高收益债券方面的业务实力很强。作为一家成熟的投资银行和以批发业务为主的金融机构，其机构遍布50个国家，在机构资金管理、机构信托及代理业务、产品交易和私人客户服务方面都具备很高的专业品质和创新能力。德意志银行希望通过收购信孚银行加强它在美国这个全球最大的资本市场中的地位，获得在投资银行、私人银行等业务方面更大的发展空间。

德意志银行与信孚银行合并后，其总资产高达8 340亿美元，超过了瑞士联合银行和美国花旗集团，成为当时世界上资产规模最大的银行集团。此次收购使德意志银行实现了进军美国资本市场的愿望。

通过此次并购，德意志银行扩充了原本弱势的投资银行和私人银行业务，得到了大量北美客户，尤其是投资银行和高端私人银行客户。德意志银行经营业务范围十分广泛，而信孚银行擅长股票、债券等业务。为了提高在国际竞争中的地位，银证进一步融合。合业经营是市场经济发展到一定历史阶段后不可抗拒的趋势，这种经营方式有利于达到经济资源的最佳配置和最佳经济效益。德意志银行的业务主要集中于欧洲，而美国信孚银行的业务主要集中于美国，合并后的业务则遍及欧美，信孚银行将成为德意志银行集团在美国投资银行业的核心，从而保证新集团整体盈利的稳定增长。通过合并改革机构，形成未来业务核心。财务上，各项指标均向良好方向发展，大大增加了投资者信心和市场形象。根据德意志银行2000财年财务报告显示：德意志银行的收入从1999年的216亿欧元增加到2000年的287亿欧元，增幅33%，其中2/3的收入来自投资银行部门；税前利润从38.5亿欧元增至67.3亿欧元，增幅为70%；税后利润则从24.5亿欧元增至49.5亿欧元，增幅高达102%。这种增长速度，在全球银行界大概也是绝无仅有的。包括各种收费与交易佣金等在内的广义的投资银行业务收益，成为德意志银行收入增长的主要动力，猛增了50%左右；与此相比，传统的贷款利息收入则只增长了区区的3%。随后的2001年，德意志银行成功在纽约证券交易所挂牌上市。

四、德意志银行的成功战略与启示

德意志银行，在过去 140 多年的发展历程中不断改革创新，成功地实现了从以零售业务为主的业务重心向提供金融一站式服务的全能银行的转型，尤其在投资银行业务上，更是实现了质的飞跃，跻身于全球顶尖投资银行的行列，成为行业的佼佼者。作为一家全球化的全能银行，德意志银行的成功战略值得我们研究和思考。

（一）不断优化业务结构，积极推进经营转型，努力提升核心业务竞争力

德意志银行自 1998 年以来的一系列业务和机构改革为该行应对经营挑战和市场变化、创造自身长期投资价值打下了坚实基础。经过转型调整后，证券服务和全球交易银行服务成为德意志银行的核心业务和主要支柱，新兴的面向个人及私人客户的金融零售业务、资产和财富管理业务已构成了该行的“第二支柱”。在艰难的市场环境下，德意志银行坚持总体战略不改变，巩固优势业务的市场领先地位，挖掘新兴业务潜力，果断压缩信贷业务、保险业务及其他非核心业务，展现了清晰的发展思路和坚定的转型决心。

（二）通过资本并购，巩固市场地位，实现国际化发展

从 20 世纪 80 年代中期到 20 世纪末，德意志银行的并购活动一直紧紧围绕着其发展战略的变迁，与由一个德国本土的零售商业银行向以欧洲为本土的全能银行以及全球化的投资银行战略转型步伐相一致。德意志银行的并购战略主要从两个维度展开：以业务线扩张为目的的并购和以地域扩张为目的的并购。二者相辅相成，且大部分并购活动同时兼具业务扩张和地域扩张双重功用。20 世纪末，德意志银行基本实现了以欧洲为基础的全球化发展战略。21 世纪以来，开始将降低成本、提高效益、专注于核心业务作为发展重点，并购对象也转向更加专业化的金融机构和高增长的新兴市场经济国家。

（三）多元化的资产和收益结构

适应市场变化，改变过于倚重信贷业务的经营格局，是德意志银行经营

转型的一条主线。经过积极的调整，2007年德意志银行信贷资产比重下降为9.8%。从收益结构看，当期的净利息收入在收益结构中占比为40.4%，使该行在经营困难的市场条件下，也能够凭借资产和收益的多元化结构构造不同的资产和收益组合，取得了较明显的分散风险、稳定收益的成效。德意志银行以交易资产和投资资产替代信贷资产，构建以净利息收入、佣金及手续费净收入和交易净收入为主体的收益结构，对我国商业银行的经营转型具有一定的借鉴意义。

（李柏林　陈勇）

参考文献

[1] [德] 弗里德赫尔姆·施瓦茨著，杨轩译：《德意志银行》，华夏出版社2008年版。

[2] [瑞] 埃里克·谨尔曼斯著，陈钰鹏译：《德意志银行之星》，上海远东出版社2009年版。

[3] [美] 米歇尔·弗勒里耶著，朱凯誉译：《一本书读懂投资银行》，中信出版社2010年版。

[4] 刘明彦著：《商业银行操作风险管理》，中国经济出版社2008年版。

[5] 李勇等著：《投资银行核心教程》，东华大学出版社2009年版。

[6] 刘建辉：《日耳曼式进攻：德意志银行在中国拿牌照的秘诀》，《环球企业家》，2010年第4期。

[7] 沈磊等：《提升商业银行人员风险管理水平》，《中国人力资源开发》，2009年第4期。

[8] 李利明：《德意志银行的中国战略》，《经济观察报》，2005年3月7日。

[9] 潘功胜：《从德意志银行的兼并收购看其发展战略转型》，《国际金融研究》，2007年第10期。

[10] 沈张摺：《浅论我国投资银行与国外投资银行的差距》，《科技经济市场》，2010年第4期。

15

颠簸中的贵族：摩根士丹利

摩根士丹利（Morgan Stanley）是一家全球领先的国际性金融服务公司，业务范围涵盖投资银行、证券、投资管理以及财富管理，是投资银行界的佼佼者。业绩卓越的它从诞生之日起就是最典型的贵族派，并因此吸引了最优秀的人才，以最优雅的方式为客户服务，在国际市场上赫赫威名。摩根士丹利在制度设计、业务水平、管理规范、人才激励等方面都位居行业前列。在 2010 年《财富》杂志全球 500 强排名中，摩根士丹利位列第 240 位。

一、摩根士丹利概况

1935 年 9 月 16 日，摩根士丹利正式在华尔街 2 号开业。某种意义上，摩根士丹利的创立只是 J. P. 摩根公司面对金融监管的一个权宜之计。在迫于美国政府出台的《格拉斯—斯蒂格尔法案》而分拆出摩根士丹利时，摩根财团还希望在未来某一天能够再次合并。不过，从此摩根士丹利开创了投资银行业的传奇。从 1935 年到 20 世纪 70 年代，摩根士丹利一统天下的盛况在之后的岁月里再也无人能及。该公司 20 世纪 70 年代的一个广告清楚地展示着这家令人敬畏的投资银行的自傲：画面上一道闪电刺破乌云，标题为“如果上帝要融资，他也会找摩根士丹利。”

随着技术进步、监管环境的开放及客户对全球服务需求的日益增加，各大金融市场之间的联系已变得更加紧密，摩根士丹利的金融服务也因此成为名符其实的全球业务。目前摩根士丹利拥有逾 5 万名员工，他们分布在全球 42 个国家的 1 300 多个办事处，从纽约公司总部所在地到伦敦、法兰克福、东京和香港，通过完善的金融网络向世界各地的客户提全球化的独到见解和本地化的专业服务。不论是政府、公司、机构投资者，还是个人，也不论是国际市场融资、外汇管理、公司重组、收购，还是债券、股票、商品交易，或者是私人财富管理，摩根士丹利都可以利用其在人才、创意及资本方面的优势，帮助客户实现目标。

摩根士丹利下设 9 个部门——股票研究部、投资银行部、私人财富管理部、外汇及债券部、商品交易部、固定收益研究部、投资管理部、直接投资部和机构股票部。涉足的金融领域包括股票、债券、外汇、基金、期货、投资银行、证券包销、企业金融咨询，机构性企业营销、房地产、私人财富管理、直接投资、机构投资管理等，形成了投资银行、私人财富管理、资产管理三大板块。其中，机构证券对摩根士丹利贡献度较高，2007～2009 年该业务净收入分别达到 157 亿美元、147 亿美元、128 亿美元。从区域看，摩根士丹利的主要收入来源于美洲、欧洲、中东、非洲和亚洲。

在亚太地区，摩根士丹利已活跃了 30 余载，在北京、上海、香港、曼谷、墨尔本、孟买、首尔、新加坡、悉尼、台北及东京均设有办事处。公司在亚太区还成立了两家合资公司：中国国际金融有限公司（简称“中金公司”）——由中国建设银行、摩根士丹利及几家国内外企业联合组建的著名投资银行；SCIC Morgan Stanley Securities——由摩根士丹利与越南 SCIC 集团合资组成的证券行。公司在亚太区主要从事投资银行业务，包括企业融资和协助客户通过发行股票或债券筹集资金、并购咨询及房地产金融服务、销售及买卖股票和债券、证券研究、直接投资、私人财富管理以及资产管理。

二、摩根士丹利发展历史

（一）分家中孕育而生（19 世纪～1935 年）

1935 年以前的老一代摩根财团可能是世界上最可畏的金融联合机构，它的历史最早可追溯到1838年——美国商人乔治·皮博迪在开伦敦开设了一家私人银行，摩根家族由此起步。1864年，合伙人裘里斯·S. 摩根收购了该公司并改名为J. S. 摩根公司。1861年，裘里斯的儿子彼尔旁特·摩根建立了J. P. 摩根公司。1870年，J. P. 摩根向在普法战争中陷入困境的法国政府提供了1 000万英镑的贷款，从而奠定了为各国政府担任融资顾问的地位。

图1　老J. P. 摩根

在一般人的心目中，两位最为著名的摩根是老J. P. 摩根（1837～1913年，见图1）和小J. P. 摩根（1867～1943年）。他俩被揉成了一个复合式巨人——J. P. 摩根。他们父子两人相貌酷似。对于钦佩者来说，这两位J. P. 摩根代表了正统的旧式银行家，他们以言为约；对于诋毁者来说，他们是伪君子，欺压其他公司，里通外国，诱使美国参与战争，大发不义之财。对于摩根的评价，从来没有中立之论。

1929年的大萧条和金融灾难结束后，华尔街遭遇前所未有的信任危机，愤怒的大众要求打破垄断，拆散大银行。J. P. 摩根银行自然首当其冲。1933年6月16日，美国总统罗斯福签署了《格拉斯—斯蒂格尔法案》，禁止公司同时开展商业银行和投资银行业务。在此法案通过后，有一段宽限期，在此期间摩根财团必须作出抉择，是做存款银行业务还是投资银行业务。1935年8月，在缅因州岸边小岛的农场里，摩根财团召开了秘密会议并最终决定：将摩根银行拆分成两部分：一部分继续保持存款银行不变；另外分离出一部分，由一些高级合伙人和职员另起炉灶，成立摩根士丹利公司。实际上，摩根士丹利是作为主干上的一个分支而设计的。摩根财团的初衷是想创建一家公司，以便在与其关系密切的共和党执政时能够将其重新纳入J. P. 摩根公司。

1935年9月16日，摩根士丹利在华尔街2号开业，距J. P. 摩根公司所在的华尔街23号仅百米之遥。在公司开业的头天晚上，一个看门人预备了一张桌子来接受客人的鲜花。第二天当他来上班时，惊讶地发现摩根士丹利门前的街道已经摆满了200多个花篮——华尔街的同业们用这种方式表达了他们的敬意。《纽约时报》报道了这种奇怪的开业氛围："开业典礼平常得就像是一个老字号又一星期工作的开始。"开业的第一个星期客户爆满，以至于当一家大公司的董事长来谈融资事宜的时候，公司的创始人哈罗德·斯坦利说："让他下星期再来吧。"在开业的第一年里，摩根士丹利令人咋舌地接手了10亿美元的发行业务，席卷了1/2的市场份额。与此形成强烈对比的是，当时公司只有20名员工，除了由高级职工掌握50万美元的普通股，真正的启动股是700万美元没有投票权的优先股。①

（二）旧时代的新辉煌（1935年～20世纪50年代）

尽管摩根士丹利预测罗斯福新政会扼杀资本市场，但在1935年它却非常繁荣，承销量翻了四番。逐渐地，许多J.P.摩根的常客都转向这家新公司。到了30年代后期，纽约中央铁路公司、AT&T、通用汽车、杜邦公司、美国钢铁公司和新泽西标准石油公司以及阿根廷和加拿大政府都来要求做证券业务。与分离前的摩根银行一样，在包括公用事业、电话公司、铁路、重工业、采矿以及外国政府在内的业务领域，摩根士丹利的力量都非常大。

摩根士丹利如此迅速地站稳脚跟并分得了一块"大蛋糕"，不能不让人将其视为原来J.P.摩根的翻版。美国证券交易委员会的律师约翰·豪泽为此提出了共谋理论，认为摩根士丹利无非是J.P.摩根合伙人为了避开《格拉斯—斯蒂格尔法案》而制作的一个"法律拟制"。摩根士丹利独立自主的经营声明没有任何的说服力，因为它的大多数优先股为J.P.摩根公司的雇员所拥有。为了一劳永逸地摆脱J.P.摩根的控制，摩根士丹利于1941年12月5日兑现并取消了它的优先股。虽然在以后的岁月里，两家公司之间依然存在着看不见的千丝万缕的联系，但从这一刻起，它们之间已没有任何正式联系。

有人曾比喻20世纪50年代的华尔街是一个封闭的、享有特权的俱乐部，而在这个俱乐部里引导潮流的就是摩根士丹利。这时候的摩根士丹利规模非常小，合伙人不到20名，雇员100多名，资本也只有微不足道的300万美元。

① 张锐：《摩根士丹利：颠簸中狂奔》，《金融管理与研究期刊》，2007年第3期，第37页。

但它却是投资银行业务的楷模，发挥着巨大的影响。一方面，它继续牢牢控制着老摩根财团的铁杆客户；另一方面，摩根士丹利不停地将《财富》杂志500强的公司补充进自己的客户名单中。40年代后期，美孚、壳牌和许多其他知名公司都成为名单中的一员。摩根士丹利和大公司的紧密联盟在50年代达到顶峰，试图与它抢客户的公司无疑是痴人说梦。而企业要想发展几乎都离不开摩根士丹利。50年代美国大多数创纪录的证券发行都是由它来操作的，如1953年通用汽车公司3亿美元的债券和1957年3.28亿美元的股票发行，1957年IBM公司2.31亿美元的股票发行等。

这个时期，来自摩根家族的哈里·摩根对公司的发展发挥着微妙的影响。尽管他花在游艇上的时间比在公司的时间要多得多，但是在掌控公司时，他为摩根士丹利"定调子"，捍卫"贵族"标准。在这种往往是非常贪婪的业务中，他把自己表现为"摩根士丹利特别快车的制动者"。在他的理想中要永远保持摩根的传统，从没有背景的人中选择聪明、有事业心的人，把他们也变成贵族。他常说的名言就是："我们是根据摩根的传统来录用和雇佣人的——这个传统就是雇佣比合伙人更加聪明的人。"他每年都要访问哈佛商学院，招聘最有前途的学生，并且经常亲自面试第一轮求职者。

（三）离经叛道（20世纪60年代～20世纪70年代）

摩根士丹利在60年代初仍然保持着温文尔雅的贵族基调，但之后就发生了彻底的大转变。60年代初，它充满着胜利者的自信，对客户有着令人难以置信的控制力，正如一位合伙人所言："很少有像这样的地方，一个电话就能筹到1亿美元。"摩根士丹利的合伙人几乎不需要与他人竞争，更不用放下架子去拉生意，他们与客户保持着排他性的关系。如果客户试图找其他的投资银行合作，他们便会得到告诫："那就上别的地方找银行吧。"而各公司客户似乎也并不反感这种霸道的做法，它们对摩根创造的神话趋之若骛。在股票上市或发行债券时，摩根士丹利坚持要求只能由它一家担任主承销。但随着金融业的发展，资本已不是那么稀缺的资源，传统的纽带开始不那么紧密。这个由一流的银行家和一流的客户组成的完美关系也出现裂痕。

这时，罗伯特·鲍德温出现了。他是摩根士丹利的合伙人之一，从60年代到70年代的大部分时间里摩根士丹利都是由他管理的。这是一个颇具争议的人物，有人认为他是公司的救星，而另一些人则视其为公司的障碍。鲍德温精力充沛、支配欲很强，整体作风与典型的摩根成员的贵族气息截然相反，但他对投资银行业的战略方向却有着非凡的洞察力。鲍德温对摩根士丹利一贯的四平八稳十分不满，并注意到摩根士丹利逐渐暴露的缺陷：公司管理松散、机构逐步庞大，以至于难以达成一致意见；公司没有预算、没有规划也没有现代化的管理，只有没完没了的争吵、讨论。他在60年代初多次试图公司改革，但都遭到拒绝。1965～1967年，他甚至离开摩根士丹利，当了几年海军部副部长。由于他总是鼓吹战争，公司合伙人甚至都不欢迎他回公司工作。历经重重挫折后，他憋着一股劲想要再一次改组公司。随着经历大萧条时代的老一代摩根合伙人退休，60年代初招聘的新人逐渐取代了他们的位置，权力的天平最终倾向鲍德温，使他有足够的选票去发起改组运动。

与其他缺乏远见的合伙人不同，鲍德温认识到摩根士丹利必须为生存而奋斗。他敏锐地觉察到以交易为重点的所罗门兄弟公司和高盛公司的崛起。摩根士丹利保持着传统的势利偏见，觉得“交易商”是低“银行家”一等的，从而倾向于和作为资本使用者的大公司保持良好关系；而所罗门和高盛则相反，它们与资本的提供者，即那些占纽约证券交易量3/4的投资机构保持密切的关系。而利益的天平正倾向于资本的提供者。

鲍德温认为，要保持主导地位，摩根士丹利必须吸收那些长期位于底层的推销员和交易员，向证券交易和承销方面转变，而不是简单地将证券分销给其他公司去出售。这一举措打破了摩根士丹利小巧精致的格局。1971年的一次公司规划会议通过了开发证券销售和交易业务的决定，从而使摩根士丹利走下了“高贵”的圣坛。公司对此这样评价道：我们作出了一项决定，就是这样简单的决定才使得我们有了日后所有这一切的发展。

为吸引交易员，公司推行了注重实绩的报酬制度，打破了相互平等的关系，带来了新的竞争和紧张的气氛。鲍德温对改革后这种严酷竞争的环境感到自豪，他说："投资银行想要具有竞争力，唯一的途径就是要不择手段。"绅士银行家准则很快被逐条打破，华尔街原本安逸的世界被兼并者掠夺性的世界和交易商无所顾忌的世界所取代。

摩根士丹利辉煌业绩面临的另一个主要威胁是公司那条著名但已日显脆弱的政策，即作为客户募资的独家主承销商。因为固守着这块"阵地"，摩根士丹利常常放弃一些优质客户，因为它们要求有联合主承销商承担证券发行任务。一些新的变化使得摩根士丹利已经开始考虑给政策松绑了。但是给予摩根士丹利最沉重打击的还是在 1979 年。那一年，IBM 公司要发行 10 亿美元债券，这是历史上最大的一笔工业借款，但 IBM 公司要求摩根士丹利接受所罗门兄弟作为联合主承销商来承担这笔业务。摩根士丹利的董事们进行了激烈讨论，最终所有人都赞成拒绝 IBM 公司并要求独家经营这笔业务。IBM 公司则表示不作丝毫让步，仍按计划由所罗门兄弟牵头做这次债券发行。这是华尔街历史上的一个里程碑，随后不久，一些投资银行便开始大肆抢夺摩根士丹利的其他客户。摩根士丹利终于放下架子，同意与别的公司一起承担证券发行业务。在遭受了那些蓝筹客户公司的冷落之后，摩根士丹利也开始以新的姿态接受新兴公司。

（四）资本狂欢中的扩张（20 世纪 70 年代～2006 年）

随着时间推移，投资银行作为中介人和资本市场"看门人"的历史作用愈来愈小。为了在竞争中取胜，摩根士丹利思索开辟新的业务，掠夺性的兼并收购领域开始进入它的视野。

1974 年，当时世界上最大电池制造商电子蓄电池公司（Electric Storage Battery Company，ESB），由于股市整体下滑，虽然利润持续上升，但其股价却下跌较多，很多公司均有意收购 ESB。其中，加拿大国际镍铬公司（International Nickel Company，INCO）虽然控制了世界镍市场的 40%，但由于市场需求的波动性，希望通过并购 ESB 来获得稳定的收入。在此之前，大公司从不参与敌意收购，一般投资银行也不愿为敌意收购提供融资。但是，残酷的竞争现实迫使摩根士丹利选择了这个被华尔街称为"最后的金矿"的市场，进行了第一次现代敌意大兼并。它将原先象征性收取的小费或免费咨询，改成按照兼并收购中所涉及金额的不同比例收费。由于收购规模越大，涉及的金额越高，摩根士丹利获取的利润就越多。因此，寻找并促成大额兼并业务就成了一种利益驱动。

1986年，摩根士丹利为了给它的杠杆收购业务筹集资金，也为了加强在世界资本市场的地位，向公众出售了20%的股份。随着股票的公开出售，摩根士丹利彻底告别了合伙人制，转型为多元化经营模式，并在纽约证券交易所挂牌交易。公开招股使得摩根士丹利加强了实力；第二年，它就发行了另一份杠杆收购基金。最后从包括通用汽车公司和AT&T公司的养老基金、日本的信托基金公司、中东政府机构等60多个机构募集到22亿美元。摩根士丹利在其中扮演着双重角色，它既管理这份基金，又将自己的2.25亿美元投资其中。这样，摩根士丹利不仅可从基金的资本收益中获得1/2，同时还收取2%的酬金。这一年，它的利润达到3.95亿美元。在整个行业不景气的环境下，逆流而上实现了71%的增长率。此时的摩根士丹利已经彻头彻尾地遵循着追求利润的本能，从事金融活动的风险也越来越大。

上市后，摩根士丹利凭借着对衍生品和互联网业务等新市场机会的敏锐把握，一次又一次进行资本狂欢。1995年，摩根士丹利的首席证券分析师玛丽·米克尔帮助Netscape上市，从此引发了持续5年之久的互联网风潮。米克尔成为投资者心目中点石成金的女巫。1996年，她推出《互联网报告》，大肆鼓吹亚马逊、雅虎和Priceline，并且第一个指出访问量比盈利更为重要，眼球比财务状况更为重要。在这期间摩根士丹利的业绩飞速增长。1990年公司总收益高达25亿美元，其中净利润4.43亿美元，创公司历史最高纪录；1992年，摩根士丹利的利润高达5.11亿美元，再次刷新了历史纪录。从1988年到1998年的10年间，摩根士丹利一直保持着迅猛的业绩增长势头。

1997年2月5日，摩根士丹利再一次给华尔街带来冲击。它出乎意料地放下架子，与华尔街一家并不起眼的零售经纪商添惠（Dean Witter）合并，新公司称为“摩根士丹利添惠”。长期以来，摩根士丹利交往的是大人物、大公司，而添惠的服务对象却是真正的小人物。在华尔街，摩根士丹利和添惠所代表的两大阵营被人们比喻为“大脑”和“肌肉”。大脑就是那些蓝筹股投资银行，它们提供战略建议，为公司客户发行证券，一次交易赚取几百万美元；而“肌肉”则是证券经纪行，它们为上千万的散户服务，靠无数次小笔交易获取利润。

这两家文化差异巨大的公司的合并，从一开始就备受争议，且不为人看好。之所以选择这次合并，是有一定原因的。尽管当时摩根士丹利的业绩增长非常平稳，但公司依然觉得增长不够快，恰逢20世纪90年代后期美国监管当局再次放松了对商业银行和投资银行业务的隔离监管。摩根士丹利急于利用这次机会进一步扩大自己的市场业务空间。

在这次合并中，来自添惠的裴熙亮（见图2）凭着原添惠公司在市值上高于摩根士丹利3倍的优势，出任了合并后新公司的主席和CEO。而摩根士丹利虽然在威望上更胜一筹，但其原来的CEO麦晋桁却主动屈居次席，只担任新公司的总裁兼首席运营官。

图2 裴熙亮

宣布合并后，摩根士丹利的股票上涨了近8个百分点，添惠上升了2个百分点，这一切在双方看起来都是个双赢的结果。但事实上摩根士丹利很快发现自己并没有赢得更多。在新公司组建不到一年的时间里，麦晋桁发现自己在摩根士丹利管理委员会中的同盟军被不断清理出局，原来自己可以支配的权利资源也被分解。2001年1月24日，麦晋桁在内忧外患中选择了离开自己服务了29年的摩根士丹利。麦晋桁离开之后，“摩根派”和“添惠派”的矛盾全面升温，裴熙亮开始全面清洗“摩根派”中所有他认为对他不忠的人，高层被迅速换光。客户和投资者对裴熙亮清洗“摩根派”的一连串人事洗牌行为也开始不满，终因“内战”影响了公司的业绩。

2005年3月底，以摩根士丹利前总裁罗伯特·斯科特为首的8位摩根前高层人物联名致信摩根董事会，并在《华尔街日报》上刊登整版广告，公开谴责管理层，特别是作为 CEO 的裴熙亮的无能。他们指出，从 1999 年 3 月到 2005 年的 3 月期间，高盛股票的涨幅是 54.1%，美林的涨幅是 38.6%，雷曼兄弟的涨幅是 250.7%，贝尔斯登的涨幅是 128.3%，而摩根士丹利的股票涨幅只有 9%。摩根士丹利股票涨幅远远落后于竞争对手的表现，就足以证明裴熙亮领导能力和公司业务发展上存在问题，裴熙亮应当引咎辞职。[①]

2005 年 6 月 13 日，裴熙亮宣布辞去摩根士丹利首席执行官一职。2005 年 6 月 30 日，摩根士丹利董事会一致决定，任命约翰·麦晋桁为公司主席兼首席执行官。经历了萧墙之乱的摩根士丹利，在新的导引之下，开始重振雄风。2006 年，公司股票每股盈利高达 6.77 美元，总收入 337.3 亿美元，成为历史上最好的一年。

（五）金融危机中的转型（2007～2008 年）

当 2006 年摩根士丹利迎来历史上最好时光之时，人们以为 2007 年会取得更惊人的业绩。然而，2007 年财务报告显示，摩根士丹利第 4 季度的按揭及其他资产冲销额高达 94 亿美元，净亏损 35.9 亿美元，合每股稀释亏损为 3.61 美元；而上年同期则是净利润为 19.8 亿美元，合每股稀释收益为 1.87 美元，亏损额度令人震惊。这也是公司成立 73 年来首次出现季度亏损。而整个 2007 年，公司的净利润仅为 25.63 亿美元，合每股利润 2.37 美元，远低于 2006 年 63.35 亿美元的全年利润。受此影响，摩根士丹利股价从 2007 年以来缩水近四成。市值从 2007 年年初的 800 多亿美元缩至 500 多亿美元。

导致摩根士丹利首次出现季度亏损的正是“摩根派”的贪婪——对利润的过度追逐以及“高杠杆”的滥用，带来了与次贷债券投资相关的巨大损失。从 1935 年诞生到 2008 年变身，摩根士丹利追逐利润的速度越来越快，直至几乎失控才不得不突然刹车。虽然摩根士丹利一直采取措施减少杠杆，但市场上众多资产价格节节下跌，减少杠杆并不那么容易，很多有问题的房地产资产已经很难找到买家。于是，习惯了赚快钱、大钱的摩根士丹利，终于因为玩得太

① 徐绍峰：《乱世枭雄——摩根士丹利》，《银行客户》，2009 年第 9 期，第 83 页。

大，不得不在资金压力下被迫转型为银行控股公司。

2008 年 9 月 22 日，美联储正式批准了摩根士丹利转变为传统银行控股公司的要求。同时转型的还有另一家在华尔街叱咤风云的投资银行——高盛。它们成为接受政府监管的商业银行控股企业，终结了华尔街私人投资银行时代，也终结了独立投资银行超过 20 年的黄金时代。[①]

（六）转型后的调整（2009 年至今）

金融危机中转型的摩根士丹利并未停下发展的脚步。2009 年 1 月 12 日，摩根士丹利向花旗集团支付 27 亿美元，收购其美邦（Smith Barney）经纪业务部门的控制权，组建名为“摩根士丹利美邦”（Morgan Stanley Smith Barney）的合资经纪业务公司。该公司由摩根士丹利全球财富管理集团和花旗集团旗下的美邦、英国奎尔特（Quilter）和澳大利亚美邦公司的零售部门合并而成。其中摩根士丹利控股 51%，花旗集团控股 49%。由此两个在财富管理领域中最强大的品牌，联手创建了美国最大的证券销售队伍——新的合资公司拥有 20 390 位营业员，管理着 1.70 万亿美元的资产。

将美邦收编是摩根士丹利自 1997 年以来首笔涉及零售股票经纪公司的重大交易，更是摩根士丹利在金融危机的影响仍未消退情势下逆流而上的一项重大举措，成功的合并是其保持竞争力的最佳方式。有分析师认为，花旗集团与摩根士丹利的这笔交易是双赢的。就花旗集团而言，政府的援助带来了更大经营上的压力，公司急切需要“瘦身”，出售美邦公司无疑是首选之一，这样可以将旗下最值钱的资产套现，同时能大幅削减成本；而刚刚转型为银行控股公司的摩根士丹利同样面临巨大的压力，收购美邦公司有望大大增强公司经纪业务的竞争力，足以对抗已经收购美林的美国银行。

出于业务结构调整和发展策略的考虑，在扩大证券销售业务的同时，摩根士丹利也在给自己的投资管理业务“瘦身”。2009 年 10 月 21 日，摩根士丹利将旗下零售投资管理业务，包括 Van Kampen 共同基金出售给美国景顺资产管

---

① 张娅、陈楠：《摩根士丹利：失火的防火墙》，《商务周刊》，2009 年第 12 期，第 66 页。

理公司（Invesco Ltd.）。交易的收购价中包括 5 亿美元现金与价值 10 亿美元股票的 4 410 万股股票，总价值 15 亿美元。摩根士丹利持有景顺 9.4%股权，成为最大股东。摩根士丹利表示，经过此项出售交易，公司便可专注于经营企业机构客户业务。

目前的摩根士丹利毫无疑问已经从金融危机中生存下来，以此为前提，通过适当的模式调整、更多的监管和风险控制，回归常态生存并追求合理利润对于它而言也许并非难事。

三、摩根士丹利发展的启示

（一）品牌效应

在 20 世纪 70 年代之前，摩根士丹利的成功很大程度上取决于它刻意保持的“贵族”品牌——古董桃木的办公桌和优雅的办公环境已经向来访的客户预示了公司业务的低风险。[①] 几十年间摩根士丹利凭借这种品牌效应，垄断了许多垄断行业中的头号客户，独自包揽了众多大型承销业务。公司通过无懈可击的声誉建立了强大的以客户关系为基础的业务。

（二）开拓“蓝海”领域是发展的动力

摩根士丹利最初主要与高端客户合作，随着金融业务的不断发展和投资银行业务的全球化，摩根士丹利的客户群和经营范围也随之不断拓展变化。面对新兴市场，摩根士丹利大胆抓住了机遇，开拓了自己的“蓝海”——1980 年的苹果电脑上市和 1995 年 Netscap 的上市都被认为是一个新时代开始的标志，而摩根士丹利在这其中的收获自然不言而喻。

这一系列的案例都表明扩大需求也是降低风险、扩大利润的一种方式。如果现有的市场已经饱和，那么只有开拓新的市场才能取得更大的利益。现有客户的市场需求量是一定的，一味挖掘现有的客户只能使市场变得更加狭小；而越来越多的客户细分也只能使市场越来越专业却并不能增加需求。正确的做法

① 陈胜权、刘亚飞：《解读摩根士丹利》，中国金融出版社 2009 年版，第 276 页。

是把更多的精力放在发觉潜在客户上，这样才能逐渐扩大企业的客户群，获得新的发展资源。

（三）业务多样化，投资长期化以及优化投资组合

从摩根士丹利2008年的财务报表可以看出来，公司的投资业务和自营业务出现了亏损，但没有像其他小公司那样报表净利润直接为负而出现财务危机。这是因为摩根士丹利业务多样化，虽然投资业务出现亏损，但其他业务还是保持了一定的盈利。

再从摩根士丹利在中国的发展我们可以看出来，摩根士丹利并没有像其他跨国投资银行那样做短线投资，而是更有长远眼光和耐心。事实是，这种对中国市场的信心给了摩根士丹利丰厚的回报。在中国，摩根士丹利成功的投资项目包括平安保险、蒙牛、南孚电池、恒安集团。尤其在平安保险项目中，摩根士丹利以3 500万美元购入平安保险股份，用了13年的时间取得了累计11亿美元的回报；而蒙牛则令摩根士丹利获得近20倍的投资回报。①

（四）积极参与全球的扩展

积极参与全球的扩展是保持公司的领先地位和稳定收入的必经之路。尤其是在发展中国家，由于其经济的发展速度普遍超过发达国家，而且发展空间大，可塑性强，在这些地区有更多的未分配的“蛋糕”；而且分布于多个区域的收入来源，也有利于降低全球非系统性风险，保证了公司收入稳定。同时，在全球开展业务时，与当地政府的关系显得尤为重要。摩根士丹利凭借自身声誉妥善地处理了这种微妙的关系，使得其在当地顺利地开展业务。

（五）流动性、风险性和收益性的兼顾

在金融危机之后，公司的流动性、风险性和收益性（简称“三性”）越来越受到重视。“三性”的平衡关系着公司的发展。但是“三性”之间既统一又矛盾。流动性较强是增加盈利性的条件和降低风险的保证；盈利能力的高低决定着企业流动性的强弱和抵御风险的能力；过分追求流动性，企业盈利能力将

---

① 李波：《投资银行战略重构和整合》，中国财政经济出版社2007年版，第23页。

不可避免下降，而过分强调降低风险，又会削弱盈利性。[①] 大多数情况下，盈利性与流动性是一致的，但在一些情况下，两者又存在此消彼长的关系。因此，公司应该妥善处理三者之间的关系，使之达到最佳组合。

从此次华尔街的“终结”我们可以看出来，很多公司就是没有妥善处理这“三性”之间的关系。贝尔斯登、雷曼、美林等老牌投资银行为了获取最大利益，大量持有与房地产有关的次级债券和进行房地产投资，逐渐丧失了风险意识。而且在疯狂追攫取利益的同时，这些老牌投资银行没有管理好公司的流动性，以至于最终被并购或者破产。虽然摩根和高盛躲过一劫，但也是伤痕累累，都被迫转为银行控股公司。

（六）改革公司激励机制

摩根士丹利公司实行的是高层单边的激励制度，公司盈利越多，高层收入则“水涨船高”；但公司亏损时高层却无须承担责任，甚至没有相应的财产赔偿惩罚，从而一定程度上促使高层热衷于投资高风险高回报的业务。这种弊端值得我们注意。任何一家公司都会面临各种各样的危机，应该在现有的高层激励机制中引入个人责任承担制。这样虽然会对公司的盈利程度有所影响，但公司高层在进行高风险投资时会有所顾忌，也不会出现所有高层都一致追求高利润的局面，大大消除了公司高层为了自身利润而不顾后果进行高风险投资的隐患。

（鲍玮炜　王天霖）

参考文献

［1］陈胜权、刘亚飞：《解读摩根士丹利》，中国金融出版社2009年版。

［2］曹晋丽：《投资银行业：摩根士丹利以合资形式进入中国金融业》，《国际经济合作》，2003年第8期。

［3］李波：《投资银行战略重构和整合》，中国财政经济出版社2007年版。

① 张庆、陈慧谷：《投资银行发展战略三题》，《社会科学》，2001年第5期，第20页。

[4] 刘泽昌：《国外投资银行在我国企业发展中的作用——以摩根斯坦利为例》，《山西经济管理干部学院学报》，2009 年第 4 期。

[5] 彭晓红：《华尔街延伸到中国》，《银行家》，2001 年第 11 期。

[6] 苏大军、姜志敏：《金融学的“教科书”——摩根斯坦利》，《中外企业文化》，2007 年第 10 期。

[7] 王庆、张俊：《摩根士丹利：无差别刺激政策制造的投资新热土》，《商务周刊》，2009 年第 13 期。

[8] 徐绍峰：《乱世枭雄——摩根士丹利》，《银行客户》，2009 年第 9 期。

[9] 张庆、陈慧谷：《投资银行发展战略三题》，《社会科学》，2001 年第 5 期。

[10] 张锐：《摩根士丹利：颠簸中狂奔》，《现代商业银行》，2007 年第 3 期。

[11] 张娅、陈楠：《摩根士丹利：失火的防火墙》，《商务周刊》，2009 年第 12 期。

[12] 白梓萱、李冀峰：《华尔街巨子摩根》，《产权导刊》，2007 年第 4 期。

16

全球第一投资银行：高盛

2010年4月16日上午，美国证券交易委员会对高盛集团及其副总裁托尔雷提出证券欺诈的民事诉讼。该事件将高盛这家百年投资银行再次推上风口浪尖。历史上，成立于1869年的高盛不止一次面临麻烦，但却始终屹立不倒。

发源于美国次贷危机，接着席卷全球的金融危机重创华尔街投资银行。巨头们先后到下：雷曼兄弟、贝尔斯登、美林、AIG等等，可是作为投资银行老大的高盛，却毫发无损甚至更加生机勃发，并转型为银行控股公司。2009年高盛全球盈利133亿美元，2010年第1季度净利润激增91%至34.6亿美元，成为全球盈利能力最强的银行，让人刮目相看。

一、高盛概况

高盛成立于1869年，经营票据业务起家，历经两次世界大战、1929～1933年美国经济大萧条等多次危机，期间几近倒闭破产。第二次世界大战后的高盛慢慢恢复元气，70年代抓住机遇成为华尔街一流投资银行，80年代推进国际化业务，1999年在交易所公开上市并完成战略转型，同时从事自营和代理业务。2007年次贷危机华尔街投资银行集体陷入危机，高盛通过做空次级债依然实现了115亿美元的净利润。

截至2009年年底，高盛资产规模达8 489亿美元，资产负债率91.67%，实现净利润 133 亿美元，资产收益率 1.54%，净资产收益率 19.82%，为全球最具影响力、盈利能力最强、资产规模最大的投资银行。公司位列 2010 年《财富》全球 500 强第 134 位。

高盛总部下设美洲、亚太、EMEA（欧洲、中东及非洲地区）三大地区总部，在全球 23 个国家和地区设有代表处。亚太总部设在中国香港，在中国内地设有北京办事处、上海办事处，并成立合资证券公司高盛高华。从区域来看，美洲地区 2009 年利润贡献度为 54%，欧洲、中东及非洲地区为 27%，亚太为 19%。

高盛拥有投资银行、交易和直接投资、资产管理和证券服务三大业务板块。三大业务中，交易和直接投资业务对净收入及利润的贡献度最高，净收入近 4 年均值占比 67%，税前收益占比达到 70.6%。但交易和直接投资业务受整个市场波动影响较大，2008 年受金融危机的影响该类业务亏损达 27 亿美元，受益于资产管理业务和投资银行业务的出色表现，2008 年实现全年盈利 23 亿美元。高盛三大类业务净收入近四年均值分别占比情况见图 1。

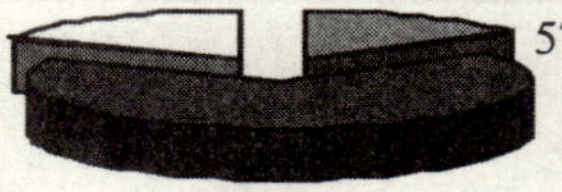

图 1　净收入近四年均值

资料来源：高盛公司各年 10－K 格式报告。

截至 2009 年年底，高盛资产负债率 91.67%，杠杆比例从 2006 年的 22 倍下降为 12 倍。受金融危机影响，公司经营相对谨慎，去杠杆化趋势明显。受益于交易和直接投资业务的恢复，2009 年公司盈利水平已经恢复并超越 2007 年水平，达 133 亿美元，盈利质量高。截至 2009 年年底，高盛员工总数

3.25万人，美国地区1.89万人，人均薪酬福利约50万美元，为行业内最高水平（见表1）。

表1　2006～2009年高盛财务指标一览表　单位：亿美元

项目＼年份	2009	2008	2007	2006
资产	8 489.42	8 845.47	11 197.96	8 382.01
负债	7 782.28	8 202.00	10 770.00	8 024.00
资产负债率（%）	91.67	92.72	96.18	95.73
净收入	451.73	222.22	459.87	376.65
营业费用	253.44	198.86	283.83	231.05
净利润	133.85	23.22	115.99	95.37
资产收益率（%）	1.54	0.23	1.18	1.23
净资产收益率（%）	19.82	4.33	29.52	29.90
美国员工数（人）	18 900	17 276	17 383	15 477
非美员工数（人）	13 600	12 791	13 139	10 990
人均薪酬（万美元）	49.82	36.37	66.15	62.18

资料来源：高盛公司各年10－K格式报告。

二、高盛发展历程

（一）白手起家：戈德门父子时代

1869年亨利·戈德曼创立了高盛。当时的美国适逢南北战争之后，银行信贷利率维持在一个很高的水平上，高盛抓住机遇，主要从事票据收购、贴现和机构放款人的中介。公司的营业收入从1882年的5万美元发展到1894年的6 700万美元，两年之后成为纽约证券交易所会员。

然而，相比较于摩根大通、库恩—勒布等大投资银行，高盛只是一家圈外的小公司。20世纪早期，铁路建设及运营的飞速增长注定了铁路行业对资金的巨大需求，承销铁路债及铁路行业股票是当时最赚钱的生意。摩根大通、库恩—勒布以及施派尔公司垄断了几乎所有的铁路业务，高盛被排挤在市场之外。亨利·戈德曼选择了开展当时并不被看好的规模较小的新兴工业生产企业融资业务。1906 年，3 家中小规模的雪茄生产商合并成立了联合雪茄（United Cigarette，后更名为“通用雪茄”），并希望发行股票融资。在与联合雪茄的 6 位大股东商谈之后，亨利·戈德曼提出以公司的赢利能力取代固定资产总值作为衡量标准发行股票。联合雪茄公司普通股的销售虽然艰难推进，但最终取得了成功。投资银行家们按约定购买了该公司 4.5 万股优先股，外加 3 万股普通股，总计 450 万美元。这种为零售商及新兴工业生产企业融资的全新业务模式使得高盛迅速由一家犹太人经营的、总是艰难地完成其承销业务的圈外公司成长为一家以敢创新、有效率、高赢利、被认可的公司，并赢得了大量的承销业务，其中包括西尔斯、五月百货公司、安德伍德打字机公司、斯蒂贝克汽车公司等公司。

（二）深陷泥潭：高盛交易公司的失败

第一次世界大战期间，亨利·戈德曼不断发表支持德国的言论，使公司面临极大的困境，导致其最终不得不离开公司。卡钦斯成为公司新的领导人。20 世纪 20 年代的美国经济高速增长，在卡钦斯激进的领导方式下，公司业务量持续增长。随着一次又一次的成功，卡钦斯变得越来越自负并且获得公司更多的股权。截至 1929 年，他已经成为所有合伙人中个人持股最多的人，成为高盛内部拥有一票否决权的大老板。

伴随经济的高速增长，美国股票市场蒸蒸日上，个人投资者参与证券市场的程度不断加深。1929 年春天，卡钦斯决定创设高盛交易公司，从事股票交易业务，公司进行疯狂并购和扩张，大肆收购包括银行、保险、公用事业等行业的企业，很快其规模从最初的 1 亿美元扩大到 60 亿美元。规模扩张带来的高风险，公司其他合伙人的提醒并不能说服卡钦斯。

过度膨胀的泡沫不可避免要破裂，1929 年 10 月，美国股市开始崩盘。高盛交易公司的股票暴跌，损失了 98%的原始投资，成为 20 世纪规模最大、损失最快、最彻头彻尾的一次金融灾难。因为公众投资者并不区分高盛与高盛交易公司，所以交易公司的坏名声自然而然地落到了高盛的头上。卡钦斯最终也不得不于 1930 年年底辞去高盛合伙人的职务。

高盛交易公司的失败是高盛历史上最严重的一次危机，几乎使其破产。这次失败给公司合伙人带来极大的损失和震撼。高盛风险控制的文化从这时开始起步，公司的重大行动必须经过合伙人投票决定，合伙人制度真正开始建立，避免了公司领导人盲目扩张所可能带来的风险。

（三）艰难的复兴："现代高盛之父"温伯格

整个大萧条时期以及第二次世界大战期间高盛都在死亡边缘挣扎。从 1929 年股市崩盘到第二次世界大战结束的 16 年间，高盛只有一半的年份是赢利的。人们很少需要华尔街公司提供的金融服务，更不用说还是一家中等规模的犹太人公司，再加上交易公司一事对其名声的糟践，高盛的日子确实难过。在 30 年代早期，高盛没有独立进行过承销，甚至连联合承销都没有做过，只有在 1935 年的时候接过三单债券融资业务，总额也没有超过 1 500 万美元。

西德尼·温伯格（见图 1）接过了艰难的高盛。有"现代高盛之父"之称的西德尼·温伯格中学没有毕业，从在高盛办公室擦皮鞋、每周 3 美元的工资开始了在高盛的职业生涯。西德尼·温伯格领导下的高盛一直保持着保守、稳健的经营作风，用了整整 30 年，使遭受"金融危机"惨败的高盛恢复了元气。1932 年，温伯格担任罗斯福总统筹资委员会成员，他是委员会中筹措资金最多的委员，在华尔街的财阀们不支持罗斯福的情况下，保障了罗斯福总统的当选。1942 年 1 月 26 日，温伯格被罗斯福总统任命为战时生产委员会主席助理，介绍了大量的青年才俊、后起之秀到华盛顿工作。这些工作使得温伯格积累了大量的政府和企业人脉，为后来高盛与政府、企业的良好关系，以及战后高盛投资银行业务的发展奠定了基础，赢得了包括福特 6.5 亿美元

图 1　西德尼·温伯格
（1929～1969 年执掌高盛公司）

IPO 项目、西尔斯 3.5 亿美元债券承销、通用电气 3 亿美元债券承销等项目。此时的高盛逐步恢复，已经有能力在华尔街前 10 名中争得一席之地。

（四）顶尖投资银行的确立：70 年代防御收购业务

20 世纪 70 年代高盛的好日子再次面临威胁。1973 年，中东产油国为反击以色列及其支持者，进行石油减产、提价及国有化，美国和主要西方经济体发生能源危机，在内外因的作用下导致“以美元为主导的布雷顿森林货币体系”彻底瓦解，美国经济陷入滞涨，利率升至高位而股价大跌，道琼斯指数从 1 051 点下跌至 1974 年 12 月的 578 点，并一直在低位徘徊，高盛大宗交易业务利润萎缩，加上公司承销的客户宾州中央铁路公司破产导致官司缠身，公司再次经历艰难岁月。

股价大跌也同样带来了机遇，并购业务开始兴起，早期的并购一般是善意的。然而摩根士丹利为高盛提供了一个千载难逢的发展机遇。1974 年，摩根士丹利向自己的客户——国际镍铬公司提供帮助，恶意收购电储公司。高盛接受了电储公司的求助，通过“白衣天使”为其提供收购防御服务，最终使得国际镍铬公司溢价 100%进行收购。在后来一次又一次的收购反收购案例中，在其他投资银行提供并购咨询的时候，高盛始终坚持为客户提供防御收购服务，措施包括毒丸计划、白衣骑士等。整个 20 世纪 70 年代到 80 年代，美国的并购活动非常活跃，中型企业非常容易遭到恶意收购的攻击。监管部门对并购也采取比较宽松的政策，很多公司根本没有做好应对恶意收购的准备。当恶意收购发生，公司董事和律师们无助求援。高盛成为他们最好的伙伴。高盛在取得商业成功的同时，赚取了良好的声誉，将自己定位于公司和管理层可信的朋友，这使得高盛和摩根、第一波士顿、雷曼兄弟等一并成为华尔街顶尖投资银行。

（五）全球第一投资银行：80 年代国际化加速

战后，主要的投资银行如摩根士丹利、第一波士顿、雷曼兄弟和库恩洛布财团在欧洲煤炭、钢铁行业，以及日本政府的重要项目中取得领先地位。高盛受交易公司的危机所致，国际业务没有任何进展。高盛的国际化机会来自始于

70年代末全球自由化改革的浪潮。70年代能源危机的冲击和滞胀充分暴露了政府对经济过渡干预的恶劣后果。各国陆续推动市场化和自由化改革。

1979年撒切尔政府上台首先开始了英国经济自由化和市场化的改革历程，推动国有企业私有化（包括公用事业、邮政、铁路、电信、能源等领域），取消外汇管制，允许金融业混业经营，放开金融投资管制。高盛在伦敦设立代表处，招聘一支精干的人才队伍，凭借多年积累的专业金融服务，赢得了包括英国燃气、英国石油等私有化改革项目。

在欧洲其他地区以及日本的业务都陆续发展起来。事实上，国际化过程中竞争非常激烈。以德国为例，德意志银行是德国金融市场的统治者，德意志银行持有奔驰公司30%的股份，西门子的总裁基本由德意志银行指定。而高盛最终却介入了这些客户的投资银行业务，凭借的是一支执著的精英队伍、专业高效的金融服务以及国际专家顾问队伍。

高盛在每个国家都雇佣1～2名专家顾问，这些人有着辉煌的职业经历，与政府和主要的公司都建立了广泛的联系。英国的格里菲斯曾担任撒切尔的首席国内咨询师；意大利的普罗迪后来担任意大利首相；法国的雅克马龙银行业的天才，39岁即担任兴业银行的CEO；西班牙的德黑萨曾担任西班牙的国家顾问；德国的佛里德里克和拉夫特后来为高盛在德国电信业务中发挥了巨大作用。高盛的国际顾问，为高盛在不同国家拓展业务，了解国家文化、政治、商业背景，以及加强公共关系，都起到了巨大作用。

（六）80年代末战略转型：从传统投资银行向交易投资银行转型

在经历了1929年高盛交易公司的惨痛失败后，高盛一直恪守传统投资银行的业务范围．在承销和并购防御业务上成为市场的领导者。高盛自营交易业务的真正发展始于一起并购。1981年，高盛公司收购杰润公司。杰润公司是一家从事贵金属等商品交易的公司。杰润公司的收购行动甚至被认为是高盛有史以来所做的最佳收购，为高盛进入石油、外汇、金属、衍生品等交易领域提供了平台和人才。然而杰润公司被收购之初的几年，经营却非常困难，由于贵金属市场价格波动很小，使得杰润公司的利润大幅缩水。得益于80年代的全球自由化和市场化改革带来的汇率放开，温克尔曼和鲁宾决定带领杰润公司进入外汇交易市场。汇率的波动成为杰润公司新的利润来源。1989 年高盛公司 7.5 亿美元的总利润中，杰润公司贡献了 30%。日后，杰润公司的领导者温克尔曼、鲁宾、布兰克费恩先后成为高盛的领导人。

得益于里根时代自由化改革以及互联网和信息技术的发展，90 年代的美国经济保持持续的高速增长，美国进入“新经济时代”，高盛也进入高速扩张时期，开始进行大规模自营交易业务。1999 年，美国通过《金融服务现代化法案》，正式废止《格拉斯—斯蒂格尔法案》，允许混业经营。随后，花旗和摩根大通等商业银行纷纷进入投资银行领域，竞争空前激烈。投资银行业务利润，特别是债券承销利润率不断降低，市场压力促使高盛加大自营交易比重。为快速发展高资本金支撑下的自营业务，高盛最终于 1999 年放弃合伙人制选择上市，募资 36 亿美元，是当时第二大 IPO。保尔森出任董事长兼 CEO，公司战略正式转变为同时从事自营和代理业务。高盛的新目标是：成为重要的做市商及自担风险的金融中介服务商，并成为全球最强大的金融服务公司。

图 2　布兰克费恩

2006 年布兰克费恩（见图 2）接替鲍尔森掌管高盛。大宗商品及衍生品交易员出身的布兰克费恩将发展自营业务视为高盛的战略性机遇。公司的自营交易和直接投资业务收入狂飙突进，2006 年为 255 亿美元，2007 年为 312 亿美元，占公司净收入约 67%。2010 年第 1 季度净收入中，投资银行业务占不到 10%，交易和直接投资等自营业务占到 80%。这一时期高盛的交易案例有中航油事件（中航油巨亏 40 亿美元左右）、深南电事件、两次狙击英镑、37.8 亿美元入股中国工商银行（持股比例 5.03%，2009 年该笔业务贡献净收入 15.82 亿美元）等，包括近期的次级债危机、希腊危机中都有高盛交易的影子。高盛凭借对市场形势的把握，通过对赌协议、卖空、期货、直接投资等品种获得巨大盈利，这也使得高盛引来涉嫌欺诈的指责和指控。

（七）金融危机——转型为银行控股公司

2007 年美国发生次级抵押贷款危机，华尔街遭遇重大危机。高盛却得以幸免，并通过大量卖空次级抵押贷款债券而获利。高盛的两名交易员——迈克尔·斯文森和乔希·比恩鲍姆，是公司在美国次贷危机中获得巨额利润的决策人。他们提出了高达 40 亿美元“赌注”在可能要崩溃的主要市场，卖空抵押贷款相关的证券。2007 年夏天，他们说服同事相信自己的观点并与持怀疑态度和周围的风险管理人员交谈。最终这一决定避免了公司遭受次级抵押贷款的巨大损失，使高盛在 2007 年获得了不可思议的 115 亿美元净利润。不过随着次贷危机波及范围的扩大并最终演变成一场金融危机，高盛 2008 年盈利下滑至 23 亿美元。为避免可能出现的流动性危机，高盛转变为一家银行控股公司，接受美联储的监管，并获得美联储紧急贷款的权利。同期，雷曼兄弟、贝尔斯登先后破产，美林证券被收购。

三、经典案例分析

高盛一百多年的发展历史，波澜壮阔，历经多次危机而崛起，并成为最顶尖的投资银行，有很多精彩的故事案例，折射出高盛的企业文化和经验策略，值得我们欣赏、学习和思考。

（一）温伯格和高盛投资银行业务

温伯格 1929 年接任高盛领导人职务，开始了其艰难的复兴历程。1932 年，温伯格担任罗斯福总统筹资委员会成员，他是委员会中筹措资金最多的委员，在华尔街不支持罗斯福的情况下，保障了罗斯福总统的当选。1942 年 1 月 26 日，温伯格被罗斯福总统任命为战时生产委员会主席助理，美国正需要大批年轻的人才共同为组织大规模的战备生产而努力，许多杰出的人物都在他的介绍下来到华盛顿工作。战后，这几百位年轻的后起之秀回到各自的公司并且都担任了领导角色，其中大多数人都一致决定选择西德尼·温伯格作为他们的投资银行家，并在多家企业任职董事。温伯格认识的 CEO 比其他任何人都多，而且他对某个人在某家公司能否发挥作用有着相当准确的判断。除此之外，温伯格在战争年代积累起来的势力和地位，再加上他和美国众多 CEO、白宫官员之间熟稔的关系，推动着西德尼·温伯格以及高盛的崛起。

温伯格的私人关系在这一时期为高盛赢得了大量的投资银行业务，包括当时发行规模最大的 IPO 项目，也是高盛历史上最重要的一次交易——福特 IPO 项目。1956 年，高盛成为福特 6.5 亿美元 IPO 的主承销商，对于整个美国投资银行界来说是石破天惊的一幕，高盛凭借这个经典案例一夜之间在 IPO 市场跻身业界前列。为了确保赢得福特 IPO 项目，在两年的准备时间里，高盛主要合伙人呕心沥血，先后准备了 56 个福特上市方案。在之后很长一段时间内高盛与福特汽车都保持着近乎完美的关系。高盛公司的高级合伙人只开福特汽车，并尽量与福特汽车的竞争对手保持距离，而福特汽车则把几乎全部的投资银行业务交给了高盛。

在福特股票承销业务后不久，温伯格又做了一次大型的债券承销业务——为西尔斯承销 3.5 亿美元的债券。这也是当时最大的一次面向公众发行的企业债。当时的债券市场需求疲软，很多专业人士都质疑这些债券能不能卖掉，最终在温伯格和高盛的努力下，这次债券承销非常成功。西尔斯的债券承销完成之后，高盛又接到了通用电气约 3 亿美元的债券承销等业务。

（二）经典交易案例：两次“狙击英镑”

1988 年，英国为了缓解日益严重的贸易赤字试图压低英镑汇率，英格兰银行在公开市场卖出英镑买入德国马克。然后国际资本流入使得英镑对马克市场汇率依旧攀升，杰润公司也在市场大幅购买英镑，英格兰银行苦苦支撑无效后，1988 年 3 月宣布放弃抵抗，允许英镑对马克升值至 1∶3，杰润公司收获巨额收益。

1992 年，英格兰银行再次遭到重创。在《马斯特里赫特条约》签署后，欧洲一体化进程大大加快，货币方面实行“欧洲汇率机制”，英镑和马克等欧洲其他货币挂钩，在±2.25%一定范围内浮动，货币实行自由流通。当时英镑对马克的汇率是 1∶2.95，由于英国经济不景气，英镑被高估。两德统一，东德地区基础设施的投资使德国面临经济过热、通货膨胀的局面。德国宣布加息，给英镑带来了更大的贬值压力。外汇市场包括杰润公司、索罗斯在内的大量资金抛空英镑买入马克，德国最终放弃救援，英格兰银行再次失手，英国宣布退出欧洲汇率机制，1993 年 2 月英镑对马克贬值至 2.32。1993 年高盛实现 26 亿美元的税前利润，是同期迪斯尼的 4 倍、微软的 3 倍、美林的 2 倍，杰润公司贡献巨大。

两次“狙击英镑”是高盛的经典之作，也是高盛投资银行交易文化和交易水平的集中展示，高盛凭此在市场中拥有了巨大的能量。

四、高盛成功之道

百年高盛，屹立不倒，并成为全球最具权势和盈利能力的投资银行，是一步一步脚踏实地、历经多位卓越的领导人而最终成长起来的，有着自己独特的伟大基因。尽管面临不同的市场环境和监管体制，高盛的成长历程和成功之道对于中国的投资银行业依然有一定的启示和借鉴意义。

（一）多元化的盈利结构避免单一业务下滑可能造成的破产风险

对比华尔街历史上所罗门兄弟、德崇证券、雷曼、贝尔斯登的教训，高盛历经多次危机而屹立不倒，得益于其多元化的业务经营思路。投资银行、交易及直接投资、资产管理及证券服务构成了高盛的三大核心业务。交易和直接投资业务发展迅猛，在 2006 年达到高峰，税前收益达 106 亿美元，占比达 72%，也促成了负责该业务的布兰克费恩在高盛最高领导权的确立。传统投资银行业务是高盛的立命之本，塑造着高盛的声誉和形象，也是高盛最稳定的利润来源。资产管理业务在高盛 1999 年上市前还很薄弱，2008 年却已成为一块业务亮点，税前盈利 30 亿美元，平衡了由于交易直接投资业务所导致的 27 亿美元的亏损。得益于多元化经营战略，高盛在恶劣的市场环境下保持了 2008 年税前盈利 23 亿美元。布兰克费恩在《高盛 2007 年年报致股东信》中说：“一些评论人士推测我们之所以取得优异的业绩是因为个别所谓聪明的赌博行为缓和了公司的亏损。事实上，我们的业务非常多元化，没有哪个单一业务或交易机会能决定整体业绩。”而所罗门兄弟、德崇证券、雷曼、贝尔斯登对单一业务的过度依赖导致其在市场环境变化或恶劣事件发生时无法应对，并导致破产或被收购。

（二）通过创新抓住了时代发展所带来的机遇

从高盛的发展历程中可以看出，高盛是伴随着美国经济的强大和世界经济的发展而起来的，特别是资本市场的发展。高盛对于这个过程中市场机遇的把握造就了今天的成就。20 世纪 70 年代，美国利率高涨，并购机会兴起。在其他投资银行为并购方提供融资和咨询服务时，高盛独具慧眼，开展防御收购业务，为被恶意收购的企业提供战略咨询，在赢得声誉的同时也赢得了市场机会，成为客户最可信赖的投资银行。80 年代，英国等欧洲国家开始自由化改革，高盛抓住机遇开始加速推进国际化，在欧洲国家承揽了大量的投资银行业务。90 年代，美国新经济崛起，并通过《金融服务现代化法案》，正式废止《格拉斯—斯蒂格尔法案》，允许混业经营。高盛抓住机遇，大力发展自营交易业务，实现了利润的大幅增长和公司的战略转型。

（三）良好的政府关系为高盛赢得业务以及政策支持

高盛作为华尔街最有权势的银行，和白宫保持着良好的关系。“现代高盛之父”温伯格曾担任罗斯福总统筹资委员会成员、战时生产委员会主席助理，被罗斯福总统称赞为“政治家”，他和罗斯福及后来的总统均保持着良好的私人关系。高盛同样也为政府输送了大量的人才，刚刚卸任的美国财政部长保尔森即为高盛前总裁，鲁宾曾任克林顿时期的美国财长，弗里德曼曾领导白宫国家经济委员会，布什白宫办公厅主任乔希·博尔滕和美国副国务卿鲁本·杰弗里均来自高盛。除了向政府输送人才外，高盛也雇用前政府高官，如前副国务卿罗伯特·佐利克和曾任布什国家安全顾问的法尔亚尔希尔扎德。

良好的政府关系使得高盛在获取业务、进入市场、政策支持等方面都获得了明显的优势。2008 年金融危机期间，高盛获得了政府 100 亿美元的救助资金，并转型为银行控股公司。

（四）集聚了全世界最精英的人才队伍

高盛十四条经营原则第二条是“我们的资产就是我们的员工、资本与声誉。”精英的队伍是高盛最宝贵的资产。高盛凭借其伟大的声誉、丰厚的待遇吸引了全世界的精英人才。高盛员工薪酬总额连续创下华尔街纪录。大学毕业刚进高盛每年就会有 6 万美元的薪水。当然，进入高盛并不是一件容易的事情。

2006 年，高盛的平均薪酬 62.18 万美元，而雷曼兄弟为 31 万美元。2007 年，高盛的平均薪酬 66.15 万美元，雷曼兄弟为 33 万美元。2008 年，同为投资银行的雷曼兄弟破产了，贝尔斯登、美林被收购了，但高盛平均薪酬仍然达到 36.37 万美元。2009 年，高盛平均薪酬为 49.82 万美元。

高盛 3 万名员工构成了最强大的竞争力。高盛的领导层将招聘作为公司最重要的事情。“如果我们招聘做得不够好，那么 5 年之内，公司将会急速下滑，注定成为平庸之辈。”

（黄小康）

参考文献

[1] 李德林著：《干掉一切对手：看高盛如何算赢世界》，万卷出版公司 2009 年版。

[2] [美] 埃迪里奇著，王智洁等译：《高盛文化》，华夏出版社 2001 年版。

[3] [美] 查尔斯·埃利斯著，卢青等译：《高盛帝国》，中国青年出版社 2010 年版。

[4] 刘建辉：《高盛的罪与罚》，《环球企业家》，2010 年第 9 期。

[5] 华东师范大学金融学院：《高盛集团研究报告》，2009 年 4 月。

[6] 高盛网站：http：//www2. goldmansachs. com/。

17

保险巨舰：百年安联

早在公元前 2 500 年，古巴比伦王国就向居民收取赋金，用以救济遭受火灾及其他天灾的人们，这被公认为是世界上最早的保险。公元 10 世纪～18 世纪，随着火灾保险、海上保险和人寿保险的发展，近代保险业的格局开始建立起来。近百年的世界历史，经历了经济大萧条、世界大战、“9·11”事件、亚洲金融风暴、全球金融危机等重大事件既给保险业带来了挑战，也推动了保险业的发展。成立于 1890 年的德国安联保险，作为世界领先的保险和金融服务集团，犹如现代世界保险业近百年来的发展缩影，其发展历程及成败得失值得中国保险企业借鉴。

一、安联保险基本情况

德国安联集团（Allianz Group，简称“安联”）总部位于德国慕尼黑，至今已有 120 多年的悠久历史，是欧洲最大的保险集团，也是世界领先的保险和金融服务集团。目前，安联在全球 77 个国家和地区，为 7 500 万客户提供包括保险、再保险、风险管理咨询、资产管理和银行业务在内的金融服务，并先后在法兰克福、伦敦、巴黎、苏黎世和纽约全球五大证券交易所上市。2010 年，在《财富》杂志全球 500 强排名中，安联居第 20 位（见图 1），在保险企业中排名第 3，仅次于安盛集团（AXA Group）和忠利保险（Assicurazioni Generali）。

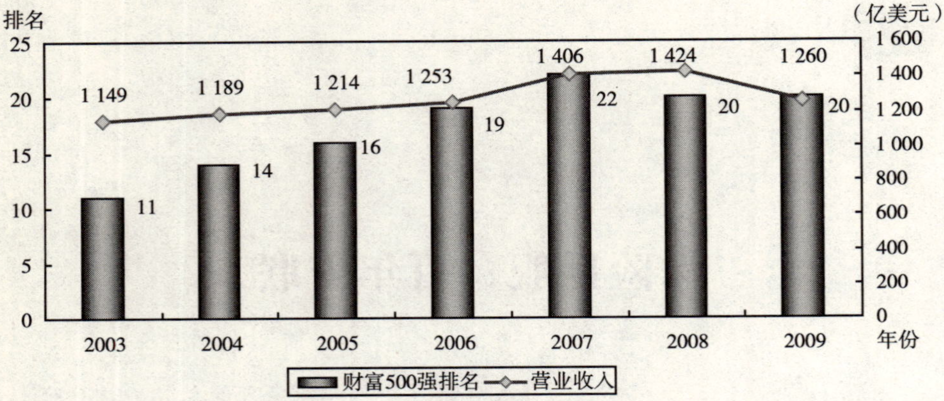

图 1　2003～2009 年安联《财富》500 强排名及营业收入

注：数据由财富中文网公布相关数据整理得到。

2009 年，安联总收入达 974 亿欧元（约合 1 260 亿美元），较之 2008 年增长了 5.2%；经营利润 72 亿欧元，净利润 47 亿欧元。2009 年年底，标准普尔最新评级 AA，评级展望稳定，股东权益增长 19%，达到 402 亿欧元，股价上涨了 16.2%。

（一）安联在全球的影响力

作为世界最大的投资者之一，安联拥有西门子电气、巴斯夫化工、大众汽车、拜尔制药、道达尔石油等世界著名工业集团的股份，也投资于德意志银行、巴黎银行等知名的银行业机构。此外，安联集团还是全球拥有超过 700 家以上的子公司。通过广泛的国际客户服务网络，安联得以成为许多在中国有大量投资的国际著名工业集团的亲密伙伴。

作为主要承保人，安联涉及全球各类机构和行业。例如为世界 500 家最大公司中的近百家公司提供保险服务，包括 IBM、可口可乐、波音、宝马汽车、阿尔卡特等跨国巨头。其承保的大型工程建设项目遍布世界各地，例如马来西亚 452 米高的国家石油公司双子塔、曼谷地铁、印尼发电厂、丹麦与瑞典之间的奥利申跨海大桥、美国旧金山金门大桥、德国法兰克福歌剧院、新加坡轻轨等。同时安联还介入了许多好莱坞电影的拍摄与制作，《泰坦尼克号》、《哈利·波特》等大片均选择安联作为了承保人。

作为国际主要的工业险承保人之一，安联在世界各地拥有一批高素质的工程师。这些专家不仅为客户提供专业咨询，还根据客户的不同需求设计特殊保险保障。设在慕尼黑近郊的安联技术中心为世界保险企业唯一的专业研究机构，专门从事工业事故的研究预防和机动车安全性的改良。该中心以其世界领先地位的研究成果和技术经验为工业客户提供了良好的服务。值得一提的就是，汽车安全气囊的诞生同安联技术中心就有着密不可分的关系。

（二）安联的主要业务

1. 保险业务。安联是世界性保险集团，保险业务广泛分布于全球 77 个国家和地区，总客户数量约 7 500 万，在保险公司当中排名第 3。安联为个人和企业客户提供多种财产意外保险和人寿健康保险产品。2009 年年底，安联的财产险和寿险总的承保保费达到了 933 亿欧元，其中寿险和健康险保费达 508 亿欧元，保费净收入达 220 亿欧元，经营利润 28 亿欧元；财产意外保险保费达 425 亿欧元，净收入达 378 亿欧元，经营利润 41 亿欧元。

安联作为全球最大的保险集团之一，相比其他保险公司，2009 年的营业收入 1 259.99 亿美元低于法国安盛集团的 1 752.58 亿美元和意大利忠利保险的 1 260.12 亿美元。主要因为安联在业务结构上与安盛和忠利有较大差别。安盛的人寿保险与储蓄和财产意外保险就占其集团总收入 90%，忠利保险中寿险占最大比重。安联的寿险所占比重较小，寿险与健康险和财产意外险的保费收入只占整个集团收入的 60%左右。

2. 资产管理业务。安联是世界五大资产管理者之一。主要业务包括为第三方投资者和安联集团保险业务提供资产管理产品和服务，为广泛零售和机构资产管理客户提供服务。其机构客户包括：公司、公共养老基金、保险和其他金融服务公司、政府和慈善团体，以及金融咨询公司。安联的零售资产管理业务则是通过在全球范围内旗下的运营公司，以“安联全球投资者”的品牌进行的。美国、德国、法国、意大利和亚太地区是安联的主要资产管理业务市场（见图2）。

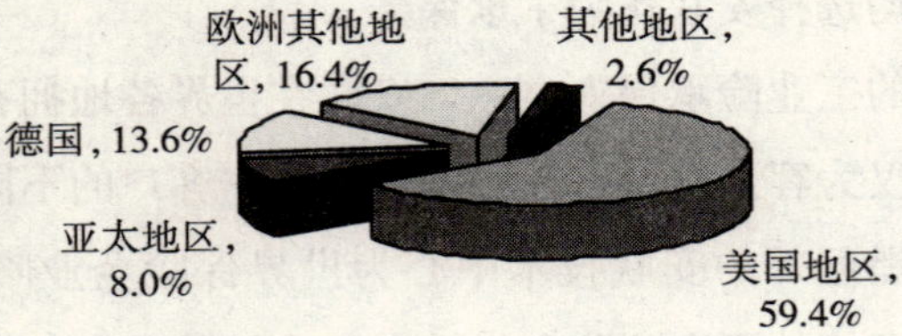

图2 2009年安联资产管理业务全球分布情况

注：数据来源于安联集团2009年年报。

截至2009年12月31日，安联管理的第三方资产为9 257亿欧元，比上年末增加了31%，再创历史新高。

3. 银行业务。2008年之前，安联的银行业务主要通过德累斯顿银行（Dresdner Bank AG）来进行。德累斯顿银行为德国第三大商业银行，其在世界范围内选择性地开展业务，德国是其主要市场。德累斯顿银行主要服务于私人和公司客户，也满足跨国和机构客户的金融需要。2008年9月1日，安联将德累斯顿银行出售给德国第二大商业银行——德国商业银行，同时收购了德国商业银行的资产管理部。作为此次收购对价的组成部分，德国商业银行将向安联支付一部分自身的股票。在完成德国商业银行和德累斯顿银行合并后，安联集团将持有新的德国商业银行30%的股份，成为新银行的最大股东。除此之外，安联还全资拥有一家区域性的小银行——OLB银行（The Old enburgische Landes Bank），重组后安联仍拥有OLB银行89.2%的股权。

二、安联的诞生与发展历程

安联在全球的影响力与其近120多年的发展史是分不开的。纵观安联的发展史，可以分为以下几个阶段：

（一）1890～1949年创业及成长期

1890年由Wilhelm Finck和Carl Thieme两位德国人在柏林市共同创立了安联保险公司。创业伊始，安联积极创设新险种，1900年率先开办工程险业务，如今在该领域已处于世界领先的地位，承保了全球各地的重大工程。在公司创立不久，就成功赔付了1906年美国旧金山大地震、1912年泰坦尼克号大型邮轮沉没等重大事件。其中泰坦尼克号事件，安联作为邮轮的承保人，需要赔付7 500万英镑的保险金，大大超出当时安联的支付能力，但当时安联毅然通过出售和抵押资产、发动股东拿出自有资产等方式筹措保险金，不但维护客户的利益，同时也打响安联保险在全球的知名度。

通过收购国内保险公司，建立和完善销售网络等一系列措施，安联很快跃升为德国保险界的先导，并积极寻求向外发展。至1913年，安联的保费收入当中已有1/5来自于德国以外国家。第一次世界大战结束后，安联开始发展寿险业务，在与几家大型寿险公司谈判失败后，1922年安联仅用10天的时间就成立了自己的寿险子公司——安联人寿保险银行公司，并且发展相当迅速，于1927年成为欧洲最大的寿险公司。同年，安联还收购了当时德国最大的意外险和责任险公司——斯图加特协会保险。这样，通过新业务部门的设立和并购，安联成为一家综合性的保险服务商，进一步拓展了公司的业务发展空间。但第二次世界大战给安联带来了沉重的打击，连安联位于柏林的总部都毁于大火，使得公司不得不中断海外发展的进程。

（二）1949～1980年战后崛起期

1949年，安联总部由柏林迁至慕尼黑。随着第二次世界大战后德国政局趋向稳定，推行政治改革、美国马歇尔计划的扶植以及高素质劳动者的辛勤劳动创造了“经济奇迹”，德国经济迅速崛起。20世纪50年代，德国经济进入繁荣时期。60年代联邦德国经济已超过英国和法国，成为欧洲头号资本主义强国和最大的经济体，安联保险集团也在此期间实现了飞速的发展。

从20世纪50年代起，安联开始恢复国际业务，先后在法国、意大利等西欧国家开设分公司，不断在德国境外扩大业务规模。1959年安联开始进入法国市场，1966年起又在意大利拓展业务。不过直到1970年，安联的国外保费收入仍只占总收入的3.2%，国际化的进程并不乐观。之后，安联开始加快海外扩张步伐，自1975年起先后在英国、西班牙、荷兰、法国和美国等开设了法人保险公司。

（三）1980～1998年并购扩张期

20世纪80～90年代西方经济陷入了“滞胀”，一些企业的经营业绩显著下滑，掀起了一阵并购的热潮，安联也加快了企业并购的步伐。1984年，安联收购了意大利第二大保险公司RAS超过一半的股权；1989年，收购了法国保险商VIA/Rhin Moselle公司65%的股份；同年，借助东欧剧变之机收购了东德和匈牙利的垄断性保险公司；1990年，安联以11亿美元的出价收购了时为美国第11大财产险公司的消防队员基金保险，使安联在美国的保费收入增长了3倍。收购瑞士保险公司Elvia的举动让安联在瑞士市场上成为第五大保险服务商，收购专营汽车保险的Lloyd Adriatico则令安联在意大利市场的地位更加巩固。除此之外，还有英国的Cornhill、美国的USA人寿，以及总部位于开罗的阿拉伯国际保险（AIIC）等保险公司在近20年中陆续加盟安联。在诸多并购案的决策当中，安联十分注重收购对象是否能填补区域或者业务上的空白领域，这使安联的收购大部分都对公司发展起到了正面作用，海外业务比重有了大幅提升。1989年海外业务就已占到总保费的40%，之后这一比例还在不断攀升。

1998年年初，安联又成功收购了世界第六大综合保险公司——法国AGF保险集团。收购后安联总资产达2 114.2亿美元，营业总收入达565.77亿美元，分别比上年增加28%和23%，股票增幅达33.5%，并被标准普尔公司评为AAA级企业。1998年美国《财富》杂志公布的全球500家最大公司排名中，安联就从上一年的第44位提升至第28位，规模与市场份额再次得到了大幅度的提升。

（四）1998～2008年新业务拓展期

为了将集团发展成综合金融服务商，1998年，安联作出了一个重要的战略性决策：把资产管理业务作为集团独立的核心业务加以大力发展。随后安联便将美国最大的资产管理公司PIMCO Advisor（太平洋资产管理公司）与Nicholas Applegate收归旗下。1998年年底，安联收购了澳大利亚第七大保险公司 MMI 的全部股份，使其成为安联的全资子公司。安联旗下的另一家资产管理企业德盛安联资产管理（Allianz Global Investors）目前是全球第三大资产管理公司和第一大主动型资产管理公司。安联一系列加大资产管理业务投入的措施，也为公司在保险业务上发展分红型保险、投资连结保险等带有投资功能的新型保险产品提供了一个很好的依托。

2001 年 7 月，安联斥资 235 亿欧元收购德国第三大银行德累斯顿银行 96.4%的股份。至此，安联成功地发展到了保险、资产管理和银行三大业务，总资产达到 1 万亿欧元，成为仅次于花旗、美国国际集团和汇丰集团的世界第四大金融集团。随着业务的发展和公司的壮大，其三大业务分别由安联寿险和财险公司、安联全球投资公司（AGI）和 OLB 银行专业化分工运作。

安联全球投资公司控股多家投资管理机构，其权益投资主要由 Rosenberg 资本管理公司负责。该公司成立于 1970 年，通过资本运作，参与银行和其他金融机构，成为全球性资产管理平台。2009 年年底 AGI 受托管理的总资产达到 9 020 亿欧元，其受托的第三方资产占安联全球第三方资产管理的 97.4%（2008 年为 95.7%）。安联全球投资公司的债券投资主要由太平洋资产管理公司（PIMCO）负责，后者成立于 1971 年。作为全球最大的固定收益产品投资管理的专业机构之一，PIMCO 雇佣了 1 400 多名专业人员，业务遍及全球。目前，PIMCO 在管理资产已达到 1 万亿美元。

随着安联与意大利保险公司 RAS Holding 的成功合并，2006 年 10 月 13 日，安联率先根据欧盟法律，由德国上市“股份公司”（Aktiengesellschaft）转变为上市的“欧洲公司”（Societas Europaea），更加确切地反映出今日安联的定位：植根德国，以欧洲为本土市场的真正的国际金融服务商。

（五）2008 年至今金融危机后复苏发展期

2008 年的金融风暴也影响到了安联，使其不得不变卖德累斯顿银行，转变集团的发展策略。同年，安联集团与德国第二大商业银行德国商业银行签署了长达 15 年的独家代理销售保险协议，确定新组建的德国商业银行将在未来 15 年内独家代理销售安联的保险产品。同时，承诺加大对全能银行模式的投资推广力度，OLB银行将作为安联发展全能银行模式的平台得到加强。

根据安联2009年财务报告，该年度总收入增长了5.2%，达974亿欧元；经营利润72亿欧元，低于上年1.47亿欧元；公司各业务领域在上半年成功应对了历史上最为动荡的经济环境，并在下半年取得了积极的增长和收益。

2009年，安联资产管理总额突破12 020亿欧元；管理的第三方资产额达到9 257亿欧元，比2008年的7 035亿欧元提升了31.6%；第三方净资产流入达到创纪录的840亿欧元。净费用和佣金收入比2008年的29亿欧元增长了近25%，达36亿欧元。经营利润以51.3%的增幅从2008年的9.26亿欧元增至2009年的14亿欧元。

第三方资产管理在固定收益和股票业务方面均取得增长。固定收益增长31%，达7 850亿欧元；而股票收益受资产管理市场价值回升的驱动，在年度终了时增长37%，达1 400亿欧元。收支比，这一经营效率的重要指标超出同业的平均水平，2009年平均收支比为62%，比2008年高出6个百分点。

在营业务取得的净利润达47亿欧元，这主要归功于各经营领域的持续盈利和资本市场复苏降低了亏损。这一成绩较2008年的42亿欧元提高了13.2%（见图3）。公司的偿付能力比率再次提高，2009年年底达到164%，比上年的水平上升了7个百分点，居于150%～170%的目标范围。

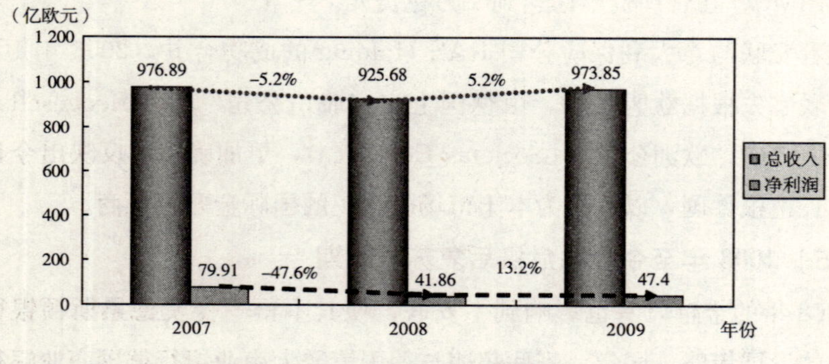

图3　2007～2009年安联总收入和净利润变化

注：数据来源于安联集团2009年年报。

截至2009年年底，标准普尔对安联的最新评级为AA，评级展望“稳定”，股东权益增长了19%，达到402亿欧元，股价上涨了16.2%。安联董事会将向监事会提出建议：将每股分红在2009年3.50欧元的基础上上调17%，即2009年每股分红4.10欧元。正如安联董事会主席Michael Diekmann在集团2009年年报里所述，在全球金融风暴下安联仍保持着良好的形势，并野心勃勃地计划着继续扩展其全球业务。

三、安联著名案例分析

安联历经120多年的沉浮，通过早期的单纯保险公司，到后期将资产管理业务作为集团独立的核心业务，标志着安联由单一的保险公司向多元化的金融集团发展迈出了重要的一步。

(一)“泰坦尼克号”后的保险巨舰

1912年著名的“泰坦尼克号”大型邮轮不幸沉没，安联作为邮轮的承保人，需要给付7 500万英镑的保险金，这远远超出了安联的支付能力。当时安联才创立不过20余年，但公司毅然通过出售和抵押资产、发动股东拿出自有资产等方式筹措保险金，完成了保险合同规定的给付责任。安联既保证了投保人的财产安全，也提升了自己在全球保险业的声誉。

此后，安联还在许多著名的历史事件中发挥了重要的作用。1985年，原联邦德国遏罕见冰雹袭击，民众受灾严重，安联开创了赔付额20万马克以下免于理赔调查的程序，创造了史无前例的理赔速度；在2001年的美国“9·11事件”，安联累计净赔付达到了15亿欧元。同时，公司还致力于客户安全和保障体系的建立，旗下还有全球最大的救援集团蒙迪埃尔救援公司（Mondial Assistance Group），与世界上100多个国家的第三方经济救援机构都建立了合作关系，开通24小时紧急救援热线。所以，安联2008年分别被欧洲读者、美国金融业Reactions杂志、Ethisphere评选为“欧洲保险公司最值得信赖品牌”、“全球最佳保险公司”及“最具商业道德的公司”，建立了“做客户最信赖伙伴”的品牌形象。

（二）“太平洋”并购案，完美的新跨度

1. 太平洋资产管理公司简介。太平洋资产管理公司（Pacific Investment Management Company，PIMCO）成立于1971年，由被业界称作债券之王的比尔·格罗斯（Bill Gross）创办于美国加州，初期资产仅1 200万美元。主要业务包括策略投资、国际并购、资产重组、私募融资、资本运作、境外股票发行上市、初次公开上市（IPO）与反向收购上市（RTO）、财务顾问、管理咨询等综合投资银行顾问服务。

2. 并购目的。保险投资与保险业务并驾齐驱是国际保险业发展到一定阶段后的必然趋势。西方主要国家在1975～1992年间，产险综合赔付率超过100%，承保盈利率大都亏损，但其综合盈利率能够保持正向增长主要依赖于投资业务的成功运作。保险公司资产管理是适应金融综合经营趋势逐步发展起来的，相关业务日益成为保险机构的重要利润来源。

3. 并购成果。成功并购后看，安联通过设立独立的保险资产管理公司，对保险资金进行专业化、规范化运作。保险资产管理公司由保险公司控股，也可吸收具有专业优势的机构作为战略合作伙伴。安联资产管理公司同时整合母公司的销售、服务网络、客户服务、精算技术等关键技术，形成强大的一体化资产、风险管理服务体系。在依托母公司客户和销售网络的同时，发展独立的对高端客户和大规模企业客户的开发能力和核心服务能力，获得母公司委托资产以外的盈利。如今，安联旗下的太平洋资产管理公司是全球最大的债券型基金管理公司。

（三）德累斯顿银行的分与合，艰辛的混业尝试

1. 德累斯顿银行简介。德累斯顿银行成立于1872年，总部位于德国的法兰克福。德累斯顿银行是与德意志银行、德国商业银行并列的三大银行之一，主业包括零售银行和投资银行，客户主要是个人和中小企业。

2. 并购目的。银行保险是银行或保险公司采取的、以一种或强或弱的一体化方式经营的策略。因此，银行保险是双方以一体化方式进行的资源整合，要求双方不仅要在渠道、产品方面实现整合，而且要在技术、文化等方面实现融合。

3. 并购结果。2001 年，德累斯顿银行被安联收购后，其发展目标由公司银行和投资银行业务转变成为个人、公司和金融机构提供综合性金融服务。安联占据拥有财产保险、寿险和养老金、资产管理、商业银行、投资银行五条金融产品线的门类齐全的超级金融霸主地位。并购之初，由于业务和文化的融合不利，德累斯顿银行 2001、2002 年连续亏损，导致安联 2002 年亏损 12.3 亿欧元。2002 年，安联公布了对德累斯顿银行进行整合的"转折 2003"计划。其核心内容有三个部分：一是降低费用；二是采取措施增加盈利；三是加强对各个业务单元的风险管控。当年即裁员 1.1 万人，行政费用下降 12.3%。尽管如此，2003 年德累斯顿银行仍然亏损 28 亿欧元。按照当时的估算，德累斯顿银行要实现盈利还需要 2～3 年的时间。

2003 年 12 月，安联集团开始实施"3＋One"计划，即加强资本实力、提供营运效率、减少冗余环节和保持可持续价值增长，要求实现集团项下不同业务单元间的资源共享，期望能发展银行保险的协同效应，促进二者在收益和成本方面互补优势。安联的这种银保业务成效并没有外界人士想象得那么大，也不过刚刚及格。

2008 年，美国次贷危机的进一步蔓延和加深使得德累斯顿银行业绩进一步下滑。在当年上半年，德累斯顿银行私人和工商企业业务的利润是 3.39 亿欧元，但投资银行业务却亏损 12.92 亿欧元。德累斯顿银行的经营利润由 2007 年同期的 10.97 亿欧元下降到 9.64 亿欧元。最后，安联不得不在 2008 年 9 月 1 日，宣布以 98 亿欧元的价格出售德累斯顿银行，出售价只相当于买入价格四成。

安联出售德景斯顿银行主要原因并非银行保险混业经营机制上的缺陷，德累斯顿银行的合并是安联史上首次混业经营，安联的高层大多缺乏投资银行业务方面的经验。并购后的一段时间内国际资本市场略显萧条，股市低迷，安联应得的佣金、手续费等收入明显减少，集团股价也严重缩水。由于并购前期主要决策者没有综合考虑两种不同业务混业经营的特殊风险，没有采取必要的风险管理防范措施，所以导致此次合并最重要的关键点——保险和银行两方面的综合风险管理在一定程度上被忽略了。2003年，安联进行内部调整，通过整顿高层和调整投资战略等使得安联重新从逆境中奋起，德累斯顿银行成功地为集团的盈利创造了空间。仅2007年第2季度，安联的投资银行业务就创造了3.51亿欧元的利润。但在银保兼业、混业经营的优势初显端倪的时候，却受到美国次级债危机影响，德累斯顿银行的住宅信贷业务蒙受巨大损失，自2007年第4季度起连续3个季度出现经营亏损，投资银行业务2008年第2季度亏损达到6.27亿欧元。此外，银行业务大量结构性金融资产受次级债影响发生资产减值，致使安联不得已出售德累斯顿银行，以弥补自己的损失。

四、安联对中国金融业混业的启示

安联在中国发展的历史可以追溯到1910年，当时是在中国的主要港口城市如上海开办保险业务。自20世纪80年代初以来，安联先后与中国人民保险公司、中国太平洋保险公司和中国平安保险公司签订了再保险和技术传输合作协议，成为首家与中国保险公司合作协议的国际保险公司。长期以来，安联以其雄厚的资金和技术力量与中国的金融、保险界保持着密切合作，有力地保障了一批国家重点项目的建设。如大亚湾核电站，二滩水电站，小浪底水利枢纽工程，上海地铁一、二号线，香港新机场，上海金茂大厦等大型项目均由安联集团承保。同时，安联还积极发展中国其他领域的重要客户，包括联想、海尔、康佳、美的等国内知名企业。安联由最初的保险公司成长为今天提供综合金融服务的跨国集团，同时为最早进驻中国的欧洲保险企业，其120年的发展历程对中国的金融业有着重要的启示作用。

（一）加强资产管理，提升自身竞争力关键

安联近几年的保费收入逐年减少，综合赔付率却持续升高，有些地区甚至超过了100%，索赔和费用支出超出了保费收入。随着20世纪90年代末期开始，安联成立了单独的资产管理部门，收购了咨询公司、资产管理公司和商业银行，逐渐由最初的保险公司演化成一个可以提供多种金融服务的金融集团，拥有自己专业化的资产管理（或投资管理）机构。通过并购扩张、模块管理、

全球化配置、创新产品、强化管控等措施，安联有效地建立健全了资产管理功能，提升了保险集团综合经营的能力。

安联资产管理的业务组合非常多元化，不论是地域、资产类别还是投资工具方面，业务多元化的优势有效降低了业绩的波动性。2009 年年底，安联管理的资产达到了 1.2 万亿欧元，并取得 14.01 亿欧元的营业利润，保证了安联在不利经济环境下的盈利，提升了安联的竞争力和抗风险能力。安联在资产管理方面的实践对于国内保险公司提升资产管理水平具有重要的参考作用。

（二）风险控制，混业经营的重中之重

在综合化经营的趋势下，中国也在探索银行、保险公司及信托公司等其他金融企业的有效合作方式，但随之而来也需面对跨行业合作的风险。

众所周知，安联于 2008 年出售了德累斯顿银行，为当时轰动全球的保险业与银行业的混业“联姻”划上了一个休止符。但安联的此次尝试也预示了全球金融业的发展方向。

混业经营是全球金融业的发展趋势，也是中国金融业未来发展之路。中国银行业监督管理委员会和中国保险监督管理委员会于 2009 年在北京正式签署了《中国银监会与中国保监会关于加强银保深层次合作和跨业监管合作谅解备忘录》。据此，商业银行和保险公司在符合国家有关规定以及有效隔离风险的前提下，按照市场化和平等互利的原则，可以开展相互投资的试点。2008 年 8 月，提交人大常委会审议的《中华人民共和国保险法（修订草案）》删去了现行《保险法》关于“保险公司的资金不得用于设立证券经营机构，不得用于设立保险业以外的企业”的规定，并且授权国务院保险监管机构根据社会经济和保险行业发展的实际需要，核定保险公司从事养老金管理等与保险有关的其他业务，为未来金融混业经营预留和空间和提供了基本的法律依据。①

安联抛售德累斯顿银行这一事件为前进中的中国金融混业经营敲响了警钟，将银行、保险混业有可能存在的风险摆在了公众面前。加强银保合作、推

---

① 许闲：《审视德国安联集团与德累斯顿银行的分与合》，《银行家》，2008 年第 10 期。

进金融综合经营、防范银行与保险混业经营风险、提高自身综合风险管理水平将是决定金融混业经营披荆斩棘的重中之重。

（杨　爽）

参考文献

［1］蔡玲、邝岚：《保险公司经济资本管理机制的构建及其作用》，《西部金融》，2008年第8期。

［2］闻岳春、梁悦敏：《中国保险业综合经营的风险预警与控制机制探讨》，《金融研究：实务版》，2007年第10期。

［3］Allianz Annual Report 2009（安联2009年年报）。

［4］许闲：《审视德国安联集团与德累斯顿银行的分与合》，《银行家》，2008年第10期。

［5］姚一：《混业的艰辛：安联保险涉足银行的痛苦经历》，《国际金融报》，2005年。

［6］王稳、李宏宇：《从第一张保单到世界保险业的兴起》，《经济参考报》，2007年。

［7］http：//www. allianz. com/.

后记

2001年12月11日正式成为世贸组织成员以来，中国企业借助经济全球化的浪潮参与国际经济体系运行的程度不断加深。在中国成为全球第二大经济体和世界第一大出口国的背后，是无数中国企业的壮大。21世纪新10年的大门已然开启，中国在全球舞台上的作用将越来越重要，中国企业也只有“走出去”才能实现更大的发展。

古人云：“以史为镜可以见兴衰，以人为镜可以知得失矣。”在“走出去”的过程中，只有充分了解竞争对手或者是合作伙伴，国内企业才能更好地在国际市场上赢得空间和机会。因此，研究全球500强企业发展历程，对于帮助国内企业拓展国际视野、更好参与国际竞争具有重要意义。作为服务于企业的金融机构，也只有更加深入地认识企业成长规律，才能更好地为企业出谋划策、更好地提供服务。在银行工作的这么多年，我一直在思考和努力探求企业成长的规律，不同发展阶段、不同成长环境下的企业遇到的问题千姿百态，但是企业的成长总有其客观存在的规律，掌握得好就能主动帮助企业发现和解决困难，找到新的空间，而这也正是开发性金融机构的使命和优势之所在。

2010年年初，我与几位青年同志交流了对全球500强企业成长历程和规律研究一下的想法后，得到了热烈响应，一共60多人报名参加课题组，加上几位负责统稿的同志，课题组人数达到了70余人。青年员工的学习热情令我感动和鼓舞。作为他们的同事，我为国家开发银行安徽分行的这种氛围和朝气感到自豪。经过反复的比较和研究，最后从不同行业、不同地区选定了36家跨国公司作为研究样本进行研究。半年多来，课题组的同志们广泛阅读了大量的材料，经过整理、消化和提炼，形成了本书的初稿。由于本书作者大多是参加工作时间不长的青年员工，对于企业发展规律的认识等方面还不够深入，因此书中肯定还存在一些片面甚至是谬误等问题，恳请读者批评指正。

课题组在研究和写作的过程中，得到了国家开发银行总行资金局吴亮东同志以及分行柳卫建、卢汉文、成晓萍、吴守华等很多同志的支持，特别是课题组举行中期报告会时很多同志提出了很好的建议。同时，在研究和写作的过程中，课题组参阅了国内外一些学者的相关文献，在此一并表示感谢。周国龙、蒋启宝、周丽丽、钟鸣、罗毅等同志为本书的定稿做了大量细致而辛苦的工作，在此谨表谢意。

2011年1月于合肥